UML 2.5 par la pratique

DANS LA MÊME COLLECTION

H. BERSINI, P. ALEXIS, G. DEGOLS. – **Apprendre la programmation web avec Python et Django.**
N° 67515, 2e édition, 2018, 396 pages.

H. BERSINI. – **La programmation orientée objet.**
N° 67399, 7e édition, 2017, 696 pages.

C. DELANNOY. – **Programmer en langage C++.**
N° 67386, 9e édition, 2017, 850 pages.

C. SOUTOU. – **Programmer avec MySQL.**
N° 67379, 5e édition, 2017, 522 pages.

C. DELANNOY. – **Exercices en langage C++.**
N° 67387, 3e édition, 2017, 354 pages.

C. DELANNOY. – **S'initier à la programmation et à l'orienté objet.**
Avec des exemples en C, C++, C#, Python, Java et PHP.
N° 14011, 2e édition, 2016, 360 pages.

A. TASSO. – **Le livre de Java premier langage.**
N° 14384, 11e édition, 2016, 598 pages.

C. DELANNOY. – **Programmer en Java.**
N° 11889, 9e édition, 2016, 948 pages.

E. SARRION. – **Programmation avec Node.js, Express.js et MongoDB.**
N° 13994, 2014, 586 pages.

SUR LE MÊME THÈME

P. ROQUES. – **Mémento UML 2.5.**
N° 14356, 2015, 14 pages.

P. ROQUES. – **UML 2 : modéliser une application web.**
N° 12389, 4e édition, 2008, 246 pages.

X. BLANC, I. MOUNIER. – **UML 2 pour les développeurs.**
N° 12029, 2006, 202 pages.

P. ROQUES, F. VALLÉE. – **UML 2 en action.**
N° 11213, 2e édition, 2002, 400 pages.

Pascal Roques
Préface de Gaël Renault

UML 2.5 par la pratique

Études de cas et exercices corrigés

8e édition

ÉDITIONS EYROLLES
61, bd Saint-Germain
75240 Paris Cedex 05
www.editions-eyrolles.com

A est un bon modèle de B si A permet de répondre de façon satisfaisante à des questions prédéfinies sur B.

Douglas. T. Ross

La différence entre la théorie et la pratique, c'est qu'en théorie, il n'y a pas de différence entre la théorie et la pratique, mais qu'en pratique, il y en a une.

Jan van de Sneptscheut

Depuis des temps très anciens, les hommes ont cherché un langage à la fois universel et synthétique, et leurs recherches les ont amenés à découvrir des images, des symboles qui expriment, en les réduisant à l'essentiel, les réalités les plus riches et les plus complexes.

Les images, les symboles parlent, ils ont un langage.

O.M. Aïvanhov

Préface

Adopté et standardisé par l'Object Management Group depuis 1997, UML est aujourd'hui un outil de communication incontournable, utilisé sur des centaines de projets de par le monde ; en conséquence, la connaissance d'UML est désormais une des compétences qui sont exigées quasi systématiquement lors d'un recrutement. Pourtant, trop nombreux sont encore les concepteurs qui s'imaginent, à tort, posséder cette compétence parce qu'ils connaissent la représentation graphique d'une classe d'association, d'une activité ou d'un état, tandis qu'ils ne savent pas expliquer ni défendre leur emploi dans un modèle, même simple. C'est que, malgré la rigueur apportée à la spécification d'UML, il y a parfois différentes façons de représenter une même idée, ou, à l'inverse, une idée donnée pourra être représentée avec plus ou moins de précision selon que l'on aura utilisé telle ou telle particularité syntaxique d'UML.

Si l'on trouve aujourd'hui pléthore de formations à UML, il faut bien reconnaître que la plupart d'entre elles se trompent d'objectif. L'enseignement d'UML en tant que tel ne présente pas plus de difficulté ni d'intérêt que l'enseignement de n'importe quel autre langage de modélisation. Toutefois, ce qui importe en la matière, c'est d'enseigner efficacement les principes qui sous-tendent une démarche objet dédiée à l'analyse et à la conception de systèmes complexes, mais aussi qu'un emploi judicieux des éléments syntaxiques d'UML permette une représentation pertinente des concepts métier et des choix de conception.

Consultant expérimenté et pionnier de l'utilisation d'UML en France, Pascal est aussi un excellent concepteur de cours et un formateur à la pédagogie sans faille. Il n'en est pas non plus à son premier coup d'essai en tant qu'auteur. Après *UML 2 en action*, il nous livre maintenant *UML 2.5 par la pratique*, un excellent recueil de modèles UML issus de projets réels, ou construits pour des études de cas, et minutieusement commentés. Le caractère unique de ce livre réside dans la mise par écrit de commentaires essentiels, qui visent à expliquer un choix de modélisation et qui, généralement, ne sont donnés que par oral sur le « terrain ». Le lecteur pourra ainsi revenir à loisir sur ce qui lui fait souvent défaut, par exemple la justification de l'emploi de tel ou tel trait syntaxique plutôt qu'un autre pour représenter une idée particulière. La mise en parallèle de solutions « alternatives » permet également de comprendre les avantages d'une modélisation sur une autre et la précision sémantique apportée par la solution choisie.

C'est toute la puissance d'expression d'UML 2 et la complétude de sa syntaxe qui sont démontrées par l'exemple dans cet ouvrage pragmatique et très accessible, que le lecteur, j'en suis certain, prendra plaisir comme moi à lire d'un bout à l'autre. Je me permets cependant de recommander de bien réaliser les exercices complémentaires, excellents travaux pratiques, mais aussi remarquables tests d'auto-évaluation. En couvrant tous les aspects de l'analyse et de la conception orientée objet, Pascal Roques illustre et explique les variations possibles dans l'usage d'UML pour chacune de ces étapes.

En tant que responsable de la définition de l'offre formation chez Valtech Training, j'ai longtemps eu beaucoup de difficulté à recommander un livre qui serait un bon complément à nos formations à la modélisation objet avec UML. Merci Pascal, grâce à la qualité pédagogique de ton livre, *UML 2.5 par la pratique*, cette tâche est aujourd'hui considérablement plus simple…

Gaël Renault

Ancien Directeur pédagogique de

Valtech Training

Table des matières

PARTIE II – POINT DE VUE STATIQUE

PARTIE III – POINT DE VUE DYNAMIQUE

PARTIE IV – CONCEPTION

ANNEXES

Introduction

Objectifs du livre

Depuis de nombreuses années maintenant, les ouvrages sur le langage UML et la modélisation objet se sont multipliés. *De Merise à UML*[1], *UML et SQL*[2], *Bases de données avec UML*[3], etc., représentent autant de sujets intéressants pour les professionnels de l'informatique.

Cependant, ma pratique de la formation (plus d'un millier de personnes formées à OMT, puis UML, depuis 1993…) m'a convaincu qu'il existait encore un besoin qui n'est pas couvert par la multitude d'ouvrages disponibles : un livre d'exercices corrigés[4]. Je consacre en effet de plus en plus de temps pendant les sessions que j'anime à des séances de discussion avec les stagiaires sur les mérites comparés de telle ou telle solution de modélisation. Et je suis intimement persuadé que ces périodes d'interactivité sur des sujets concrets ont un impact bien plus durable pour eux que la présentation théorique des subtilités du formalisme UML !

Cela m'a amené à constituer une importante base de données d'exercices, rassemblés au fil des années à partir des nombreuses formations que j'ai animées. Je me suis également inspiré des livres fondamentaux qui m'ont aidé personnellement dans mon approfondissement de ce sujet, en particulier celui de J. Rumbaugh sur OMT[5] (l'un des premiers à proposer des exercices après chaque chapitre de présentation) et le best seller de C. Larman[6] sur l'analyse et la conception objet.

C'est ce matériel pédagogique, fondé sur des heures de discussions enrichissantes avec des stagiaires de tous horizons, que je voudrais partager aujourd'hui avec vous. Par leurs

1. *De Merise à UML*, N. Kettani *et al.*, Eyrolles, 1998.
2. *UML et SQL : Conception de bases de données,* C. Soutou, Eyrolles, 2002.
3. *Bases de données avec UML*, E.Naiburg R.Maksimchuk, Campus Press, 2002.
4. Mon idée semble avoir fait des émules depuis la parution de la première édition en 2001, puisque d'autres livres du même type sont parus au fil des années : *Exercices corrigés d'UML*, Ellipses 2005, *UML 2 – Initiation, exemples et exercices corrigés*, Eni 2008, etc.
5. *Object-Oriented Modeling and Design*, J. Rumbaugh *et al.*, Prentice Hall, 1991. Une version mise à jour est parue dernièrement en français, sous le titre : *Modélisation et conception orientées objet avec UML2*, Pearson Education, 2005 (mais la magie ne semble plus opérer comme la première fois…).
6. *Applying UML and Patterns*, C. Larman, Prentice Hall, 1997. La troisième édition de cet ouvrage a été traduite en français : *UML 2 et les Design Patterns*, Campus Press, 2005.

questions et leurs propositions, ils m'ont forcé à prendre en compte les points de vue les plus divers sur un même problème de modélisation, à améliorer mon argumentation et parfois à envisager de nouvelles solutions auxquelles je n'avais absolument pas pensé !

Il est à noter que cette huitième édition incorpore de nombreux avis d'experts auxquels j'ai demandé leur sentiment sur l'actualité et la pertinence d'UML en 2009, près de quinze ans après sa création. Vous retrouverez ces avis, parfois différents, toujours instructifs, dans des encadrés au fil des chapitres ainsi qu'à la fin de l'ouvrage.

J'ai également voulu évoquer le nouveau langage SysML de modélisation de systèmes, dérivé d'UML 2, qui apporte quelques concepts supplémentaires au diagramme de structure composite[7] et au diagramme d'activité. Enfin, j'ai ajouté à la fin de l'ouvrage une section sur la modélisation agile avec UML, ou comment marier la modélisation avec le développement agile.

Structure de l'ouvrage

Pour ne pas mélanger les problèmes, le livre est découpé suivant les trois points de vue classiques de modélisation : fonctionnel, statique et dynamique, en insistant pour chacun sur le ou les diagrammes UML prépondérants (les diagrammes entre parenthèses sont moins détaillés que les autres).

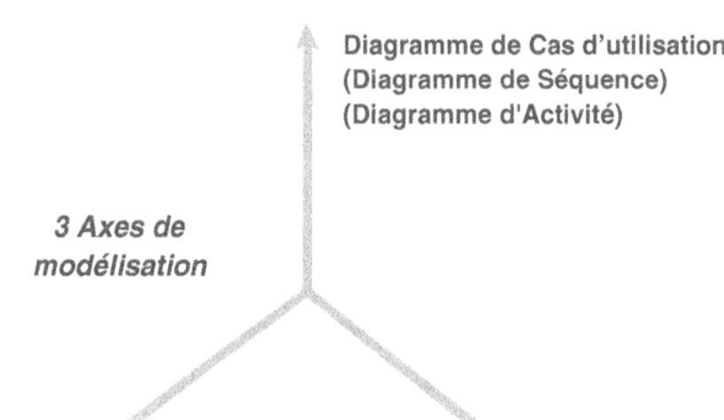

7. Voir en particulier le chapitre 4. Pour les lecteurs désireux d'en savoir plus sur le langage SysML, se référer à mon ouvrage sur le sujet : *Modélisation de systèmes complexes avec SysML*, P. Roques, éditions Eyrolles 2013.

Les trois premières parties du livre correspondent donc chacune à un point de vue de modélisation. Pour chaque partie, une étude de cas principale, spécifique, sert de premier chapitre. Avant l'étude de cas, on trouve un rappel des principales définitions utilisées dans la partie concernée. Des exercices complémentaires et un récapitulatif des conseils méthodologiques se trouvent dans un deuxième chapitre.

La quatrième partie contient plusieurs études de cas. La première, très détaillée, prend bien sûr en compte les trois points de vue précités, mais couvre également en amont la modélisation métier, et en aval la programmation en Java et C# ! La dernière étude de cas aborde le sujet passionnant des *design patterns*.

Retrouvez sur le rabat de la couverture une carte de référence regroupant les principaux schémas UML 2[8] utilisés dans ce livre.

Une table des matières condensée est donnée par la carte ci-après.

8. J'ai utilisé comme référence pour ce livre la toute dernière spécification de l'OMG, à savoir le document formal /17-12-05.pdf : UML 2.5.1 Specification.

Conventions typographiques

Pour apporter plus de clarté dans la lecture de ce livre, les exercices et les solutions sont mis en évidence par des polices de caractères et des symboles graphiques différents de la façon suivante :

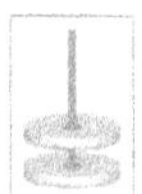

EXERCICE 1-1. Les acteurs

Identifiez les acteurs du GAB.

Quelles sont les entités externes qui interagissent directement avec le GAB ?

Considérons linéairement les phrases de l'énoncé.

Pour guider un peu plus le lecteur, les questions ont un niveau de difficulté évalué de un à quatre, et représenté graphiquement :

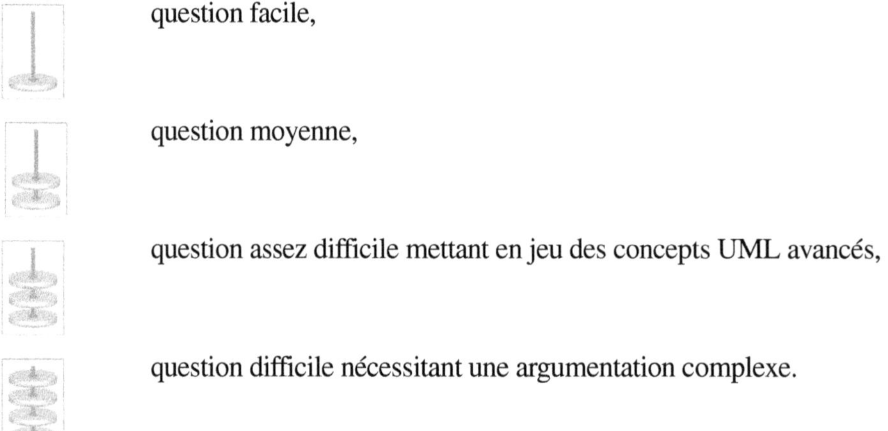

question facile,

question moyenne,

question assez difficile mettant en jeu des concepts UML avancés,

question difficile nécessitant une argumentation complexe.

De façon ponctuelle, pour rompre la monotonie du texte, j'ai également utilisé des encadrés « À retenir » pour isoler une note sur une question d'un niveau avancé :

À RETENIR

Représentations graphiques d'un acteur

La représentation graphique standard de l'acteur en UML est l'icône appelée « stick man », avec le nom de l'acteur sous le dessin. On peut également montrer un acteur sous la forme rectangulaire d'une classe, avec le mot-clé `<<actor>>`. Une troisième représentation (intermédiaire entre les deux premières) est également possible, comme indiqué ci-après.

Remerciements

Je tiens en premier lieu à remercier tous ceux qui ont participé au fil des années à l'élaboration des supports de cours UML que j'ai eu l'occasion d'animer, comme Pierre Chouvalidzé, Thibault Cuvillier, Michel Ezran, Patrick Le Go, Franck Vallée, Philippe Riaux, Philippe Dubosq, Yann Le Tanou, Christophe Addinquy, Saïd Lahlouh, Birol Berkem, Fabien Brissoneau, Daniel Rosenblatt, Michel André, Thomas Gil, etc., ainsi que les nombreux autres experts qui ont répondu à mon appel de retour d'expérience : Claude Aubry, Nicolas Belloir, Jean-Michel Bruel (un merci supplémentaire pour l'idée de la carte de référence !), Agusti Canals, Olivier Casse, Thierry Cros, Philippe Desfray, Jean-Claude Grosjean et Marc Tizzano.

Je voudrais également remercier tous ceux dont les discussions, les remarques et les suggestions m'ont conduit à améliorer mon argumentation. Je pense tout d'abord à mes nombreux stagiaires, ainsi qu'à mes correspondants lors de prestations de conseil sur l'introduction d'UML dans des projets de tous types.

Merci aussi à Éric Sulpice des éditions Eyrolles pour son témoignage renouvelé de confiance et, surtout, qui a su me motiver en me proposant de réaliser ce livre d'exercices corrigés. Un grand bravo également à l'équipe des éditrices : Muriel et Sandrine qui ont contribué notablement à la réussite de ce projet.

Enfin, un grand merci à Sylvie qui m'apporte tous les jours l'équilibre sans lequel je ne pourrais pas continuer à avancer…

Pascal Roques, décembre 2017
Consultant Formateur
pascal.roques@prfc.fr
http://www.prfc.fr/

PARTIE I

Point de vue fonctionnel

UML par la pratique : 8e édition

Point de vue fonctionnel

1. Modélisation fonctionnelle : étude de cas
   - Identification des acteurs
   - Identification des cas d'utilisation
   - Diagramme de cas d'utilisation
   - Description textuelle des cas d'utilisation
   - Description graphique des cas d'utilisation
   - Organisation des cas d'utilisation

2. Modélisation fonctionnelle : exercices corrigés et conseils méthodologiques
   - Description essentielle / réelle
   - Diagramme de séquence système
   - Opération système
   - Diagramme d'états

1

Modélisation fonctionnelle : étude de cas

Mots-clés

■ Acteur ■ Contexte statique ■ Cas d'utilisation ■ Acteur principal, acteur secondaire ■ Diagramme de cas d'utilisation ■ Scénario, enchaînement ■ Fiche de description d'un cas d'utilisation ■ Diagramme de séquence système ■ Diagramme d'activité ■ Inclusion, extension et généralisation de cas d'utilisation ■ Généralisation/spécialisation d'acteurs ■ Package de cas d'utilisation ■ *Interaction Overview Diagram.*

Ce chapitre va nous permettre d'illustrer pas à pas, sur une première étude de cas, les principales difficultés liées à la mise en œuvre de la technique des cas d'utilisation.

Après avoir identifié les acteurs qui interagissent avec le système, nous y développons un premier modèle UML de haut niveau, pour pouvoir établir précisément les frontières du système. Dans cette optique, nous apprenons à identifier les cas d'utilisation et à construire un diagramme reliant les acteurs et les cas d'utilisation. Ensuite, nous précisons le point de vue fonctionnel en détaillant les différentes façons dont les acteurs peuvent utiliser le système. À cet effet, nous apprenons à rédiger des descriptions textuelles de cas d'utilisation, ainsi qu'à dessiner des diagrammes UML complémentaires (comme les diagrammes de séquence ou d'activité).

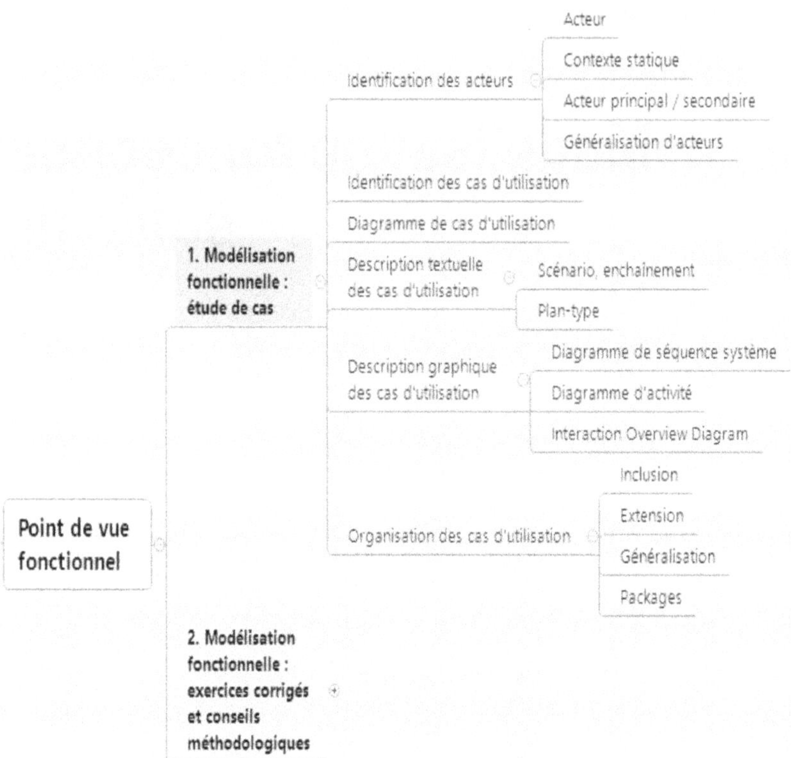

Principes et définitions de base

Acteur

Un acteur représente un rôle joué par une entité externe (utilisateur humain, dispositif matériel ou autre système) qui interagit directement avec le système étudié.

Un acteur peut consulter et/ou modifier directement l'état du système, en émettant et/ou en recevant des messages susceptibles d'être porteurs de données.

Comment les identifier ?

Les acteurs candidats sont systématiquement :

- les utilisateurs humains directs : faites donc en sorte d'identifier tous les profils possibles, sans oublier l'administrateur, l'opérateur de maintenance, etc. ;
- les autres systèmes connexes qui interagissent aussi directement avec le système étudié, souvent par le biais de protocoles bidirectionnels.

Comment les représenter ?

La représentation graphique standard de l'acteur en UML est l'icône appelée *stick man*, avec le nom de l'acteur sous le dessin. On peut également figurer un acteur sous la forme rectangulaire d'une classe, avec le mot-clé <<`actor`>>. Une troisième représentation (intermédiaire entre les deux premières) est également possible avec certains outils, comme cela est indiqué ci-après.

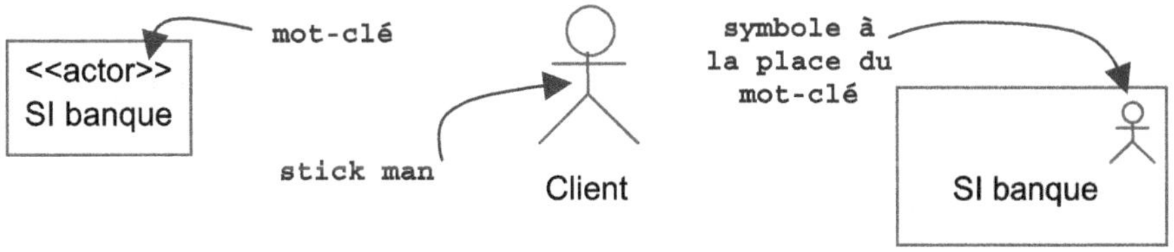

Figure 1-1. *Représentations graphiques possibles d'un acteur*

Une bonne recommandation consiste à faire prévaloir l'utilisation de la forme graphique du *stick man* pour les acteurs humains et une représentation rectangulaire pour les systèmes connectés.

Cas d'utilisation

Un *cas d'utilisation* (« use case ») représente un ensemble de séquences d'actions qui sont réalisées par le système et qui produisent un résultat observable intéressant pour un acteur particulier.

Chaque cas d'utilisation spécifie un comportement attendu du système considéré comme un tout, sans imposer le mode de réalisation de ce comportement. Il permet de décrire *ce que* le futur système devra faire, sans spécifier *comment* il le fera.

Comment les identifier ?

L'objectif est le suivant : l'ensemble des cas d'utilisation doit décrire exhaustivement les exigences fonctionnelles du système. Chaque cas d'utilisation correspond donc à une fonction métier du système, selon le point de vue d'un de ses acteurs.

Pour chaque acteur, il convient de :

- rechercher les différentes intentions métier avec lesquelles il utilise le système,
- déterminer dans le cahier des charges les services fonctionnels attendus du système.

Nommez les cas d'utilisation par un verbe à l'infinitif suivi d'un complément, du point de vue de l'acteur (et non pas du point de vue du système).

Comment les analyser ?

Pour détailler la dynamique du cas d'utilisation, la procédure la plus évidente consiste à recenser de façon textuelle toutes les interactions entre les acteurs et le système. Le cas d'utilisation doit avoir un début et une fin clairement identifiés. Il faut également préciser les variantes possibles, telles que le cas nominal, les différents cas alternatifs et d'erreur, tout en essayant d'ordonner séquentiellement les descriptions, afin d'améliorer leur lisibilité.

Comment les représenter ?

Le diagramme de cas d'utilisation est un schéma qui montre les cas d'utilisation (ovales) reliés par des associations (lignes) à leurs acteurs (icône du « stick man », ou représentation graphique équivalente). Chaque association signifie simplement « participe à ». Un cas d'utilisation doit être relié à au moins un acteur.

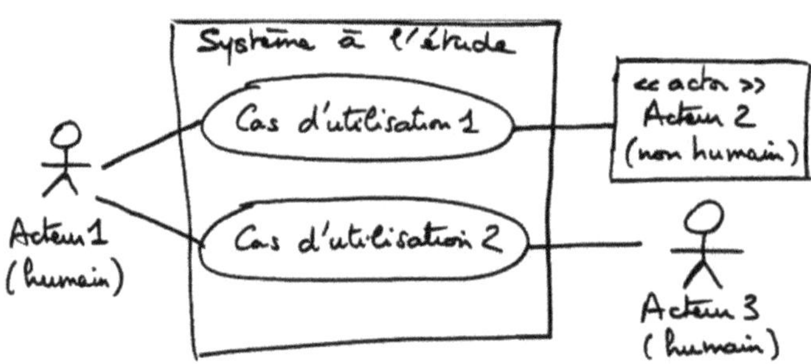

Figure 1-2.
Diagramme de cas d'utilisation

Une fois les cas d'utilisation identifiés, il faut encore les décrire !

Scénario

Un *scénario* représente une succession particulière d'enchaînements, s'exécutant du début à la fin du cas d'utilisation, un *enchaînement* étant l'unité de description de séquences d'actions. Un cas d'utilisation contient en général un scénario nominal et plusieurs scénarios alternatifs (qui se terminent de façon normale) ou d'erreur (qui se terminent en échec).

On peut d'ailleurs proposer une définition différente pour un cas d'utilisation : « ensemble de scénarios d'utilisation d'un système reliés par un but commun du point de vue d'un acteur ».

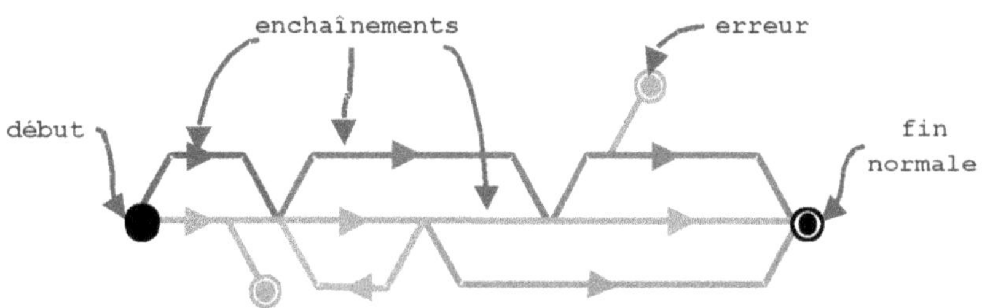

Figure 1-3. *Représentation des scénarios d'un cas d'utilisation*

La fiche de description textuelle d'un cas d'utilisation n'est pas normalisée par UML. Nous préconisons pour notre part la structuration suivante :

Sommaire d'identification (obligatoire)	Inclut titre, résumé, dates de création et de modification, version, responsable, acteurs...
Description des scénarios (obligatoire)	Décrit le scénario nominal, les scénarios (ou enchainements) alternatifs, les scénarios (ou enchaînements) d'erreur, mais aussi les préconditions et les postconditions.
Exigences non-fonctionnelles (optionnel)	Ajoute, si c'est pertinent, les informations suivantes : fréquence, volumétrie, disponibilité, fiabilité, intégrité, confidentialité, performances, concurrence, etc. Précise également les contraintes d'interface homme-machine comme des règles d'ergonomie, une charte graphique, etc.

Étude d'un guichet automatique de banque

Cette étude de cas concerne un système simplifié de Guichet Automatique de Banque (GAB). Le GAB offre les services suivants :

1. Distribution d'argent à tout Porteur de carte de crédit, *via* un lecteur de carte et un distributeur de billets.
2. Consultation de solde de compte, dépôt en numéraire et dépôt de chèques pour les clients porteurs d'une carte de crédit de la banque adossée au GAB.

N'oubliez pas non plus que :

3. Toutes les transactions sont sécurisées.
4. Il est parfois nécessaire de recharger le distributeur, etc.

À partir de ces quatre phrases, nous allons progressivement :

- identifier les acteurs ;
- identifier les cas d'utilisation ;

- construire un diagramme de cas d'utilisation ;
- décrire textuellement les cas d'utilisation ;
- compléter les descriptions par des diagrammes dynamiques ;
- organiser et structurer les cas d'utilisation.

ATTENTION

L'énoncé précédent est volontairement incomplet et imprécis, comme il en est dans les projets réels !
Notez également que le problème et sa solution sont basés sur l'utilisation de cartes à puce dans le contexte des systèmes bancaires français. Si le GAB que vous avez l'habitude d'utiliser ne fonctionne pas exactement comme le nôtre, ce n'est pas très important. C'est surtout un prétexte pour vous montrer comment raisonner fonctionnellement avec les cas d'utilisation UML.

Étape 1 – Identification des acteurs du GAB

EXERCICE 1-1. Les acteurs

Identifiez les acteurs du GAB.

Quelles sont les entités externes qui interagissent directement avec le GAB ?

Considérons linéairement les phrases de l'énoncé.

La phrase 1 nous permet d'identifier immédiatement un premier acteur évident : tout « Porteur de carte ». Il pourra uniquement utiliser le GAB pour retirer de l'argent avec sa carte.

En revanche, attention : le lecteur de carte et le distributeur de billets font partie du GAB. Ils ne peuvent donc pas être considérés comme des acteurs ! Vous pouvez noter ici que l'identification des acteurs oblige à fixer précisément la frontière entre le système à l'étude et son environnement. Si nous restreignions l'étude au système de contrôle-commande des éléments physiques du GAB, le lecteur de carte et le distributeur de billets deviendraient alors des acteurs.

Autre piège : la carte bancaire elle-même est-elle un acteur ? La carte est bien externe au GAB, et elle interagit avec lui… Pourtant, nous ne recommandons pas de la répertorier en tant qu'acteur, car nous appliquons le principe suivant : éliminer autant que possible les acteurs « physiques » au profit des acteurs « logiques ». L'acteur est celui qui bénéficie de l'utilisation du système. C'est bien le Porteur de carte qui retire de l'argent pour le dépenser ensuite, pas la carte !

La phrase 2 identifie des services supplémentaires qui ne sont proposés qu'aux clients de la banque porteurs d'une carte de crédit de cette dernière. Il s'agit donc d'un profil différent du précédent, que nous matérialisons par un deuxième acteur, appelé *Client banque*[1].

La phrase 3 nous incite à prendre en compte le fait que toutes les transactions sont sécurisées. Mais sécurisées par qui ? Pas par le GAB. Il existe donc d'autres entités externes qui jouent le rôle de Système d'autorisation et avec lesquelles le GAB communique directement. Une interview de l'expert métier est nécessaire, pour nous permettre d'identifier deux acteurs différents :

- le Système d'autorisation global Carte Bancaire, pour les transactions de retrait ;
- le Système d'information de la banque, pour autoriser toutes les transactions effectuées par un client avec sa carte de la banque, mais également pour accéder au solde des comptes.

Enfin, la phrase 4 nous rappelle qu'un GAB nécessite également des actions de maintenance, telles que le rechargement en billets du distributeur, la récupération des cartes avalées, etc. Ces actions de maintenance sont effectuées par un nouvel acteur, que nous appellerons pour simplifier : *Opérateur de maintenance*[2].

Plutôt que de répertorier simplement les acteurs textuellement, on peut réaliser un premier diagramme que nous appelons *diagramme de contexte statique*. Il suffit pour cela d'utiliser un diagramme de classes dans lequel chaque acteur est relié par une association à une classe centrale unique représentant le système, ce qui permet en outre de spécifier le nombre d'instances d'acteurs connectées au système à un moment donné.

Bien que ce diagramme ne fasse pas partie des diagrammes UML « officiels », nous l'avons très souvent trouvé utile dans notre expérience des projets réels.

EXERCICE 1-2. Diagramme de contexte statique

Élaborez le diagramme de contexte statique du GAB.

Le GAB est un système fondamentalement mono-utilisateur : à tout instant, il n'y a qu'une instance de chaque acteur (au maximum) connectée au système.

1. Il faudrait parler en toute rigueur de « Porteur de carte client de la banque », mais c'est un peu long, d'où la nécessité absolue de documenter tout élément UML, y compris les acteurs.
2. Nous pourrions par exemple identifier un acteur supplémentaire appelé « *Convoyeur* » ou « *Gabiste* », chargé spécifiquement de remplir la caisse du GAB.

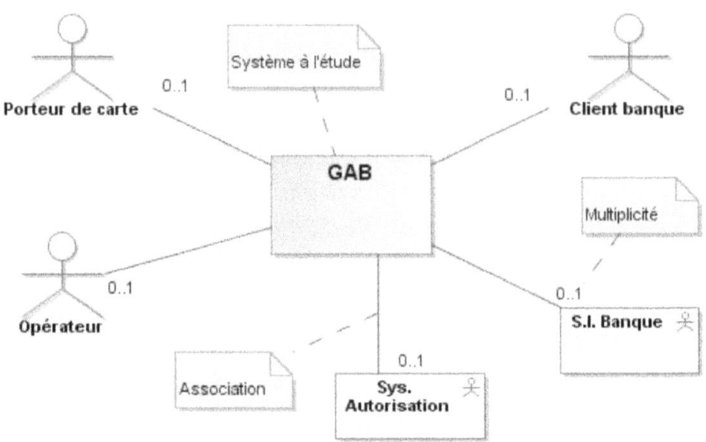

Figure 1-4.
Diagramme de contexte statique du GAB

Il faudrait en toute rigueur ajouter une note graphique pour indiquer qu'en outre les acteurs humains *Client banque* et *Porteur de carte* sont mutuellement exclusifs, ce qui n'est pas implicite d'après les multiplicités des associations.

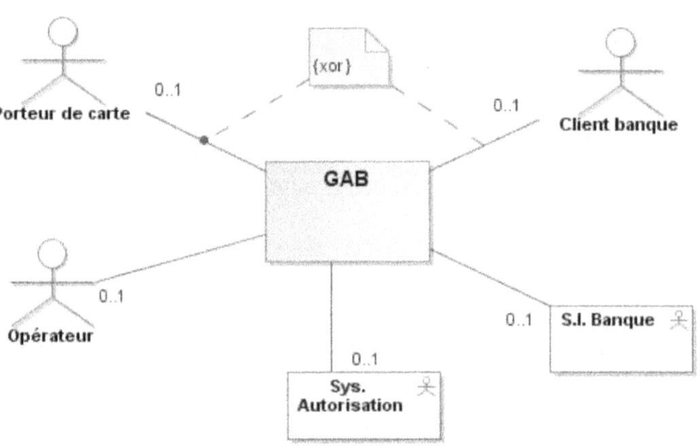

Figure 1-5.
Diagramme de contexte statique du GAB complété

Une autre solution, un peu plus élaborée, consiste à considérer que *Client banque* est une spécialisation de *Porteur de carte*, comme cela est illustré sur la figure suivante. Le problème précité d'exclusivité est ainsi résolu par construction, grâce à l'héritage entre acteurs.

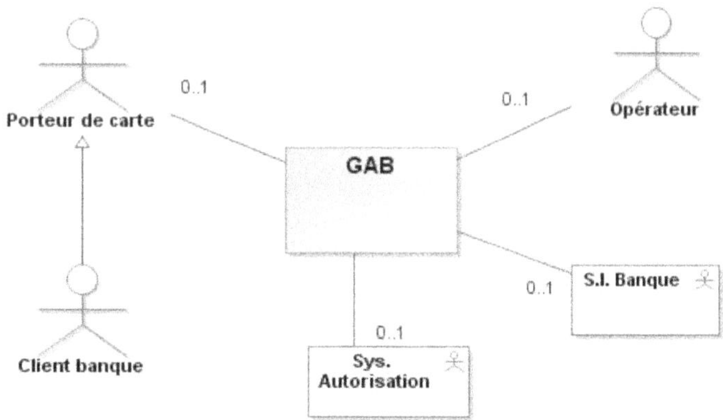

Figure 1-6.
Version plus élaborée du diagramme de contexte statique du GAB

Étape 2 – Identification des cas d'utilisation

EXERCICE 1-3. Cas d'utilisation

Préparez une liste préliminaire des cas d'utilisation du GAB, par acteur.

Reprenons un à un les cinq acteurs et listons les différentes façons qu'ils ont d'utiliser le GAB :

Porteur de carte :

- Retirer de l'argent.

Client banque :

- Retirer de l'argent (à ne pas oublier !).
- Consulter le solde de son compte courant.
- Déposer du numéraire.
- Déposer de l'argent (du numéraire ou des chèques)[3].

Opérateur de maintenance :

- Recharger le distributeur.
- Maintenir l'état opérationnel (récupérer les cartes avalées, récupérer les chèques déposés, remplacer le ruban de papier, etc.).

3. Il n'est pas nécessaire de répertorier deux cas d'utilisation distincts appelés *Déposer du numéraire* et *Déposer des chèques*. En effet, ils auraient le même acteur principal et le même objectif global. Cependant, cette décision pourra être remise en cause lors de la description détaillée des cas d'utilisation si l'on s'aperçoit alors que les scénarios sont trop différents. N'oubliez pas qu'une décision de modélisation ne doit jamais être irréversible !

Système d'autorisation (Sys. Auto.) :

- Néant.

Système d'information (SI) banque :

- Néant.

À RETENIR

Acteur principal ou secondaire

Contrairement à ce que l'on pourrait croire, tous les acteurs n'utilisent pas forcément le système ! Nous appelons acteur principal celui pour qui le cas d'utilisation produit un résultat observable. Par opposition, nous qualifions d'acteurs secondaires les autres participants du cas d'utilisation. Les acteurs secondaires sont souvent sollicités pour des informations complémentaires ; ils peuvent uniquement consulter ou informer le système lors de l'exécution du cas d'utilisation.

C'est exactement le cas des deux acteurs « non humains » de notre exemple : le Sys. Auto. et le SI banque sont uniquement sollicités par le GAB dans le cadre de la réalisation de certains cas d'utilisation. Mais ils n'ont pas eux-mêmes de façon propre d'utiliser le GAB, d'objectif à part entière.

Étape 3 – Réalisation de diagrammes de cas d'utilisation

On obtient sans difficulté un diagramme préliminaire en transcrivant la réponse précédente sur un schéma qui montre les cas d'utilisation (ovales) reliés par des associations (lignes) à leurs acteurs principaux (icône du « stick man »).

À RETENIR

Cadre de diagramme : tag et nom

Notez que depuis UML 2.0, un diagramme peut être inclus dans un cadre accueillant tout le contenu graphique. Le cadre a pour intitulé le nom du diagramme et établit sa portée. C'est un rectangle avec un petit pentagone (appelé tag de nom) placé dans l'angle supérieur gauche, qui contient le type du diagramme et son nom. Le cadre n'est cependant pas obligatoire lorsque le contexte est clair. La spécification UML définit les tags de chaque type de diagramme, mais cela n'a pas de caractère obligatoire et chaque outil a fait ses propres choix. Celui que nous avons utilisé majoritairement pour les nouveaux diagrammes UML 2 du livre, Enterprise Architect de la société Sparx Systems[a], a pris le parti de définir tous les tags avec deux lettres : `ud`, `cd`, `sd`, `td`, `ad`, `sm`, `id`, `dd`. L'autre outil que nous avons également utilisé, MagicDraw, prend des conventions parfois légèrement différentes. Dans le diagramme suivant, uc signifie *use case diagram*.

a. Le lecteur peut visiter le site web suivant http://www.sparxsystems.com.au/ où il trouvera une version d'évaluation du produit *Enterprise Architect*. Nous recommandons également l'introduction à UML 2 disponible sur le même site.

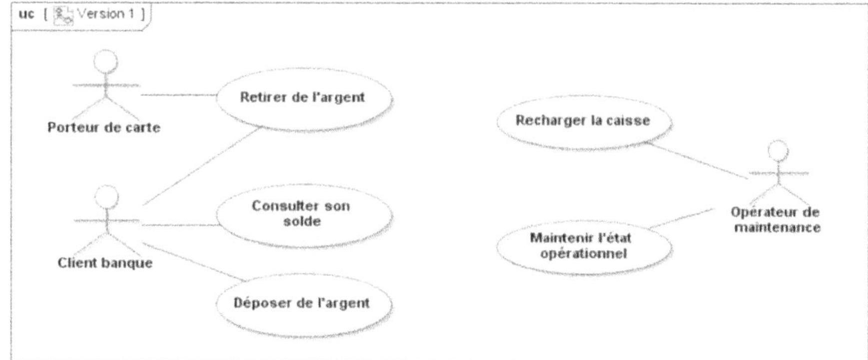

Figure 1-7. *Diagramme de cas d'utilisation préliminaire du GAB*

EXERCICE 1-4. Généralisation entre acteurs

Proposez une *autre* version, plus sophistiquée, de ce diagramme de cas d'utilisation préliminaire.

Le cas d'utilisation *Retirer de l'argent* a deux acteurs principaux possibles (mais exclusifs du point de vue de la simultanéité). Une autre façon de l'exprimer consiste à considérer l'acteur *Client de la banque* comme une spécialisation (au sens de la relation d'héritage) de l'acteur plus général *Porteur de carte*, comme nous l'avons déjà indiqué sur la figure 1-6. Un client de la banque est en effet un Porteur de carte particulier qui a toutes les prérogatives de ce dernier, ainsi que d'autres qui lui sont propres en tant que client.

UML permet de décrire une relation de généralisation/spécialisation entre acteurs, comme cela est indiqué sur le diagramme de cas d'utilisation suivant.

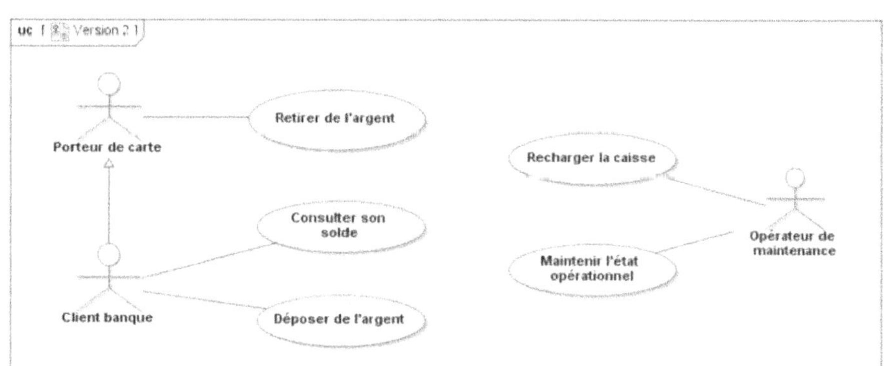

Figure 1-8. *Version plus sophistiquée du diagramme de cas d'utilisation préliminaire*

Cependant, dans notre exemple, l'intérêt de cette relation de généralisation n'est pas évident. Elle permet certes de supprimer l'association entre l'acteur *Client banque* et le cas d'utilisation *Retirer de l'argent*, qui est maintenant héritée de l'acteur *Porteur de carte*, mais ajoute en revanche le symbole de généralisation entre les deux acteurs... De plus, nous verrons au paragraphe suivant que les acteurs secondaires sollicités ne sont pas les mêmes dans le cas du Porteur de carte non client et dans celui du client de la banque.

Nous ne retiendrons donc pas cette solution et nous considérerons dans la suite du chapitre que les dénominations *Porteur de carte non client* et *Porteur de carte* sont synonymes.

Il nous reste maintenant à ajouter les acteurs secondaires pour compléter le diagramme de cas d'utilisation. Pour cela, UML propose simplement en standard de faire apparaître ces acteurs avec des associations supplémentaires vers les cas d'utilisation existants.

À RETENIR

Précisions graphiques au diagramme de cas d'utilisation

Pour notre part, afin d'améliorer le contenu informatif de ces diagrammes, nous recommandons d'adopter les conventions suivantes :
– par défaut, le rôle d'un acteur est « principal » ; si ce n'est pas le cas, indiquez explicitement que le rôle est « secondaire » sur l'association, du côté de l'acteur ;
– dans la mesure du possible, disposez les acteurs principaux à gauche des cas d'utilisation et les acteurs secondaires à droite.

EXERCICE 1-5. Acteurs secondaires

Complétez le diagramme de cas d'utilisation préliminaire en ajoutant les acteurs secondaires. Pour simplifier, ne tenez plus compte pour l'instant de l'opérateur de maintenance.

Pour tous les cas d'utilisation propres au client de la banque, il faut clairement faire intervenir comme acteur secondaire *SI banque*.

Mais un problème se pose pour le cas d'utilisation partagé *Retirer de l'argent*. En effet, si l'acteur principal est un Porteur de carte non client, il faudra faire appel au *Sys. Auto.* (qui se chargera ensuite de contacter le SI de la banque du porteur), alors que, s'il s'agit d'un client de la banque, le GAB contactera directement le *SI banque*.

Une première solution consiste à ajouter une association avec chacun des deux acteurs non-humains. Cette modélisation simpliste ne permet pas au lecteur du diagramme de comprendre que les acteurs participent au cas d'utilisation *Retirer de l'argent* sélectivement deux par deux et non pas tous ensemble (figure 1-9).

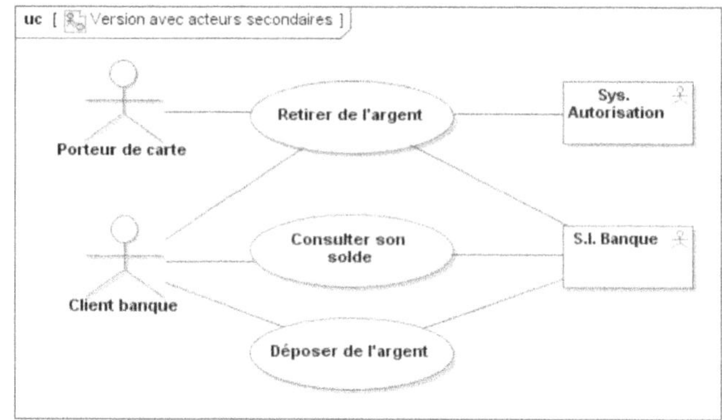

Figure 1-9. *Version simple du diagramme de cas d'utilisation complété*

Une autre solution consiste à distinguer deux cas d'utilisation pour le retrait d'argent : *Retirer de l'argent* et *Retirer de l'argent avec une carte de la banque*. Cette modélisation plus précise, mais plus lourde, est plus parlante pour l'expert métier. Elle milite d'ailleurs clairement contre l'utilisation de la généralisation entre acteurs évoquée précédemment. En effet, la distinction entre les deux cas d'utilisation est contradictoire avec la tentative d'héritage par l'acteur *Client banque* du cas unique *Retirer de l'argent*, qui avait été envisagée plus haut, alors que les acteurs secondaires n'avaient pas encore été ajoutés. Nous garderons cette seconde solution pour la suite de l'exercice[4] (figure 1-10).

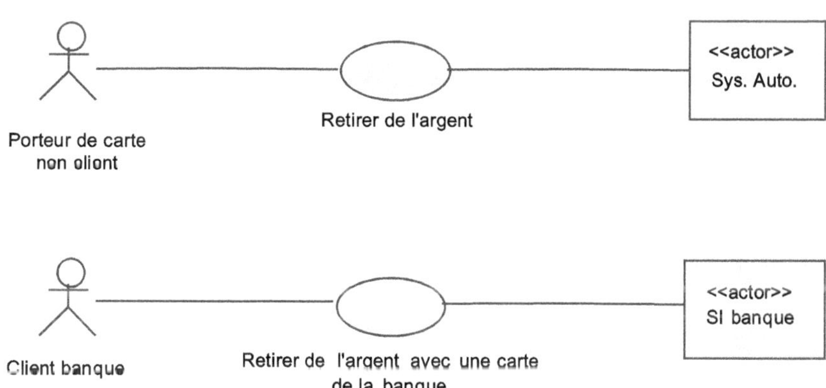

Figure 1-10. *Fragment de la version plus précise du diagramme de cas d'utilisation complété*

On notera que le *SI banque* n'est pas un acteur direct du cas d'utilisation *Retirer de l'argent*, car nous considérons que le *Sys. Auto.* se charge de le contacter, en dehors de la portée du GAB.

4. Il s'agit ici d'un choix de modélisation arbitraire ! Nous ne disons pas que toute autre solution serait mauvaise, mais nous expliquons avec des arguments concrets pourquoi nous préférons la nôtre.

Étape 4 – Description textuelle des cas d'utilisation

EXERCICE 1-6. Partie obligatoire du cas d'utilisation

Décrivez la partie obligatoire du cas d'utilisation RETIRER DE L'ARGENT (pour l'acteur non client de la banque).

Sommaire d'identification

Titre : Retirer de l'argent

Résumé : ce cas d'utilisation permet à un Porteur de carte, qui n'est pas client de la banque, de retirer de l'argent, si son crédit hebdomadaire le permet.

Acteurs : Porteur de carte (principal), *Système d'autorisation (secondaire).*

Date de création : 02/03/17 **Date de mise à jour** : 05/05/17

Version : 1.8 **Responsable** : Pascal Roques

Description des scénarios

Préconditions

- La caisse du GAB est alimentée (il reste au moins un billet !).
- Aucune carte ne se trouve déjà coincée dans le lecteur.
- La connexion avec le Système d'autorisation est opérationnelle.

Scénario nominal

1. Le Porteur de carte[5] introduit sa carte dans le lecteur de cartes du GAB.
2. Le GAB vérifie que la carte introduite est bien une carte bancaire.
3. Le GAB demande au Porteur de carte de saisir son code d'identification.
4. Le Porteur de carte saisit son code d'identification.
5. Le GAB compare le code d'identification avec celui qui est codé sur la puce de la carte.
6. Le GAB demande une autorisation au Système d'autorisation.
7. Le Système d'autorisation donne son accord et indique le crédit hebdomadaire.
8. Le GAB demande au Porteur de carte de saisir le montant désiré du retrait.
9. Le Porteur de carte saisit le montant désiré du retrait.

5. Nous préconisons de mettre systématiquement une majuscule au début du nom des acteurs pour améliorer la lisibilité du scénario nominal.

10. Le GAB contrôle le montant demandé par rapport au crédit hebdomadaire.
11. Le GAB demande au Porteur de carte s'il veut un ticket.
12. Le Porteur de carte demande un ticket.
13. Le GAB rend sa carte au Porteur de carte.
14. Le Porteur de carte reprend sa carte.
15. Le GAB délivre les billets et un ticket.
16. Le Porteur de carte prend les billets et le ticket.

Une autre présentation intéressante[6] consiste à séparer les actions des acteurs et du système en deux colonnes comme suit :

1. Le Porteur de carte introduit sa carte dans le lecteur de cartes du GAB.	2. Le GAB vérifie que la carte introduite est bien une carte bancaire. 3. Le GAB demande au Porteur de carte de saisir son code d'identification.
4. Le Porteur de carte saisit son code d'identification.	5. Le GAB compare le code d'identification avec celui qui est codé sur la puce de la carte. 6. Le GAB demande une autorisation au Système d'autorisation.
7. Le Système d'autorisation donne son accord et indique le crédit hebdomadaire.	8. Le GAB demande au Porteur de carte de saisir le montant désiré du retrait.
9. Le Porteur de carte saisit le montant désiré du retrait.	10. Le GAB contrôle le montant demandé par rapport au crédit hebdomadaire. 11. Le GAB demande au Porteur de carte s'il veut un ticket.
12. Le Porteur de carte demande un ticket.	13. Le GAB rend sa carte au Porteur de carte.
14. Le Porteur de carte reprend sa carte.	15. Le GAB délivre les billets et un ticket.
16. Le Porteur de carte prend les billets et le ticket.	

6. Cette présentation a été recommandée par C. Larman dans la première version de *Applying UML and Patterns [Larman 97]*.

Enchaînements alternatifs[7]

A1 : code d'identification provisoirement erroné

L'enchaînement A1 démarre au point 5 du scénario nominal.

6. Le GAB indique au Porteur de carte que le code est erroné, pour la première ou deuxième fois.
7. Le GAB enregistre l'échec sur la carte.

Le scénario nominal reprend au point 3.

A2 : montant demandé supérieur au crédit hebdomadaire

L'enchaînement A2 démarre au point 10 du scénario nominal.

11. Le GAB indique au Porteur de carte que le montant demandé est supérieur au crédit hebdomadaire.

Le scénario nominal reprend au point 8.

A3 : ticket refusé

L'enchaînement A3 démarre au point 11 du scénario nominal.

12. Le Porteur de carte refuse le ticket.
13. Le GAB rend sa carte au Porteur de carte.
14. Le Porteur de carte reprend sa carte.
15. Le GAB délivre les billets.
16. Le Porteur de carte prend les billets.

Enchaînements d'erreur

E1 : carte non-valide

L'enchaînement E1 démarre au point 2 du scénario nominal.

3. Le GAB indique au Porteur que la carte n'est pas valide (illisible, périmée, etc.), la confisque ; le cas d'utilisation se termine en échec.

E2 : code d'identification définitivement erroné

L'enchaînement E2 démarre au point 5 du scénario nominal.

6. Le GAB indique au Porteur de carte que le code est erroné, pour la troisième fois.
7. Le GAB confisque la carte.
8. Le Système d'autorisation est informé ; le cas d'utilisation se termine en échec.

7. Nous distinguons les enchaînements alternatifs (Ax) qui reprennent ensuite à une étape du scénario nominal des enchaînements d'erreur (Ey) qui terminent brutalement le cas d'utilisation en échec. L'objectif de l'acteur principal est donc atteint par les scénarios nominaux et alternatifs mais pas par ceux d'erreur.

E3 : retrait non autorisé

L'enchaînement E3 démarre au point 6 du scénario nominal.

7. Le Système d'autorisation interdit tout retrait.
8. Le GAB éjecte la carte ; le cas d'utilisation se termine en échec.

E4 : carte non reprise

L'enchaînement E4 démarre au point 13 du scénario nominal.

14. Au bout de 10 secondes, le GAB confisque la carte.
15. Le Système d'autorisation est informé ; le cas d'utilisation se termine en échec.

E5 : billets non pris

L'enchaînement E5 démarre au point 15 du scénario nominal.

16. Au bout de 10 secondes, le GAB reprend les billets.
17. Le cas d'utilisation se termine en échec.

E6 : annulation de la transaction

L'enchaînement E6 peut démarrer entre les points 4 et 12 du scénario nominal.

4 à 12. Le Porteur de carte demande l'annulation de la transaction en cours.
Le GAB éjecte la carte ; le cas d'utilisation se termine en échec.

Une autre présentation intéressante des enchaînements alternatifs et d'erreur consiste à utiliser les conventions préconisées par A. Cockburn[8]. Celui-ci propose d'indiquer les différentes alternatives par des lettres collées au chiffre du numéro de l'étape du scénario nominal concernée. Une version alternative de la solution précédente pourrait être alors :

2a. Carte illisible ou non valable :

Le GAB avertit le Porteur et éjecte la carte ; le cas d'utilisation se termine en échec.

2b. Carte périmée :

Le GAB avertit le Porteur et confisque la carte ; le cas d'utilisation se termine en échec.

4a. Délai de saisie du code expiré :

Le GAB avertit le porteur et éjecte la carte ; le cas d'utilisation se termine en échec.

4-12a.[9] Le Porteur annule la transaction :

Le GAB éjecte la carte ; le cas d'utilisation se termine en échec.

8. Le lecteur se référera avec profit à l'excellent ouvrage d'Alistair Cockburn : *Rédiger des cas d'utilisation efficaces*, éditions Eyrolles 2001 [Cockburn 01].
9. La notation 4-12 signifie : « de l'étape 4 à l'étape 12 ».

5a. Code d'identification erroné pour la première ou deuxième fois :

5a1. Le GAB enregistre l'échec sur la carte.

5a2. Le GAB avertit le Porteur et le scénario nominal reprend à l'étape 3.

5b. Code d'identification erroné pour la troisième fois :

Le GAB avertit le Porteur et confisque la carte ; le cas d'utilisation se termine en échec.

7a. Transaction refusée par le Système d'autorisation :

Le GAB avertit le Porteur et éjecte la carte ; le cas d'utilisation se termine en échec.

7b. Délai de réponse du Système d'autorisation expiré :

Le GAB avertit le Porteur et éjecte la carte ; le cas d'utilisation se termine en échec.

9a. Délai de saisie du montant expiré :

Le GAB avertit le Porteur et éjecte la carte ; le cas d'utilisation se termine en échec.

10a. Montant demandé supérieur au crédit hebdomadaire :
Le GAB avertit le Porteur et le scénario nominal reprend à l'étape 8.

10b. Crédit hebdomadaire insuffisant :

Le GAB avertit le Porteur et éjecte la carte ; le cas d'utilisation se termine en échec.

12a. Le Porteur ne demande pas de ticket :
Le cas d'utilisation continue à l'identique, sauf l'impression du ticket.

14a. Délai de retrait de la carte expiré :

14a1. Le GAB confisque la carte et annule la transaction ;

14a2. Le GAB avertit le Système d'autorisation et le cas d'utilisation se termine en échec.

16a. Délai de retrait des billets expiré :

Le GAB confisque les billets et annule la transaction ; le cas d'utilisation se termine en échec.

1-7a. Coupure réseau avec le Système d'autorisation :

Le GAB avertit le Porteur et éjecte la carte ; le cas d'utilisation se termine en échec.

Postconditions

La caisse du GAB contient moins de billets qu'au début du cas d'utilisation (le nombre de billets manquants est fonction du montant du retrait).

Une transaction de retrait a été enregistrée par le GAB avec toutes les informations pertinentes (montant, numéro de carte, date, etc.). Les détails de la transaction doivent être enregistrés aussi bien en cas de succès que d'échec.

EXERCICE 1-7. Paragraphes optionnels du cas d'utilisation

Complétez la description du cas d'utilisation RETIRER DE L'ARGENT avec les paragraphes optionnels. Détaillez les besoins en interface homme-machine.

Exigences non fonctionnelles

Contraintes	Descriptif
Temps de réponse	L'interface du GAB doit réagir en l'espace de 2 secondes au maximum. Une transaction nominale de retrait doit durer moins de 2 minutes.
Concurrence	Non applicable (mono-utilisateur).
Disponibilité	Le GAB est accessible 7 jours sur 7, 24 h sur 24 (global[10]). L'absence de papier pour imprimer les tickets ne doit pas empêcher les retraits.
Intégrité	Les interfaces du GAB doivent être très robustes pour prévenir le vandalisme.
Confidentialité	La comparaison du code d'identification saisi sur le clavier du GAB avec celui de la carte doit être fiable à 10^{-6}.

Besoins d'IHM

Les dispositifs d'entrée/sortie à la disposition du Porteur de carte doivent être :

- Un lecteur de carte bancaire.
- Un clavier numérique (pour saisir son code), avec des touches « validation », « correction » et « annulation ».
- Un écran pour l'affichage des messages du GAB.
- Des touches autour de l'écran pour sélectionner un montant de retrait parmi ceux qui sont proposés.
- Un distributeur de billets.
- Un distributeur de tickets.

10. Cette exigence non fonctionnelle n'est pas réellement spécifique au cas d'utilisation et devra donc se retrouver au final dans un document plus global. Elle a uniquement été citée ici (ainsi que les suivantes) pour étoffer le paragraphe.

Étape 5 – Description graphique des cas d'utilisation

Pour documenter les cas d'utilisation, la description textuelle est indispensable, car elle seule permet de communiquer facilement avec les utilisateurs et de s'entendre sur la terminologie métier employée.

En revanche, le texte présente des désavantages puisqu'il est difficile de montrer comment les enchaînements se succèdent, ou à quel moment les acteurs secondaires sont sollicités. En outre, la maintenance des évolutions s'avère souvent fastidieuse. Il est donc recommandé de compléter la description textuelle par un ou plusieurs diagrammes dynamiques UML.

À RETENIR

Descriptions dynamiques d'un cas d'utilisation

Pour les cas d'utilisation, on peut utiliser le diagramme d'activité car les utilisateurs le comprennent d'autant plus facilement qu'il paraît ressembler à un organigramme traditionnel[b].

Figure 1-11.
Bases du diagramme d'activité UML 2

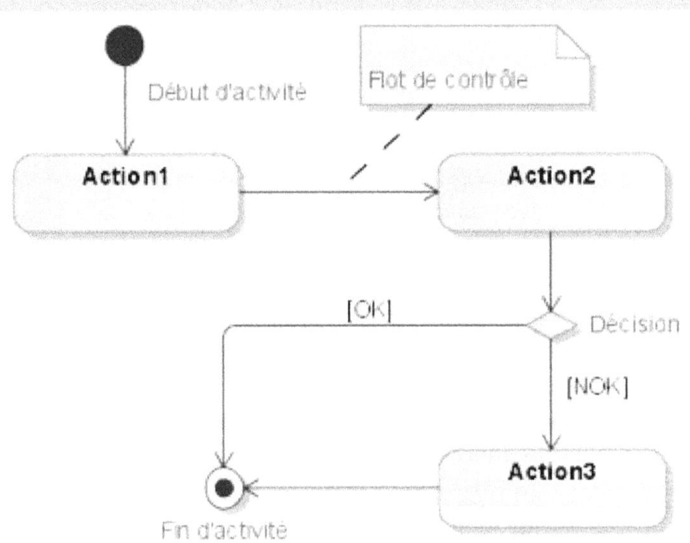

Pour des scénarios particuliers, le diagramme de séquence est une bonne solution.

b. UML 2 propose un nouveau type de diagramme, appelé « Interaction Overview Diagram », qui fusionne les diagrammes d'activité et de séquence. L'utilisation de ce nouveau diagramme paraît prometteuse au niveau des cas d'utilisation, voire du système global. Nous en donnerons un exemple dans la suite du chapitre.

Figure 1-12.
Bases du diagramme de séquence UML 2

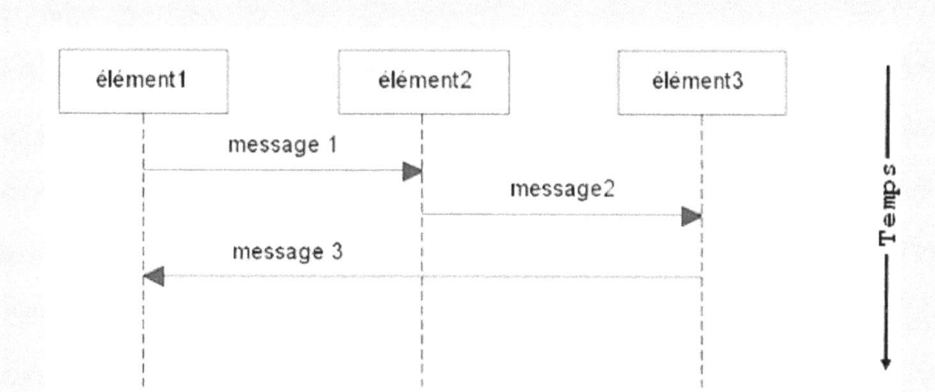

Nous recommandons de le présenter en montrant l'acteur principal à gauche, puis un objet unique représentant le système en boîte noire, et, enfin, les éventuels acteurs secondaires sollicités durant le scénario à droite du système. Nous utiliserons l'intitulé diagramme de séquence système comme cela a été proposé initialement dans [Larman 97].
Avec les intéressants ajouts au diagramme de séquence apportés par UML 2, en particulier les cadres d'interactions (avec les opérateurs `loop`, `opt` et `alt` par exemple), ainsi que la possibilité de référencer une interaction décrite par ailleurs, le diagramme de séquence système nous semble constituer une excellente solution.

EXERCICE 1-8. Diagramme de séquence système

Réalisez un diagramme de séquence système qui décrit le scénario nominal du cas d'utilisation RETIRER DE L'ARGENT.

Il suffit de transcrire sous forme de diagramme de séquence les interactions citées dans le scénario textuel de la réponse 1-6, en utilisant les conventions graphiques citées plus haut :

- l'acteur principal *Porteur de carte* à gauche ;
- un participant représentant le GAB au milieu ;
- l'acteur secondaire *Sys. Auto.* à droite du GAB.

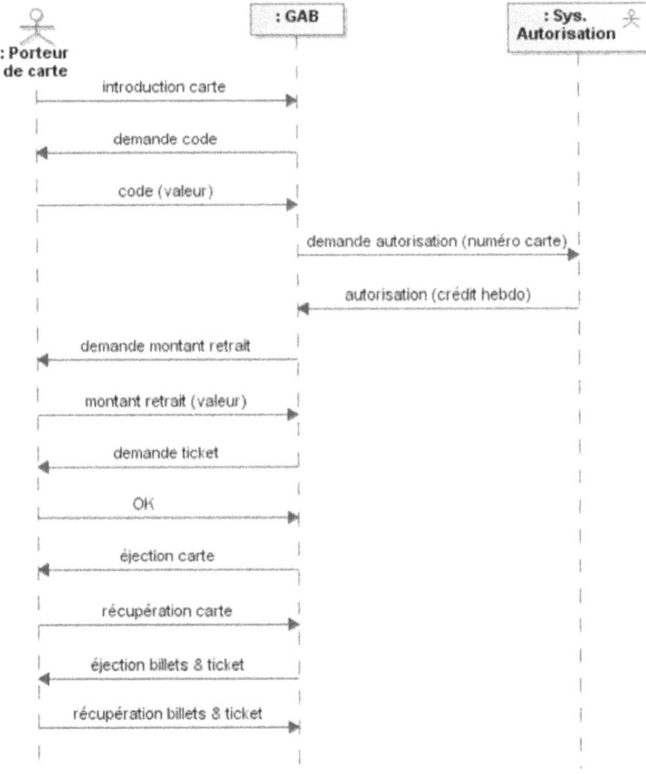

Figure 1-13. *Diagramme de séquence système du scénario nominal de* Retirer de l'argent

Contrairement au diagramme de séquence précédent qui ne décrit que le scénario nominal, le diagramme d'activité doit représenter l'ensemble des actions réalisées par le système, avec tous les branchements conditionnels et toutes les boucles possibles.

C'est un graphe orienté d'actions et de transitions. Les transitions sont franchies lors de la fin des actions ; des étapes peuvent être réalisées en parallèle ou en séquence.

EXERCICE 1-9. Diagramme d'activité

Réalisez un diagramme d'activité qui décrit la dynamique du cas d'utilisation RETIRER DE L'ARGENT.

Le diagramme d'activité est décrit sur la figure suivante avec un repérage des principaux symboles graphiques.

Notez que le diagramme diffère légèrement du texte : il omet l'étape de demande de ticket dans un souci de simplification. Néanmoins, le résultat de cette demande est pris en compte par la condition de garde avec le label « ticket demandé ».

Figure 1-14. *Diagramme d'activité de* Retirer de l'argent

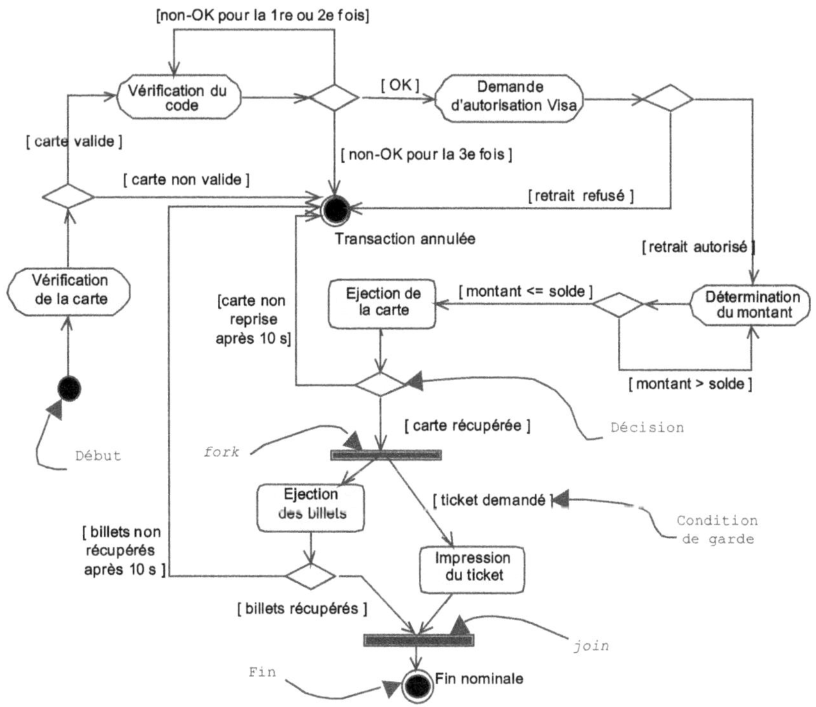

EXERCICE 1-10. Diagramme de séquence système enrichi

À RETENIR

Ajouts au diagramme de séquence système

Une possibilité intéressante consiste à enrichir le diagramme de séquence système du scénario nominal pour faire apparaître également :

– les principales actions internes du système (au moyen de messages qu'il s'envoie à lui-même) ;

– les renvois aux enchaînements alternatifs et d'erreur (au moyen de notes).

Cela donne souvent un diagramme moins complexe à lire que ne l'est un diagramme d'activité, car moins riche en symboles, mais au contenu informatif appréciable pour l'expert métier.

Enrichissez le diagramme de séquence système qui décrit le scénario nominal du cas d'utilisation RETIRER DE L'ARGENT.

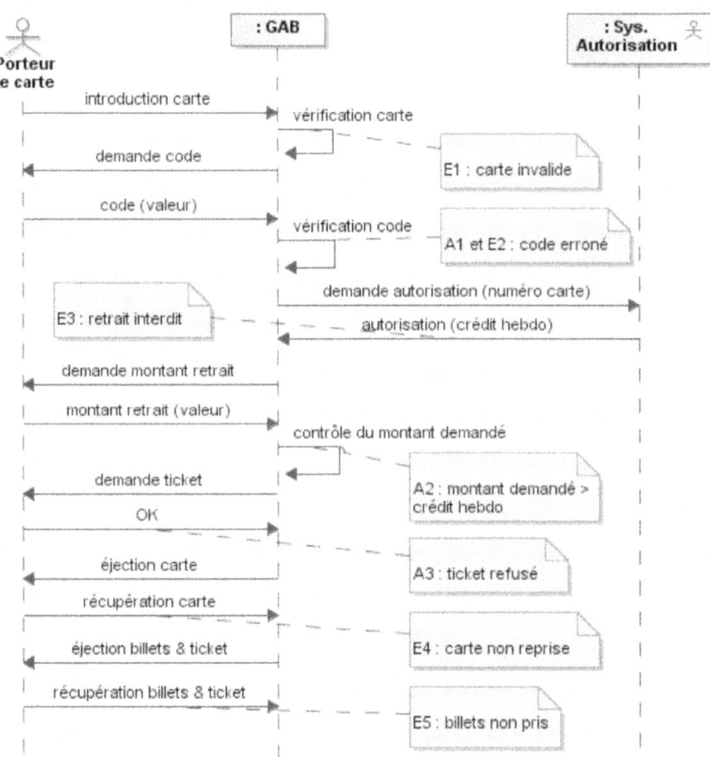

Figure 1-15.
Diagramme de séquence système enrichi du scénario nominal de Retirer de l'argent

Étape 6 – Organisation des cas d'utilisation

Dans cette avant-dernière étape, nous allons affiner nos diagrammes et nos descriptions.

Avec UML, il est en effet possible de détailler et d'organiser les cas d'utilisation de deux façons différentes et complémentaires :

- en ajoutant des relations d'inclusion, d'extension et de généralisation entre cas d'utilisation ;
- en les regroupant en packages, afin de définir des blocs fonctionnels de plus haut niveau.

Abordons tout d'abord la relation *d'inclusion* : le cas d'utilisation de base en incorpore explicitement un autre, de façon obligatoire, à un endroit spécifié dans ses enchaînements. On utilise cette relation pour éviter de décrire plusieurs fois le même enchaînement, en factorisant le comportement commun dans un cas d'utilisation à part.

EXERCICE 1-11. Inclusion entre cas d'utilisation

Identifiez une partie commune aux différents cas d'utilisation et factorisez-la dans un nouveau cas inclus dans ces derniers.

Si l'on examine en détail la description textuelle du cas d'utilisation *Retirer de l'argent*, on s'aperçoit que le début du scénario nominal va également être applicable à tous les cas d'utilisation du client de la banque, en remplaçant « Porteur de carte » par « Client de la banque » :

1. Le Porteur de carte introduit sa carte dans le lecteur de cartes du GAB.
2. Le GAB vérifie que la carte introduite est bien une carte bancaire.
3. Le GAB demande au Porteur de carte de saisir son code d'identification.
4. Le Porteur de carte saisit son code d'identification.
5. Le GAB compare le code d'identification avec celui qui est codé sur la puce de la carte.

Cet enchaînement nominal est en outre complété par les enchaînements alternatifs ou d'erreur A1 (code d'identification provisoirement erroné), E1 (carte non valide) et E2 (code d'identification définitivement erroné).

On peut donc légitimement identifier un nouveau cas d'utilisation[11] inclus dans les précédents, que nous appellerons *S'authentifier*, et qui contient les enchaînements cités plus haut. Cela nous permettra d'enlever des autres cas d'utilisation toutes ces descriptions textuelles redondantes, en se concentrant mieux sur leurs spécificités fonctionnelles.

En UML, cette relation d'inclusion obligatoire est formalisée par une flèche de dépendance entre le cas d'utilisation de base et le cas inclus, nommée avec le mot-clé `<<include>>`, comme cela est indiqué sur le schéma suivant.

11. Jacobson a proposé dans un article de parler de fragment plutôt que de cas d'utilisation à part entière, car s'authentifier n'est pas un objectif à part entière de l'utilisateur du GAB ! Pour renforcer ce concept, nous préconisons d'utiliser un mot-clé (ou stéréotype) « fragment » pour le différencier des autres cas d'utilisation.

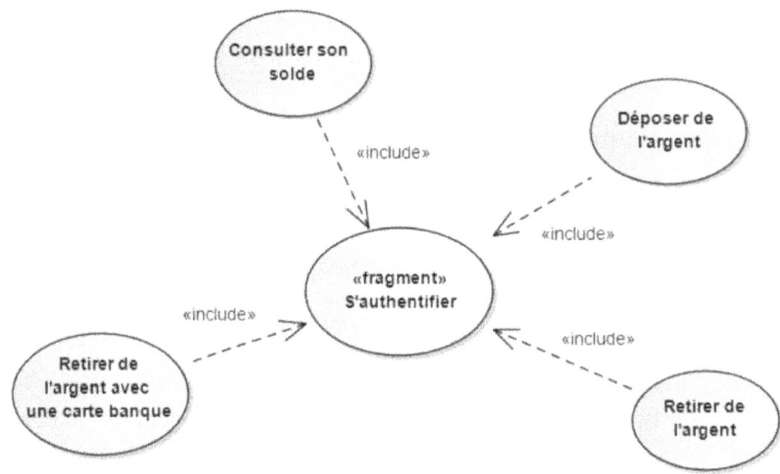

Figure 1-16.
Relation d'inclusion entre cas d'utilisation

L'identification du fragment `S'authentifier` permet d'alléger le diagramme de séquence système en utilisation le cadre `ref` proposé par UML 2. Le début du diagramme remanié est donné sur la figure 1-17. Notez la contrainte temporelle sur la réponse du système d'autorisation.

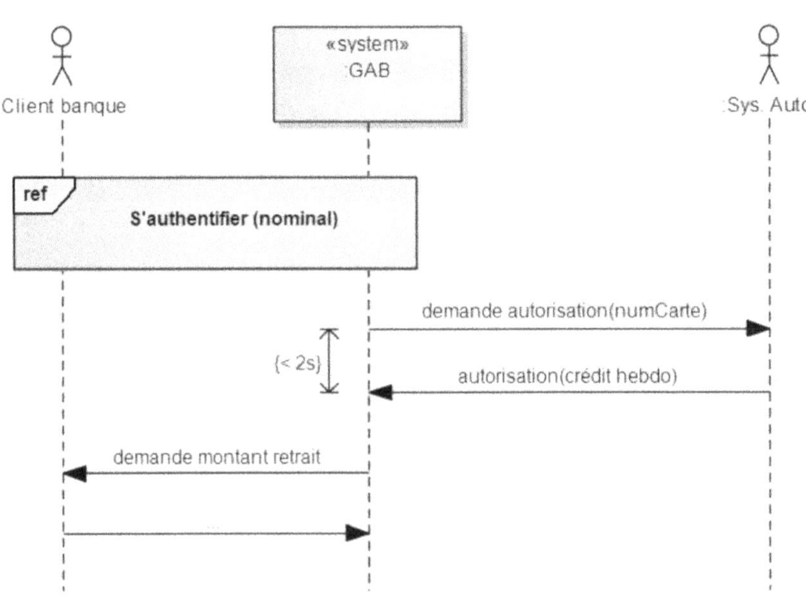

Figure 1-17.
Nouveau diagramme de séquence système avec référence au cas inclus

Le cadre `ref` fait référence à un autre diagramme de séquence donné figure 1-18.

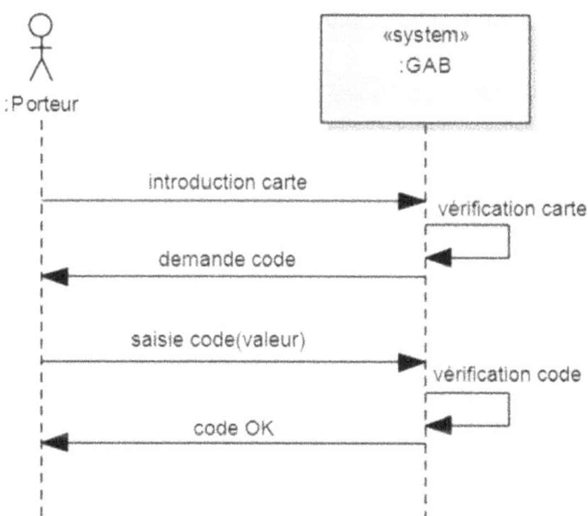

Figure 1-18. *Diagramme de séquence système du fragment référencé*

Poursuivons notre analyse par la relation *d'extension* : cette fois-ci, le cas de base en incorpore implicitement un autre, mais de façon optionnelle, à un endroit spécifié indirectement dans celui qui procède à l'extension. On utilise cette relation pour séparer un comportement optionnel ou rare du comportement obligatoire.

EXERCICE 1-12. Extension entre cas d'utilisation

En extrapolant sur les besoins initiaux, identifiez une relation d'extension entre deux cas d'utilisation du client de la banque.

En réexaminant la question du retrait d'argent, on a tôt fait de s'apercevoir que le client de la banque applique quasiment le même enchaînement nominal que le Porteur de carte. Mais, en tant que client, il a également accès aux autres cas d'utilisation : pourquoi ne pas lui permettre de consulter son solde juste avant qu'il ne choisisse le montant de son retrait ? Il pourrait ainsi ajuster le montant demandé avec ce qu'il lui reste à ce moment sur son compte.

Si l'on retient ce nouveau besoin fonctionnel, pour le modéliser en UML il suffit d'ajouter une relation d'extension optionnelle comme cela est indiqué sur la figure suivante.

Les deux cas d'utilisation peuvent bien sûr s'exécuter indépendamment, mais *Consulter le solde* peut également venir s'intercaler à l'intérieur de *Retirer de l'argent avec une carte de la banque*, au point d'extension *Vérification montant*.

Figure 1-19.
Relation d'extension entre cas d'utilisation

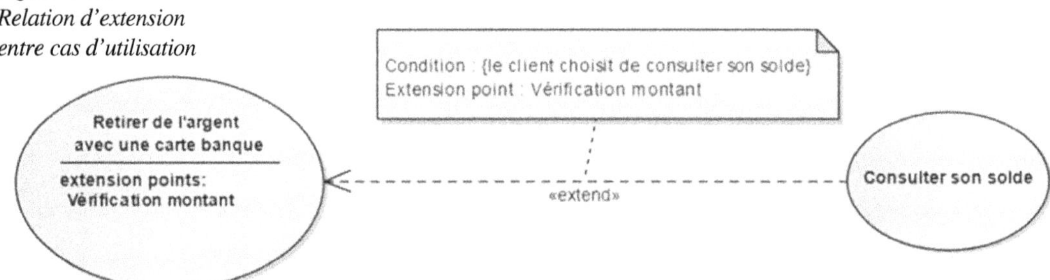

Ce point d'extension doit être déclaré dans la description textuelle, par exemple en modifiant comme ceci l'enchaînement nominal :

...

7. Le SI banque donne son accord et indique le solde hebdomadaire.
8. Le GAB demande au Client banque de saisir le montant désiré du retrait.

Point d'extension : Vérification montant

9. Le Client banque saisit le montant désiré du retrait.
10. Le GAB contrôle le montant demandé par rapport au solde hebdomadaire.

...

Poursuivons enfin par la relation de *généralisation / spécialisation* : les cas d'utilisation descendants héritent de la description de leur parent commun. Ils peuvent néanmoins comprendre chacune des interactions spécifiques supplémentaires, ou modifier les interactions dont ils ont hérité. On utilise cette relation pour formaliser des variations importantes[12] sur le même cas d'utilisation.

EXERCICE 1-13. Généralisation / spécialisation entre cas d'utilisation

Identifiez une relation de généralisation / spécialisation qui implique un cas d'utilisation du client de la banque.

Considérons le cas d'utilisation *Déposer de l'argent*. Il possède deux scénarios principaux : *Déposer du numéraire* et *Déposer des chèques*. Reprenons la discussion entamée en début de chapitre : est-il souhaitable de distinguer ces scénarios en tant que cas d'utilisation à part entière ? Essayons de trouver les arguments pour et contre.

12. Nous insistons sur le mot « important », car cette relation de généralisation entre cas d'utilisation se révèle souvent inutile dans la pratique, voire dangereuse. Elle ajoute de la complexité au diagramme, ce qui peut rebuter l'expert métier qui doit le valider, surtout si le modélisateur utilise également l'inclusion et l'extension !

Ils mettent en jeu les mêmes acteurs : le *Client banque* comme acteur principal et le *SI banque* comme acteur secondaire. Mais surtout, ils parlent de la même chose : la possibilité offerte à un client de la banque d'effectuer un dépôt d'argent grâce au GAB. Le fait que cette transaction consiste à glisser des billets dans un lecteur de billets, ou à simplement déposer une enveloppe contenant un ou plusieurs chèques, n'est pas fondamental. Le résultat sera similaire, à savoir une ligne de crédit sur le compte du client.

Pourtant, le détail des enchaînements va varier notablement : le dépôt de numéraire implique par exemple un dispositif de reconnaissance de billets, avec des interactions liées à chaque introduction de billets, aux erreurs possibles (billet non reconnu, etc.) et à la fin de la transaction. Il est aussi probable que le système de tenue des comptes (qui fait partie du *SI banque*) soit informé en temps réel du dépôt afin de créditer le compte, alors que le dépôt de chèques donnera lieu pour sa part à une vérification manuelle par un guichetier bien après que la transaction fut terminée. En distinguant deux cas d'utilisation, nous ajoutons la possibilité de leur associer des acteurs secondaires différents.

Pour formaliser cette unité fonctionnelle, tout en se gardant la possibilité de décrire les différences au niveau des enchaînements, nous pouvons utiliser la relation de généralisation / spécialisation. Il suffit de considérer que *Déposer de l'argent* est un cas d'utilisation généralisé. Ce cas a maintenant la particularité d'être abstrait (il apparaît alors en italiques), car il ne s'instancie pas directement, mais uniquement par le biais de l'un de ses deux cas spécialisés.

Figure 1-20.
Relation de généralisation entre cas d'utilisation

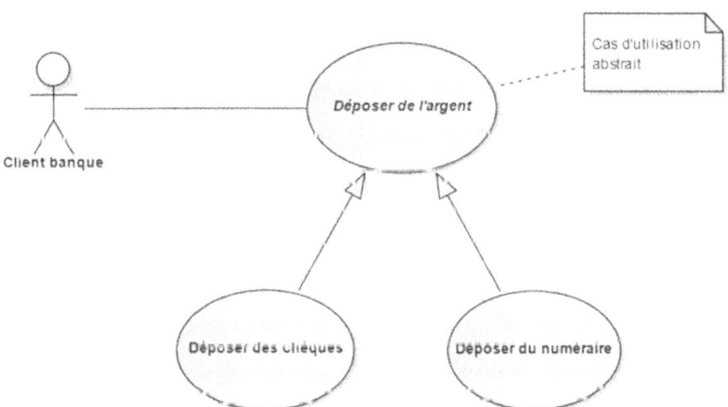

Le diagramme des cas d'utilisation du client banque fait apparaître également la factorisation rendue possible de la relation d'inclusion avec le fragment de cas d'utilisation *S'authentifier*. Il permet surtout d'associer l'acteur secondaire S.I. Banque avec le seul cas d'utilisation spécialisé *Déposer du numéraire*.

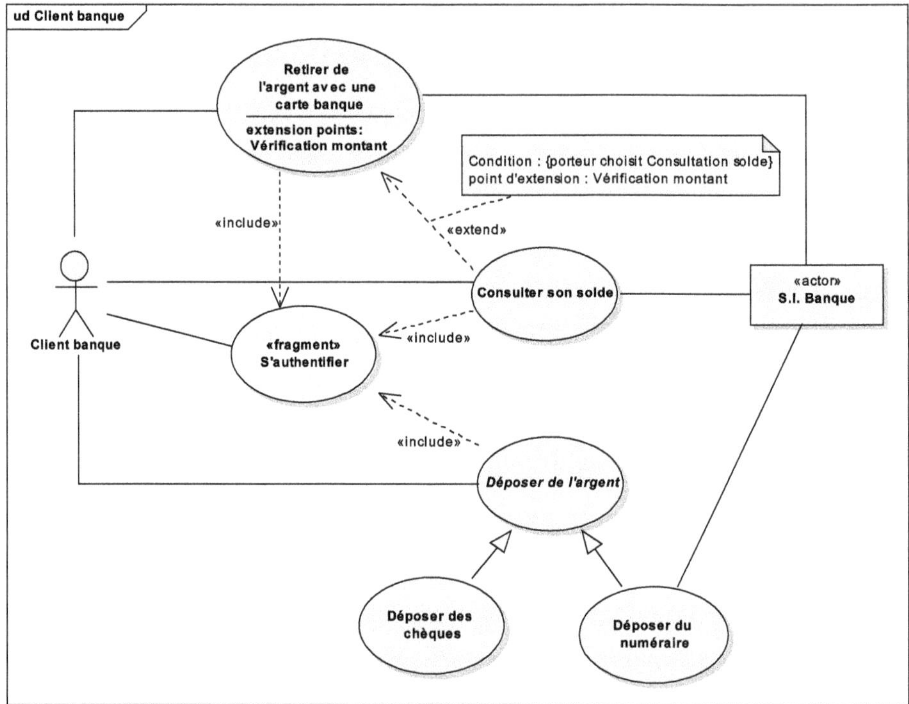

Figure 1-21.
Cas d'utilisation du client banque

Avec tous ces ajouts, que devient donc notre diagramme de cas d'utilisation ? Il est maintenant si complexe (comparé à la figure 1-7) qu'il serait illusoire de penser qu'il puisse être lisible en une seule page, comme le montre le schéma suivant.

Notez que nous avons introduit un acteur généralisé abstrait « *Porteur* » en tant qu'acteur principal du fragment de cas d'utilisation s'authentifier. Cela nous permet ainsi d'inclure ce fragment dans les cas d'utilisation du client mais aussi du porteur non client.

Notez également que nous avons distingué les cas d'utilisation de l'opérateur de maintenance par le mot-clé « `support` », pour mettre l'accent sur la différence de niveau avec les cas principaux que sont ceux des porteurs de carte. Ils sont en général moins importants fonctionnellement, mais ne doivent cependant pas être oubliés. Imaginez un GAB que l'on ne pourrait pas recharger en billet !

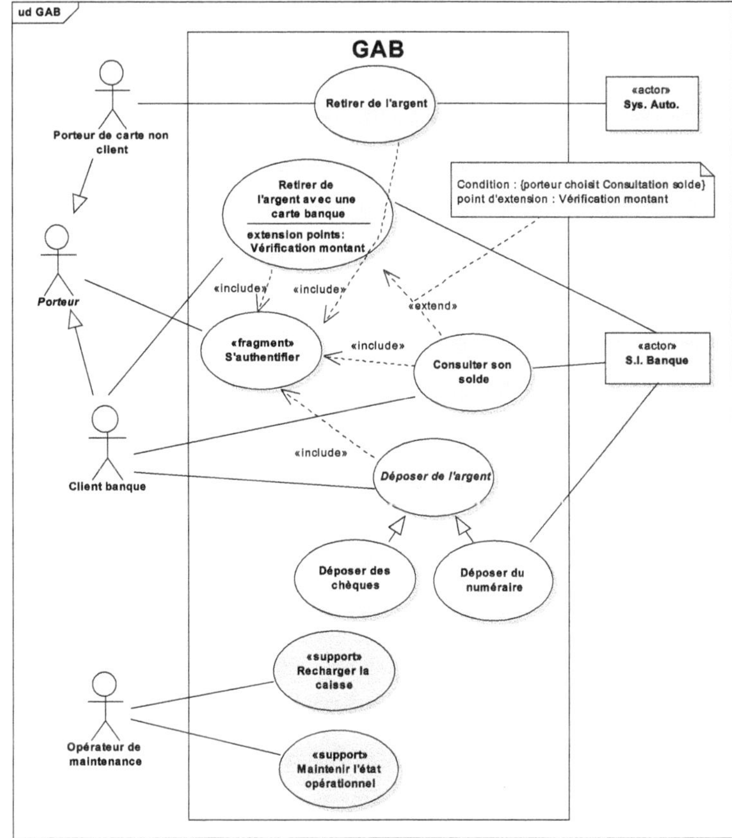

Figure 1-22. *Diagramme de cas d'utilisation complet du GAB*

Pour améliorer notre modèle, nous allons donc organiser les cas d'utilisation et les regrouper en ensembles cohérents. Pour ce faire, nous utilisons le mécanisme général de regroupement d'éléments en UML, qui s'appelle le *package*. Le package est une sorte de dossier permettant de structurer un modèle en unités cohérentes. Les outils de modélisation du marché se servent pour la plupart de ce concept comme unité de gestion de version, de stockage, et de partage du modèle pour le travail en équipe. Nous y reviendrons plus en détail dans la partie II (modélisation statique).

EXERCICE 1-14. Structuration des cas d'utilisation en packages

Proposez une structuration des cas d'utilisation du GAB en packages.

Plusieurs stratégies sont possibles : procéder au regroupement par acteur, par domaine fonctionnel, etc. Dans notre exemple, un regroupement des cas d'utilisation par acteur principal s'impose, car cela permet également de répartir les acteurs secondaires.

Le cas d'utilisation inclus *S'authentifier* est mis dans un package à part, en tant que fragment commun, pour bien le distinguer des vrais cas fonctionnels qui l'incluent. Les flèches de dépendance entre packages de cas d'utilisation synthétisent les éventuelles relations entre les cas, c'est-à-dire ici les inclusions. Le schéma suivant présente la structuration proposée des cas d'utilisation. Il s'agit d'un diagramme de packages, officialisé par UML 2.

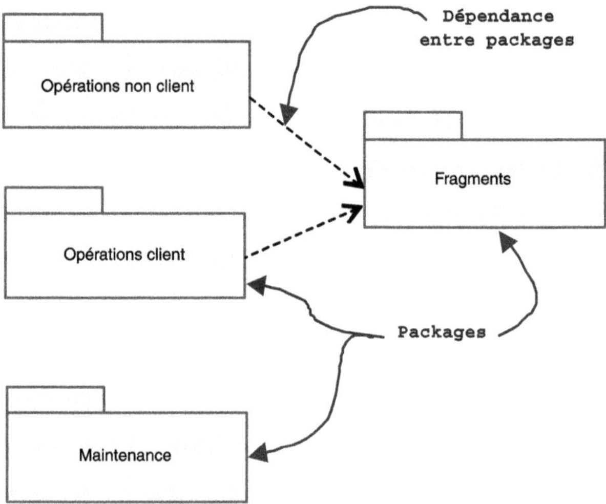

Figure 1-23. *Diagramme de packages des cas d'utilisation du GAB*

Il est maintenant possible de dessiner un diagramme de cas d'utilisation par packages. Cela ne présente aucune difficulté et nous donnerons uniquement le diagramme du premier package, pour montrer comment apparaît le fragment appartenant à un package différent. La notation (*from Fragments*) n'est pas standard UML, mais est utilisée par plusieurs outils du marché.

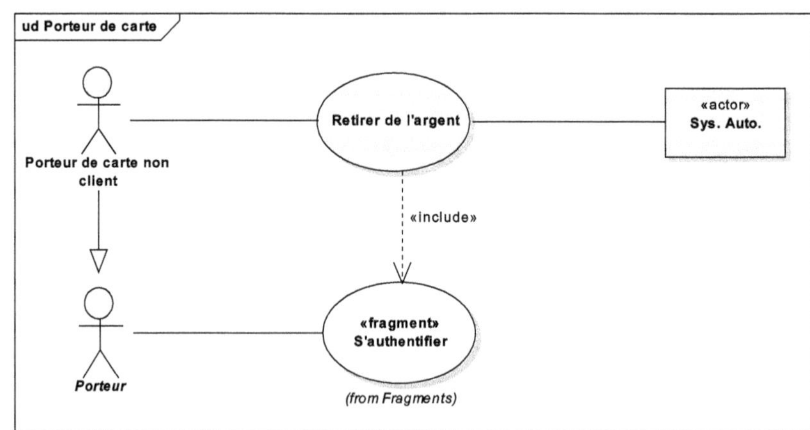

Figure 1-24. *Diagramme de cas d'utilisation du package* Opérations non client

Étape 7 – Dynamique globale : *Interaction Overview Diagram*

Dans cette dernière étape, nous allons explorer l'utilisation d'un nouveau type de diagramme UML 2 : *Interaction Overview Diagram*[13].

Ce diagramme est une fusion intéressante du diagramme d'activité et du diagramme de séquence ! Il permet d'organiser des interactions, représentées par exemple par des diagrammes de séquence, au moyen des nœuds de contrôle du diagramme d'activité : décision, parallélisme, etc. C'est donc une sorte de diagramme d'activité[14] dans lequel les actions sont remplacées par des interactions.

EXERCICE 1-15. *Interaction Overview Diagram*

Représentez la dynamique globale du GAB dans le point de vue de l'acteur `Client banque`, en représentant les interactions de ses cas d'utilisation dans un *Interaction Overview Diagram*. Modélisez en particulier le fait que le client peut enchaîner plusieurs transactions (retrait, dépôt, etc.) sans avoir à s'authentifier de nouveau. Comparez avec un diagramme de séquence équivalent.

Représentons d'abord le processus d'authentification, suivi du choix du type de transaction : retrait, consultation ou dépôt. Le diagramme global est dessiné sur la figure 1-25.

13. Nous préférons conserver le nom d'origine des nouveaux types de diagrammes UML 2 faute d'une traduction française évidente (diagramme de vue globale d'interaction ? diagramme de vue d'ensemble des interactions ? etc.).
14. Pourtant, l'outil utilise le tag `sd`, car dans les spécifications UML 2, ce diagramme est classé dans la catégorie des diagrammes d'interaction, et ceux-ci (séquence, communication, timing, interaction overview) sont tous représentés avec un tag `sd`.

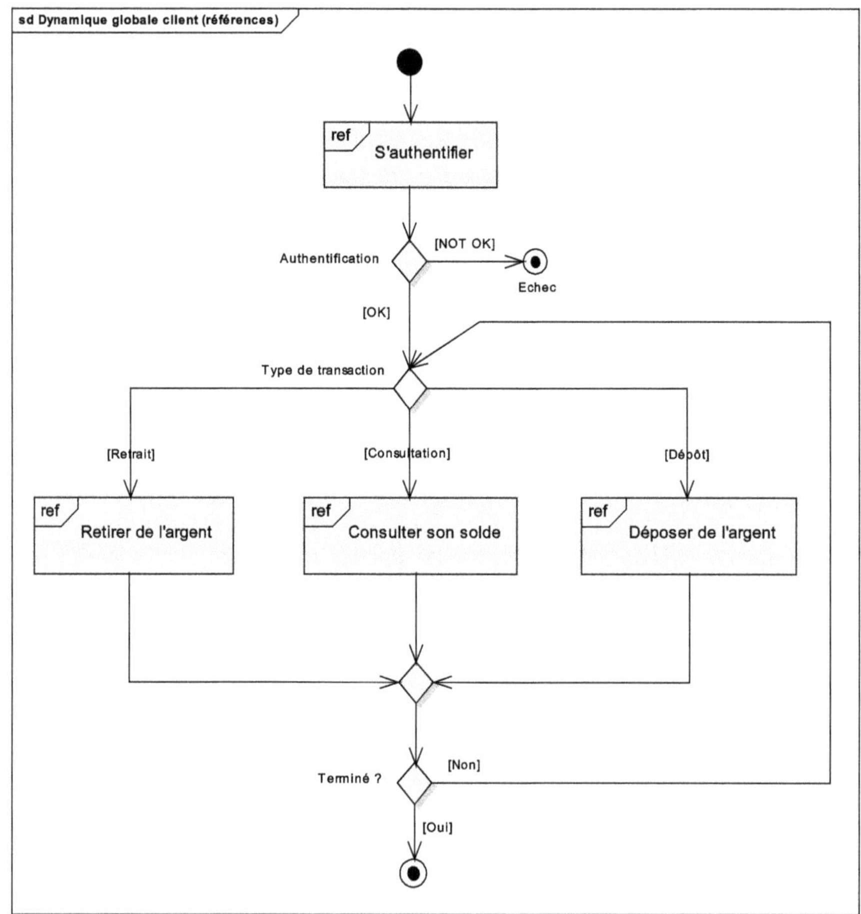

Figure 1-25. *Vue d'ensemble des interactions du client banque*

Il est également possible de remplacer chaque référence par un diagramme de séquence « inline ». Nous l'avons fait pour l'interaction `S'authentifier`. Il est clair que le souci de lisibilité du diagramme empêche de remplacer chaque référence par un diagramme de séquence entier.

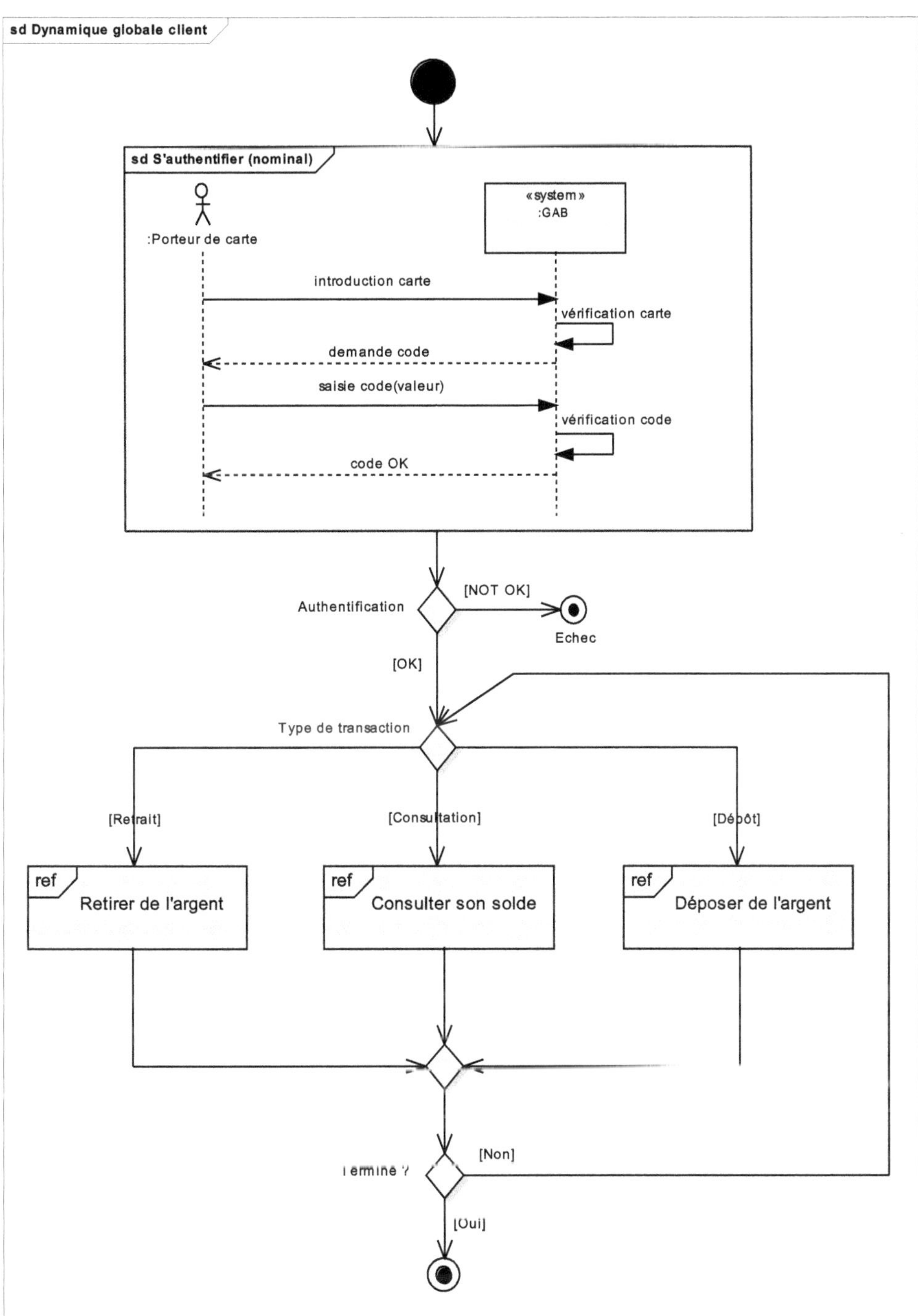

Figure 1-26.
Vue d'ensemble des interactions du client banque (expansé)

Essayons maintenant de présenter un diagramme de séquence équivalent. Nous devons remplacer le choix du type de transaction par un fragment combiné `alt`, et l'inclure dans un fragment `loop`. On utilise les mêmes cadres `ref` que dans le diagramme de vue globale pour référencer les morceaux d'interaction.

Dans cet exemple précis, la valeur ajoutée de l'*Interaction Overview Diagram* est loin d'être évidente…

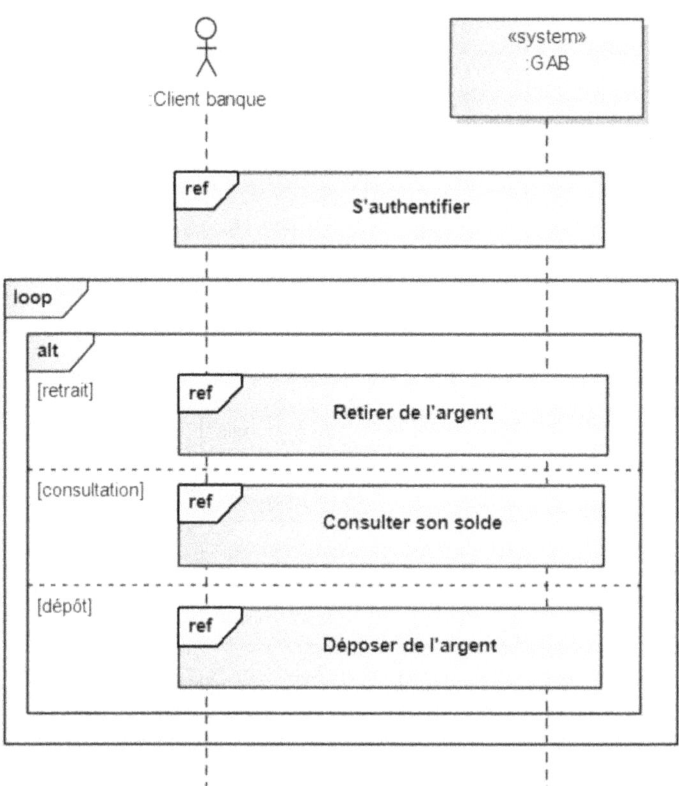

Figure 1-27.
Diagramme de séquence du comportement du client banque

2

Modélisation fonctionnelle : exercices corrigés et conseils méthodologiques

Mots-clés

■ Diagramme de cas d'utilisation ■ Relations entre cas d'utilisation ■ Navigabilité des associations entre acteurs et cas d'utilisation ■ Description textuelle d'un cas d'utilisation ■ Diagramme de séquence système ■ Fragment d'interaction, opérateur ■ Diagramme d'états des opérations système ■ Use case vs. User story

Une nouvelle étude de cas va nous permettre dans ce chapitre de compléter le passage en revue des principales difficultés relatives à la mise en œuvre de la technique des cas d'utilisation.

Nous allons élaborer un diagramme de cas d'utilisation complexe incluant les différents types de relations entre cas d'utilisation ainsi qu'une notation avancée : la flèche de navigabilité sur les associations entre acteurs et cas d'utilisation. Nous introduirons ensuite la différence entre cas d'utilisation essentiel et cas d'utilisation réel, initialement proposée par [Larman 97], et observerons comment elle influence la description textuelle. Nous utiliserons les nouveautés les plus intéressantes du diagramme de séquence, comme les fragments d'interaction, avec les opérateurs les plus utiles. Enfin, nous donnerons un exemple de diagramme d'états montrant la séquence forcée des opérations système lors d'un cas d'utilisation particulier.

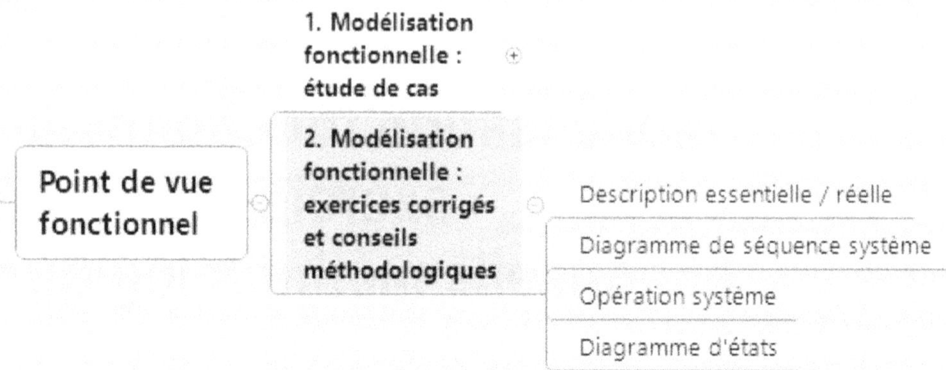

Étude d'un terminal point de vente

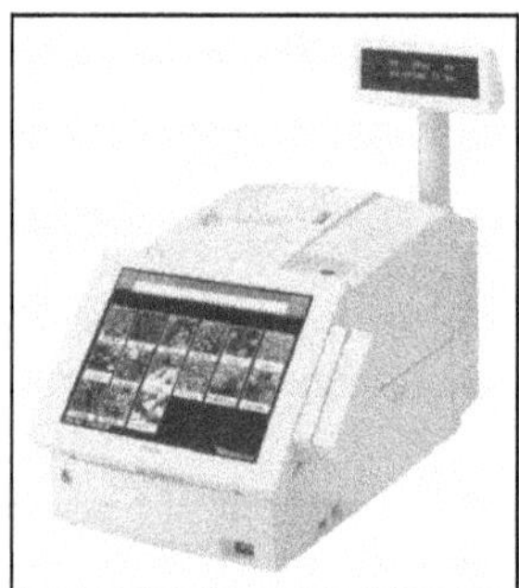

Cet exercice concerne un système simplifié de caisse enregistreuse de supermarché. Il est largement inspiré de l'étude de cas initialement proposée par [Larman 97].

Le déroulement normal d'utilisation de la caisse est le suivant :

- Un client arrive à la caisse avec des articles à payer.
- Le caissier enregistre le numéro d'identification (CPU) de chaque article, ainsi que la quantité si elle est supérieure à un.
- La caisse affiche le prix de chaque article et son libellé.
- Lorsque tous les achats sont enregistrés, le caissier signale la fin de la vente.
- La caisse affiche le total des achats.
- Le client choisit son mode de paiement :
  - numéraire : le caissier encaisse l'argent reçu, la caisse indique la monnaie à rendre au client ;

  - chèque : le caissier vérifie la solvabilité du client en transmettant une requête à un centre d'autorisation *via* la caisse ;
  - carte de crédit : un terminal bancaire fait partie de la caisse. Il transmet une demande d'autorisation à un centre d'autorisation en fonction du type de la carte.

- La caisse enregistre la vente et imprime un ticket.
- Le caissier donne le ticket de caisse au client.

Après la saisie des articles, le client peut présenter au caissier des coupons de réduction pour certains articles. Lorsque le paiement est terminé, la caisse transmet les informations sur le nombre d'articles vendus au système de gestion de stocks.

Tous les matins, le responsable du magasin initialise les caisses pour la journée.

Étape 1 – Réalisation du diagramme de cas d'utilisation

EXERCICE 2-1. Diagramme de cas d'utilisation

Élaborez un diagramme de cas d'utilisation détaillé de la caisse enregistreuse.

N'hésitez pas à utiliser les relations entre cas d'utilisation pour rendre votre diagramme plus précis.

Dans un premier temps, une solution simpliste consiste à identifier un « gros » cas d'utilisation qui contient la totalité du déroulement normal d'utilisation de la caisse et un autre cas d'utilisation qui traite de l'initialisation de la caisse par le responsable du magasin. Le dessin est souvent fait à la main, par exemple sur un tableau blanc en réunion, pour démarrer la discussion.

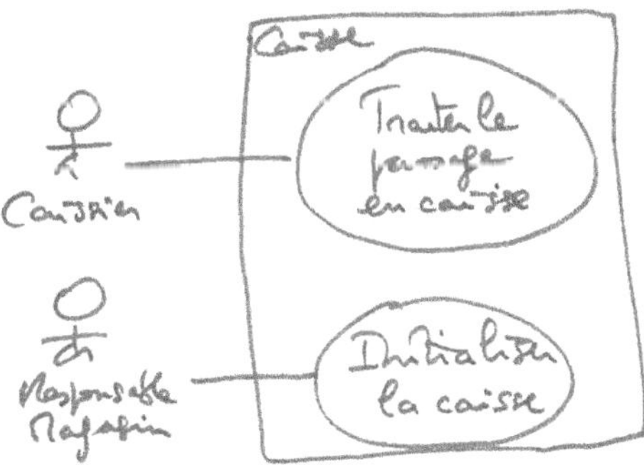

Figure 2-1.
Première ébauche du diagramme de cas d'utilisation

Si l'on ajoute les acteurs secondaires sur le schéma précédent, on s'aperçoit que le cas d'utilisation *Traiter le passage en caisse* communique avec un grand nombre d'acteurs différents.

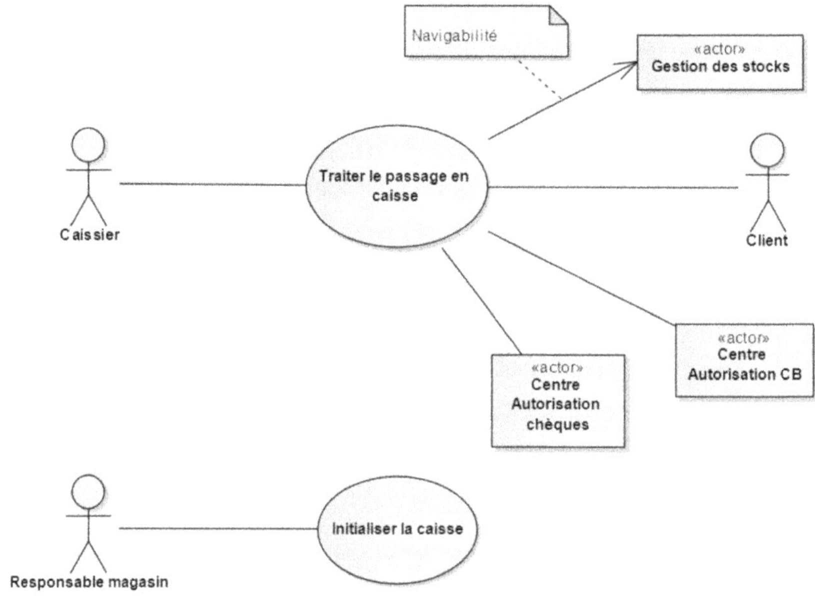

Figure 2-2.
Deuxième ébauche du diagramme de cas d'utilisation

À RETENIR

Acteur récepteur uniquement

Notez l'utilisation de la flèche de navigabilité sur l'association avec l'acteur non-humain Gestion des stocks qui permet de préciser que l'acteur ne fait que recevoir des messages du système, sans jamais lui en envoyer.

Cette prolifération d'acteurs secondaires nous amène à diagnostiquer que ce cas d'utilisation a trop de responsabilités, et qu'il est souhaitable de le découper en parties plus atomiques. On pourrait penser qu'il suffit de le scinder séquentiellement comme cela est illustré sur la figure 2-3.

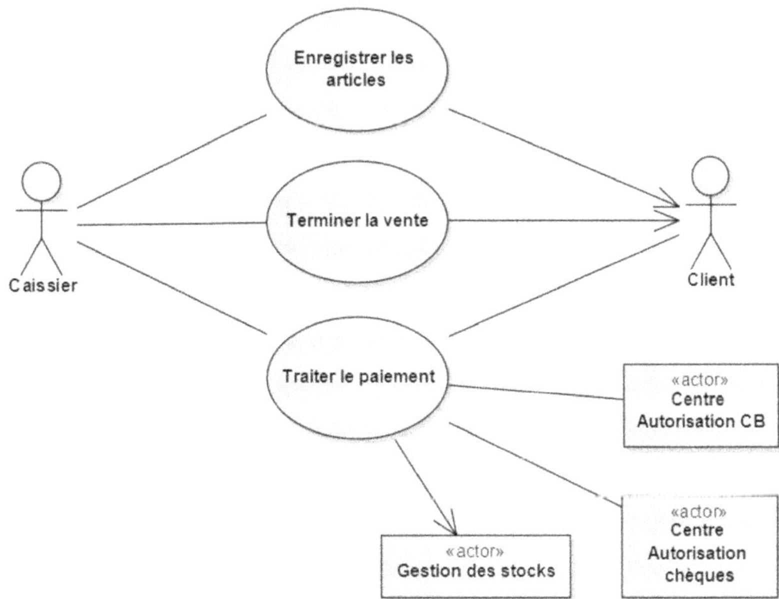

Figure 2-3. *Découpe séquentielle du cas d'utilisation principal*

Quoique tentante, cette solution est rarement recommandable. En effet, les cas d'utilisation qui en résultent ne répondent plus vraiment à la définition UML. Peut-on par exemple considérer que *Terminer la vente* représente un service de bout en bout qui est rendu par le système ?

Le niveau de détail ainsi obtenu s'apparente plutôt à ce que Larman appelle des *opérations système*[1], soit à une unité de traitement qui est réalisée par le système dans le cadre d'un cas d'utilisation et qui peut éventuellement être réutilisée dans un autre.

L'enregistrement des articles et la clôture de la vente font intervenir les mêmes acteurs et se suivent forcément dans le temps : il n'y a donc pas de raison de les séparer. En revanche, l'importante partie variable, qui est liée au choix du mode de paiement par le client, conduit à séparer, grâce à une relation d'inclusion, la procédure générique de paiement du processus englobant de traitement du passage en caisse. Cela permet ainsi de décrire des cas d'utilisation spécialisés, faisant chacun apparaître des acteurs spécifiques. Le début de l'énoncé peut donc se modéliser comme cela est représenté sur la figure 2-4.

1. Par analogie avec les opérations que sont capables de réaliser les objets, suite à la réception de messages venant d'un autre objet. À ce niveau, le système boîte noire est vu comme un « gros » objet, et les acteurs lui envoient des messages qui déclenchent des opérations « système ».

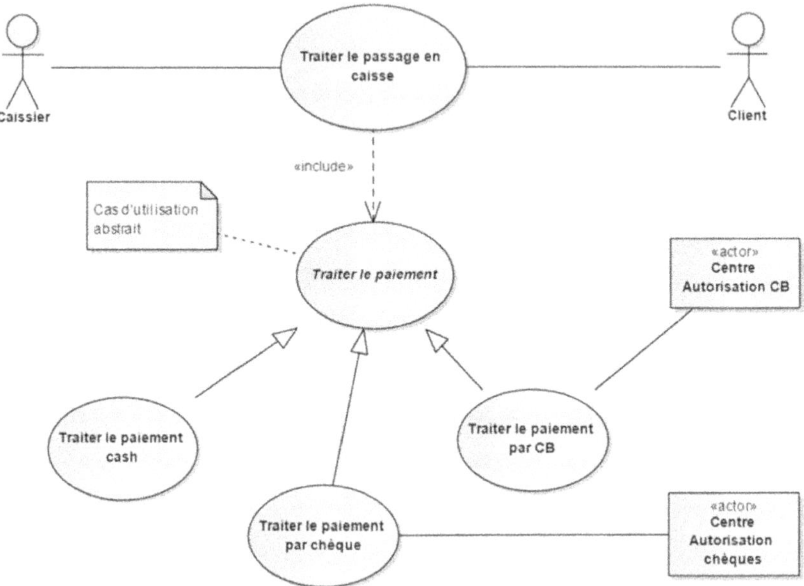

Figure 2-4.
Diagramme de cas d'utilisation partiel

Le cas d'utilisation inclus, *Traiter le paiement*, est porté en italique sur le diagramme pour indiquer qu'il s'agit d'un cas d'utilisation abstrait (non instanciable). Pour ne pas surcharger le schéma, nous n'avons pas reporté les associations avec *Caissier* et *Client* sur *Traiter le paiement*. On notera cependant que deux cas d'utilisation spécialisés possèdent une association spécifique avec un acteur supplémentaire : le centre d'autorisation les concernant.

Nous pouvons maintenant compléter le modèle en intégrant la fin de l'énoncé.

La prise en compte optionnelle des bons de réduction se traduit assez naturellement par une relation d'extension avec le cas d'utilisation principal. La liaison avec le système externe de gestion des stocks donne lieu à une association unidirectionnelle avec un nouvel acteur. L'initialisation de la caisse ne présente pas de difficulté. Le diagramme de cas d'utilisation complété est présenté ci-après.

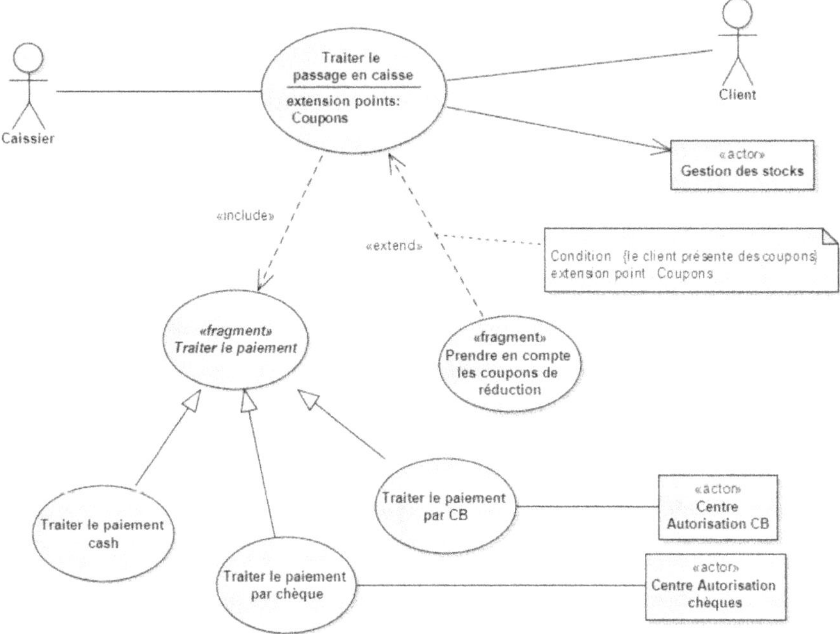

Figure 2-5. *Diagramme de cas d'utilisation complété*

Étape 2 – Descriptions essentielle et réelle d'un cas d'utilisation

EXERCICE 2-2. Description essentielle d'un cas d'utilisation

À RETENIR

Cas d'utilisation essentiel/réel

C. Larman a introduit dans [Larman 97] la distinction entre cas d'utilisation essentiel et cas d'utilisation réel :

– *Essentiel* : décrit un processus, d'un point de vue analytique. Explicite un processus le plus indépendamment possible de l'environnement matériel/logiciel.

– *Réel* : décrit un processus, du point de vue de la conception. Explicite une solution en termes d'événements, d'interface utilisateur, d'entrées de données, etc.

Nous allons illustrer cette différence avec les deux questions suivantes.

Écrivez une description détaillée essentielle du cas d'utilisation principal : TRAITER LE PASSAGE EN CAISSE.

Sommaire d'identification

Titre : Traiter le passage en caisse **Type** : essentiel détaillé

Résumé : un client arrive à une caisse avec des articles qu'il souhaite acheter. Le caissier enregistre les achats et récupère le paiement. À la fin de l'opération, le client part avec les articles.

Acteurs : Caissier (principal), *Client (secondaire).*

Date de création : 17/10/16 **Date de mise à jour** : 11/05/17

Version : 1.8 **Responsable** : Pascal Roques

Description des scénarios

Préconditions

Le TPV est en service ; un caissier y est connecté ;

Le catalogue produit est disponible.

Scénario nominal

1. Ce cas d'utilisation commence quand un client arrive à la caisse avec des articles qu'il souhaite acheter.	
2. Le Caissier enregistre chaque article. S'il y a plus d'un exemplaire par article, le Caissier indique également la quantité.	3. Le TPV valide le CPU et détermine le prix de l'article. Le TPV affiche la description et le prix de l'article en question.
4. Après avoir enregistré tous les articles, le Caissier indique que la vente est terminée.	5. Le TPV calcule et affiche le montant total de la vente.
6. Le Caissier annonce le montant total au client.	
7. Le Client choisit le type de paiement : a. En cas de paiement cash, exécuter le cas d'utilisation « Traiter le paiement en liquide ». b. En cas de paiement par carte de crédit, exécuter le cas d'utilisation « Traiter le paiement par carte de crédit ». c. En cas de paiement par chèque, exécuter le cas d'utilisation « Traiter le paiement par chèque ».	
	8. Le TPV enregistre la vente effectuée et imprime un ticket.
9. Le Caissier donne le ticket de caisse au Client.	
10. Le Client s'en va avec les articles qu'il a achetés.	

Enchaînements alternatifs

A1 : numéro d'identification inconnu

L'enchaînement A1 démarre au point 3 du scénario nominal.

3. Le TPV indique au Caissier que le numéro d'identification de l'article est inconnu. L'article ne peut alors être pris en compte dans la vente en cours.

Le scénario nominal reprend au point 2 s'il y a d'autres articles ou au point 4 s'il n'y en a pas.

A2 : demande d'annulation d'article

L'enchaînement A2 démarre au point 2 du scénario nominal.

2. Le Caissier demande l'annulation du dernier article (prix erroné, etc.).
3. Le TPV enlève l'article de la vente en cours.

Le scénario nominal reprend au point 2 s'il y a d'autres articles ou au point 4 s'il n'y en a pas.

Enchaînements d'erreur

E1 : annulation de la vente

L'enchaînement E1 peut démarrer du point 2 au point 7 du scénario nominal.

2.7 Le Caissier annule l'ensemble de la vente et le cas d'utilisation se termine en échec.

Postconditions

- La vente est enregistrée dans le TPV.

Il faudrait également décrire chacun des cas d'utilisation spécialisés.
Nous ne corrigeons que le premier :

Sommaire d'identification

Titre : Traiter le paiement en liquide

Résumé : un client paie en liquide le total affiché par la caisse enregistreuse.

Acteurs : Caissier (principal), *Client (secondaire).*

Date de création : 17/10/17 **Date de mise à jour** : 11/05/17

Version : 1.8 **Responsable** : Pascal Roques

Description des scénarios

Préconditions

La saisie des articles de la vente en cours est clôturée.

Scénario nominal

1. Ce cas d'utilisation commence quand un Client choisit de payer en espèces, après avoir été informé du montant total de la vente.	
2. Le Client donne en paiement une somme en espèces ; elle est éventuellement plus élevée que le montant total de la vente.	
3. Le Caissier enregistre la somme donnée par le client.	4. Le TPV affiche la somme qui doit être rendue au Client.
5. Le Caissier encaisse l'argent reçu et sort la monnaie qu'il doit rendre.	
6. Le Caissier rend la monnaie au Client.	

Enchaînements alternatifs ou d'erreur

A1 : somme donnée par le client inférieure au montant total de la vente

L'enchaînement A1 démarre au point 4 du scénario nominal.

4. Le TPV signale que la somme donnée par le Client est inférieure au montant total de la vente et invite le Caissier à recommencer.

Le scénario nominal reprend au point 3.

E1 : client ne pouvant payer

L'enchaînement E1 démarre au point 2 du scénario nominal.

2. Le Client n'a pas assez de liquide pour payer.
3. Le Caissier annule l'ensemble de la vente et le cas d'utilisation se termine en échec, ou le Client paie avec un autre moyen de paiement (Voir « Traiter le paiement par chèque », ou « Traiter le paiement par carte de crédit »).

E2 : caissier ne pouvant rendre la monnaie

L'enchaînement E2 démarre au point 5 du scénario nominal.

5. Le tiroir du TPV ne contient pas assez d'espèces pour qu'il soit possible de rendre la monnaie.
6. Le caissier demande des espèces supplémentaires à son supérieur ou propose une autre méthode de paiement au client (Voir « Traiter le paiement par chèque », ou « Traiter le paiement par carte de crédit »). Si aucune solution n'est envisageable, le caissier annule l'ensemble de la vente et le cas d'utilisation se termine en échec.

EXERCICE 2-3. Description réelle d'un cas d'utilisation

Écrivez une description détaillée réelle du cas d'utilisation principal : TRAITER LE PASSAGE EN CAISSE.

Proposez tout d'abord une fenêtre graphique simple pour l'interface homme-machine du caissier.

Le sommaire d'identification est similaire au précédent, mais le type devient : réel détaillé.

L'interface homme-machine proposée est dessinée sur la figure suivante. Nous avons utilisé pour cela l'excellent outil de maquettage Balsamiq Mockups, très à la mode dans la communauté agile (http://www.balsamiq.com).

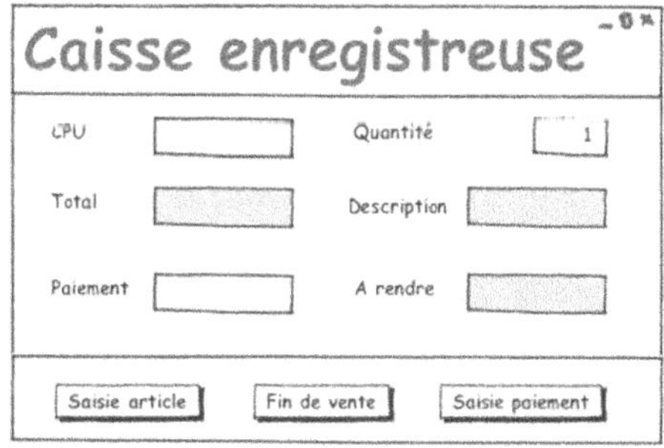

La description du scénario nominal devient alors :

1. Ce cas d'utilisation commence quand un Client arrive à la caisse avec des articles qu'il souhaite acheter.	
2. Le Caissier enregistre le code universel d'identification du produit dans le champ CPU de la fenêtre de dialogue de la caisse enregistreuse. S'il y a plus d'un exemplaire de l'article en question, le Caissier peut entrer la quantité dans le champ « Quantité », qui est positionné à « 1 » par défaut. Puis il appuie sur le bouton de validation : « Saisie article ».	3. Le TPV détermine le prix de l'article et ajoute les informations sur l'article à la vente en cours. Le TPV affiche la description (sur 6 lettres) et le prix de l'article en question dans le champ « Total ».
4. Après avoir enregistré tous les articles, le Caissier appuie sur le bouton « Fin de vente ».	5. Le TPV calcule et affiche le montant total de la vente dans le champ « Total ».

6. Le Caissier annonce le montant total au Client.	
7. Le Client choisit le type de paiement : • En cas de paiement cash, exécuter le cas d'utilisation « Traiter le paiement en liquide ». • En cas de paiement par carte de crédit, exécuter le cas d'utilisation « Traiter le paiement par carte de crédit ». • En cas de paiement par chèque, exécuter le cas d'utilisation « Traiter le paiement par chèque ».	
	8. Le TPV enregistre la vente qui vient d'être effectuée et imprime un ticket.
9. Le Caissier donne le ticket de caisse au Client.	
10. Le Client s'en va avec les articles qu'il a achetés.	

Pour compléter, nous donnons ci-après la version réelle de *Traiter le paiement en liquide*.

Scénario nominal

1. Ce cas d'utilisation commence quand un Client choisit de payer en espèces, après avoir été informé du montant total de la vente.	
2. Le Client donne en paiement une somme en espèces ; elle est éventuellement plus élevée que le montant total de la vente.	
3. Le Caissier enregistre la somme donnée par le client dans le champ « Paiement ». Il valide au moyen du bouton « Saisie paiement ».	4. Le TPV affiche la somme qui doit être rendue au Client dans le champ « À rendre ».
5. Le Caissier encaisse l'argent reçu et sort la monnaie qu'il doit rendre.	
6. Le Caissier rend la monnaie au client.	

AVIS D'EXPERT

Jean-Claude Grosjean
(ergonome consultant, coach agile ; http://www.qualitystreet.fr/)

Cas d'utilisation UML … oui mais … (5 octobre 2007)

N'oubliez pas qu'un cas d'utilisation est avant tout textuel, et n'associez donc pas aussi radicalement ce cas d'utilisation (use case) au diagramme UML : privilégiez plutôt la démarche.

En effet, se lancer dans la rédaction des cas d'utilisation, pour décrire un besoin fonctionnel (spécifications), c'est se lancer dans une véritable démarche d'analyse, progressive, parfois lente, parsemée d'ateliers de travail, d'entretiens …

C'est aussi adopter une vraie réflexion en termes d'utilisateurs (acteurs), de buts et de tâches.

Croyez-moi, c'est bien là l'essentiel.

Le diagramme des cas d'utilisation UML (use case diagram) est, quant à lui, très précieux pour bénéficier d'une vue globale sur l'application ; il permet de visualiser immédiatement les liens entre acteurs et cas d'utilisation, ou encore de délimiter explicitement les différents packages. « Modéliser graphiquement » est un principe du processus unifié (mais toujours fonction des destinataires), donc le diagramme des use cases ne doit absolument pas être négligé !

Pour ma part, ce n'est pourtant pas le diagramme qui m'a séduit…

J'ai découvert les cas d'utilisation en 2000, j'étais alors consultant au Luxembourg, et j'ai très rapidement perçu, en les construisant (et grâce à de bons mentors), la forte complémentarité à la fois avec la démarche ergonomique (profils utilisateurs, réflexion sur les buts et scénarios, UCD…) et avec les activités, livrables de l'ergonome ou designer d'interaction (personas, storyboard, diagramme de tâches, wireframes).

Le fait que les cas d'utilisation se focalisent seulement sur le Quoi (fonctionnel et métier) – c'est une règle d'or –, sans décrire les éléments d'interfaces (écrans et enchaînement), laissés aux spécialistes de l'IHM, est aussi un élément que j'ai beaucoup apprécié, selon moi un vrai point fort.

Donc, depuis tout ce temps, j'évangélise… en insistant principalement sur 6 points :

- La démarche de découverte et de construction progressive des cas d'utilisation ; l'essentiel…
- La forte adéquation avec le développement itératif (dans l'estimation, la priorisation, la planification, le traitement).
- La complémentarité avec le travail de l'ergonome.
- La lisibilité, le formalisme des cas d'utilisation (élément clé de son efficacité et de son acceptation par les équipes).
- La gestion des modifications (pas si simple que ça !).
- Le lien fort avec les cas de tests et une approche de validation fonctionnelle (c'est l'idéal !).

Et je recommande toujours l'ouvrage d'Alistair Cockburn : *Rédiger des cas d'utilisation efficaces* (aux éditions Eyrolles), la référence que je conseille à tous ceux qui souhaitent s'attaquer à l'analyse système ou métier.

Enfin, même si aujourd'hui je me retrouve davantage dans les user stories, je reste convaincu de la pertinence des cas d'utilisation dans pas mal de contextes… quand ils sont bien rédigés !

Étape 3 – Description graphique des cas d'utilisation

EXERCICE 2-4. Diagramme de séquence système

Réalisez un diagramme de séquence système qui décrive le scénario nominal du cas d'utilisation essentiel TRAITER LE PASSAGE EN CAISSE, en ne considérant que le paiement cash.

Il suffit de transcrire sous forme de diagramme de séquence les interactions citées dans le scénario textuel de la réponse 2-2, en utilisant les conventions graphiques adoptées précédemment :

- l'acteur principal *Caissier* à gauche ;
- un participant représentant le TPV au milieu ;
- l'acteur secondaire *Client* à droite de la Caisse.

Notez également l'utilisation du fragment d'interaction proposée par UML 2, avec l'opérateur de boucle `loop`.

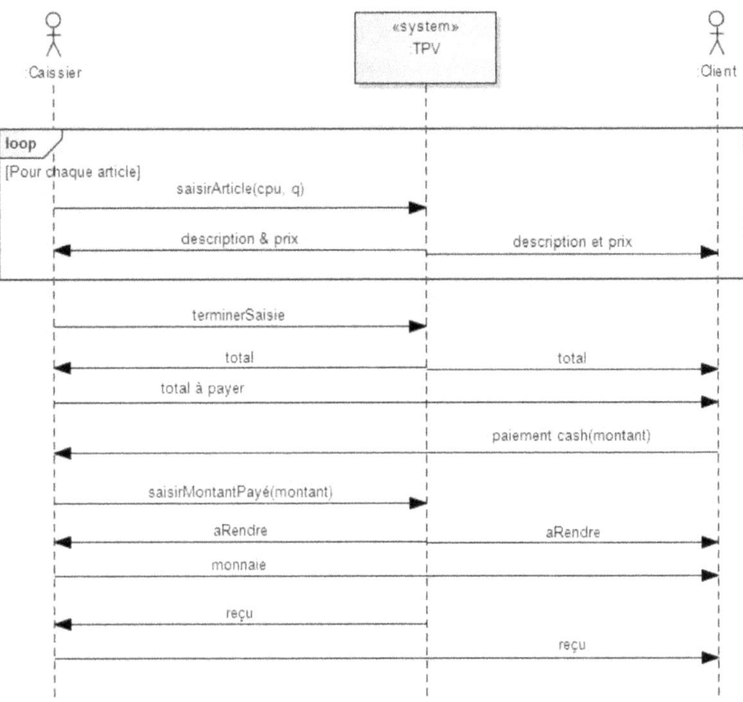

Figure 2-6. *Diagramme de séquence système du scénario nominal de* Traiter le passage en caisse

Deux commentaires sur le diagramme précédent :

- Nous avons choisi de montrer les messages échangés par les acteurs. Cela n'est pas strictement nécessaire, puisqu'en dehors du périmètre du système, mais peut néanmoins être utile au lecteur afin de valider le diagramme. Nous avons effectivement plus représenté un processus métier qu'un strict cas d'utilisation, mais cela est souvent apprécié par l'expert métier. Comparez avec la figure suivante qui se concentre vraiment sur les interactions avec le système.
- Comme le prix et la description sont envoyés simultanément aux deux acteurs, nous avons simplement dessiné deux flèches partant du même niveau vertical. Cela nous a paru plus clair pour le lecteur que l'utilisation d'un autre opérateur UML 2, à savoir « seq » (*weak sequencing*).

Si l'on considère que l'ajout de l'acteur Client sur la figure précédente n'apporte pas de réelle plus-value, on peut simplifier le diagramme de séquence en enlevant sa ligne de vie.

Par contre, si l'on utilise un formalisme un peu plus sophistiqué, avec le cadre de diagramme, les flèches de retour pointillées, les messages à soi-même pour les traitements du système, et la description des pré- et postconditions grâce au symbole d'état sur la ligne de vie, on obtient finalement le diagramme suivant :

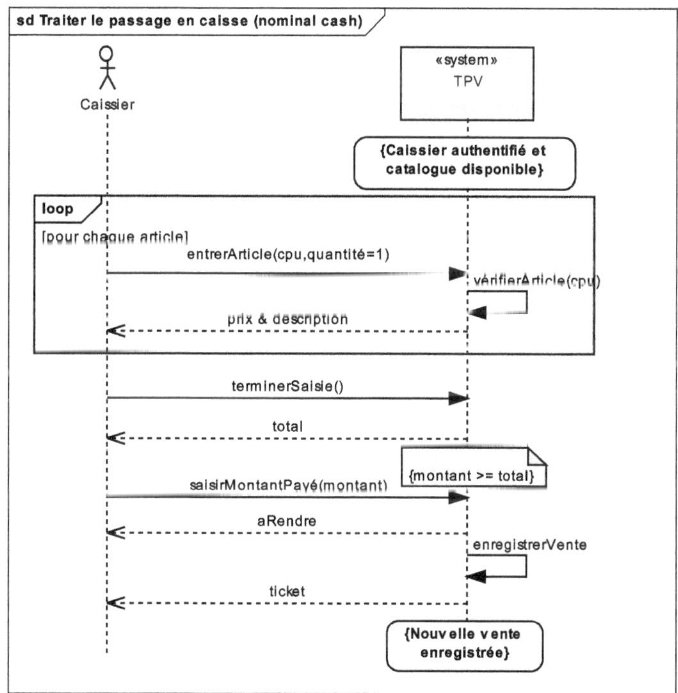

Figure 2-7.
Version plus élaborée du DSS du scénario nominal de Traiter le passage en caisse

On peut maintenant essayer de compléter le diagramme en indiquant les scénarios alternatifs et d'erreur grâce à des notes (voir figure 2-8).

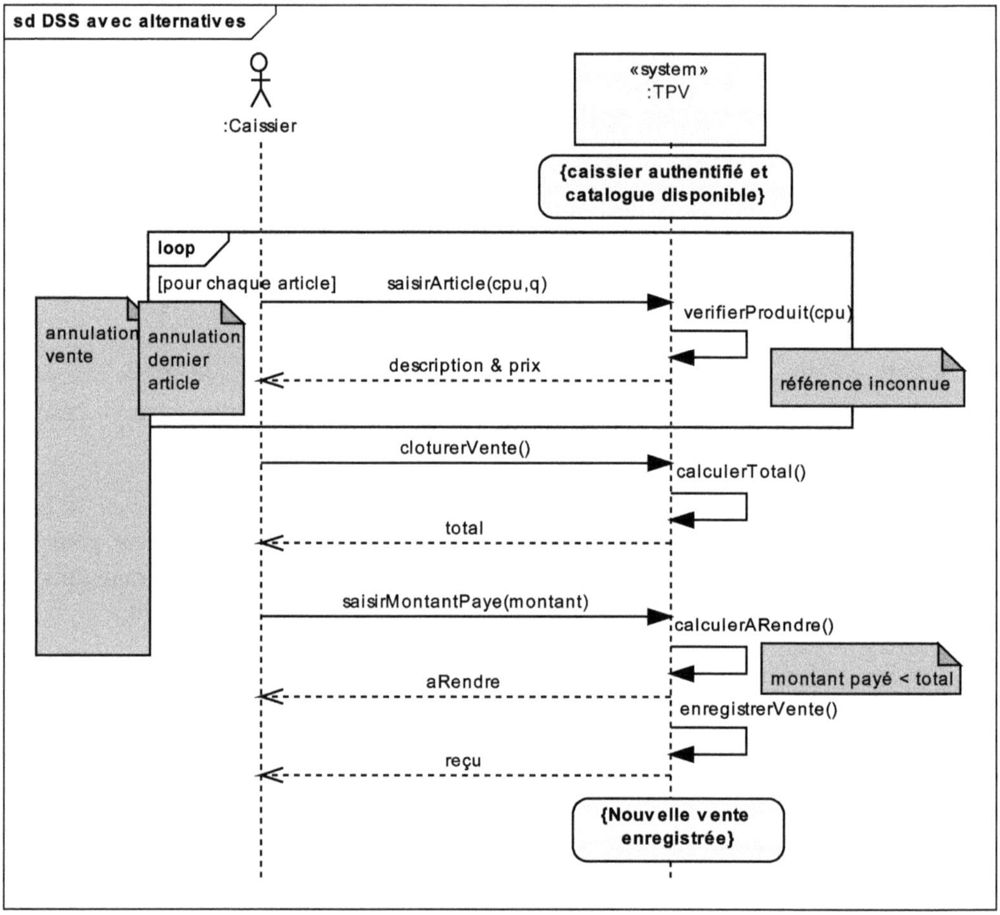

sd DSS avec alternatives
:Caissier
«system»
:TPV
{caissier authentifié et catalogue disponible}
loop
[pour chaque article]
saisirArticle(cpu,q)
verifierProduit(cpu)
description & prix
référence inconnue
annulation vente
annulation dernier article
cloturerVente()
calculerTotal()
total
saisirMontantPaye(montant)
calculerARendre()
montant payé < total
aRendre
enregistrerVente()
reçu
{Nouvelle vente enregistrée}

Figure 2-8.
DSS de Traiter le passage en caisse *avec alternatives et erreurs*

EXERCICE 2-5. Diagramme de séquence système (suite)

Modifiez le diagramme de séquence précédent afin de prendre en compte les différents types de paiement. Proposez également un diagramme supplémentaire montrant le travail du caissier pendant les heures d'ouverture du magasin.

Pour prendre en compte les différents types de paiement, on peut remplacer le message saisieMontantPayé(montant) du diagramme précédent par une référence vers une interaction concernant le cas d'utilisation inclus *Traiter le paiement*.

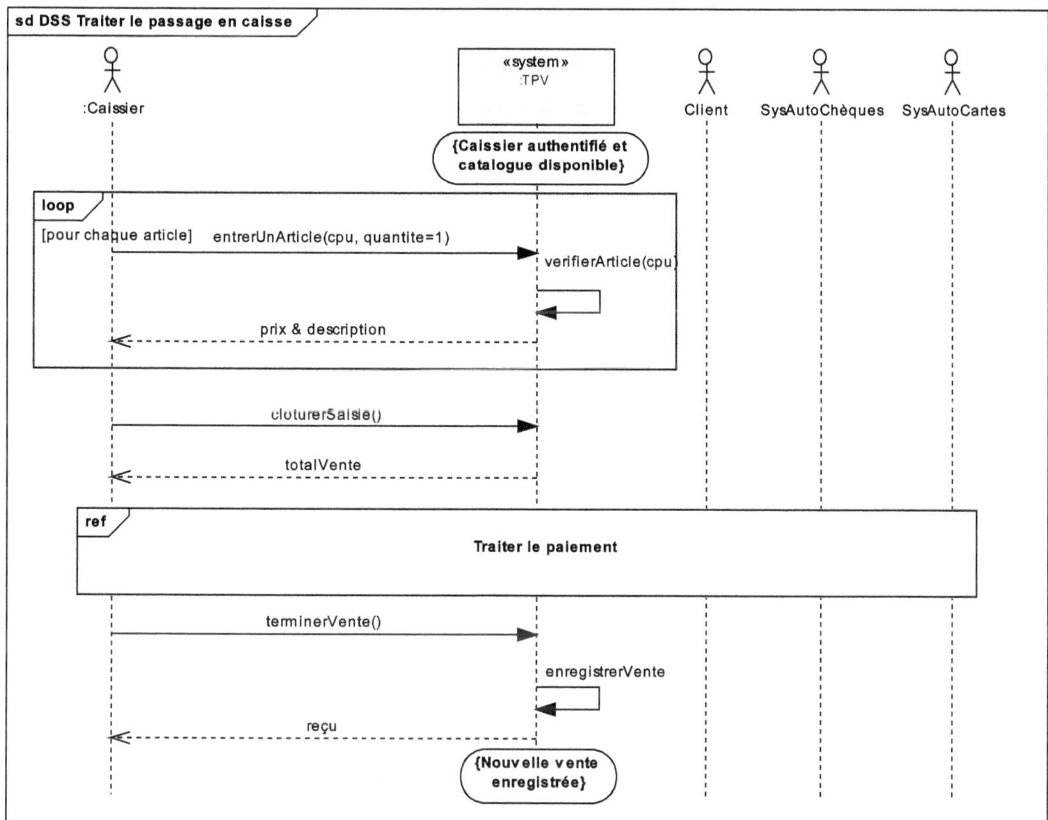

Figure 2-9.
Version étendue du DSS du scénario nominal de Traiter le passage en caisse

Notez que nous devons néanmoins faire figurer les acteurs secondaires pour assurer la cohérence des lignes de vie entre les diagrammes 2-9 et 2-10.

Le diagramme de séquence décrivant le cas d'utilisation *Traiter le paiement* est donné ci-après. Il utilise un fragment conditionnel (opérateur *alt*).

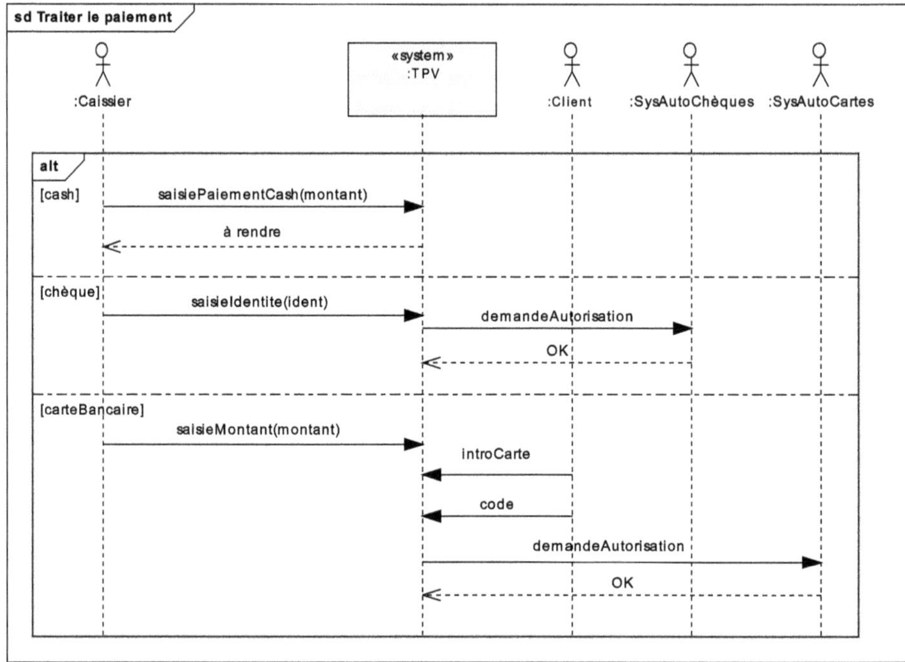

Figure 2-10. *DSS conditionnel du scénario nominal de* Traiter le paiement

En ce qui concerne le travail quotidien du caissier, il consiste à traiter le passage en caisse des clients successifs, après s'être authentifié en arrivant au magasin et avant de sortir de l'application en partant. Si nous voulons ajouter une contrainte de temps relative aux 35 heures, soit une moyenne de 7 heures de travail consécutif par jour, nous obtenons le diagramme de séquence suivant.

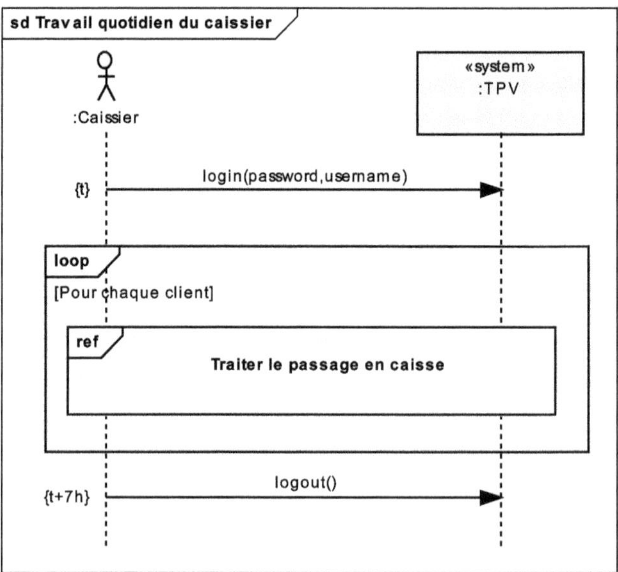

Figure 2-11. *Diagramme de séquence du travail quotidien du caissier*

EXERCICE 2-6. Diagramme de séquence système (fin)

Reprenez le diagramme de séquence 1-13 du chapitre précédent. Proposez une fin différente utilisant un fragment optionnel (`opt`) pour la production du ticket. Représentez également le fait que les billets et le ticket éventuel sont sortis en même temps par le GAB.

Le parallélisme peut être représenté en UML 2 par un fragment combiné `par` contenant deux opérandes. Dans le second, il suffit d'encadrer la production du ticket par un fragment optionnel, contenant lui-même un deuxième fragment pour la récupération optionnelle du ticket, comme illustré par la figure 2-12.

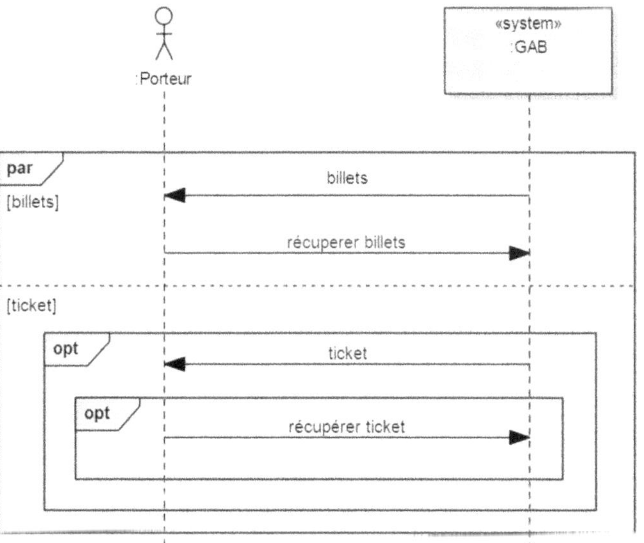

Figure 2-12. *Diagramme de séquence amélioré de la fin du retrait d'argent*

Étape 4 – Réalisation d'un diagramme d'états au niveau système

EXERCICE 2-7. Diagramme d'états des opérations système

Montrez par un diagramme d'états la succession forcée des opérations système pour le cas d'utilisation TRAITER LE PASSAGE EN CAISSE, en ne considérant toujours que le paiement cash. Étendez ensuite le diagramme en prenant en compte les différents types de paiement, ainsi que les autres actions du caissier.

Les opérations système identifiées grâce à l'exercice 2-4 correspondent aux trois messages[2] dont le système est destinataire :

Figure 2-13.
Opérations système de Traiter le passage en caisse

<<system>> Caisse
saisieArticle(numero, quantite) finDeVente() saisiePaiement(montant)

Pour représenter la séquence forcée de ces trois opérations système, avec la répétition possible de la saisie d'article, un diagramme d'états s'impose[3]. Il représente en fait le sous-ensemble des états de la caisse induits par le cas d'utilisation *Traiter le passage en caisse.*

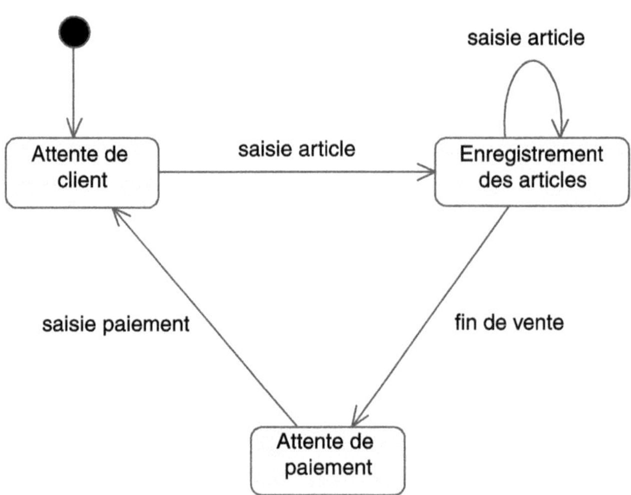

Figure 2-14.
Diagramme d'états des opérations système de Traiter le passage en caisse

Si l'on tient compte des différents types de paiement, le diagramme d'états devient légèrement plus complexe.

2. Pour simplifier, nous n'avons pas pris en compte les deux messages d'annulation : annulerArticle et annulerVente. La démarche de prise en compte de ces deux messages serait identique : ajouter les transitions correspondantes sur le diagramme d'états 2.14.
3. UML 2 parle dans ce cas de machine à états de type protocole (*protocol state machine*). Contrairement à une machine à états de type comportement qui décrit les réactions d'un objet en réponse à des événements, une machine à états de type protocole spécifie les séquences légales des événements qui peuvent se produire dans le contexte d'une classe ou d'un composant.

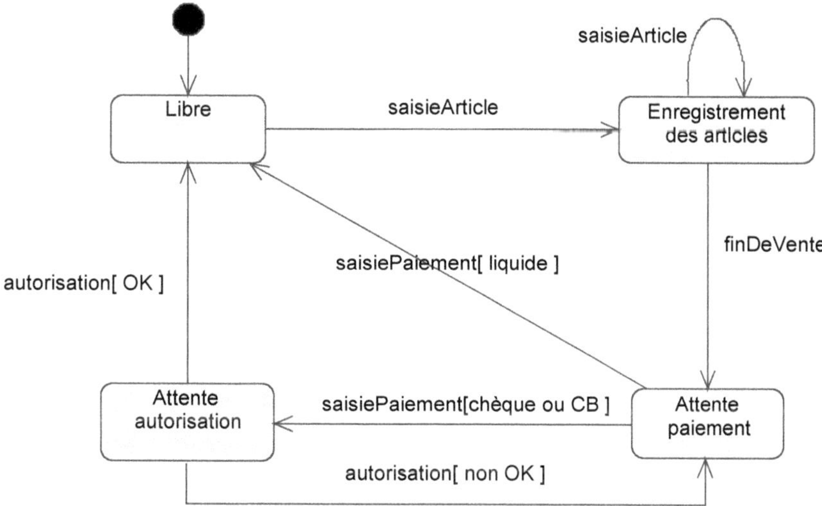

Figure 2-15. *Diagramme d'états complété des opérations système de* Traiter le passage en caisse

Enfin, pour compléter le diagramme d'états de la caisse, indépendamment d'un cas d'utilisation particulier, il faudrait ajouter des états supplémentaires liés par exemple à l'initialisation de la caisse, à la connexion du caissier, etc.

Voici un exemple plus complet de ce que l'on pourrait alors obtenir, en gardant la restriction du paiement cash (donc à comparer plutôt à la figure 2-14) :

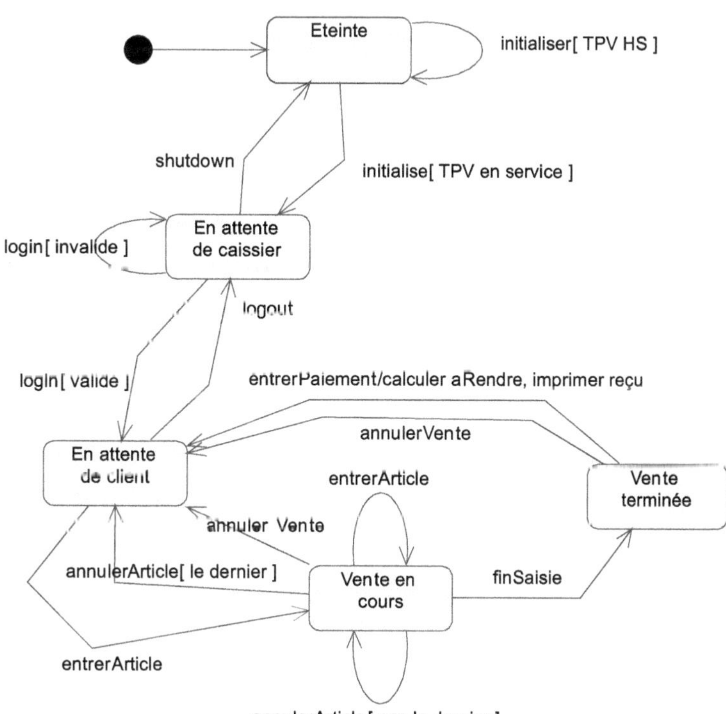

Figure 2-16. *Diagramme d'états de la caisse (paiement cash)*

Conseils méthodologiques

Comment identifier les acteurs ?

- Les acteurs sont *a priori* :
  - les utilisateurs humains directs : identifiez tous les profils possibles, sans oublier l'administrateur, l'opérateur de maintenance, etc. ;
  - les autres systèmes connexes qui interagissent aussi directement avec le système étudié, souvent par le biais de protocoles bidirectionnels.
- Éliminez autant que faire se peut les acteurs « physiques » au profit des acteurs « logiques » : l'acteur est celui qui bénéficie de l'utilisation du système. Cette règle permet en particulier de s'affranchir des technologies d'interface qui risquent d'évoluer au fil du projet et d'identifier des acteurs susceptibles d'être mieux réutilisés.
- Répertoriez en tant qu'acteurs uniquement les entités externes (et pas des composants internes au système étudié) qui interagissent directement avec le système (et pas indirectement par le biais d'autres acteurs).
- Ne confondez pas rôle et entité concrète. Une même entité externe concrète peut jouer successivement différents rôles par rapport au système étudié, et être modélisée par plusieurs acteurs. Réciproquement, le même rôle peut être tenu simultanément par plusieurs entités externes concrètes, qui seront alors modélisées par le même acteur.

Comment représenter les acteurs ?

Utilisez la forme graphique du *stick man* pour les acteurs humains, et la représentation rectangulaire avec le mot-clé <<`actor`>> ou le symbole correspondant pour les systèmes connectés.

Le diagramme de contexte statique

Réalisez si nécessaire un *diagramme de contexte statique*. Il suffit pour cela d'utiliser un diagramme de classes dans lequel chaque acteur est relié par une association à une classe centrale unique représentant le système, ce qui permet de spécifier le nombre d'instances d'acteurs connectées au système à un moment donné.

Comment identifier les cas d'utilisation ?

Utilisez la procédure systématique suivante :

- délimitez le sujet : les frontières du système à l'étude, son périmètre. S'agit-il d'une application logicielle, d'un système intégrant du matériel et du logiciel, de cet ensemble plus son opérateur ou l'organisation entière qui l'opère ?

- identifiez les acteurs principaux, c'est-à-dire ceux qui cherchent à obtenir un résultat observable, un but, en utilisant les services du système ;
- identifiez les objectifs, les buts, de chaque acteur principal ;
- définissez des cas d'utilisation autonomes qui correspondent aux objectifs des acteurs principaux.

Ne vous inquiétez pas : il est normal que tous les objectifs et les cas d'utilisation ne soient pas correctement identifiés d'emblée. Il s'agit forcément d'un processus de recherche itératif et évolutif.

Comment améliorer le diagramme de cas d'utilisation ?

Pour améliorer le contenu informatif du diagramme de cas d'utilisation, nous recommandons d'adopter les conventions suivantes :

- par défaut, le rôle d'un acteur est principal ; si ce n'est pas le cas, indiquez explicitement que le rôle est secondaire sur l'association, du côté de l'acteur ;
- dans la mesure du possible, disposez les acteurs principaux à gauche des cas d'utilisation, et les acteurs secondaires à droite ;
- si l'acteur ne fait que recevoir des messages du système (ou seulement en envoyer), utilisez le symbole de restriction de navigabilité sur l'association entre le cas d'utilisation et l'acteur.

Comment décrire les cas d'utilisation ?

- Pour détailler la dynamique du cas d'utilisation, la façon la plus simple de procéder consiste à recenser textuellement toutes les interactions entre les acteurs et le système. Le cas d'utilisation doit avoir un début et une fin clairement identifiés. Il faut également préciser les variantes possibles, telles que le scénario nominal, les différents cas « alternatifs », les cas d'erreurs, tout en essayant d'ordonner séquentiellement les descriptions, afin d'améliorer leur lisibilité.
- Ne mélangez pas cas d'utilisation *essentiel* (indépendant de tout choix technologique d'interface avec les acteurs) et cas d'utilisation *réel* : le premier est beaucoup plus stable et peut être plus facilement réutilisé.
- Rédigez avec concision en évitant les mots inutiles. Généralisez l'adoption de conventions communes au sein du projet. Celles proposées par A. Cockburn dans son ouvrage *Rédiger des cas d'utilisation efficaces* [Cockburn 01] ont le mérite d'être largement répandues et acceptées.

- Rédigez des cas d'utilisation en « boîte noire » : ne décrivez pas le fonctionnement interne du système, ses composants ou sa conception. Considérez uniquement ce qui est visible par les acteurs.
- Complétez la description textuelle des cas d'utilisation par un ou plusieurs diagrammes dynamiques UML :
  - Pour la dynamique globale du cas d'utilisation, utilisez un *diagramme d'activité* ou un *diagramme de séquence* en profitant des nouvelles constructions UML 2 : fragments avec opérateurs, références entre interactions. Vous pouvez également considérer le nouveau diagramme appelé *Interaction Overview Diagram*, qui est une fusion du diagramme d'activité et du diagramme de séquence.
  - pour décrire le scénario nominal, utilisez un *diagramme de séquence*. Présentez-le en montrant l'acteur principal à gauche, puis un objet qui représente le système en boîte noire, et enfin en disposant à droite du système les éventuels acteurs secondaires sollicités durant le scénario.
- Vous pouvez enrichir le diagramme de séquence système du scénario nominal de façon à faire apparaître également :
  - les principales actions internes du système (au moyen de messages qu'il s'envoie à lui-même) ;
  - les renvois aux enchaînements alternatifs et d'erreur (au moyen de notes) ;
  - les parties répétées, optionnelles ou alternatives (opérateurs *loop*, *opt* et *alt*).

Les relations entre cas d'utilisation

- Utilisez la relation d'inclusion entre cas d'utilisation pour éviter de devoir décrire plusieurs fois le même enchaînement, en factorisant ce comportement commun dans un cas d'utilisation supplémentaire inclus.
- Utilisez la relation d'extension entre cas d'utilisation pour séparer un comportement complexe optionnel ou rare du comportement obligatoire.
- Utilisez la relation de généralisation/spécialisation entre cas d'utilisation pour formaliser des variations importantes sur le même cas d'utilisation.
- N'abusez cependant pas des relations entre cas d'utilisation (surtout extension et généralisation) : elles peuvent rendre les diagrammes de cas d'utilisation difficiles à décrypter pour les experts métier qui sont censés les valider.

Pas plus de 20 cas d'utilisation !

Limitez à 20 le nombre de vos cas d'utilisation de base (en dehors des cas inclus, spécialisés, ou des extensions). Avec cette limite arbitraire, on reste synthétique et on ne tombe pas dans le piège de la granularité trop fine des cas d'utilisation.

Soyez agiles et itératifs !

Les descriptions textuelles des cas d'utilisation et les diagrammes UML ne sont jamais parfaits. Il leur manque certains éléments et certaines assertions sont fausses. La solution ne consiste pas à adopter l'attitude du processus en cascade et à déployer toujours plus d'efforts pour obtenir d'emblée des spécifications exactes et exhaustives. Il s'agit simplement de faire de notre mieux dans les délais impartis et en appliquant les meilleures pratiques.

Il existe un moyen terme entre la démarche en cascade et la programmation sauvage : le développement itératif et incrémental. Dans cette approche, les cas d'utilisation et les autres modèles sont progressivement affinés, vérifiés et clarifiés grâce à la programmation et aux tests.

Use cases versus user stories ?

Certains praticiens agiles (en particulier ceux venant de XP) ont banni les Use Cases, les taxant de « trop verbeux », « trop complexes », etc., et les ont remplacés par les User Stories, à la dénomination ressemblante. Le débat est loin d'être clos, mais nous souhaitons apporter ici quelques éléments de réflexion sur le sujet, piochés chez des experts agiles français, ainsi que sur le site du maître, Alistair Cockburn.

Commençons par deux bloggeurs français très actifs qui ont publié sur le sujet.

AVIS D'EXPERT

Jean-Claude Grosjean
(ergonome consultant, coach agile ; http://www.qualitystreet.fr/)

User story ou use case : soyez agile ! (16 février 2009)

User stories et use cases (cas d'utilisation) sont deux façons très populaires de capturer les besoins utilisateurs (exigences fonctionnelles).
Toutes deux sont orientées *but*, plutôt centrées utilisateurs, sont découvertes au cours d'ateliers de travail et peuvent être admirablement combinées avec les activités expérience utilisateur (personas, storyboard, wireframe...). Cette question du choix entre les deux formalismes est récurrente parmi les équipes, et notamment côté client (métier ou maîtrise d'ouvrage), même si je considère pour ma part que les User Stories sont plus appropriées dans la plupart des contextes, notamment agiles. Dans les deux cas, un vrai travail d'accompagnement s'avère bien souvent nécessaire pour favoriser leur bonne appropriation et leur bonne utilisation dans les projets au quotidien.

Terminons par la référence sur le sujet, Alistair Cockburn. Agiliste convaincu et actif, Alistair continue de penser que les cas d'utilisation ont de la valeur. Notons qu'il

Les deux formats se ressemblent, mais comportent aussi de réelles différences, qui sont déterminantes pour le choix. Les voici résumées dans un tableau.

Figure 2-17. *User story et use case*

USER STORY	USE CASE
Est une brève description d'une fonctionnalité telle que vue par l'utilisateur (Définition)	Représente une séquences d'actions qu'un système ou toute autre entité peut accomplir en interagissant avec les acteurs du système (Définition)
Format écrit **court**, laissant la part belle à la **discussion orale**	Format écrit **très riche en informations** (pré conditions, Evénement déclencheur, scénario principal, alternatives ...). Peu de place à l'oral
Est une **partie d'un Use Case** (le scénario principal **ou** une alternative)	Est la somme d'un scénario principal, et de diverses alternatives (variations, cas d'erreur ...)
Utilisée certes en tant que spécification mais **surtout** pour **l'estimation & la planification**	Utilisé seulement en tant que spécification
Emergence rapide au travers d'ateliers de travail collaboratifs	**Long travail d'analyse et de formalisation**
Grande lisibilité du fait de sa simplicité	Manque de lisibilité même au sein d'un Template
Mode ORAL et COLLABORATIF	**Mode ECRIT ET DISTANT**
Très facile à maintenir (format fiche, court, indépendant)	Difficile à maintenir (Doc. Word de 150 pages)
Implémentée et testée **en une itération obligatoirement**	Implémenté et testé en une ou plusieurs itérations
Ecrite facilement par un Utilisateur ou un Client (accompagné dans sa démarche)	**Souvent rédigé par des User Proxies** (AMOA, Analyste ...), rarement par le client
Contient des tests d'acceptation (au dos de la carte) = > implication des testeurs	Ne contient pas les cas de test qui en découlent => pas d'implication des testeurs
Difficile à lier les unes aux autres. Absence de vue globale	**Liaison et vision globale facilitée** : Sous Use Case, conditions préalables, Diagramme des cas utilisation
Associée historiquement à **eXtreme Programming et aux méthodes Agiles**	Associé historiquement au Processus Unifié
Un auteur de référence : **Mike Cohn**	Un auteur de référence : **Alistair Cockburn**

AVIS D'EXPERT

Claude Aubry (consultant, coach agile ; http://www.aubryconseil.com/)

Use case et user story (05 mai 2009)

Un use case, des user stories ?

Lors de sa présentation à Marseille, pour parler des user stories, Thierry a dit « des histoires d'utilisation ». Tiens, un mélange entre cas d'utilisation et histoires d'utilisateurs !

J'avais rédigé un billet sur les différences entre les deux, il y a déjà deux ans (http://www.aubryconseil.com/post/2007/04/09/203-user-stories-et-use-cases). Depuis, j'ai beaucoup pratiqué les histoires (d'utilisateurs), et plus du tout les cas (d'utilisation). Je n'ai vu aucune des équipes que j'ai suivies en faire. Le seul endroit où j'ai vu des cas d'utilisation, c'est dans un guide-méthode d'une administration : la pratique y était présentée comme obligatoire sur les projets et expliquée avec des exemples.

En fait, quand j'étais consultant en cas d'utilisation (dans les années 1990), je constatais une pratique très variée des cas d'utilisation. Certains correspondaient d'ailleurs à ce qu'on appelle maintenant story, quelques-uns avaient du sens (*essential*), et pour la plupart, c'était de l'IHM.

Si je trouve que, dans la pratique, les user stories apportent généralement plus de valeur, il y manque toutefois la notion de contexte. En effet, quand on manipule des dizaines de stories, il est difficile de savoir dans quel système plus large se situe une story particulière. Avec une approche agile du produit, la vision et l'identification des features fournissent une partie de ce contexte. Une user story est le résultat de la décomposition d'une feature[4].

Mais ce qui manque toujours, à mon avis, c'est le contexte temporel. Il serait intéressant de connaître les enchaînements possibles lors de l'exécution des stories. C'est quelque chose qu'apporte le cas d'utilisation en montrant les différents scénarios qui le composent.

Écrivons un cas d'utilisation englobant la story sur laquelle je travaille actuellement dans le cadre d'un outil Scrum :

User story : activer un sprint.

« En tant que ScrumMaster, je peux activer un sprint afin d'entériner l'engagement de l'équipe sur le périmètre du sprint ».

Un cas d'utilisation permettant de situer le contexte pourrait être : Planifier un sprint

- Acteur initiateur : l'équipe Scrum.
- But du cas : planifier un sprint en équipe.
- Pré-condition : il existe une équipe Scrum qui travaille sur un produit, le backlog de produit contient des stories estimées.
- Post-condition en cas de succès : l'équipe s'engage sur le périmètre du sprint.

Scénario principal

1. Le premier jour du sprint, l'équipe se réunit pour le sprint planning.
2. Le but du sprint est défini à l'initiative du Product Owner.
3. Le Product Owner présente les stories prévues pour ce sprint.
4. Pour chaque story, l'équipe identifie les tâches nécessaires.
5. L'équipe estime les tâches en heures.
6. Chaque membre de l'équipe prend des tâches.
7. L'équipe s'engage sur le périmètre du sprint.
8. Le ScrumMaster active le sprint et clôt la réunion.

Alternatives possibles

- À l'étape 2, le ScrumMaster crée le sprint, si cela n'a pas été fait avant (extension).
- À l'étape 4, l'équipe ajoute des tests d'acceptation à la story lors du travail sur les tâches (extension).
- À l'étape 7, l'équipe refuse de s'engager. Retour à l'étape 3.

Ce cas d'utilisation Planifier un sprint, qu'on pourrait appeler aussi processus métier, référence plusieurs stories : créer un sprint, définir le but, identifier les tâches, estimer les tâches, activer le sprint...

Il me semble que voir l'enchaînement des stories élémentaires amène celui qui travaille sur une story à une meilleure compréhension. Une autre façon de montrer cet aspect temporel est de travailler avec les tests d'acceptation… mais c'est une autre histoire.

4. On retrouve d'ailleurs avec les features et stories une pratique de décomposition absente des use cases, qui se présentent à plat, les clauses Include et Extend (qui permettent les relations entre plusieurs use cases) étant de nature différente.

explique même sur son blog pourquoi il continue à utiliser les use cases : http://alistair.cockburn.us/Why+I+still+use+use+cases ! Il essaie lui aussi d'exprimer la différence entre un use case et une user story :

Par définition, un use case contient plusieurs stories. Un use case est un ensemble de scénarios qui dépendent du but de l'acteur principal, certains scénarios montrent l'acteur interagir avec le système, et le système interagir avec d'autres systèmes afin d'atteindre le but fixé. D'autres montrent l'échec. C'est la nature même des use cases.

Un use case de ce type tient en moins d'une demi-page lorsqu'il est court, et occupe jusqu'à deux pages lorsqu'il est long.

Une user story est une autre expression pour désigner un scénario simple. Elle ne contient ni information liée au scénario, ni échec, ni alternative.

Une user story tient en général en une demie phrase, voire en une phrase complète, quelle que soit sa longueur[5].

Si l'on résume, une user story est le titre d'un scénario, alors qu'un use case est le contenu de scénarios multiples. Il souligne également qu'un use case est plus lourd et plus difficile à écrire qu'une user story, mais qu'il apporte de la valeur pour ce poids supplémentaire :

- Le scénario nominal apporte un contexte dynamique aux différentes étapes qui sont autant d'exigences élémentaires [6].
- Les scénarios alternatifs et d'erreur permettent d'investiguer systématiquement ce qui risque de prendre 80 % du temps de développement et d'anticiper les difficultés : voilà pour la complétude.
- La liste des use cases donne une vue globale synthétique à l'équipe et au client, vue qui manque souvent du fait de la décomposition rapide en petites user stories, ou éléments de backlog pour la méthode Scrum.

---

5. *A use case pretty much by definition contains multiple stories. A use case is a collection of scenarios related to the primary actor's goal – some scenarios show the actor interacting with the system and the system interacting with other systems so that they succeed with the goal, some show failure. That's all in the nature of a use case.*
A use case written for this will occupy between half a page for a shortish one to 2 pages for a long one.
A user story is a nickname for a single scenario – it contains neither the information content of the scenario nor failure or alternate paths.
A user story typically occupies 1/2 to one sentence no matter its size
6. Voir à ce sujet le livre au titre évocateur : *Use cases – Requirements in context*, [Kulak 03].

PARTIE II

Point de vue statique

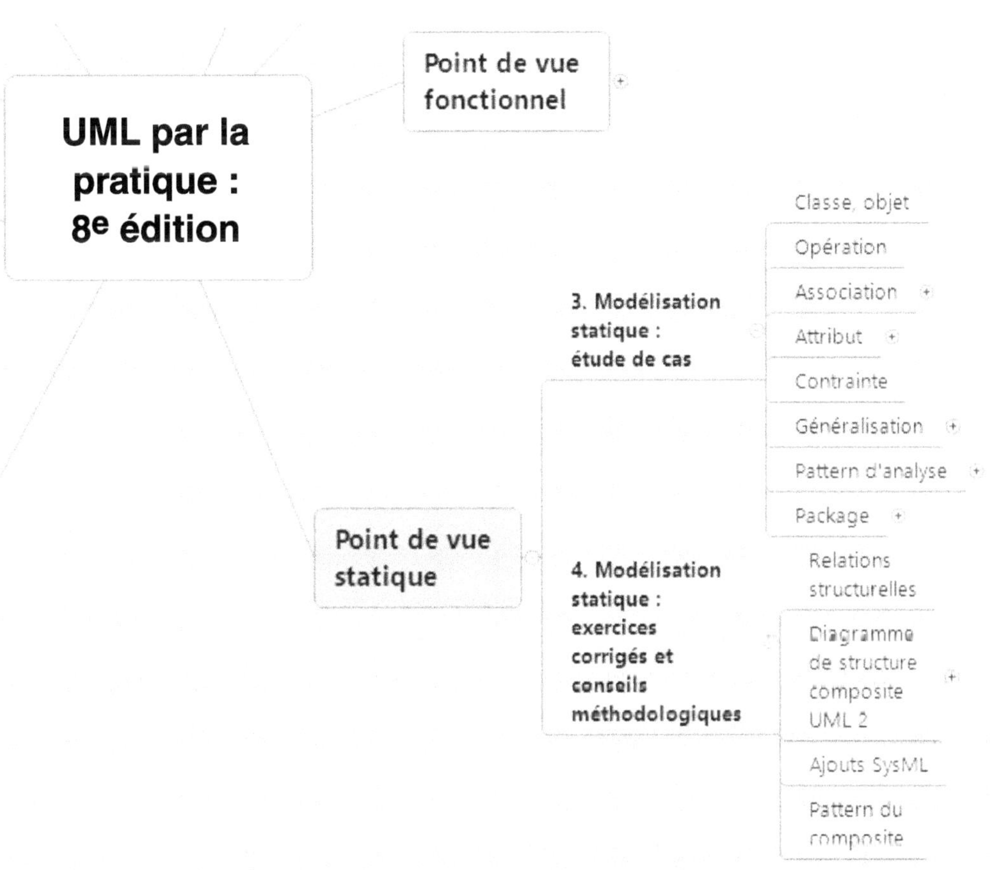

3

Modélisation statique : étude de cas

Mots-clés

■ Classe, objet ■ Opération ■ Association, multiplicité ■ Attribut, attribut dérivé ■ Agrégation, composition ■ Classe d'association, qualificatif ■ Contrainte, métaclasse ■ Package ■ Généralisation, classe abstraite.

Ce chapitre va nous permettre d'illustrer, pas à pas, à partir d'une nouvelle étude de cas, les principales difficultés que pose la construction des diagrammes de classes UML.

Le diagramme de classes a toujours été le diagramme le plus important dans toutes les méthodes orientées objet. C'est celui que les outils de génération automatique de code utilisent en priorité. C'est également celui qui contient la plus grande gamme de notations et de variantes, d'où la difficulté d'utiliser correctement tous ces concepts.

Dans cet important chapitre, nous allons apprendre à :

- Identifier les concepts du domaine et les modéliser en tant que classes.
- Identifier les associations pertinentes entre les concepts.
- Réfléchir aux multiplicités à chaque extrémité d'association.
- Ajouter des attributs aux classes du domaine.
- Comprendre la différence entre modèles d'analyse et de conception.
- Utiliser les diagrammes d'objets pour illustrer les diagrammes de classes.
- Utiliser les classes d'association, contraintes et qualificatifs.
- Structurer notre modèle en *packages*.
- Comprendre ce qu'est un *pattern* d'analyse.

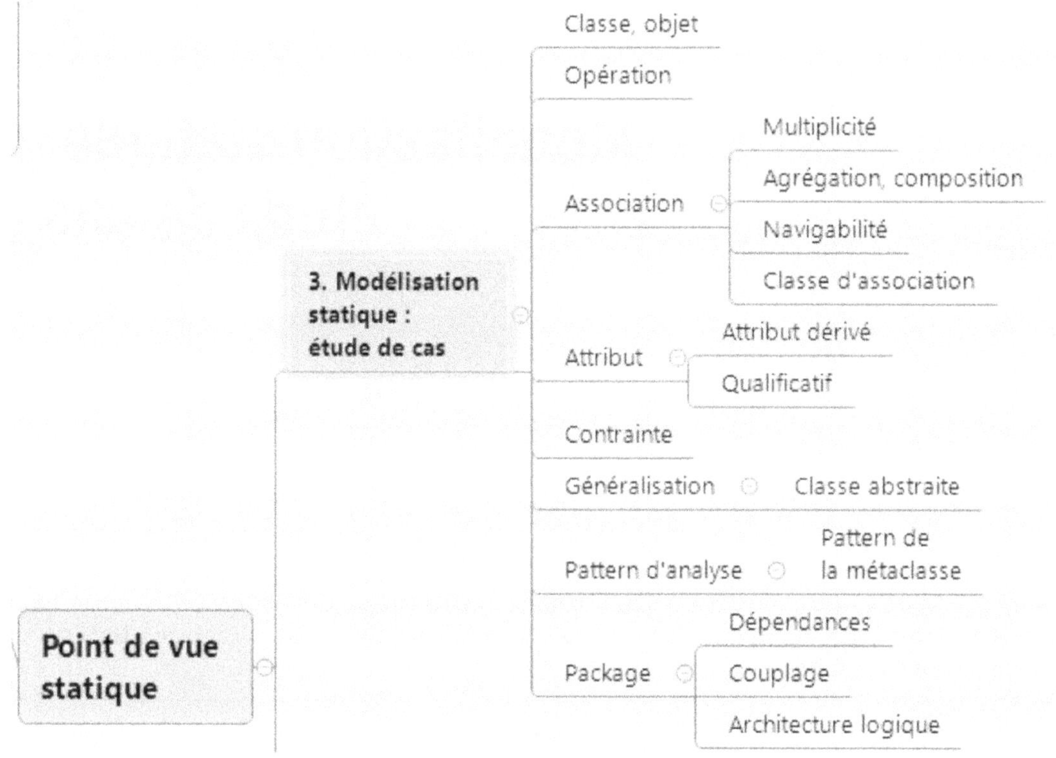

Principes et définitions de base

Diagramme de classes

Le diagramme de classes est le point central dans un développement orienté objet. En analyse, il a pour objectif de décrire la structure des entités manipulées par les utilisateurs. En conception, le diagramme de classes représente la structure d'un code orienté objet ou, à un niveau de détail plus important, les modules du langage de développement.

Comment le représenter ?

Le diagramme de classes met en œuvre des classes, contenant des attributs et des opérations, et reliées par des associations ou des généralisations.

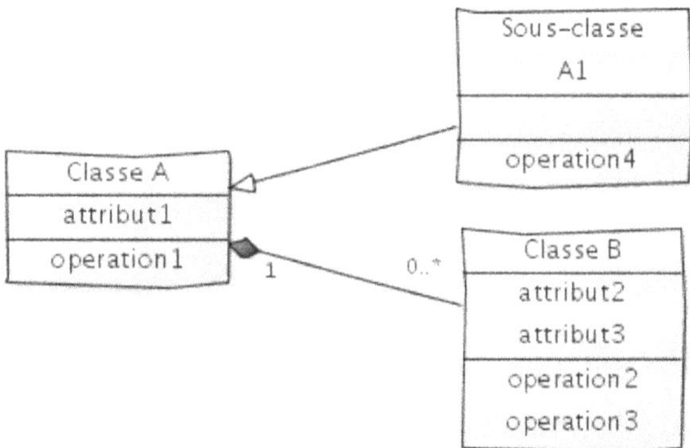

Figure 3-1.
Exemple de diagramme de classes

Classe et objet

Une classe représente la description abstraite d'un ensemble d'objets possédant les mêmes caractéristiques. On peut parler également de type.

Exemples : la classe Voiture, la classe Personne.

Un objet est une entité aux frontières bien définies, possédant une identité et encapsulant un état et un comportement. Un objet est une instance (ou occurrence) d'une classe.

Exemple : Pascal Roques est un objet instance de la classe Personne. Le livre que vous tenez entre vos mains est une instance de la classe Livre.

Attribut et opération

Un attribut représente un type d'information contenu dans une classe.

Exemples : vitesse courante, cylindrée, numéro d'immatriculation, etc. sont des attributs de la classe Voiture.

Une opération représente un élément de comportement (un service) contenu dans une classe. Nous ajouterons plutôt les opérations en conception objet, car cela fait partie des choix d'attribution des responsabilités aux objets.

Association

Une association représente une relation sémantique durable entre deux classes.

Exemple : une personne peut posséder des voitures. La relation *possède* est une association entre les classes Personne et Voiture.

Attention : même si le verbe qui nomme une association semble privilégier un sens de lecture, une association entre concepts dans un modèle du domaine est par défaut bidirectionnelle. Donc implicitement, l'exemple précédent inclut également le fait qu'une voiture est possédée par une personne.

Comment les représenter ?

Aux deux extrémités d'une association, on doit faire figurer une indication de multiplicité. Elle spécifie sous la forme d'un intervalle d'entiers positifs ou nuls le nombre d'objets qui peuvent participer à une relation avec un objet de l'autre classe dans le cadre d'une association.

Exemple : une personne peut posséder plusieurs voitures (entre zéro et un nombre quelconque : *) ; une voiture est possédée par une seule personne.

Figure 3-2.
Exemples de multiplicité d'association

Agrégation et composition

Une agrégation est un cas particulier d'association non symétrique exprimant une relation de contenance. Les agrégations n'ont pas besoin d'être nommées : implicitement elles signifient « contient », « est composé de ».

Une composition est une agrégation plus forte impliquant que :

- un élément ne peut appartenir qu'à un seul agrégat composite (agrégation non partagée) ;
- la destruction de l'agrégat composite entraîne la destruction de tous ses éléments (le composite est responsable du cycle de vie des parties).

Comment les représenter ?

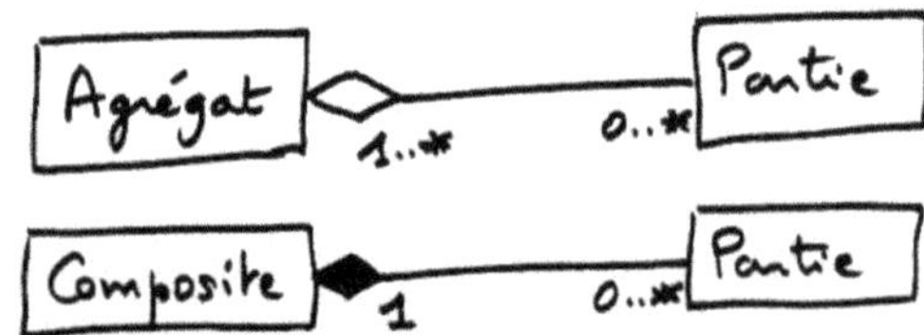

Figure 3-3.
Exemples d'agrégation et de composition

Généralisation, super-classe, sous-classe

Une super-classe est une classe plus générale reliée à une ou plusieurs autres classes plus spécialisées (sous-classes) par une relation de généralisation. Les sous-classes « héritent » des propriétés de leur super-classe et peuvent comporter des propriétés spécifiques supplémentaires.

Exemple : les voitures, les bateaux et les avions sont des moyens de transport. Ils possèdent tous une marque, un modèle, une vitesse, etc. Par contre, seuls les bateaux ont un tirant d'eau et seuls les avions ont une altitude…

Comment les représenter ?

Figure 3-4.
Exemple de super classe et sous-classes

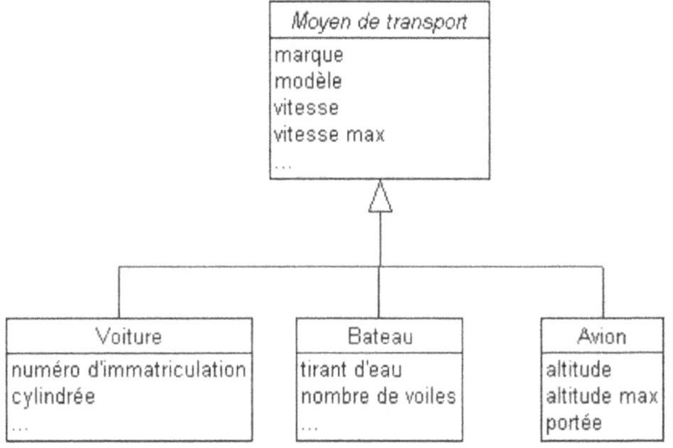

Une classe abstraite est simplement une classe qui ne s'instancie pas directement mais qui représente une pure abstraction afin de factoriser des propriétés communes. Elle se note en *italique*. C'est le cas de *Moyen de Transport* dans l'exemple précédent.

Package

Package : mécanisme général de regroupement d'éléments en UML, qui est principalement utilisé en analyse et conception objet pour regrouper des classes et des associations. Les packages sont des espaces de noms : deux éléments ne peuvent pas porter le même nom au sein du même package. Par contre, deux éléments appartenant à des packages différents peuvent porter le même nom.

La structuration d'un modèle en packages est une activité délicate. Elle doit s'appuyer sur deux principes fondamentaux : *cohérence* et *indépendance*.

Le premier principe consiste à regrouper les classes qui sont proches d'un point de vue sémantique. Un critère intéressant consiste à évaluer les durées de vie des instances de concept et à rechercher l'homogénéité. Le deuxième principe s'efforce de minimiser les relations entre packages, c'est-à-dire plus concrètement les relations entre classes de packages différents.

Comment les représenter ?

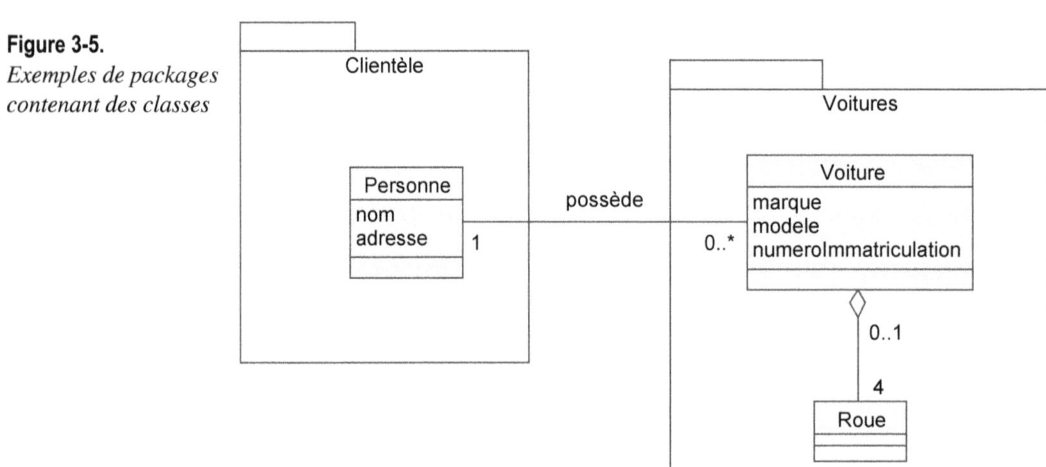

Figure 3-5. *Exemples de packages contenant des classes*

Étude d'un système de réservation de vol

Cette étude de cas concerne un système simplifié de réservation de vols pour une agence de voyages.

Les interviews des experts métier auxquelles on a procédé ont permis de résumer leur connaissance du domaine sous la forme des phrases suivantes :

1. Des compagnies aériennes proposent différents vols.
2. Un vol est ouvert à la réservation et refermé sur ordre de la compagnie.
3. Un client peut réserver un ou plusieurs vols, pour des passagers différents.
4. Une réservation concerne un seul vol et un seul passager.
5. Une réservation peut être annulée ou confirmée.
6. Un vol a un aéroport de départ et un aéroport d'arrivée.
7. Un vol a un jour et une heure de départ, et un jour et une heure d'arrivée.
8. Un vol peut comporter des escales dans des aéroports.

9. Une escale a une heure d'arrivée et une heure de départ.
10. Chaque aéroport dessert une ou plusieurs villes.

Nous allons entreprendre progressivement la réalisation d'un modèle statique d'analyse (aussi appelé modèle du domaine) à partir de ces « morceaux de connaissance ».

Étape 1 – Modélisation des phrases 1 et 2

En premier lieu, nous allons modéliser la première phrase :

1. Des compagnies aériennes proposent différents vols.

CompagnieAerienne et *Vol* sont des concepts importants du monde réel ; ils ont des propriétés et des comportements. Ce sont donc des classes candidates pour notre modélisation statique.

Nous pouvons initier le diagramme de classes comme suit :

Figure 3-6.
Modélisation de la phrase 1

La multiplicité « 1..* » du côté de la classe *Vol* a été préférée à une multiplicité « 0..* » car nous ne gérons que les compagnies aériennes qui proposent au moins un vol[1].

En revanche, la phrase ne nous donne pas d'indication sur la multiplicité du côté de la classe *CompagnieAerienne*. C'est là une première question qu'il faudra poser à l'expert métier.

Par la suite, nous partirons du principe qu'un vol est proposé le plus souvent par une seule compagnie aérienne, mais qu'il peut également être partagé entre plusieurs affréteurs. Au passage, on notera que le terme « affréteur » est un bon candidat pour nommer le rôle joué par la classe *CompagnieAérienne* dans l'association avec *Vol*.

Figure 3-7.
Modélisation complétée de la phrase 1

Nous allons maintenant nous intéresser à la deuxième phrase. Les notions d'ouverture et de fermeture de la réservation représentent des concepts dynamiques. Il s'agit en effet de changements d'état d'un objet *Vol* sur ordre d'un objet *CompagnieAérienne*.

1. Ceci est typique de la modélisation du domaine. En conception, nous utiliserons plutôt « 0..* », car lorsque l'on ajoute un objet CompagnieAerienne dans le système, il n'existe pas encore d'instances de Vol associées.

Une solution naturelle consiste donc à introduire un attribut énuméré *état*, comme cela est montré sur la figure suivante.

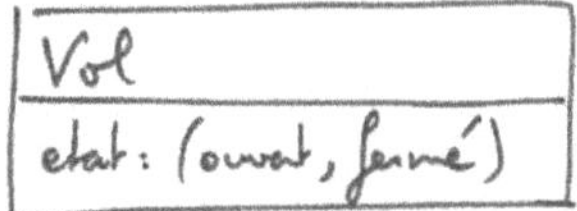

Figure 3-8. *Première modélisation de la phrase 2*

Néanmoins cette approche est discutable : tout objet possède en effet un état courant, en plus des valeurs de ses attributs. Cela fait partie des propriétés intrinsèques des concepts objets. La notion d'état ne devrait donc pas apparaître directement en tant qu'attribut sur les diagrammes de classes : elle sera plutôt modélisée dans le point de vue dynamique grâce au diagramme d'états (voir chapitres 5 et 6). Dans le diagramme de classes UML, les seuls concepts dynamiques disponibles sont les opérations[2].

Or, les débutants en modélisation objet ont souvent du mal à placer les opérations dans les bonnes classes ! Plus généralement, l'assignation correcte des responsabilités aux bonnes classes est une qualité distinctive des concepteurs objets expérimentés…

EXERCICE 3-1. Placement des opérations dans les classes

Dans quelle classe placez-vous les opérations que l'on vient d'identifier ?

Qui est ouvert à la réservation ? C'est le vol, et non pas la compagnie.

En orienté objet, on considère que l'objet sur lequel on pourra réaliser un traitement doit le déclarer en tant qu'opération. Les autres objets qui posséderont une référence dessus pourront alors lui envoyer un message qui invoque cette opération.

Il faut donc placer les opérations dans la classe *Vol*, et s'assurer que la classe *CompagnieAérienne* a bien une association avec elle.

Figure 3-9. *Modélisation correcte de la phrase 2*

2. Il est à noter que certains méthodologues (comme Larman) préconisent de reporter l'identification des opérations à l'étape de conception. Dans le modèle d'analyse, appelé souvent modèle du domaine, ils ne représentent que les concepts du domaine, leurs attributs et leurs relations statiques (associations et généralisations). Bien qu'adhérant à cette pratique, nous nous plaçons ici dans une perspective plus large à des fins pédagogiques.

L'association *propose* s'instanciera en un ensemble de liens entre des objets des classes *CompagnieAerienne* et *Vol*.

Elle permettra donc bien à des messages d'ouverture et de fermeture de réservation de circuler entre ces objets, comme cela est indiqué sur le diagramme de communication[3] ci-après (la compagnie aérienne ouvre les réservations des vols *v1* et *v2*, puis les ferme).

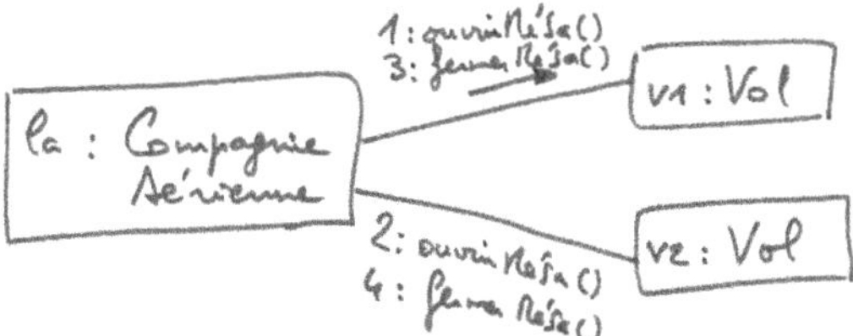

Figure 3-10.
Diagramme de communication illustrant la phrase 2

Étape 2 – Modélisation des phrases 6, 7 et 10

Poursuivons la modélisation de la classe *Vol*. Les phrases 6 et 7 s'y rapportent directement. Considérons tout d'abord la phrase 7 :

7. Un vol a un jour et une heure de départ et un jour et une heure d'arrivée.

Toutes ces notions de dates et d'heures représentent simplement des valeurs pures. Nous les modéliserons donc comme des attributs et pas comme des objets à part entière.

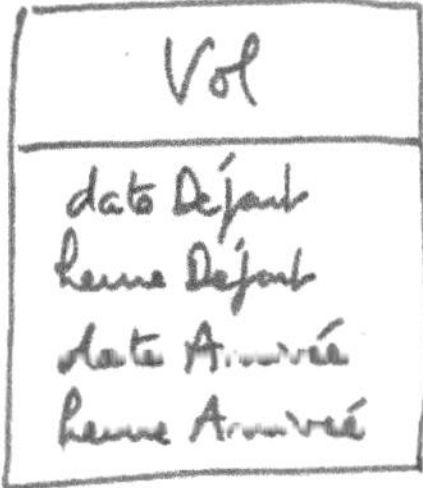

Figure 3-11.
Modélisation de la phrase 7

Un objet est un élément plus « important » qu'un attribut. Un bon critère à appliquer en la matière peut s'énoncer de la façon suivante : si l'on ne peut demander à un élément que sa valeur, il s'agit d'un simple attribut ; si plusieurs questions s'y appliquent, il s'agit plutôt d'un objet qui possède lui-même plusieurs attributs, ainsi que des liens avec d'autres objets.

Essayez d'appliquer ce principe à la phrase 6 :

8. Un vol a un aéroport de départ et un aéroport d'arrivée.

3. Le diagramme de communication (appelé collaboration en UML 1.x) montre comment des instances envoient des messages à d'autres instances. Pour qu'un message puisse être reçu par un objet, une opération de même nom doit être déclarée publique dans la classe concernée.

EXERCICE 3-2. Associations multiples entre classes

Quelles sont les différentes solutions pour modéliser la phrase 6, avec leurs avantages et inconvénients ?

Contrairement aux notions d'heure et de date qui sont des types « simples », la notion d'aéroport est complexe ; elle fait partie du « métier ». Un aéroport ne possède pas seulement un nom, il a aussi une capacité, dessert des villes, etc. C'est la raison pour laquelle nous préférons créer une classe Aeroport plutôt que de simples attributs aeroportDepart et aeroportArrivee dans la classe Vol.

Une première solution consiste à créer une association avec une multiplicité 2 du côté de la classe *Aeroport*. Mais nous perdons les notions de départ et d'arrivée. Une astuce serait alors d'ajouter une contrainte `{ordered}` du côté *Aeroport*, pour indiquer que les deux aéroports liés au vol sont ordonnés (l'arrivée a toujours lieu après le départ !).

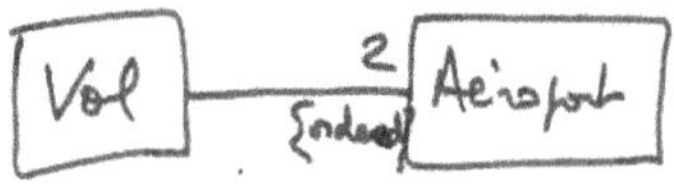

Figure 3-12.
Solution approximative de la phrase 6

Il s'agit là d'une modélisation « tordue » que nous ne recommandons pas, car elle n'est pas très parlante pour l'expert métier et il existe en fait une solution bien meilleure…

Une autre solution tentante consiste à créer deux sous-classes de la classe *Aeroport*.

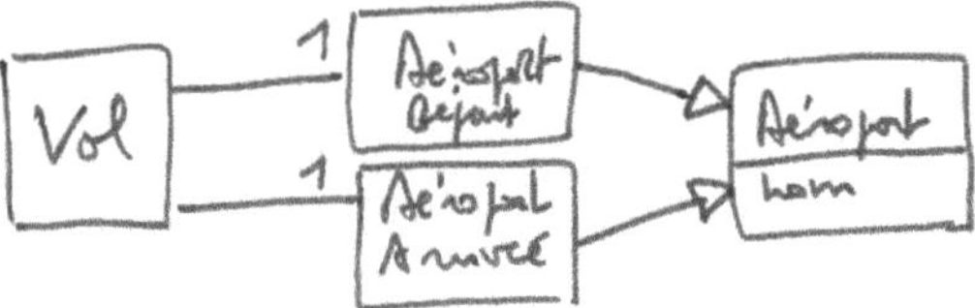

Figure 3-13.
Solution incorrecte de la phrase 6

Pourtant, cette solution est incorrecte ! En effet, tout aéroport est successivement aéroport de départ pour certains vols et aéroport d'arrivée pour d'autres. Les classes *AeroportDepart* et *AeroportArrivee* ont donc exactement les mêmes instances redondantes, ce qui devrait décourager d'en faire deux classes distinctes.

Le concept UML de rôle s'applique parfaitement dans cette situation. La façon la plus précise de procéder consiste donc à créer deux associations entre les classes *Vol* et *Aeroport*, chacune affectée d'un rôle différent avec une multiplicité égale à 1 exactement.

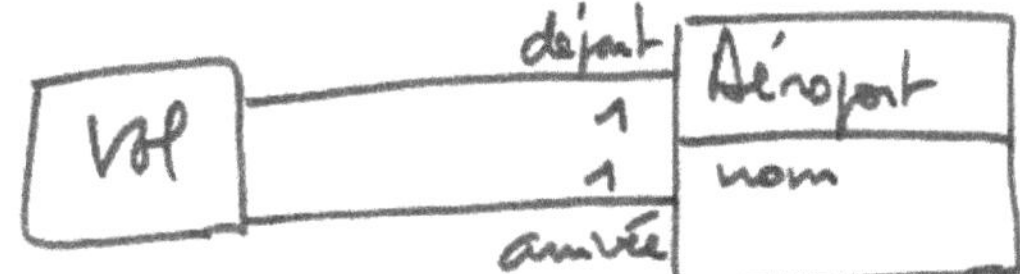

Figure 3-14. *Modélisation correcte de la phrase 6*

À RETENIR

Date comme type non primitif

Nous avons expliqué précédemment pourquoi nous préférons modéliser les dates et heures comme des attributs et pas des objets, contrairement aux aéroports.

Une solution plus sophistiquée a été proposée par M. Fowler[a] : elle consiste à créer une classe *Date* et à s'en servir ensuite pour typer l'attribut au lieu d'ajouter une association.

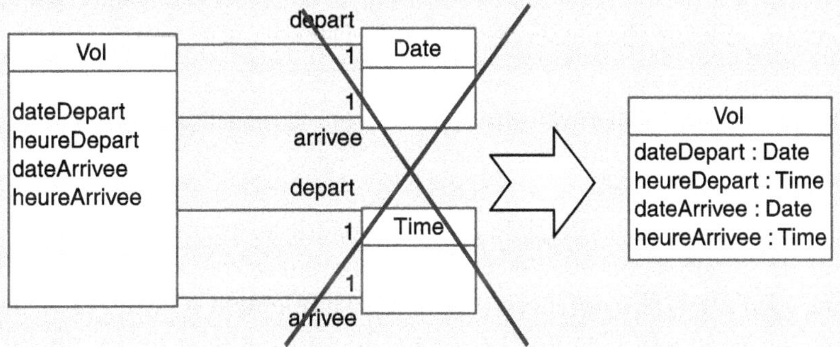

a. *Analysis Patterns: Reusable Object Models*, M. Fowler, 1997, Addison-Wesley.

À RETENIR

Différence entre modèle d'analyse et de conception

Dans le code Java de l'application finale, il est certain que nous utiliserons explicitement la classe d'implémentation `Date` (du package `java.util`).

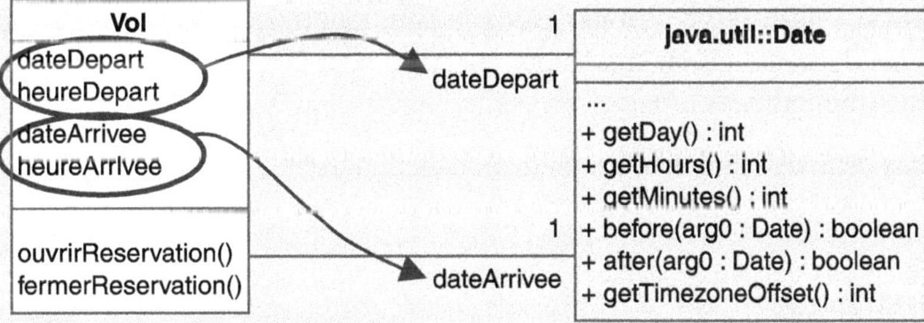

Il ne s'agit pas là d'une contradiction, mais d'une différence de niveau d'abstraction, qui donne lieu à deux modèles différents, un modèle d'analyse et un modèle de conception détaillée, pour des types de lecteurs et des objectifs distincts.

EXERCICE 3-3. Discussion sur les multiplicités

Nous pouvons maintenant passer à la modélisation de la phrase 10.

10. Chaque aéroport dessert une ou plusieurs villes.

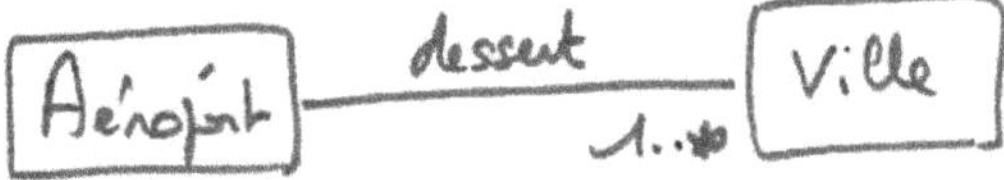

Figure 3-15.
Modélisation de la phrase 10

Cependant, nous constatons une fois encore que la phrase 10 ne traduit qu'un seul sens de l'association. Elle ne permet pas de déterminer la multiplicité du côté de la classe *Aeroport*. La question doit donc être formulée de la façon suivante : par combien d'aéroports une ville est-elle desservie ?

Quelle est la multiplicité du côté aéroport pour la modélisation de la phrase 10 ?

La question est moins triviale qu'il n'y paraît au premier abord… Tout dépend en effet de la définition exacte que l'on prête au verbe « desservir » dans notre système ! En effet, si « desservir » consiste simplement à désigner le moyen de transport par les airs le plus proche, toute ville est toujours desservie par un et un seul aéroport.

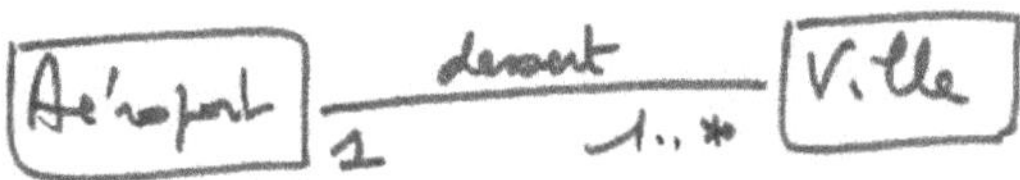

Figure 3-16.
Modélisation possible de la phrase 10

Mais si « desservir » vaut par exemple pour tout moyen de transport aérien se trouvant à moins de trente kilomètres, alors une ville peut être desservie par 0 ou plusieurs aéroports (multiplicités : *).

C'est cette dernière définition que nous retiendrons.

Figure 3-17.
Modélisation complétée de la phrase 10

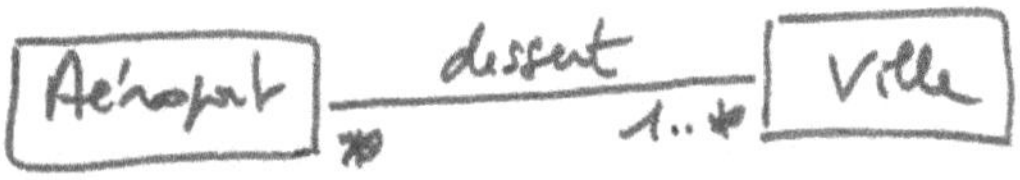

Étape 3 – Modélisation des phrases 8 et 9

Considérons maintenant les escales, c'est-à-dire les phrases 8 et 9.

8. *Un vol peut comporter des escales dans des aéroports.*
9. *Une escale a une heure d'arrivée et une heure de départ.*

Chaque escale a deux propriétés d'après la phrase 9 : heure d'arrivée et heure de départ. Elle est également en relation avec des vols et des aéroports, qui sont eux-mêmes des objets, d'après la phrase 8. Il est donc naturel d'en faire une classe à son tour.

Cependant, la phrase 8 est aussi imprécise : une escale peut-elle appartenir à plusieurs vols, et quelles sont les multiplicités entre *Escale* et *Aeroport* ? De plus, le schéma n'indique toujours pas les multiplicités du côté *Vol* avec *Aeroport*.

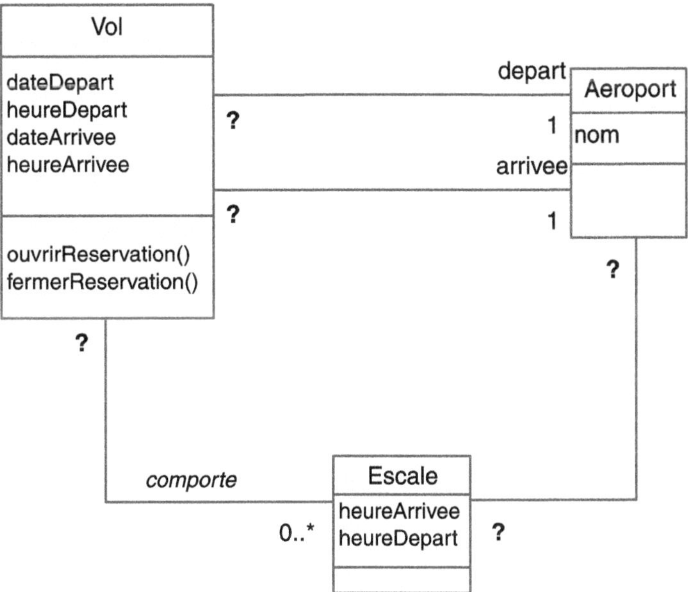

Figure 3-18.
Modélisation préliminaire des phrases 8 et 9

EXERCICE 3-4. Nouvelle discussion sur les multiplicités

Complétez les multiplicités des associations.

D'après la phrase 8, un vol peut comporter des escales dans des aéroports. Cette formulation est ambiguë, et vaut que l'on y réfléchisse un peu, en faisant même appel aux conseils d'un expert métier.

On peut commencer par ajouter les multiplicités entre *Escale* et *Aeroport*, ce qui doit être aisé. Il est clair qu'une escale a lieu dans un et un seul aéroport, et qu'un aéroport peut servir à plusieurs escales. De même, un aéroport peut servir de départ ou d'arrivée à plusieurs vols.

On pourrait également penser qu'une escale n'appartient qu'à un vol et un seul, mais est-ce bien certain ? Après consultation de l'expert métier, un contre-exemple nous est donné, sous forme du diagramme d'objets suivant.

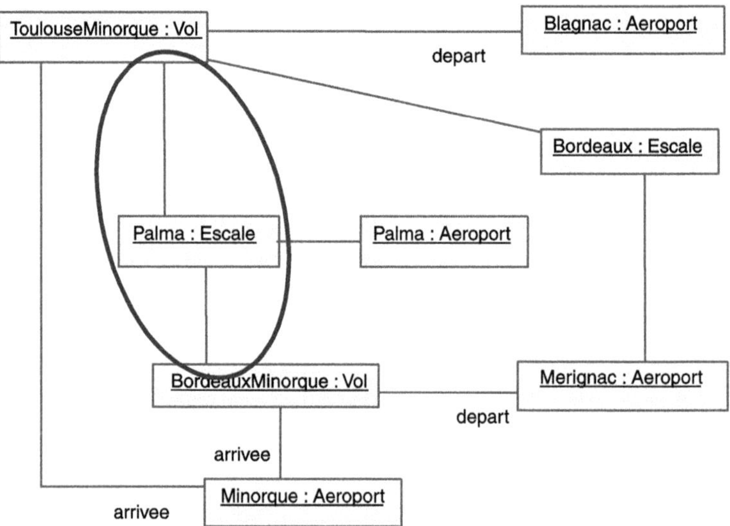

Figure 3-19. *Diagramme d'objets illustrant la phrase 8*

Une escale peut donc appartenir à deux vols différents, en particulier quand ces vols sont « imbriqués ». Notez combien il est efficace de recourir au diagramme d'objets pour donner un exemple, ou encore un contre-exemple, qui permette d'affiner un aspect délicat d'un diagramme de classes.

Pour finaliser le diagramme des phrases 8 et 9, il nous suffit d'ajouter deux précisions :

- l'association entre *Vol* et *Escale* est une agrégation (mais certainement pas une composition, puisqu'elle est partageable) ;
- les escales sont ordonnées par rapport au vol.

Figure 3-20.
Modélisation complète des phrases 8 et 9

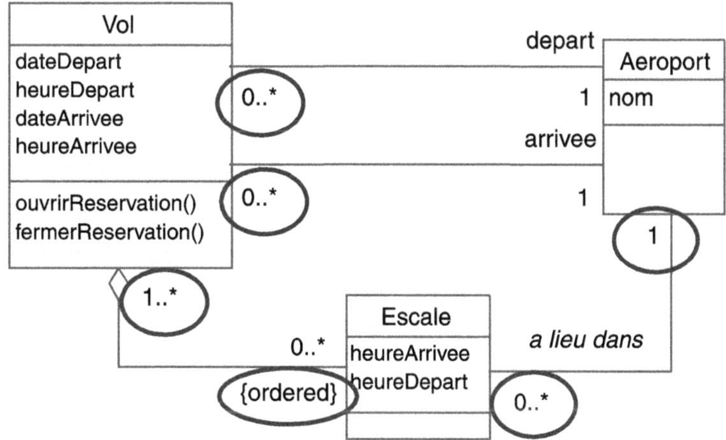

EXERCICE 3-5. Classe d'association

Dans la solution précédente, la classe Escale sert d'intermédiaire entre les classes *Vol* et *Aeroport*. Elle a peu de réalité par elle-même, et cela nous laisse donc penser à une autre solution la concernant...

Proposez une solution plus sophistiquée pour la modélisation des escales.

Au vu du diagramme précédent, il apparaît que la classe *Escale* comporte peu d'informations propres ; elle est fortement associée à *Aeroport* (multiplicité 1) et n'existe pas par elle-même, mais seulement en tant que partie d'un *Vol*.

Une première idée consiste à considérer *Escale* comme une spécialisation de *Aeroport*.

Figure 3-21.
Modélisation avec héritage des phrases 8 et 9

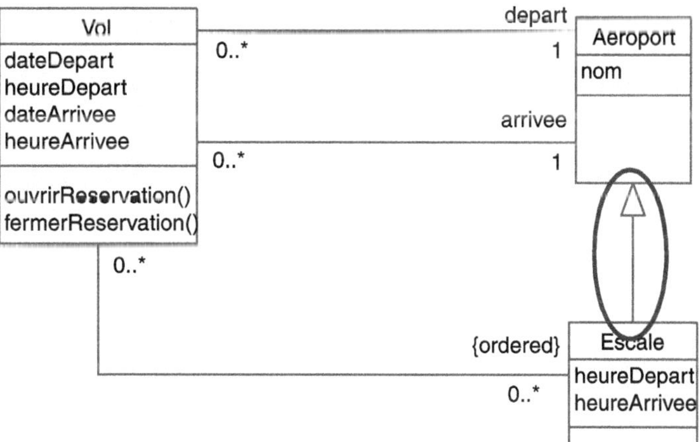

Il s'agit là d'une solution séduisante, l'escale récupérant automatiquement par héritage le nom d'aéroport, et ajoutant par spécialisation les heures de départ et d'arrivée.

Pourtant, on ne peut pas recommander d'y recourir. En effet, peut-on vraiment dire qu'une escale est une sorte d'aéroport, peut-on garantir que la classe *Escale* est conforme à 100 % aux spécifications de sa super-classe ? Est-ce qu'une escale dessert des villes, est-ce qu'une escale peut servir de départ ou d'arrivée à un vol ? Si l'on ajoute des opérations *ouvrir* et *fermer* à la classe *Aéroport*, s'appliqueront-elles à *Escale* ? Il ne s'agit donc pas, à vrai dire, d'un héritage d'interface, mais bien plutôt d'une facilité dont pourrait user un concepteur peu scrupuleux pour récupérer automatiquement l'attribut *nom* de la classe *Aeroport*, avec ses futures méthodes d'accès. Cette utilisation de l'héritage est appelée un héritage d'implémentation et elle est de plus en plus largement déconseillée. En outre, si l'on veut un jour spécialiser au sens métier les aéroports en aéroports internationaux et régionaux, par exemple, on devra rapidement gérer un héritage multiple.

Pourquoi ne pas considérer plutôt cette notion d'escale comme un troisième rôle joué par un aéroport par rapport à un vol ? Les attributs *heureArrivee* et *heureDepart* deviennent alors des attributs d'association, comme cela est montré sur le schéma suivant. La classe *Escale* disparaît alors en tant que telle, et se trouve remplacée par une classe d'association *InfosEscale*.

Figure 3-22.
Modélisation plus sophistiquée des phrases 8 et 9

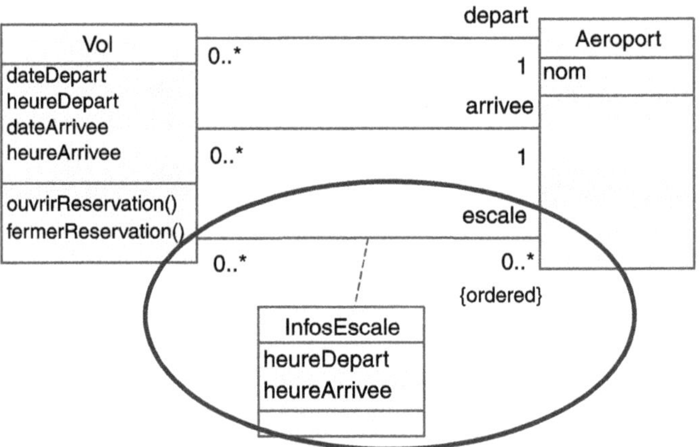

On pourrait pousser le raisonnement un cran plus loin et décider que les attributs *dateDepart* et *heureDepart* appartiennent à l'association *Vol - depart*, et que *dateArrivee* et *heureArrivee* appartiennent à l'association *Vol - arrivee*. On obtiendrait ainsi un modèle plus homogène avec trois classes d'associations. Nous décidons cependant de garder la solution de la figure précédente pour des raisons de simplicité.

Étape 4 – Modélisation des phrases 3, 4 et 5

Nous pouvons maintenant aborder le traitement du concept de réservation.

Relisons bien les phrases 3 à 5 qui s'y rapportent directement.

3. *Un client peut réserver un ou plusieurs vols, pour des passagers différents.*
4. *Une réservation concerne un seul vol et un seul passager.*
5. *Une réservation peut être annulée ou confirmée.*

Une question préliminaire peut se poser immédiatement…

EXERCICE 3-6. Distinction entre concepts

Faut-il vraiment distinguer les concepts de client et de passager ?

Au premier abord, cette distinction peut paraître superflue, mais elle est en fait absolument nécessaire ! Prenons le cas des déplacements professionnels : le client est souvent l'employeur de la personne qui se déplace pour son travail. Cette personne joue alors le rôle du passager et apprécie de ne pas devoir avancer le montant de son billet. Le concept de client est fondamental pour les aspects facturation et comptabilité, alors que le concept de passager est plus utile pour les aspects liés au vol lui-même (embarquement, etc.).

D'après la phrase 4, une réservation concerne un seul vol et un seul passager. Nous pouvons modéliser cela directement par deux associations.

La phrase 5, quant à elle, se traduit simplement par l'ajout de deux opérations dans la classe *Reservation*, sur le modèle de la phrase 2.

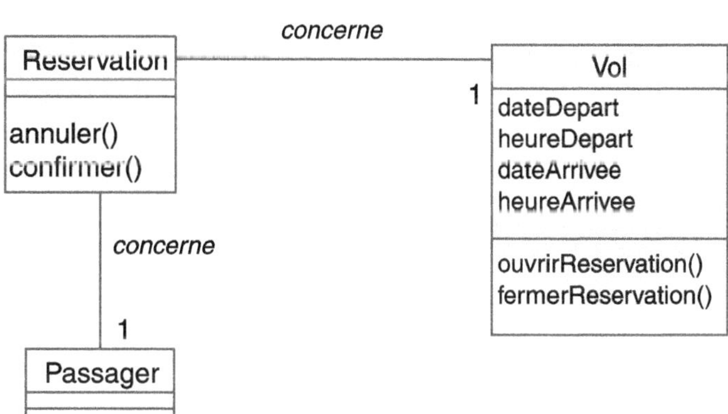

Figure 3-23. *Modélisation directe des phrases 4 et 5*

Notez néanmoins qu'une solution plus concise est possible, à savoir considérer le passager comme un simple attribut de *Reservation*. L'inconvénient majeur concerne la gestion des informations sur les passagers. En effet, il est fort probable que l'on ait besoin de gérer les coordonnées du passager (adresse, téléphone, e-mail, etc.), voire des points de fidélité, ce que ne permet pas facilement la solution simpliste montrée sur la figure suivante.

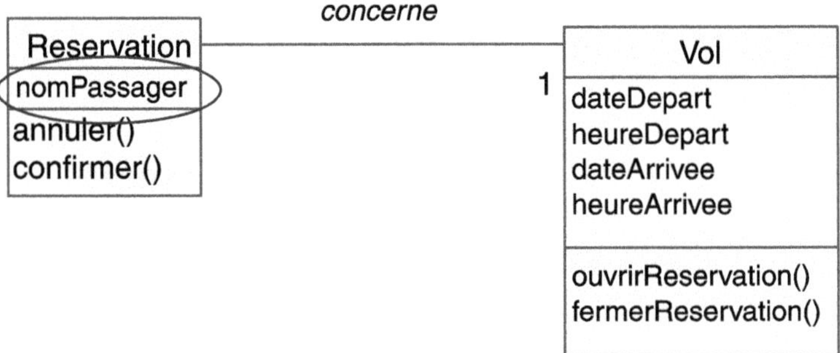

Figure 3-24.
Modélisation simpliste des phrases 4 et 5

Nous conserverons donc l'approche faisant de *Passager* une classe à part entière.

EXERCICE 3-7. Modélisation de la réservation

Poursuivons notre traitement du concept de réservation. La phrase 3 est un peu plus délicate, à cause de sa formulation alambiquée.

Modélisez la phrase 3 et complétez les multiplicités des associations précédentes.

Le début de la phrase 3 peut prêter à confusion en raison de la relation directe qu'il semble impliquer entre client et vol. En fait, le verbe « réserver » masque le concept déjà identifié de réservation. Nous avons vu lors de la modélisation de la phrase 4 qu'une réservation concerne un seul vol. Le début de la phrase 3 peut donc se reformuler plus simplement : un client peut effectuer plusieurs réservations (chacune portant sur un vol). Ce qui se traduit directement par le schéma suivant.

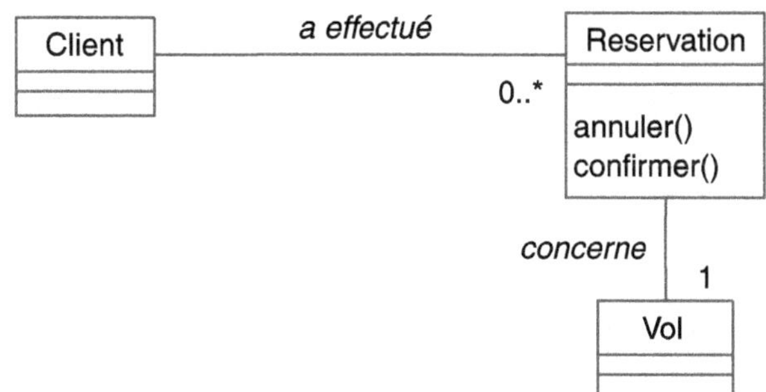

Figure 3-25.
Début de modélisation de la phrase 3

Nous allons compléter le diagramme en ajoutant d'abord les deux multiplicités manquantes. Il est clair qu'une réservation a été effectuée par un et un seul client, et qu'un même vol peut être concerné par zéro ou plusieurs réservations. Ajoutons ensuite la classe *Passager* et complétons les multiplicités. Combien de réservations un même passager peut-il avoir ? Au premier abord, au moins une, sinon il n'est pas passager. En fait, nous gérons des réservations, pas le vol lui-même. Nous avons donc besoin de stocker des instances persistantes de passagers, même s'ils n'ont pas tous de réservation à l'instant courant. Encore une question de point de vue de modélisation ! Pour l'application qui gère l'embarquement, un passager a une et une seule réservation, mais ici il faut prévoir « 0..* ».

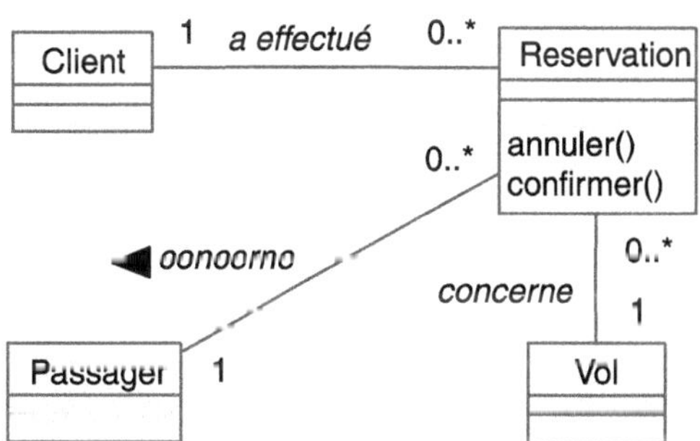

Figure 3-26.
Modélisation complète des phrases 4 et 5

Pour compléter, notons que nous pourrions également représenter Reservation comme une classe d'association entre Vol et Passager. Quoique également correcte, nous ne conserverons pas cette dernière solution afin de ne pas complexifier inutilement les diagrammes suivants.

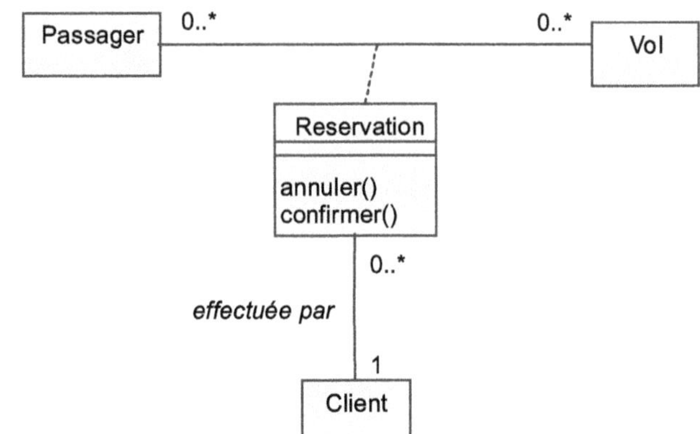

Figure 3-27.
Modélisation alternative des phrases 4 et 5

Étape 5 – Ajout d'attributs, de contraintes et de qualificatifs

Le modèle que l'on obtient par la modélisation des 10 phrases de l'énoncé ressemble actuellement au diagramme de la figure présentée ci-après.

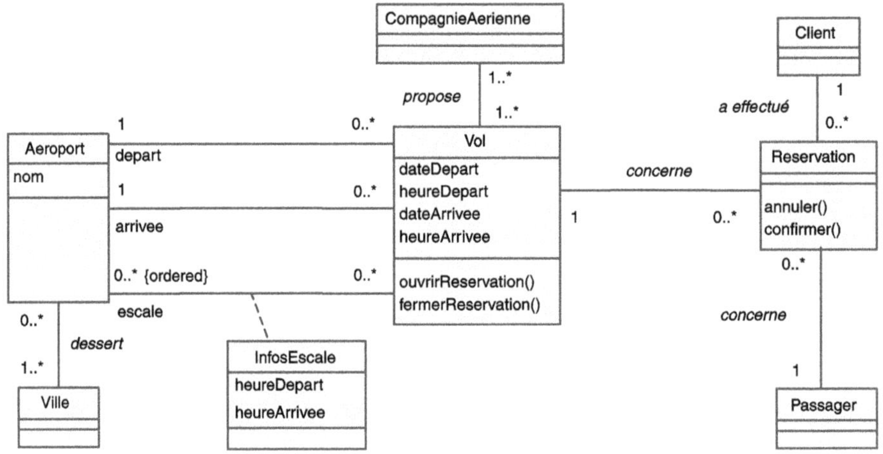

Figure 3-28.
Modélisation préliminaire du système de réservation

Certaines classes n'ont pas d'attribut, ce qui est plutôt mauvais signe pour un modèle d'analyse représentant des concepts métier. La raison en est simplement que nous n'avons identifié que les attributs qui sont directement issus des phrases de l'énoncé. Il en manque donc certainement…

EXERCICE 3-8. Ajout d'attributs métier

Ajoutez les attributs métier qui vous semblent indispensables.

Pour chacune des classes, nous répertorions ci-après les attributs indispensables.

Attention ! On ne doit pas lister dans les attributs des références à d'autres classes : c'est le but même de l'identification des associations.

Aeroport :

- nom

Client :

- nom
- prenom
- adresse
- numTel
- numFax

CompagnieAerienne :

- nom

InfosEscale :

- heureDepart
- heureArrivee

Passager :

- nom
- prenom

Reservation :

- date
- numero

Ville :

- nom

Vol :

- numero
- dateDepart
- heureDepart
- dateArrivee
- heureArrivee

On notera que c'est la convention de nommage recommandée par les auteurs d'UML qui est utilisée ici. Cette convention n'est cependant pas obligatoire. Si vous devez faire valider votre modèle par un expert métier, préférez une convention plus « naturelle » avec espaces, accents, etc.

À RETENIR

Conventions de nommage en UML

Les noms des attributs commencent toujours par une minuscule (contrairement aux noms des classes qui commencent systématiquement par une majuscule) et peuvent contenir ensuite plusieurs mots concaténés, commençant par une majuscule.
Il est préférable de ne pas utiliser d'accents ni de caractères spéciaux.
Les mêmes conventions s'appliquent au nommage des rôles des associations, ainsi qu'aux opérations.

EXERCICE 3-9. Ajout d'attributs dérivés

Complétez le modèle avec quelques attributs dérivés pertinents.

Un attribut dérivé est une propriété valuée intéressante pour l'analyste, mais redondante, car sa valeur peut être déduite d'autres informations disponibles dans le modèle.

Un bon exemple en est fourni par la notion de *durée* d'un vol. En effet, il est clair que cette information est importante : le client voudra certainement connaître la durée de son vol, sans qu'il doive la calculer lui-même ! Le système informatique doit être capable de gérer cette notion. Or, les informations nécessaires pour cela sont déjà disponibles dans le modèle grâce aux attributs existants relatifs aux dates et heures de départ et d'arrivée. Il s'agit donc bien d'une information dérivée. Le même raisonnement s'applique pour la durée de chaque escale.

Le diagramme présenté ci-après récapitule le nouvel état de notre modèle avec tous les attributs.

Figure 3-29.
Ajout des attributs métier et dérivés

À RETENIR

Attribut dérivé en conception

Les attributs dérivés permettent à l'analyste de ne pas faire de choix de conception prématuré. Cependant, ce concept n'existant pas dans les langages objets, le concepteur va être amené à choisir entre plusieurs solutions :

– Garder un attribut « normal » en conception, qui aura ses méthodes d'accès (*get* et *set*) comme les autres attributs : il ne faut pas oublier de déclencher la mise à jour de l'attribut dès qu'une information dont il dépend est modifiée.

– Ne pas stocker la valeur redondante, mais la calculer à la demande au moyen d'une méthode publique.

La seconde solution est satisfaisante si la fréquence de requête est faible, et l'algorithme de calcul simple. La première approche est nécessaire si la valeur de l'attribut dérivé doit être disponible en permanence, ou si le calcul est très complexe et coûteux. Comme toujours, le choix du concepteur est une affaire de compromis…

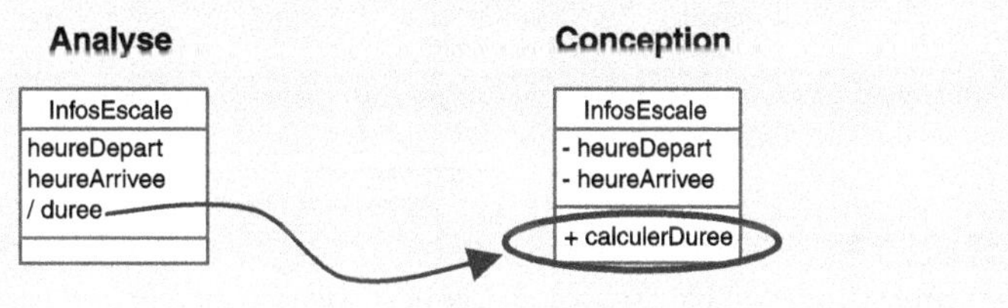

EXERCICE 3-10. Ajout de contraintes et de qualificatifs

Affinez encore le diagramme en ajoutant des contraintes et une association qualifiée.

Il est possible que l'on trouve un grand nombre de contraintes sur un diagramme de classes. Mieux vaut les répertorier de façon exhaustive dans le texte qui accompagne le modèle, et choisir avec soin les plus importantes, que l'on pourra alors faire figurer sur le diagramme. On encourt sinon le risque de surcharger le schéma et de le rendre illisible.

Sur notre exemple, nous avons choisi de montrer les contraintes les plus fortes entre les attributs. Elles correspondent à des règles de gestion qui devront être implémentées dans le système informatique final.

Nous avons également insisté sur le fait qu'une réservation concerne bien un seul vol et un seul client, et qui plus est de façon irréversible. Pour changer de vol ou de client, il faut annuler la réservation en question, et en créer une nouvelle. Cela se traduit en UML par les contraintes `{frozen}`[4] sur les rôles des associations concernées.

Enfin, nous avons transformé l'attribut *numero* de la classe *Vol* en qualificatif de l'association *propose* entre les classes *CompagnieAerienne* et *Vol*. En effet, chaque vol est identifié d'une façon unique par un numéro propre à la compagnie. Notez comme l'ajout du qualificatif réduit la multiplicité du côté de la classe *Vol*. La figure présentée ci-après montre le diagramme de classes complété.

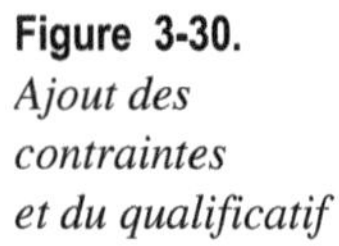
Figure 3-30.
Ajout des contraintes et du qualificatif

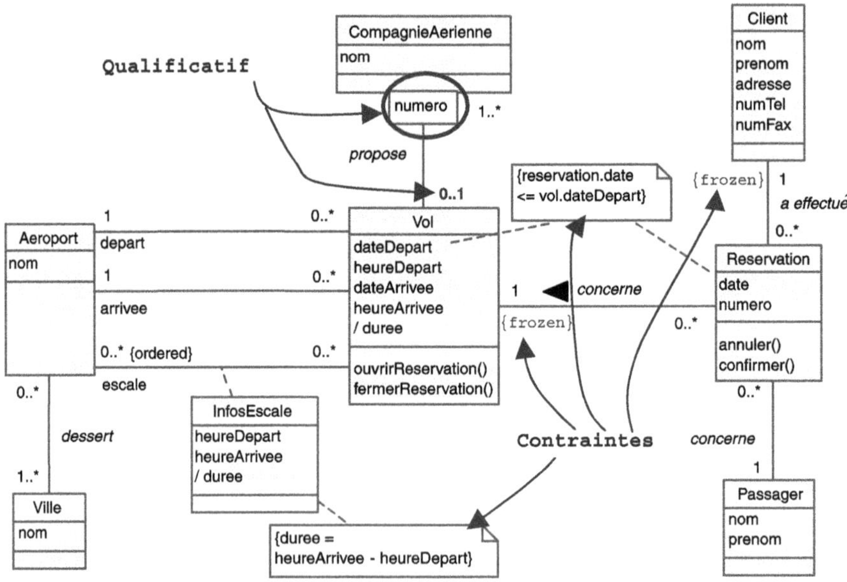

4. Même si {frozen} semble avoir disparu de la liste des contraintes prédéfinies dans les documents qui décrivent UML 2, nous continuerons à utiliser cette notation intéressante.

Étape 6 – Utilisation de patterns d'analyse

Notre modèle peut encore être notablement amélioré !

Reprenons à cet effet par le détail les éléments qui concernent la classe *Vol*, tels qu'ils sont représentés sur la figure suivante.

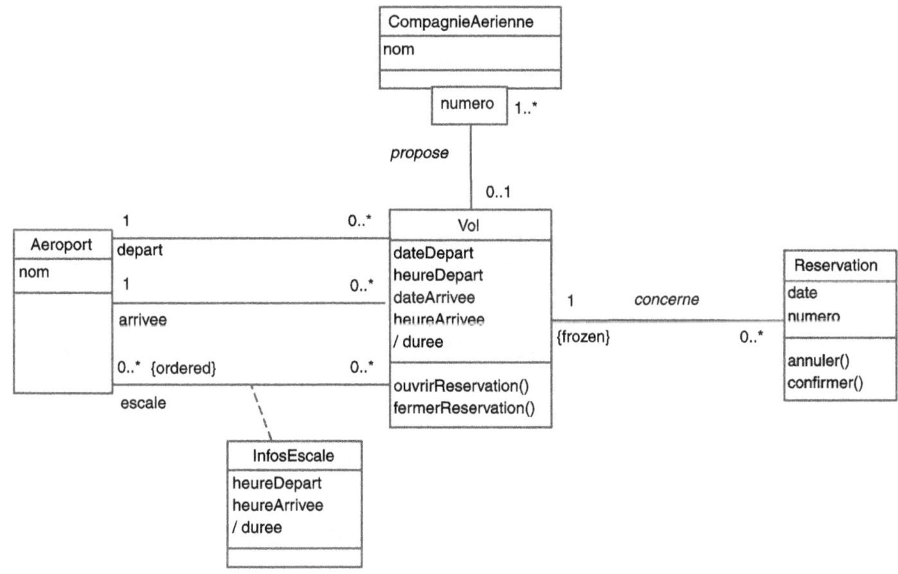

Figure 3-31. *Détail du modèle autour de la classe Vol*

Ne vous semble-t-il pas que la classe *Vol* a beaucoup de responsabilités différentes, avec tous ses attributs et toutes ses associations ? Elle viole un principe important de la conception orientée objet, appelé par certains auteurs, *forte cohésion*.

EXERCICE 3-11. Pattern de la métaclasse

Proposez une solution plus sophistiquée pour la modélisation des Vols.

La classe *Vol* du diagramme précédent possède deux différents types de responsabilités :

- Le premier concerne tout ce qui se retrouve dans les catalogues des compagnies aériennes : oui, il existe bien un Toulouse-Paris Orly sans escale, tous les lundis matin à 7 h 10, proposé par Air France… Il s'agit là de vols génériques, qui reviennent à l'identique, toutes les semaines, ou presque.
- Le second rassemble ce qui touche aux réservations. Vous ne réservez pas un Toulouse-Paris Orly du lundi matin, mais bien le Toulouse-Paris Orly du 27 novembre 2017 !

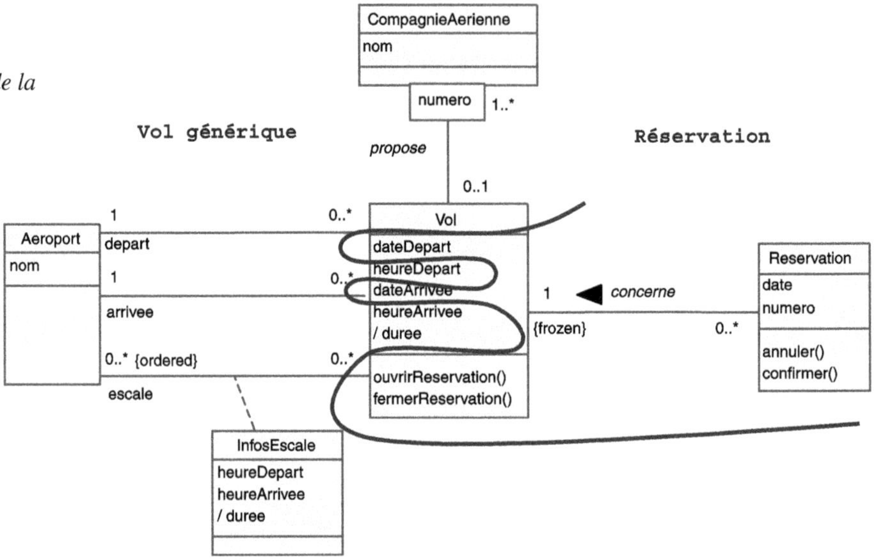

Figure 3-32. *Séparation des responsabilités de la classe Vol*

On peut y voir une sorte de relation d'instanciation, entre une classe *VolGenerique* restreinte au premier type de responsabilités, et une classe *Vol* qui rassemble les responsabilités du second type.

En effet, un vol générique décrit une fois pour toutes des propriétés qui seront identiques pour de nombreux vols réels.

De même, supposons qu'une compagnie annule tous ses prochains vols du week-end au départ de l'aéroport X, car celui-ci est indisponible jusqu'à nouvel ordre, en raison d'importants travaux de maintenance effectués le samedi et le dimanche. Cela signifie dans notre première solution que nous allons détruire toutes les instances correspondantes de la classe *Vol*. À la fin de la période de maintenance de l'aéroport X, il nous faudra recréer les instances de *Vol* avec leurs attributs valorisés et leurs liens, à partir de rien. Alors que, si nous comptons une classe *VolGenerique*, les valeurs des attributs et les liens des vols partant de X ne sont pas perdus ; il n'y aura simplement pas d'instance de *Vol* réel correspondante pendant trois mois.

Pour mettre à jour le modèle, il suffit donc de :

- répartir les attributs, les opérations et les associations de l'ancienne classe *Vol* entre les deux classes *VolGenerique* et *Vol* ;
- ajouter une association « 1-* » *décrit* entre *VolGenerique* et *Vol.*

Nous avons en outre ajouté deux attributs dans la classe *VolGenerique* pour indiquer le jour de la semaine du vol, et la période de l'année où il est disponible. Une contrainte supplémentaire lie les valeurs des attributs *dateDepart* de la classe *Vol* et de la classe *VolGenerique*.

À RETENIR

PeriodeValidite avec un type non primitif

L'attribut *periodeValidite* n'est pas un attribut simple. En effet, on peut lui demander son début, sa fin, sa durée, etc. Une solution a été proposée par M. Fowler[b] : créer une classe TimePeriod (comme pour Date précédemment), et l'utiliser ensuite pour typer l'attribut.

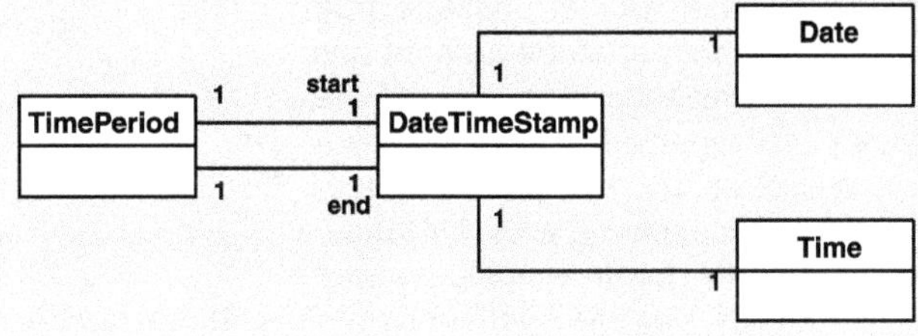

b. *Analysis Patterns: Reusable Object Models*, M. Fowler, 1997, Addison-Wesley.

Enfin, il faut veiller à bien respecter la phrase 2. Un vol est ouvert ou fermé à la réservation sur ordre de la compagnie. C'est bien le vol daté, et pas le vol générique, qui est concerné. Même chose pour une éventuelle annulation… Il nous faut donc ajouter une association directe entre *Vol* et *CompagnieAerienne*, qui permette l'interaction décrite à la figure 3-10, tout en conservant l'association qualifiée entre *VolGenerique* et *CompagnieAerienne*.

La figure 3-32 est donc transformée comme cela est montré sur le schéma ci-après. Chacune des deux classes – *Vol* et *VolGenerique* – a retrouvé une forte cohésion.

Figure 3-33.
Répartition des responsabilités entre VolGenerique et Vol

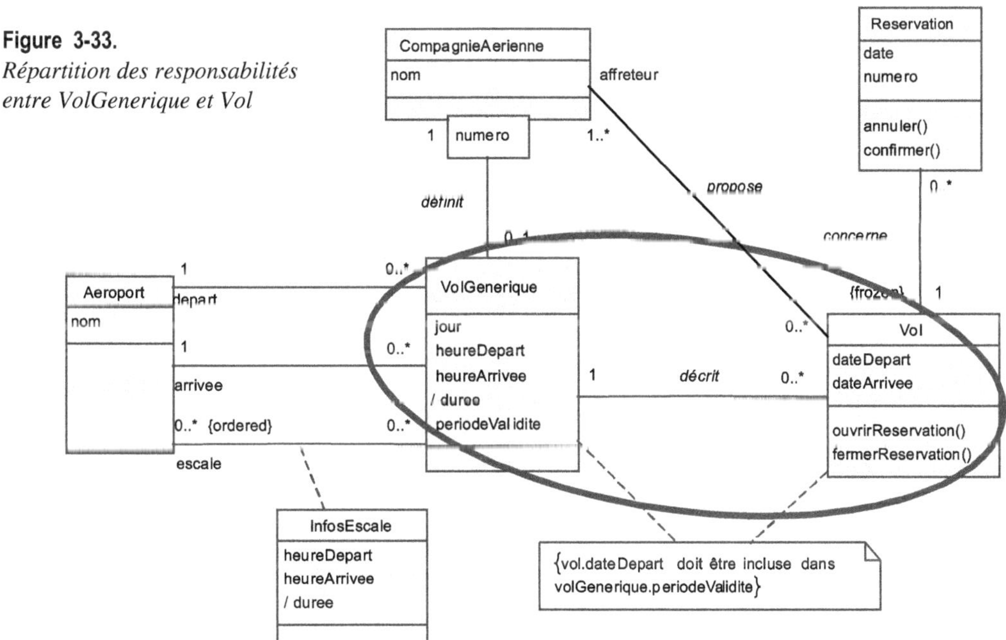

À RETENIR

Pattern de la métaclasse

La séparation des responsabilités opérée précédemment peut se généraliser sous la forme d'un « pattern d'analyse » réutilisable dans d'autres contextes et déjà décrit par de nombreux auteurs.

On identifie une classe *XX* qui possède trop de responsabilités, dont certaines ne sont pas propres à chaque instance. On ajoute une classe *TypeXX*, on répartit les propriétés sur les deux classes et on les relie par une association « * - 1 ». La classe *TypeXX* est qualifiée de « métaclasse », comme *VolGenerique* sur la figure ci-dessus, car elle contient des informations qui décrivent la classe *XX*.

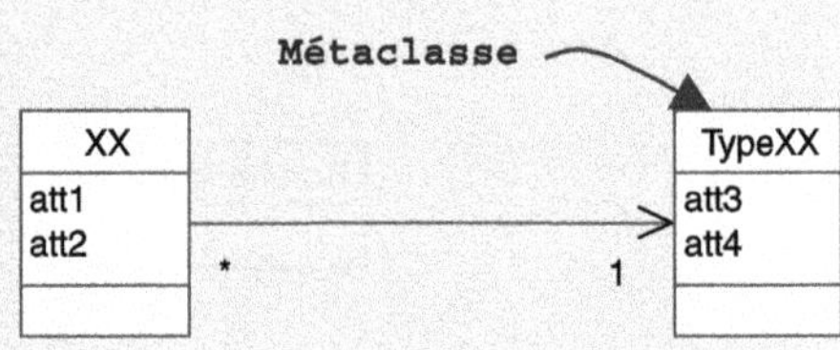

Ce pattern serait par exemple utile pour modéliser les livres d'une bibliothèque. La classe Livre jouerait le rôle de TypeXX, avec des attributs comme *date de parution, ISBN, nombre de pages*, etc. La classe ExemplaireLivre jouerait quant à elle le rôle de la classe XX, avec un attribut état (neuf, moyen, abîmé), une association *est emprunté par* vers Adhérent, etc. On parle d'ailleurs également de pattern « Type – Exemplaires ».

Étape 7 – Structuration en packages

Notre modèle statique d'analyse est maintenant presque finalisé. Pour rendre son emploi plus aisé encore et afin de préparer l'activité de conception objet, nous allons le structurer en packages.

À RETENIR

Structuration en packages

La structuration d'un modèle statique est une activité délicate. Elle doit s'appuyer sur deux principes fondamentaux : *cohérence* et *indépendance*.

Le premier principe consiste à regrouper les classes proches d'un point de vue sémantique. Pour cela, il faut que les critères de cohérence suivants soient réunis :

- finalité : les classes doivent rendre des services de même nature aux utilisateurs ;
- évolution : on isole ainsi les classes réellement stables de celles qui vont vraisemblablement évoluer au cours du projet, ou même par la suite. On distingue notamment les classes *métier* des classes *applicatives* ;
- cycle de vie des objets : ce critère permet de distinguer les classes dont les objets ont des durées de vie très différentes.

Le second principe consiste à renforcer ce découpage initial en s'efforçant de minimiser les dépendances entre les packages.

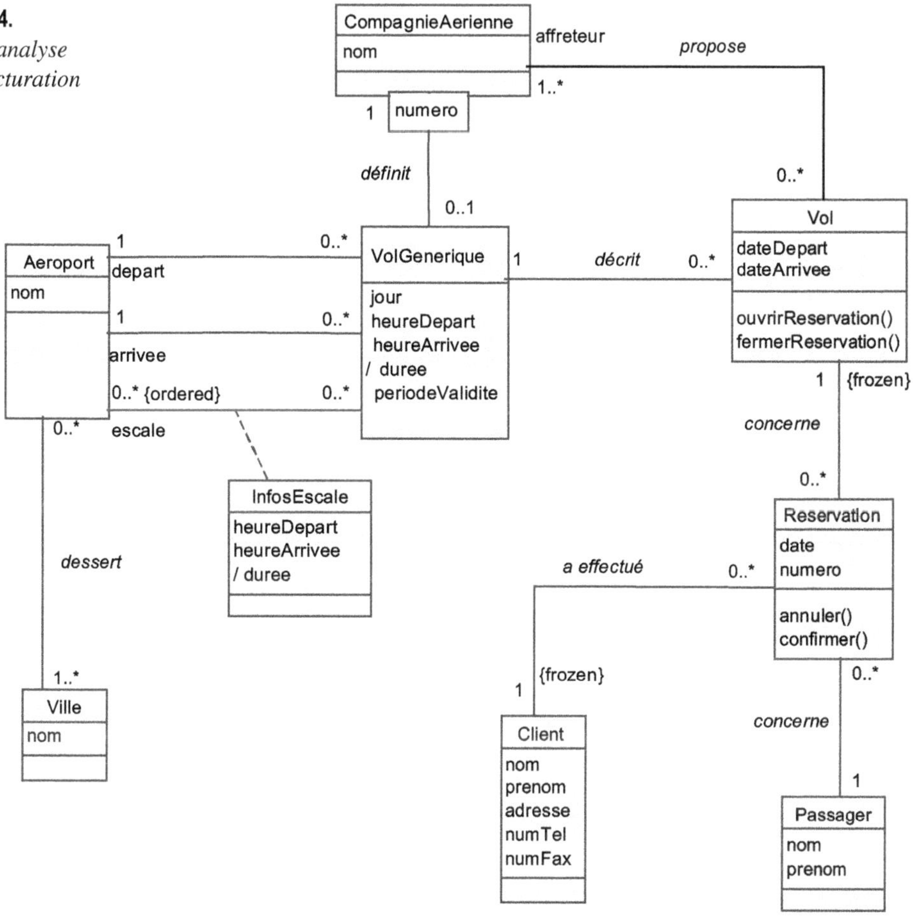

Figure 3-34.
Modèle d'analyse avant structuration

CompagnieAerienne
nom
affreteur
1..*
propose
0..*
1
numero
définit
0..1
Vol
dateDepart
dateArrivee
ouvrirReservation()
fermerReservation()
Aeroport
nom
1
depart
0..*
1
arrivee
0..*
0..* {ordered}
escale
0..*
VolGenerique
jour
heureDepart
heureArrivee
/ duree
periodeValidite
1
décrit
0..*
1 {frozen}
concerne
0..*
InfosEscale
heureDepart
heureArrivee
/ duree
0..*
dessert
1..*
Ville
nom
Reservation
date
numero
annuler()
confirmer()
a effectué
0..*
{frozen}
1
Client
nom
prenom
adresse
numTel
numFax
0..*
concerne
1
Passager
nom
prenom

EXERCICE 3-12. Découpage en packages

Proposez un découpage du modèle d'analyse en deux packages.

D'après les critères précédents, nous pouvons proposer une première découpe en deux packages :

- le premier va concerner la définition des vols, très stable dans le temps, surtout la partie spécifique à *VolGenerique* ;
- le second va traiter des réservations, avec toutes leurs associations.

Chaque package contient bien un ensemble de classes fortement reliées, mais les classes des deux packages sont presque indépendantes. Cette première découpe est matérialisée par la ligne qui partage le schéma présenté ci-après.

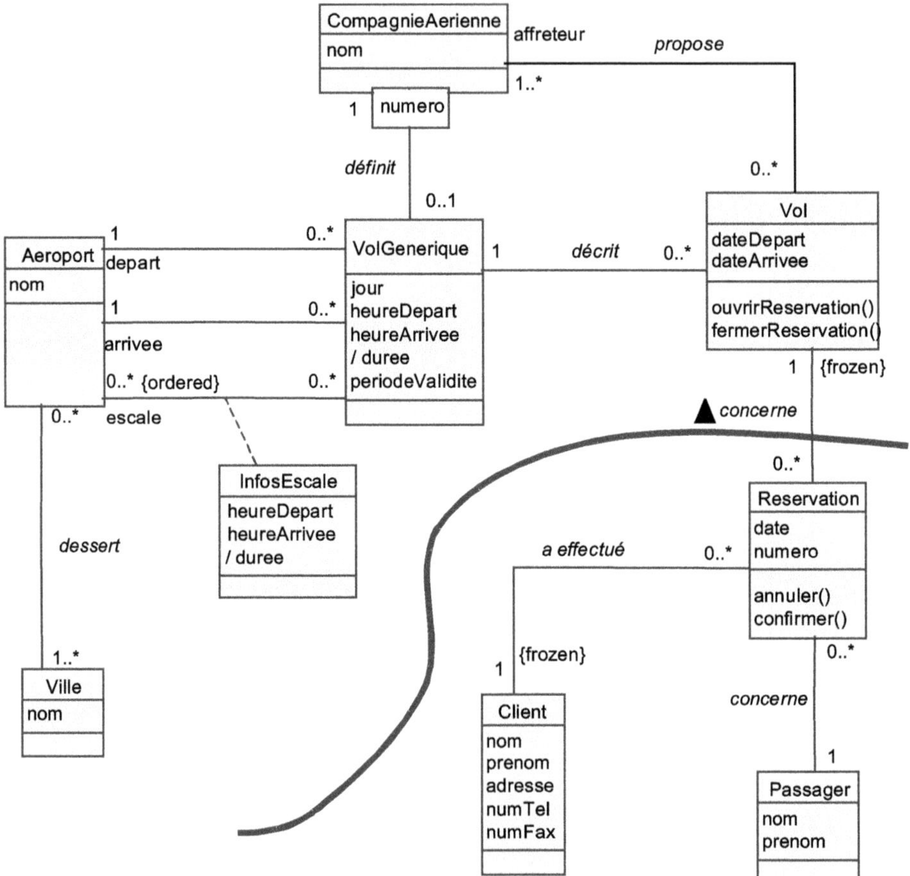

Figure 3-35. *Découpe du modèle en deux parties*

Il y a toutefois une autre solution qui consiste à positionner la classe *Vol* dans le même package que la classe *Reservation*, comme cela est illustré sur le schéma suivant. Le critère privilégié dans cette seconde découpe est la durée de vie des objets, les vols instanciés se rapprochant plus des réservations que des vols génériques.

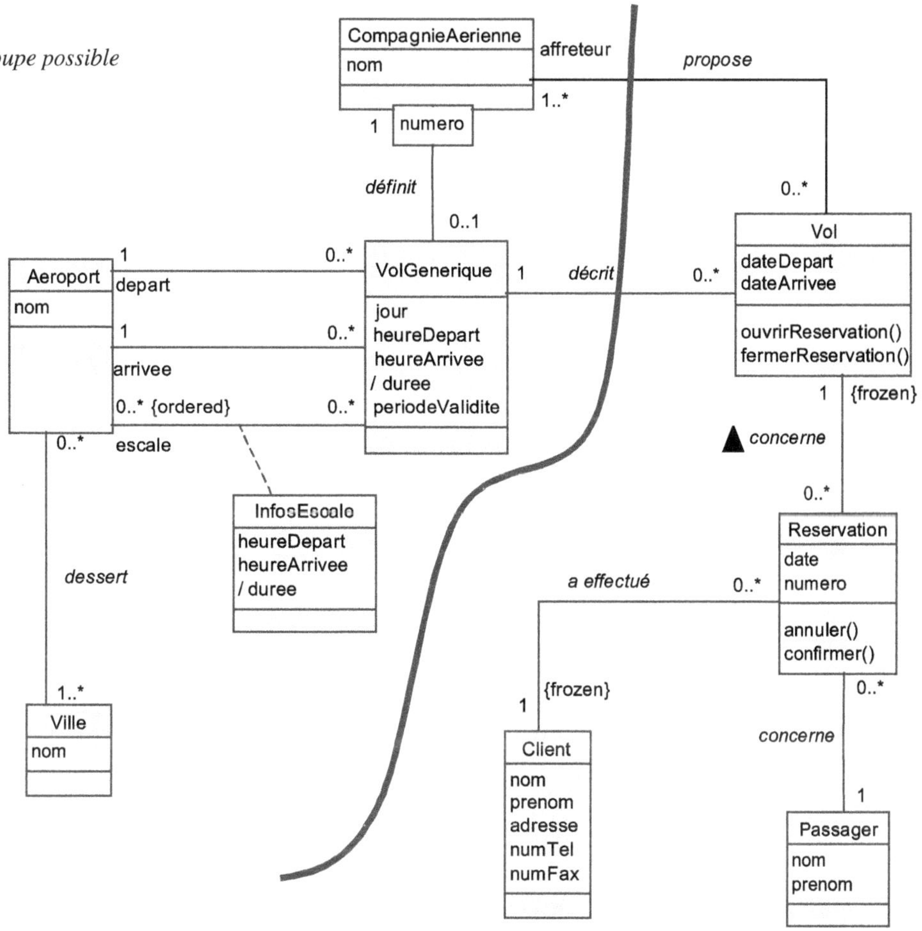

Figure 3-36.
Seconde découpe possible du modèle

EXERCICE 3-13. Réduction du couplage

Trouvez une solution qui permette de minimiser le couplage entre les deux packages.

Dans les deux cas précédents, nous pouvons constater qu'au moins une association traverse la frontière entre les packages. Le problème que posent les associations qui traversent deux packages réside en ceci qu'une seule d'entre elles suffit à induire une dépendance mutuelle, si elle est bidirectionnelle. Or, le concepteur objet doit faire la chasse aux dépendances mutuelles ou cycliques, afin d'augmenter la modularité et l'évolutivité de son application.

Dans la première solution, une seule association est en cause, comme cela est rappelé ci-après. Mais, à elle toute seule, elle provoque une dépendance mutuelle entre les deux packages.

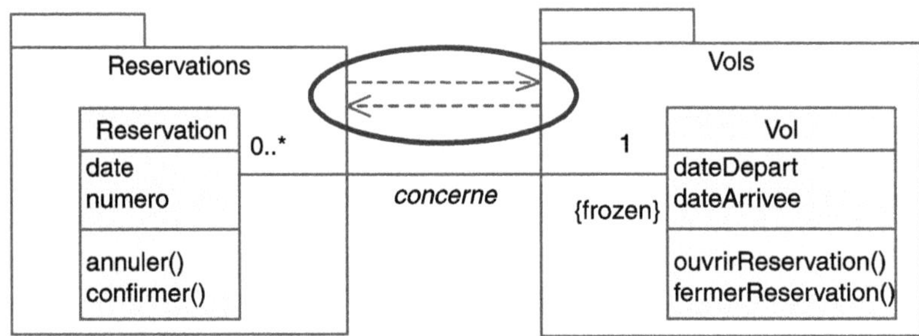

Figure 3-37. *Dépendance mutuelle entre les packages*

À RETENIR

Navigabilité et dépendance

Une association entre deux classes A et B permet par défaut de naviguer dans les deux sens entre des objets de la classe A et des objets de la classe B.
Cependant, il est possible de limiter cette navigation à une seule des deux directions, pour éliminer une des deux dépendances induites par l'association. UML nous permet de représenter explicitement cette navigabilité en ajoutant sur l'association une flèche qui indique le seul sens possible.

Dans notre exemple, nous allons faire un choix et privilégier un sens de navigation afin d'éliminer une des deux dépendances. Il est certain qu'une réservation ne va pas sans connaissance du vol qui est concerné, alors qu'un vol existe par lui-même, indépendamment de toute réservation.

Le diagramme précédent peut donc être modifié de façon qu'il ne fasse apparaître que la dépendance du package *Reservations* vers le package *Vols*.

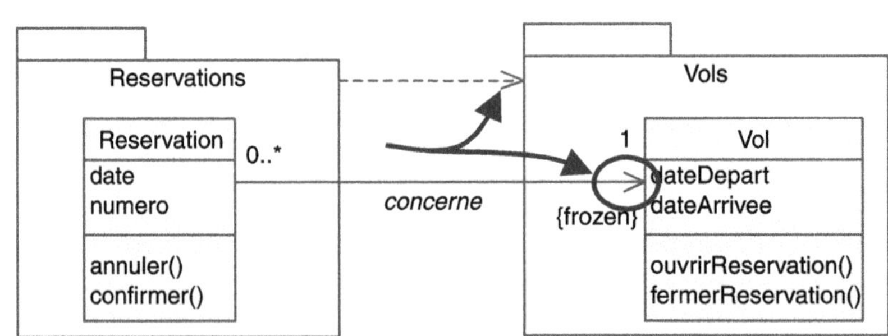

Figure 3-38. *Couplage minimisé entre les packages*

Examinons maintenant la seconde solution. Cette fois-ci, deux associations traversent les packages. Que pouvons-nous faire pour réduire les navigabilités de ces associations ?

Il est logique d'imposer un sens de navigabilité unique de *Vol* vers *VolGenerique* : un vol réel est décrit par un et un seul vol générique auquel il doit avoir accès, alors qu'un vol générique peut exister par lui-même.

Hélas, pour la seconde association, nous savons déjà que la navigabilité est obligatoire de *CompagnieAerienne* vers *Vol*, à cause de la phrase 2, illustrée par le diagramme de communication de la figure 3-10.

Même si nous enlevons la navigabilité de *Vol* vers *CompagnieAerienne*, nous nous retrouvons donc avec deux associations navigables dans des sens différents. Cela suffit à imposer une dépendance mutuelle entre les packages, comme cela est représenté ci-après.

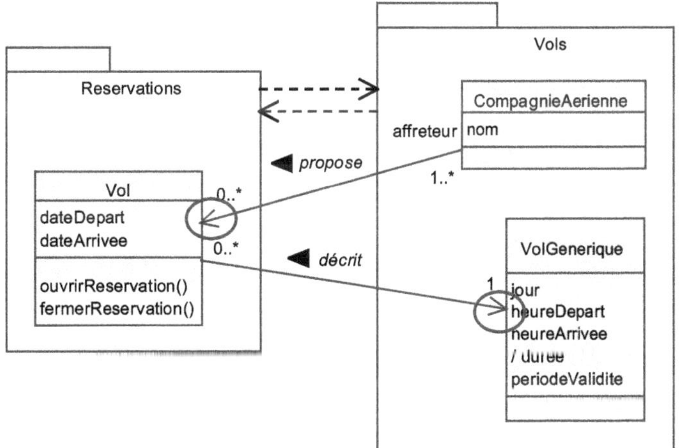

Figure 3-39.
Dépendance mutuelle obligatoire pour la seconde solution

Cette étude sur le couplage des packages pour les deux solutions proposées fait donc pencher la balance vers la première solution, ce qui n'était pas du tout évident au départ.

Le package *Vols* peut maintenant se prêter à une réutilisation, contrairement au package *Reservations*. La répartition des classes entre les deux packages est représentée graphiquement sur la figure suivante. Il s'agit d'un diagramme de packages, officialisé par UML 2.0.

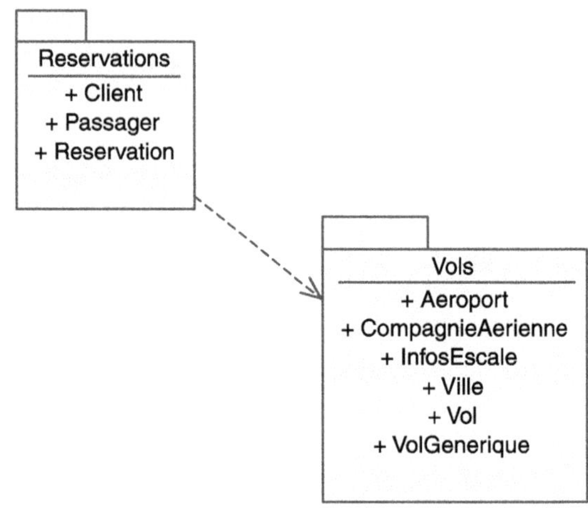

Figure 3-40.
Diagramme de packages de la solution retenue

Étape 8 – Inversion des dépendances

EXERCICE 3-14. Inversion des dépendances

Pour des raisons d'organisation sur le projet, nous avons la contrainte suivante : le package Vols doit dépendre du package Reservations, et non l'inverse. Proposez une modification minimale des diagrammes de classes précédents permettant de se conformer à la contrainte[5].

L'inversion des dépendances est un problème classique de conception objet. On le résout généralement en introduisant une classe abstraite (ou une interface) de la façon suivante.

À RETENIR

Inversion de dépendance

Supposons que nous ayons deux classes A et B reliées par une association unidirectionnelle de A vers B.
Ces deux classes appartiennent respectivement aux packages P1 et P2. Il existe donc une dépendance de P1 vers P2.

5. Un grand merci à Laurent Nonne, professeur à l'IUT de Blagnac, qui m'a proposé la solution du paragraphe lors d'un échange de courriers électroniques sur cet exercice.

Figure 3-41.
Exemple de dépendance à inverser

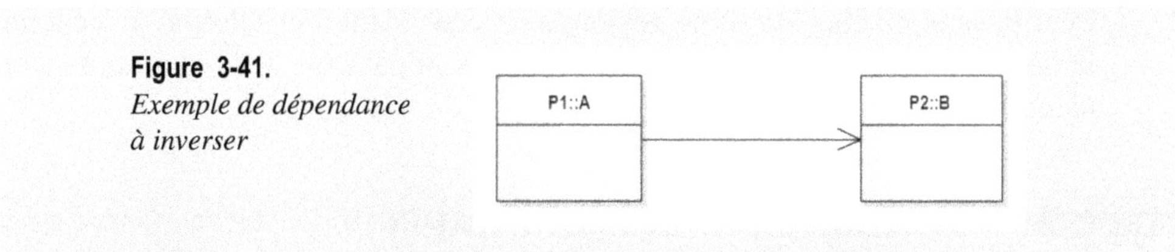

Nous souhaitons inverser les dépendances entre P1 et P2 sans déplacer les classes A et B. Pour résoudre ce problème, il suffit d'extraire une interface I que B implémentera et de relier A à cette interface plutôt qu'à B directement. L'interface I sera positionnée dans le même package P1 que la classe A[c]. C'est maintenant le package P2 qui dépend du package P1 !

Figure 3-42.
Ajout d'une interface pour inverser la dépendance

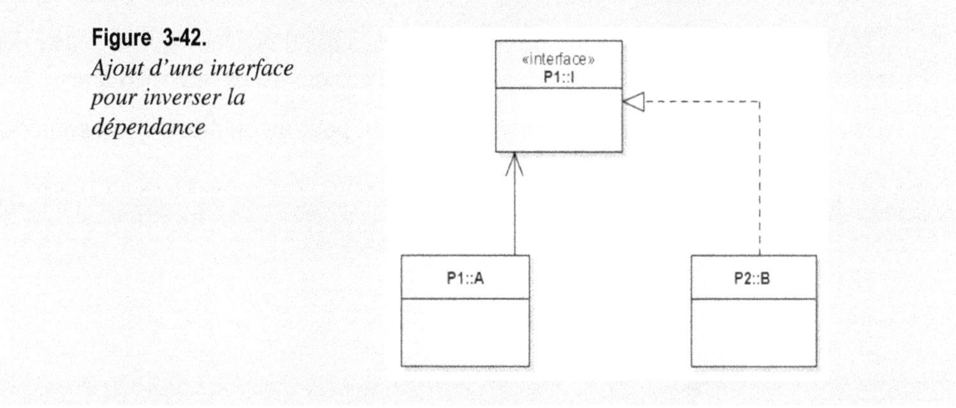

c. S'il n'est pas possible de positionner l'interface I dans le package P1, il faut alors créer un troisième package P3 dans lequel on placera I. Les packages P1 et P2 dépendent alors de ce nouveau package P3, mais n'ont plus de dépendance entre eux.

La solution est maintenant facile à réaliser : ajouter une interface que la classe *Vol* va réaliser et à laquelle la classe *Reservation* sera reliée.

Figure 3-43.
Ajout d'une interface pour inverser la dépendance

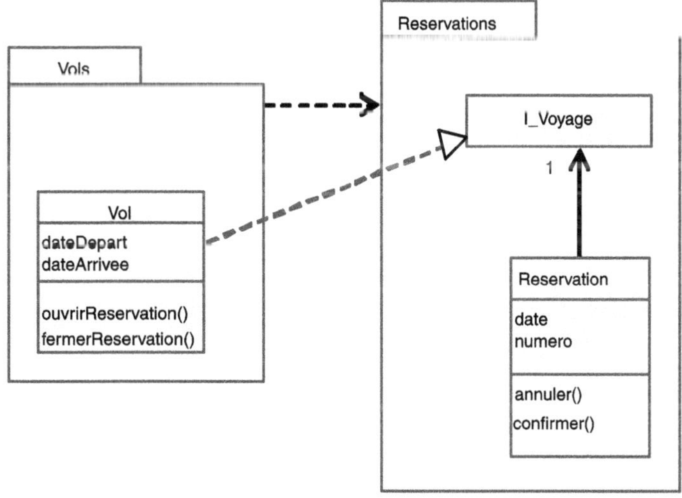

Pour la suite du chapitre, nous reviendrons cependant à la solution précédente, avec la dépendance du package *Reservations* vers le package *Vols*, qui nous paraît plus naturelle.

Étape 9 – Généralisation et réutilisation

L'état complet de notre modèle peut maintenant être synthétisé par la figure 3-44.

Après tout ce travail sur les réservations de vols, nous souhaitons élargir le champ du modèle en proposant également des voyages en bus, que des transporteurs assurent.

Un voyage en bus a une ville de départ et une ville d'arrivée, avec des dates et heures associées. Le trajet peut comporter des arrêts dans des villes intermédiaires.

Un client peut réserver un ou plusieurs voyages, pour un ou plusieurs passagers.

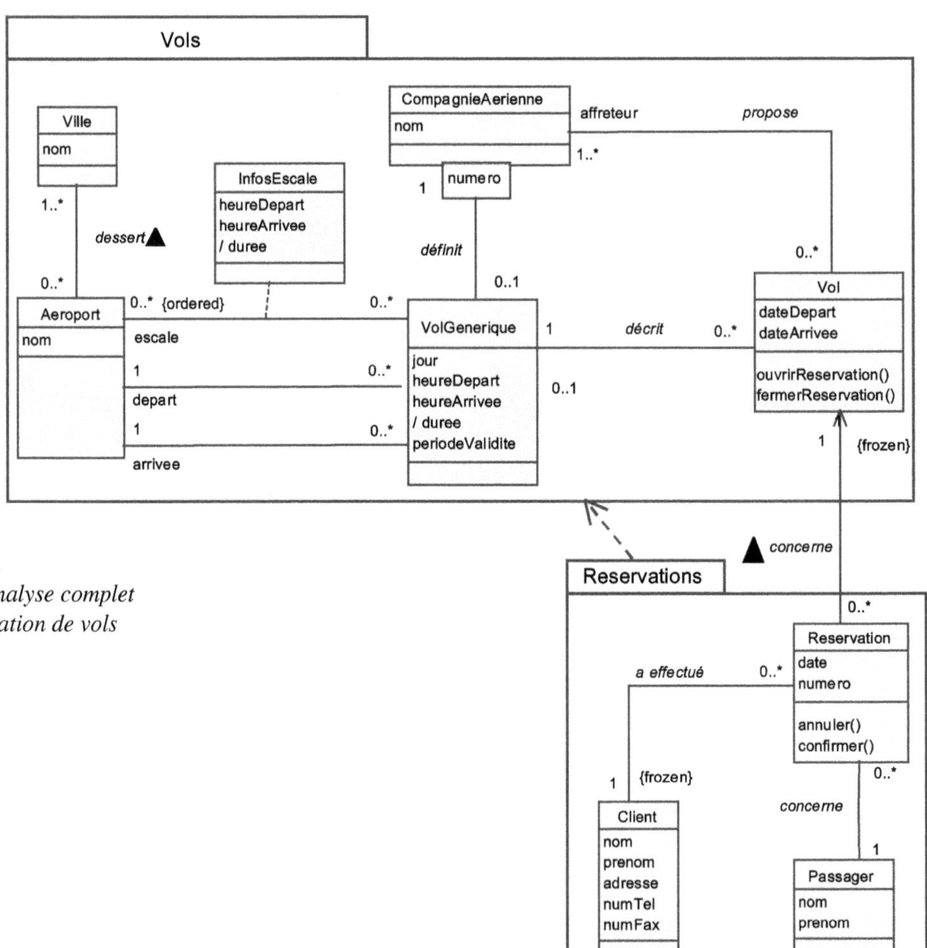

Figure 3-44.
Modèle d'analyse complet de la réservation de vols

EXERCICE 3-15. Un modèle du domaine similaire

Par analogie avec la figure précédente, proposez un modèle du domaine de la réservation de voyages en bus.

Le modèle est quasiment la réplique du précédent, y compris au niveau de la découpe en packages.

Il est un peu plus simple pour deux raisons :

- la notion d'aéroport n'a pas d'équivalent, et la classe *Ville* est directement associée à la classe *VoyageEnBus* ;
- la distinction entre *Vol* et *VolGenerique* ne semble pas transposable, car les voyages en bus ne sont pas aussi réguliers et ne sont pas définis à l'avance.

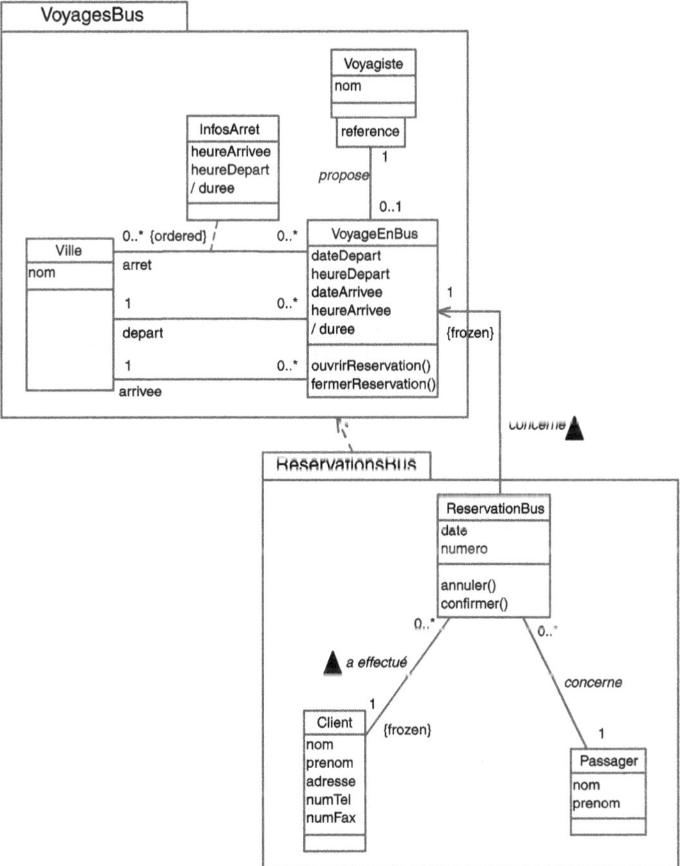

Figure 3-45.
Modèle du domaine de la réservation de voyages en bus

EXERCICE 3-16. Optimisation de l'architecture logique

Il est clair que les diagrammes des figures 3-44 et 3-45 présentent de nombreuses similitudes :

- certaines classes sont communes aux deux modèles : *Ville*, *Client*, *Passager* ;
- certaines classes ont des points communs : *ReservationBus* et *Reservation*, *InfosEscale* et *InfosArret*, etc.

Nous allons donc essayer de faire fusionner ces deux modèles en factorisant autant que faire se peut les concepts, afin de pouvoir encore élargir sa portée si nécessaire (réservation de croisières, etc.).

Proposez une architecture logique fusionnée qui soit la plus évolutive possible.

Deux tâches principales doivent être réalisées :

- Isoler les classes communes dans de nouveaux packages, afin de pouvoir les réutiliser.
- Factoriser les propriétés communes dans des classes abstraites.

En premier lieu, commençons par l'identification et le regroupement des classes communes.

La classe *Ville* est très importante pour la description des vols et des voyages en bus. Dans le modèle de la figure 3-45, nous avons en fait réutilisé la classe *Ville* existante, ce qui a immédiatement créé une dépendance non justifiée entre les packages *VoyagesBus* et *Vols*. Au lieu de procéder ainsi, il serait plus pertinent de l'isoler dans un package à part qui pourra être réutilisé à volonté, voire même qui pourra être acheté dans le commerce, avec sa déclinaison par pays…

Afin que ce nouveau package soit vraiment un composant réutilisable, il ne faut pas qu'il dépende des packages applicatifs qui contiennent les classes *Aeroport* et *VoyagesBus*. Pour ce faire, nous avons déjà vu qu'il suffisait d'agir sur la navigabilité des associations concernées, comme cela est indiqué sur le schéma ci-après.

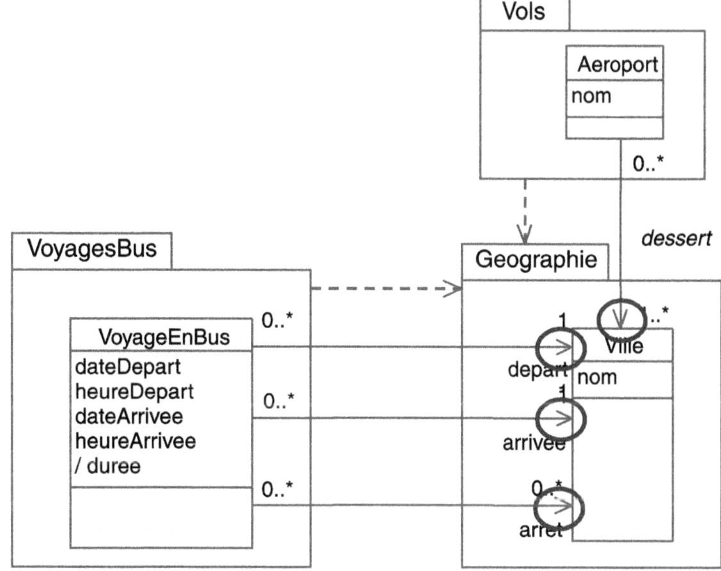

Figure 3-46.
Isolation de la classe Ville dans un nouveau package réutilisable

Les classes *Client* et *Passager* sont également communes aux deux types de réservations. Nous aurons donc intérêt à les isoler dans un nouveau package, comme cela a été fait pour la classe *Ville*. Mais il ne serait pas judicieux de regrouper ces trois classes communes dans le même package, simplement parce qu'elles sont communes. En effet, les concepts qu'elles représentent n'ont pas de rapport…

Après cette première tâche d'isolation des classes communes réutilisables, l'architecture logique se présente sous la forme du diagramme structurel suivant.

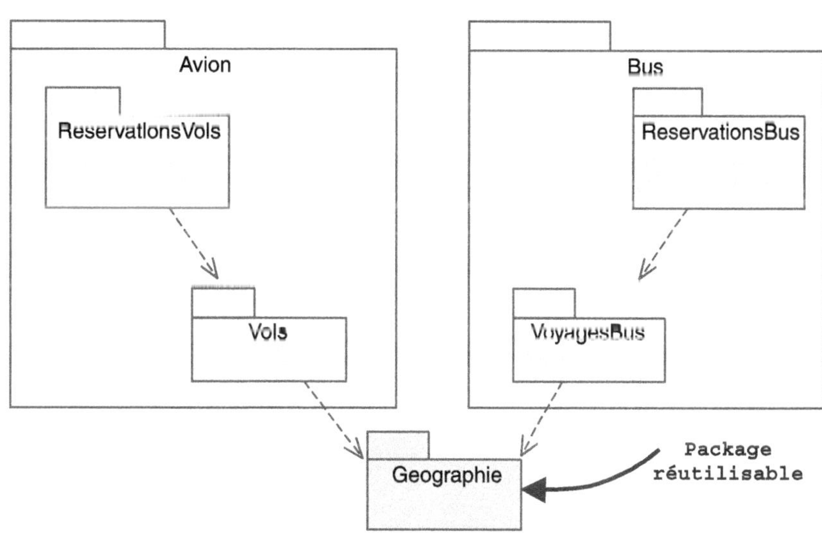

Figure 3-47.
Identification du package réutilisable Géographie

Il nous faut maintenant factoriser les parties communes.

Commençons par ce qui est le plus visible : la similitude entre les packages *ReservationsVols* et *ReservationsBus* saute aux yeux. La seule différence concerne les classes *ReservationVol* (appelée précédemment *Reservation* et renommée pour plus de clarté) et *ReservationBus* : elles ont les mêmes attributs et opérations, et presque les mêmes associations. Une super-classe abstraite *Reservation* s'impose donc en toute logique, comme cela est illustré sur le schéma suivant.

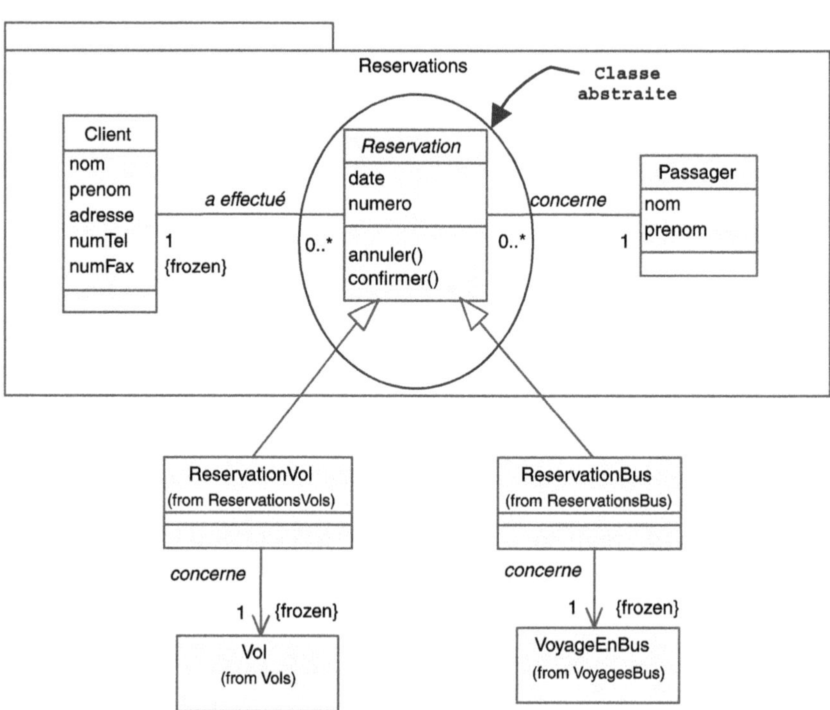

Figure 3-48. *Introduction de la classe abstraite* Reservation *par généralisation*

La classe abstraite *Reservation* ainsi que les deux classes *Client* et *Passager*, qui sont communes aux deux types de moyen de transport, sont isolées dans un nouveau package appelé *Reservations*.

Le schéma global des packages qui sont ainsi obtenus est représenté sur la figure suivante.

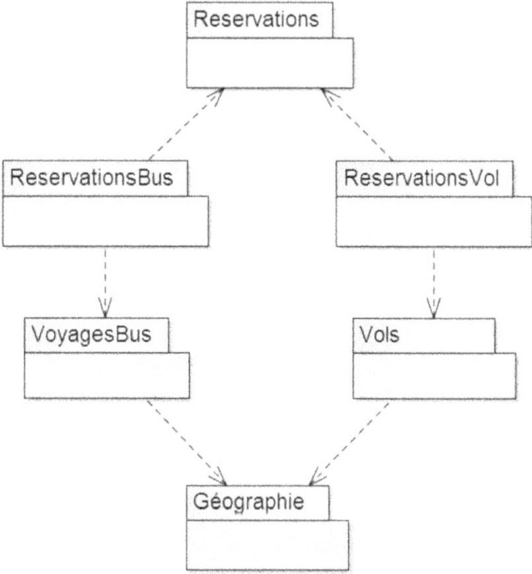

Figure 3-49.
Introduction du package généralisé Reservations

Une solution plus sophistiquée, possible grâce aux nouveautés UML 2, consiste à rendre le package *Réservations* générique (ou paramétrable). La classe *Reservation*, qui redevient concrète, sert alors de paramètre formel et sera remplacée par *ReservationVol* ou *ReservationBus*, suivant le cas. On parle ainsi de *template package* (*Reservations*) et de *bound package* (*ReservationsBus* et *ReservationsVol*). Remarquez la notation du paramètre formel dans un rectangle pointillé, ainsi que la généralisation avec le mot-clé « `bind` » et l'indication du remplacement du paramètre formel par une classe dans les packages liés.

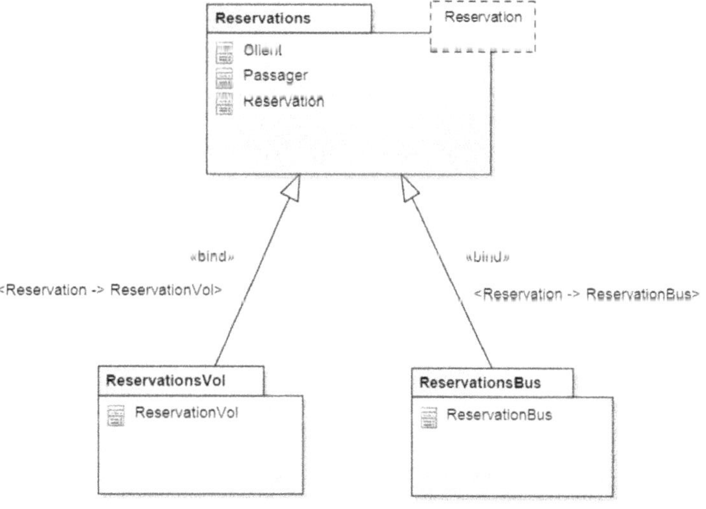

Figure 3-50.
Le package Reservations *comme package générique (template package)*

4

Modélisation statique : exercices corrigés et conseils méthodologiques

Mots-clés

■ Agrégation – composition ■ Généralisation – spécialisation ■ Classe abstraite – classe concrète ■ Contrainte, qualificatif ■ Classe structurée, participant, rôle, connecteur, port ■ Diagramme de structure composite ■ SysML ■ Pattern

Ce chapitre va nous permettre de compléter au moyen de plusieurs petits exercices notre passage en revue des principales difficultés que pose la construction des diagrammes structurels UML.

Nous aborderons en particulier des sujets avancés tels que :

- La distinction entre agrégation et composition.
- La bonne utilisation de la généralisation et des classes abstraites.
- La bonne utilisation des classes d'association.
- Les contraintes entre associations (*xor*, *subset*, etc.).
- Les limitations de la relation de composition.
- Les classes structurées UML 2 et le diagramme de structure composite, ainsi que les apports SysML.
- D'autres patterns d'analyse comme « Party » ou « Composite ».

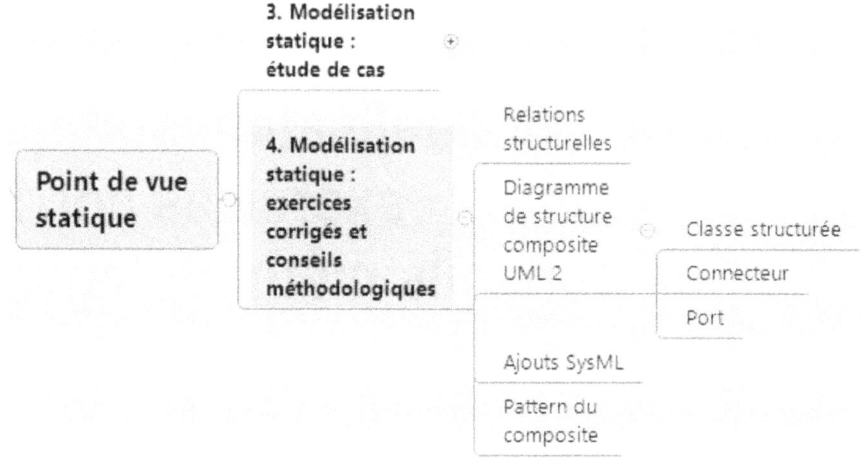

Compléments sur les relations entre classes

EXERCICE 4-1. Relations structurelles entre classes

Considérons les phrases suivantes :

1. Un répertoire contient des fichiers.
2. Une pièce contient des murs.
3. Les modems et les claviers sont des périphériques d'entrée/sortie.
4. Une transaction boursière est un achat ou une vente.
5. Un compte bancaire peut appartenir à une personne physique ou morale.
6. Deux personnes peuvent être mariées.

Déterminez la relation statique appropriée (généralisation, composition, agrégation ou association) dans chaque phrase de l'énoncé précédent. Dessinez le diagramme de classes correspondant.

N'hésitez pas à proposer *différentes* solutions pour chaque phrase.

Les phrases 1 et 2 illustrent ce qui différencie l'agrégation de la composition :

1. *Un répertoire contient des fichiers.*
2. *Une pièce contient des murs.*

« Un répertoire contient des fichiers » : il s'agit au moins d'une agrégation. Voyons si nous pouvons aller plus loin et en faire une composition. Premier critère à vérifier : la multiplicité ne doit pas être supérieure à un du côté du composite. C'est bien le cas dans la première phrase, puisqu'un fichier appartient à un et un seul répertoire. Second critère : le cycle de vie des parties doit dépendre de celui du composite. Là encore, c'est le cas, puisque la destruction d'un répertoire entraîne la destruction de tous les fichiers qu'il contient. Nous pouvons donc parler de composition pour la première phrase.

Procédons à la même analyse pour la seconde phrase, « Une pièce contient des murs ». Cette fois-ci, après vérification du premier critère, nous devons abandonner la composition. En effet, un mur peut appartenir à deux pièces contiguës (voire plus). La relation n'est donc qu'une agrégation. Afin de compléter les multiplicités, nous considérons qu'une pièce contient au moins un mur (circulaire !).

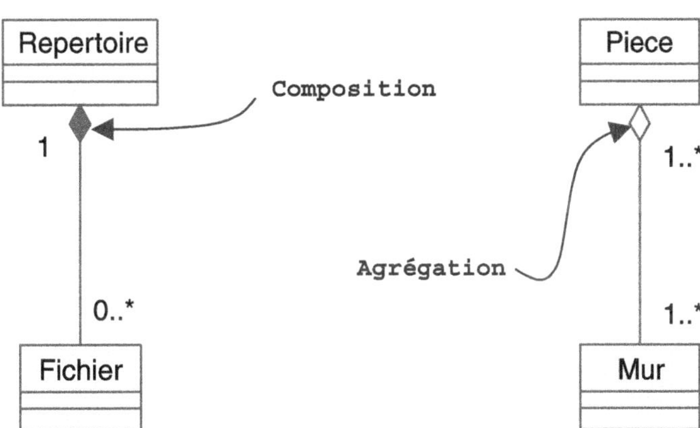

Figure 4-1.
Diagramme de classes des phrases 1 et 2

Les phrases 3 et 4 se modélisent en UML par des relations de généralisation :

3. *Les modems et les claviers sont des périphériques d'entrée/sortie ;*
4. *Une transaction boursière est un achat ou une vente.*

La seule différence réside dans la formulation de la phrase 4 qui correspond à une spécialisation, alors que celle de la phrase 3 est une généralisation. Cependant, nous pouvons apporter quelques précisions aux deux modèles :

- Les super-classes sont abstraites : elles ne s'instancient pas directement, mais toujours par l'intermédiaire d'une de leurs sous-classes ;
- L'arbre de généralisation de la phrase 3 est incomplet : il existe de nombreux autres périphériques d'entrée/sortie, comme les écrans, les souris, etc.

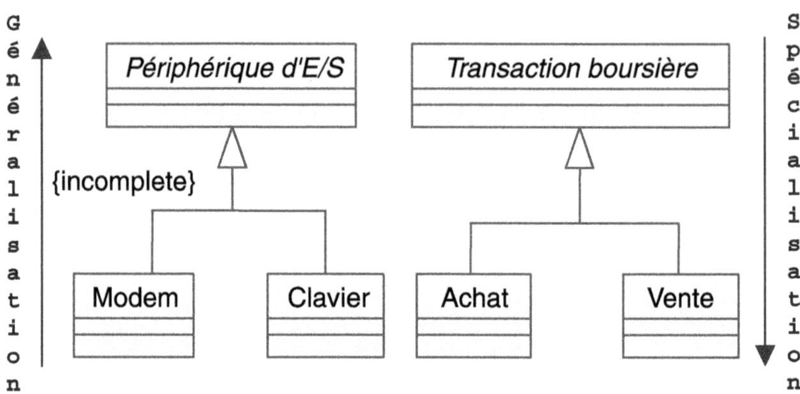

Figure 4-2. *Diagrammes de classes des phrases 3 et 4*

La phrase 5 n'est pas une simple généralisation :

5. Un compte bancaire peut appartenir à une personne physique ou morale.

En effet, le groupe verbal employé n'est pas « est un » ou « est une sorte de », mais « appartient à ». Il s'agit donc d'une simple association. Une première approche simpliste consiste à décrire deux associations optionnelles, comme cela est illustré par la figure suivante.

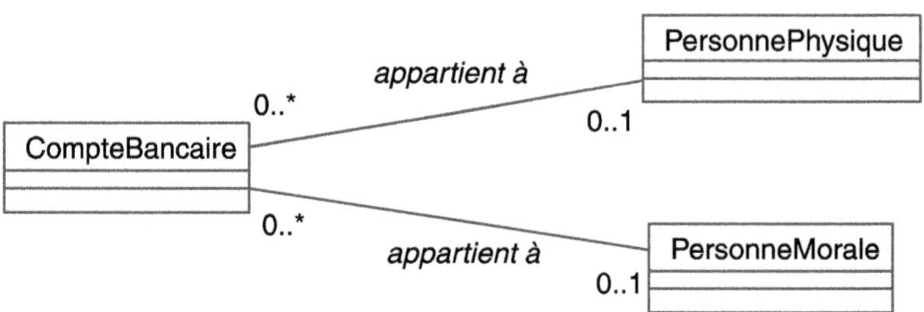

Figure 4-3. *Diagramme de classes de la phrase 5 – Solution incorrecte*

Cette solution ne rend cependant pas compte du « ou exclusif » de la fin de la phrase. En effet, le diagramme précédent peut s'instancier aussi bien avec un objet *CompteBancaire*, lié à la fois à une *PersonnePhysique* et une *PersonneMorale*, qu'avec un *CompteBancaire* lié à aucun objet. Ce n'est pas ce que nous voulons : un objet *CompteBancaire* doit être lié soit à une *PersonnePhysique*, soit à une *PersonneMorale*, pas aux deux à la fois, mais exactement à une des deux, à l'exclusion de l'autre.

En fait, deux solutions correctes mais très différentes sont possibles qui consistent à :

- Introduire explicitement la contrainte prédéfinie `{xor}` entre les deux associations qui portent une multiplicité strictement égale à 1 ;

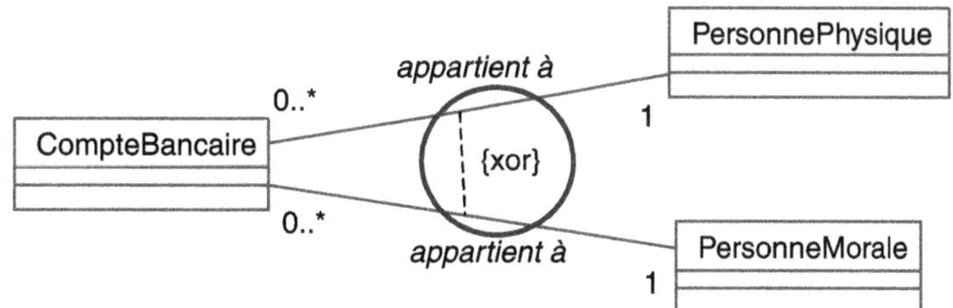

Figure 4-4.
Diagramme de classes de la phrase 5 – Première solution

- Introduire une classe abstraite *Personne*, la spécialisation jouant implicitement le rôle du « ou exclusif ».

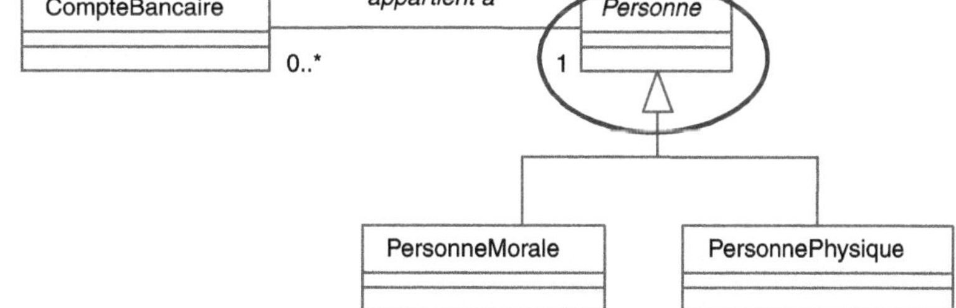

Figure 4-5.
Diagramme de classes de la phrase

Les deux solutions sont également valables en UML et correctes. Voilà encore un bon exemple de ce que la modélisation n'est pas une science exacte, avec une solution unique pour un problème donné. Le modélisateur a donc le choix entre ces deux schémas.

Un argument important en faveur de la seconde solution est que l'on peut factoriser des attributs (*nom*, *adresse*, etc.) et des opérations (*déménager*, etc.) dans la classe abstraite.

À RETENIR

Le pattern « Party »

Cette façon de modéliser des entités qui ont un nom et une adresse uniques (comme les personnes physiques ou morales) par une classe abstraite et deux sous-classes spécialisées a été proposée par D. Hay[a].

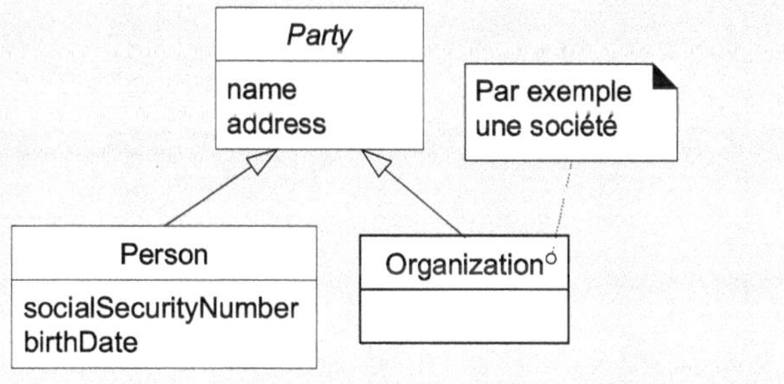

La phrase 6 présente la particularité de définir une relation entre objets de la même classe.

6. *Deux personnes peuvent être mariées.*

Cela se traduit tout simplement par une association entre cette classe donnée et elle-même. Les multiplicités du schéma suivant sont déduites du droit français actuel : une personne n'est pas tenue d'être mariée, mais ne peut pas être mariée avec plusieurs personnes à la fois !

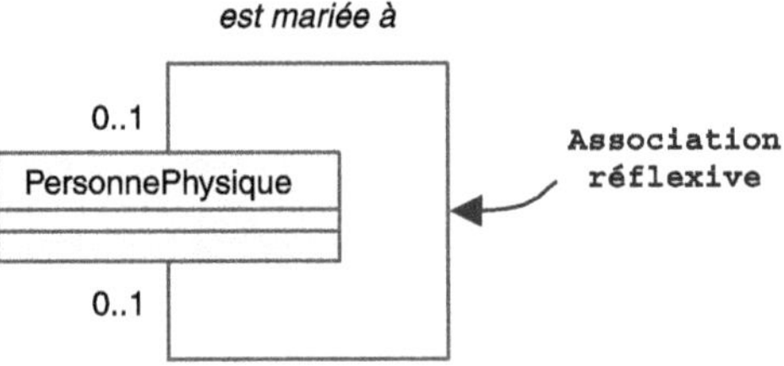

Figure 4-6.
Diagramme de classes de la phrase 6

Si l'on veut ajouter la contrainte que le mariage ne peut unir que des personnes de sexe opposé[1], il y a là encore deux solutions :

- Introduire explicitement un attribut énuméré *sexe : (h, f)* et une contrainte sur l'association ;

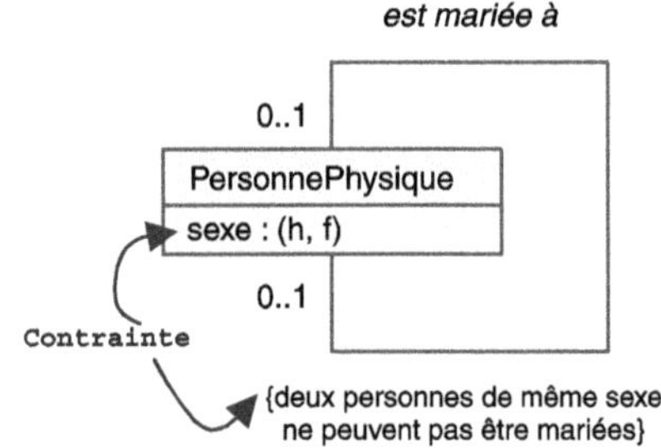

Figure 4-7.
Diagramme de classes complété de la phrase 6

- Introduire deux sous-classes *Homme* et *Femme* comme sur la figure suivante.

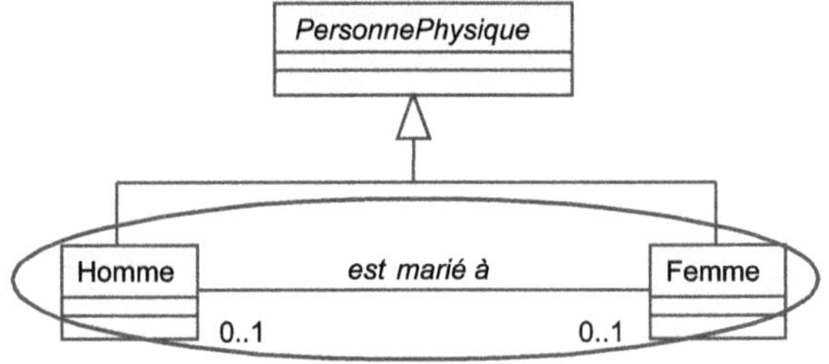

Figure 4-8.
Version du diagramme de classes de la phrase 6 avec spécialisation

a. *Data Model Patterns : Conventions of Thought*, D. Hay, 1996, Dorset House Publishing.

1. Bien que cette contrainte soit de plus en plus abandonnée dans les pays européens de nos jours...

Pour compléter le modèle, prenons en compte la nouvelle possibilité offerte par le PACS. Cela amène de nouveau une association réflexive, cette fois-ci non contrainte… Notez que nous avons ajouté des attributs communs dans la superclasse, ainsi qu'une association *a été marié avec* permettant de garder l'historique des liens de mariage.

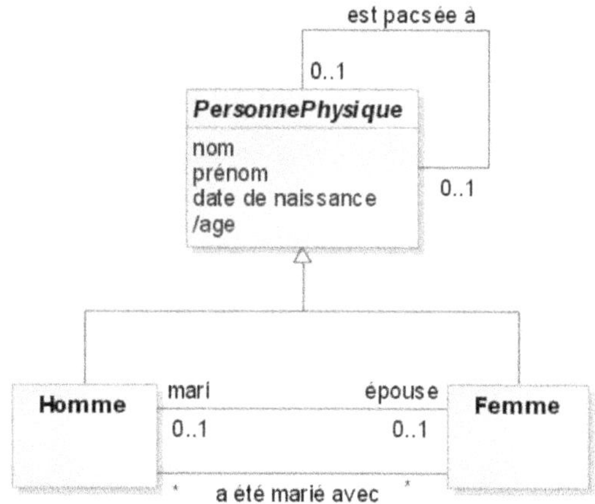

Figure 4-9.
Ajout du dispositif prévu par le Pacs

On notera toutefois qu'il faut en toute rigueur ajouter une contrainte qui interdise d'être à la fois marié avec quelqu'un et « pacsé » avec quelqu'un d'autre, ou « pacsé » avec soi-même… On peut également préciser les contraintes sur l'attribut *age*, en mettant en évidence les différences éventuelles entre hommes et femmes[2]. Notez l'utilisation du mot-clé *self* du langage OCL (langage de contraintes faisant partie d'UML, mais non obligatoire).

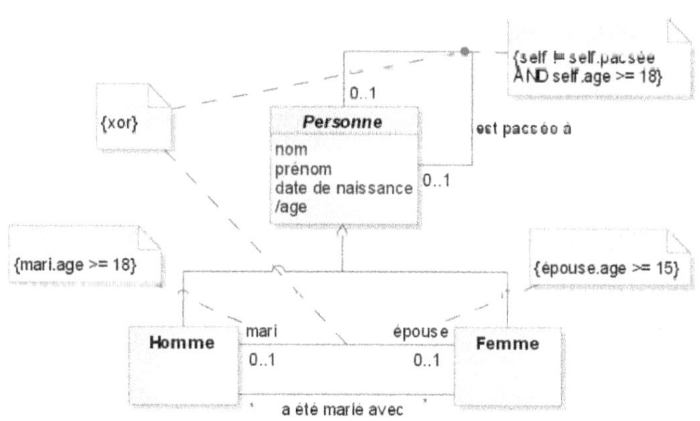

Figure 4-10.
Ajout des contraintes

2. Même si en fait, la différence a été abolie récemment, pour lutter contre les mariages « forcés » …

En outre, l'ajout de la date du mariage, du type de contrat, etc., illustre l'utilisation de la classe d'association. Comme UML interdit à une classe d'association d'avoir à la fois un nom sur l'association et un autre dans la classe, le schéma devient alors :

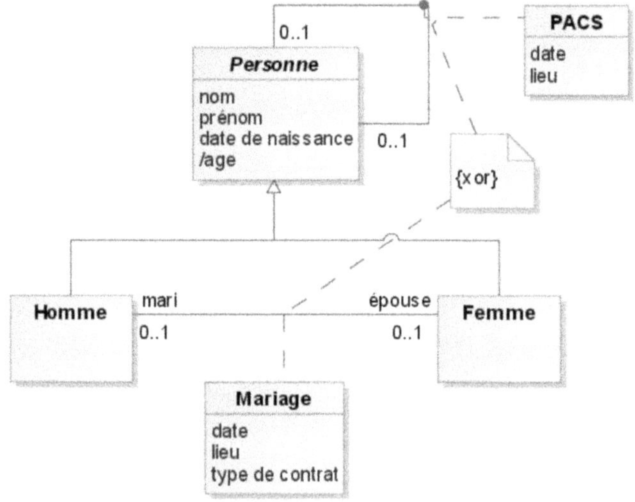

Figure 4-11.
Version complétée du diagramme de classes de la phrase 6 avec classes d'association

Notez que l'on pourrait continuer à peaufiner le modèle en généralisant les classes *Mariage* et *Pacs* avec une super-classe abstraite *Contrat.*

EXERCICE 4-2. Diagramme de classes : d'un modèle simple, mais peu évolutif, à un modèle souple, mais complexe...

Proposez plusieurs solutions pour modéliser la phrase suivante : « un pays a une capitale. »

Dessinez les diagrammes de classes correspondants et indiquez les avantages et inconvénients des différentes solutions.

Une phrase aussi simple que « un pays a une capitale » va nous permettre d'illustrer le caractère hautement subjectif de l'activité de modélisation, et le choix souvent difficile qu'il faut opérer entre simplicité et évolutivité.

En effet, nous allons proposer pas moins de quatre solutions différentes à cette question, de la plus simple à la plus sophistiquée…

Première solution, la plus compacte possible : une classe Pays avec un simple attribut capitale. C'est suffisant, si nous voulons seulement récupérer le nom de la capitale de chaque pays, et par exemple produire un petit tableau sur deux colonnes, avec les pays classés par ordre alphabétique…

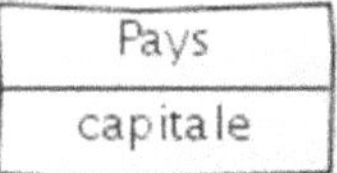

Figure 4-12.
Solution compacte

Difficile de faire plus simple ! Nous pourrons par la suite compléter facilement le modèle en ajoutant quelques attributs à la classe Pays : *nom*, *langue*, *monnaie*, etc.

En revanche, comment faire si nous voulons ajouter des propriétés au concept de capitale : nombre d'habitants, superficie, etc. ? La solution précédente trouve là sa limite, et nous sommes alors obligés de promouvoir capitale au rang de classe. Nous retrouvons ici l'illustration de la différence entre classe et attribut, déjà discutée lors de la question 3-2 du chapitre précédent.

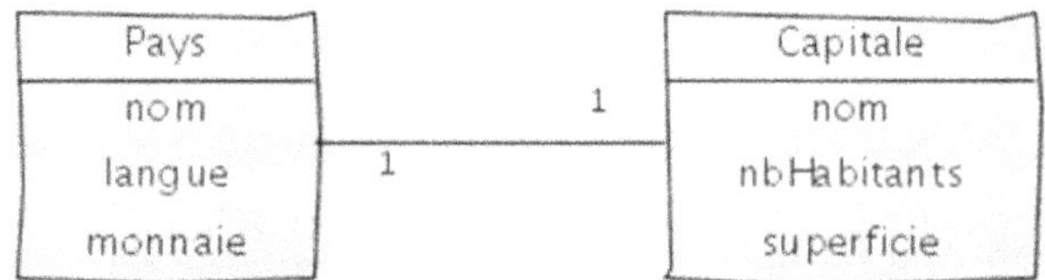

Figure 4-13.
Solution « naturelle »

Pour poursuivre cette solution dite « naturelle », on peut se demander à juste titre si l'association n'est pas une agrégation, voire une composition. En effet, un pays contient sa capitale et l'agrégation rappelle la contenance au sens cartographique. Maintenant, peut-on aller plus loin et parler de composition ?

Une capitale appartient bien à un pays et un seul, vérifiant en cela le premier critère de la composition. Cependant, que se passe-t-il en cas de destruction d'un pays ? Si la capitale est également détruite, il s'agit bien d'une composition ; dans le cas contraire, ce n'est qu'une agrégation. Nous touchons là une difficulté venant de ce que la question ne mentionne aucun contexte qui nous permettrait de savoir comment ces concepts de pays et de capitale vont être utilisés. « Détruire » un pays peut aussi bien signifier le conquérir lors d'une guerre que l'enlever de la base de données de notre application informatique… Dans le second cas, la composition ne se discute pas, alors que dans le premier, c'est nettement moins clair. Il faut un peu de réflexion pour comprendre que, là aussi, la capitale disparaît en tant que concept administratif, même si elle n'est pas détruite physiquement. Le schéma se précise donc comme il est indiqué sur la figure suivante.

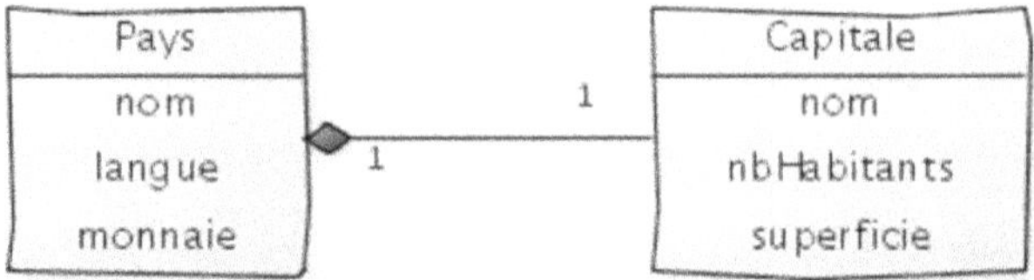

Figure 4-14.
Solution « naturelle » affinée

En fait, nous sentons bien au fil des phrases qu'un concept plus général que capitale nous fait défaut : la notion de ville. Supposons qu'un pays soit annexé : sa capitale n'existe plus en tant qu'entité administrative, mais la ville elle-même ne sera pas forcément détruite ! Donc, si nous souhaitons définir un modèle plus général, il est intéressant de modéliser le fait qu'une capitale est une ville qui joue un rôle particulier au sein d'un pays. Une première solution incomplète est donnée ci-après.

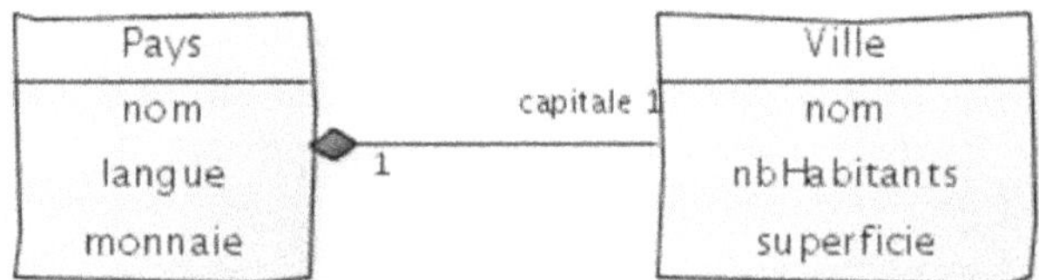

Figure 4-15.
Introduction du concept de ville

Il serait dommage de ne pas profiter de l'introduction du concept plus général de ville pour exprimer le fait qu'un pays contient des villes, dont une seule joue le rôle de capitale. Nous allons donc ajouter une agrégation multiple entre *Pays* et *Ville*, et une contrainte pour exprimer le fait que la capitale d'un pays est forcément une de ses villes. Le modèle devient maintenant nettement plus sophistiqué…

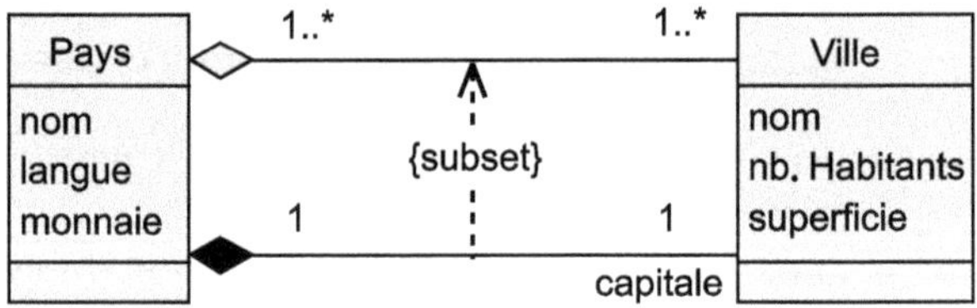

Figure 4-16.
Solution plus complète avec une contrainte

Il faut noter que nous avons considéré qu'une ville peut appartenir à plusieurs pays dans un souci de généralité, et pour nous prémunir d'éventuelles remarques sur le statut particulier passé ou futur de villes telles que Berlin ou Jérusalem… Du coup, la relation ne peut être qu'une agrégation.

Enfin, si nous voulons préciser qu'une capitale est une ville, mais qu'elle possède des propriétés spécifiques, il faut alors en faire une sous-classe et non un rôle, comme cela est montré sur le schéma présenté ci-après.

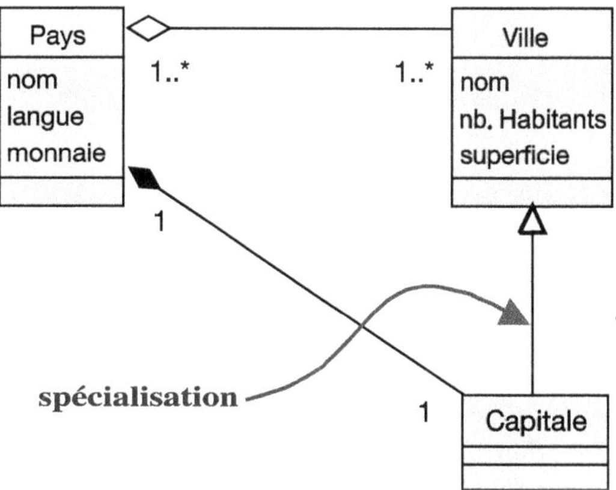

Figure 4-17.
Solution avec super-classe concrète

La classe *Capitale* peut maintenant recevoir des attributs ou associations supplémentaires, si le besoin s'en fait sentir. Cependant, pour indiquer que la multiplicité 1 du côté *Pays* sur la composition avec *Capitale* remplace la multiplicité moins contraignante « 1..* » du côté *Pays* pour les villes, il faudrait indiquer que la composition avec *Capitale* est une spécialisation de l'agrégation avec *Ville*. UML autorise effectivement la généralisation/spécialisation entre associations.

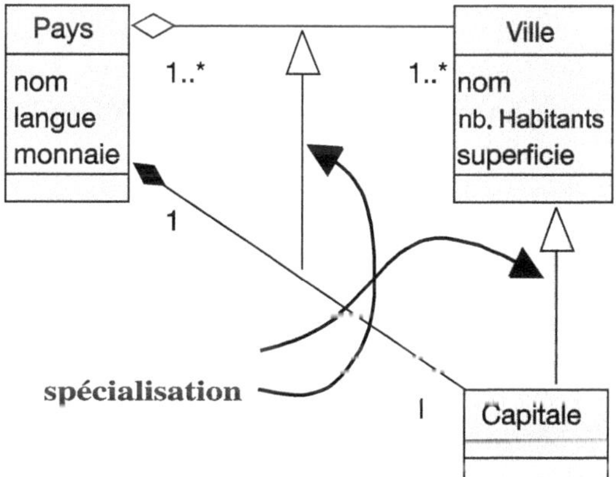

Figure 4-18.
Solution sophistiquée avec spécialisations

À RETENIR

Redéfinition de propriété

UML 2 a introduit la notion de redéfinition de propriété : attribut ou terminaison d'association. Parmi les caractéristiques susceptibles d'être redéfinies, on trouve le nom, le type (qu'on peut spécialiser), la valeur par défaut, l'état de dérivation, la visibilité, la multiplicité et les contraintes sur les valeurs. Le mot-clé *redefines* remplace ainsi le symbole de spécialisation entre associations, peu implémenté par les outils du marché.

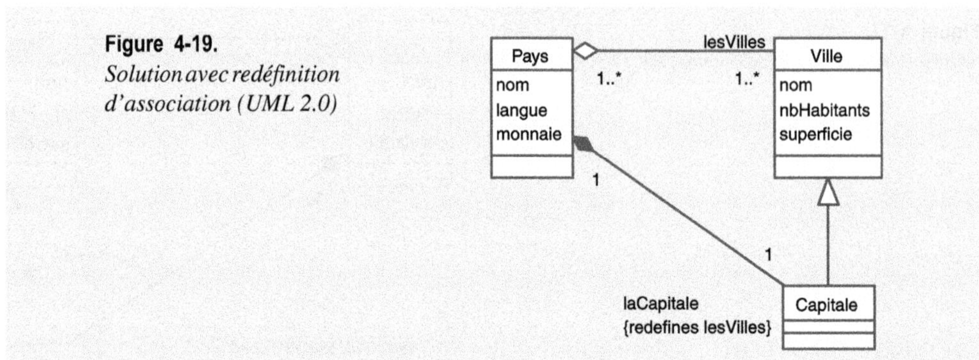

Figure 4-19.
Solution avec redéfinition d'association (UML 2.0)

Comparez le modèle ainsi obtenu avec celui de la figure 4-12. Les deux sont corrects, « légaux » en UML et expriment à leur façon la phrase initiale. Le premier est très compact, simple à implémenter, mais très peu évolutif dans le cas où il faudrait répondre à de nouvelles demandes d'un utilisateur. Le second est nettement plus complexe à implémenter, mais très souple ; il résistera longtemps à l'évolution des besoins utilisateurs. Le choix entre les deux solutions doit donc se faire en fonction du contexte : faut-il privilégier la simplicité, les délais de réalisation, ou au contraire la pérennité et l'évolutivité ?

Il faut enfin noter que la super-classe *Ville* de la figure 4-19 n'est pas une classe abstraite. Cela est cohérent puisqu'elle ne possède qu'une seule sous-classe. En effet, l'objectif d'une classe abstraite est de factoriser des propriétés communes à plusieurs sous-classes, et non pas à une seule ! Il est ainsi tout à fait possible qu'un modèle complet contienne une spécialisation unique, mais la super-classe ne doit alors pas être abstraite.

Modélisation du domaine en pratique

EXERCICE 4-3. La modélisation du domaine en pratique

Modélisez l'utilisation de feutres et de stylos...

L'énoncé est volontairement vague !

Un énoncé aussi imprécis n'est pas rare au démarrage de projets réels... Nous allons cependant pouvoir construire sans difficulté un diagramme de classes pertinent en utilisant notre connaissance usuelle de ces notions de feutres et de stylos.

Nous commençons donc par identifier deux classes : *Feutre* et *Stylo*, qui ont un certain nombre de propriétés communes (couleur, marque, etc.) mais qui comptent aussi des différences (considérons par exemple que les feutres ont un bouchon, alors que les stylos n'ont qu'une pointe rétractable). Un modélisateur averti voit là immédiatement la possibilité d'une relation de généralisation/spécialisation. Il introduit donc une classe abstraite pour factoriser les caractéristiques communes.

Le modèle peut déjà ressembler au diagramme suivant :

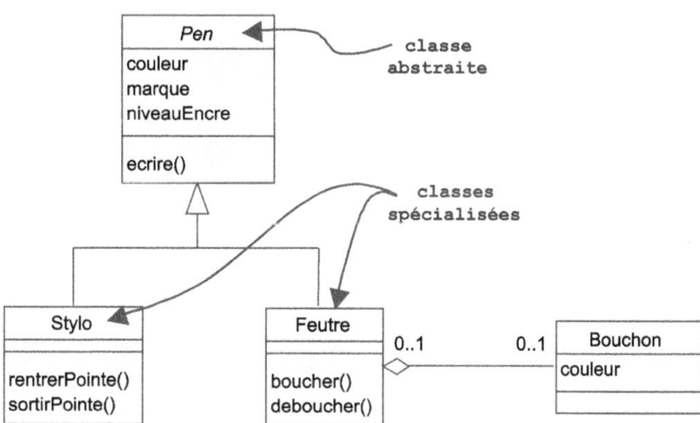

Figure 4-20.
Première version du diagramme de classes

Prenez note des multiplicités entre *Feutre* et *Bouchon* : un feutre peut perdre son bouchon, et un bouchon le corps de son feutre d'origine. Cette notion de *Corps* est intéressante, et partagée par les stylos et les feutres. Par souci d'homogénéité avec *Bouchon*, nous l'ajoutons donc.

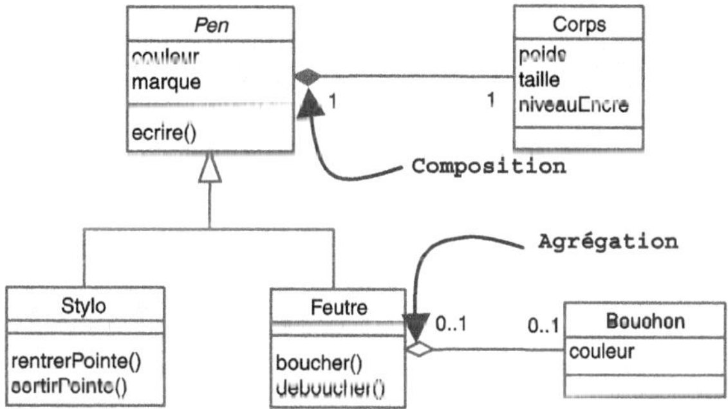

Figure 4-21.
Deuxième version du diagramme de classes

La relation entre *Pen* et *Corps* est évidemment une composition. En revanche, il n'y a pas forcément cohérence des cycles de vie entre *Feutre* et *Bouchon*, comme me l'a longtemps prouvé ma fille ! Notez également que l'attribut *niveauEncre* a été déplacé dans la classe *Corps*. Ce déplacement d'attribut d'une classe à l'autre est habituel surtout dans le cas de relations de composition ou d'agrégation, afin que les classes soient plus homogènes et cohésives.

Pour compléter encore notre modèle, introduisons le concept de feutre avec correcteur incorporé et surtout une classe pour modéliser l'utilisateur et/ou le propriétaire du *Pen*.

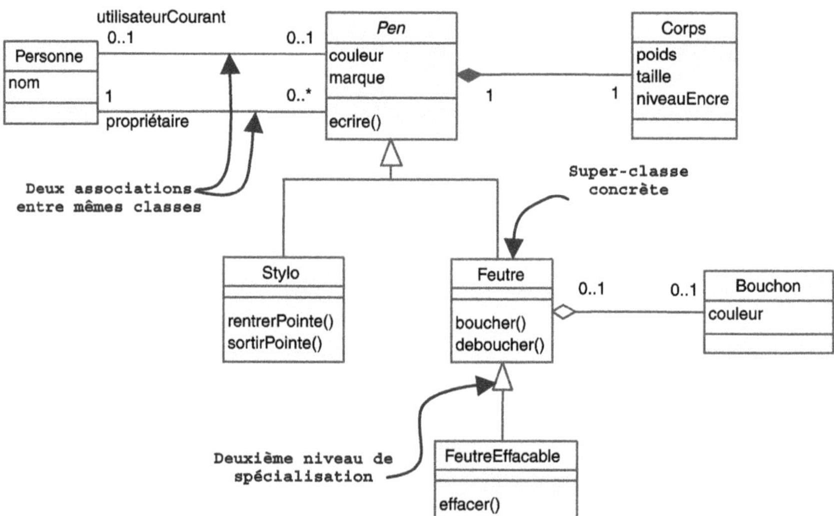

Figure 4-22. *Troisième version du diagramme de*

Remarquez l'utilisation judicieuse qui est faite des deux associations entre les classes *Personne* et *Pen* : on distingue ainsi avec précision, grâce aux noms des rôles du côté *Personne*, les multiplicités qui sont totalement différentes dans les deux cas :

- Une personne peut jouer le rôle de propriétaire par rapport à un nombre quelconque de *pens*, mais un *pen* n'a qu'un et un seul propriétaire.
- Une personne peut utiliser au maximum un *pen* à la fois, et un *pen* peut avoir au maximum un utilisateur.

La spécialisation de *Feutre* en *FeutreEffacable* est remarquable pour les raisons suivantes :

- *Feutre* n'est pas devenue une classe abstraite et ne possède qu'une seule spécialisation.
- La spécialisation ne concerne que le comportement.
- On doit donc retenir qu'une super-classe n'est pas forcément abstraite (sinon on n'aurait pas besoin de l'aide visuelle du nom en italique comme pour *Pen*), et que la relation de généralisation/spécialisation ne conduit pas toujours à un « arbre » d'héritage.

À RETENIR

La contrainte {frozen}

Cette contrainte (standard en UML 1[b]) permet d'ajouter une information détaillée, mais qui peut être intéressante, sur un diagramme de classes :

– Pour un attribut, le fait que sa valeur ne change jamais pendant la vie d'un objet (par exemple, la marque d'un *Pen*).

– Pour une association, le fait qu'un lien entre deux objets ne puisse plus jamais être modifié après sa création (par exemple, le lien de composition entre *Pen* et *Corps*, mais pas celui entre *Feutre* et *Bouchon*).

Par défaut, les attributs et les associations ne sont pas {`frozen`}.

Figure 4-23. *Deuxième version du modèle avec les contraintes {`frozen`}*

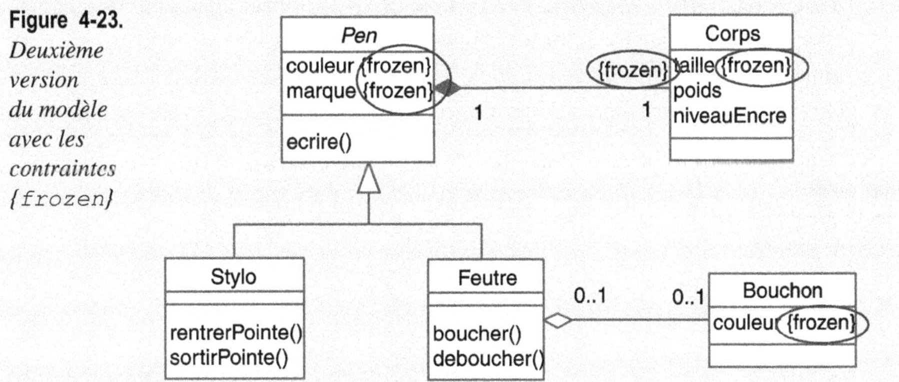

b. En fait, la contrainte prédéfinie {frozen} semble avoir disparu des documents spécifiant UML 2. Elle existait pourtant depuis UML 1.3, comme en atteste le *UML User Guide* de G. Booch. Du fait de son intérêt, nous préconisons de continuer à l'utiliser, même si elle ne fait plus partie du standard UML.

Dans le même esprit, on aurait pu préciser que l'arbre d'héritage de *Pen* n'est pas complet (il y a certainement d'autres sortes de *Pen* que les stylos et les feutres) en lui adjoignant la contrainte prédéfinie {`incomplete`}.

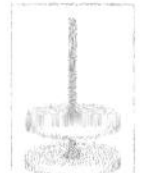

EXERCICE 4-4. La modélisation du domaine en pratique (suite)

Proposez un cadre de modélisation des règles du jeu d'échecs.

Attachez-vous d'abord au matériel utilisé par les joueurs, puis à la notion de partie.

Commençons par interviewer un « expert métier » : le jeu d'échecs se joue à deux joueurs sur un échiquier carré composé de 64 cases, alternativement noires et blanches.

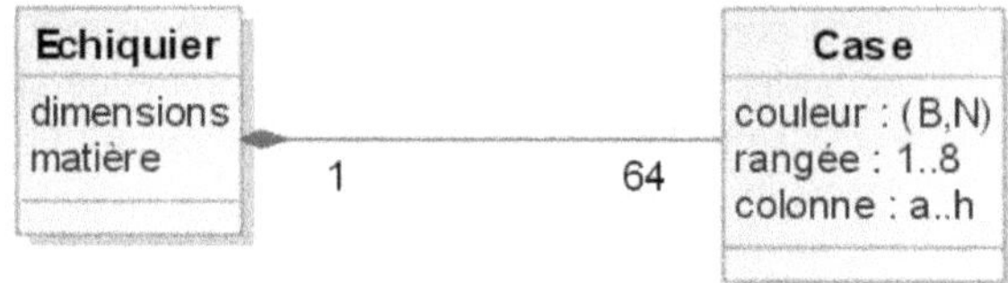

Figure 4-24.
Modélisation d'un échiquier et de ses cases

Chaque joueur possède initialement huit pions, ainsi qu'un roi, une dame, deux tours, deux fous et deux cavaliers. Par le biais de la promotion possible de chaque pion en huitième rangée (transformation obligatoire en pièce à choisir sauf un roi), un joueur peut ainsi posséder jusqu'à neuf dames, dix tours, cavaliers ou fous. Une pièce pouvant avoir été prise, elle appartient à zéro ou un joueur à la fois, sauf les rois qui ne sont jamais pris !

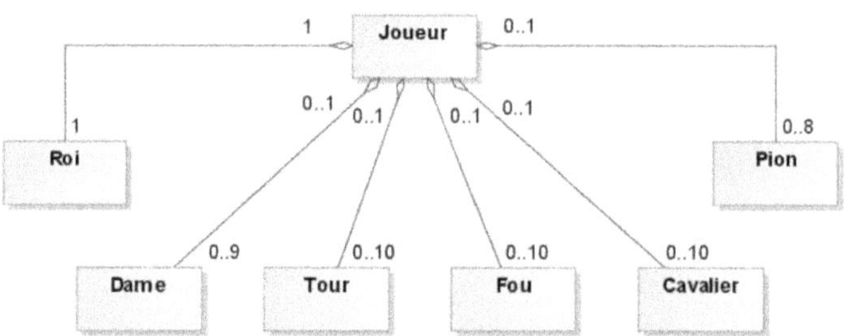

Figure 4-25.
Modélisation des pièces de chaque joueur

Il ne peut y avoir qu'une pièce au maximum sur une case donnée. Les positions initiales des pièces sont représentées sur la figure de l'énoncé. L'introduction de la classe abstraite *Piece* est tout à fait naturelle. Tout d'abord, il s'agit bien d'un mot faisant partie du vocabulaire du domaine. Ensuite, cela permet d'exprimer le concept de position par un rôle unique de l'association entre les classes *Piece* et *Case*. Sur une case donnée, il ne peut y avoir plus d'une pièce à la fois. De plus, une pièce est soit sur une case, soit hors du jeu (prise).

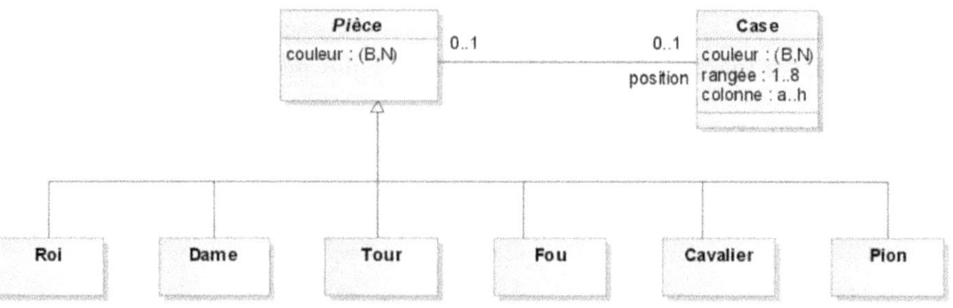

Figure 4-26.
Modélisation des pièces et de leur position

Le déplacement des pièces est typiquement polymorphe. Chaque instance se déplace en fonction de l'algorithme déclaré au niveau des sous-classes concrètes.

En complétant l'interview de notre expert métier, nous ajoutons quelques attributs et opérations privées pour peaufiner la première partie du modèle (voir figure 4-27).

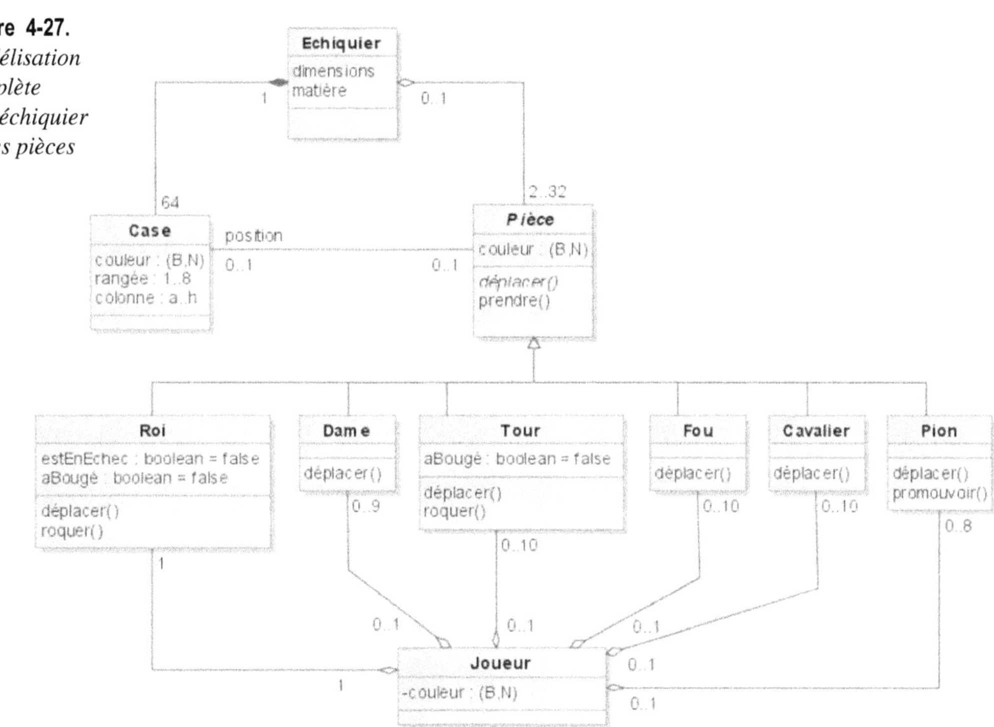

Figure 4-27. *Modélisation complète de l'échiquier et des pièces*

À chaque tour, un joueur bouge une pièce de son camp (blanc ou noir). On ne peut ni passer son tour, ni jouer deux fois de suite. C'est toujours les blancs qui commencent la partie. Une partie est donc une suite ordonnée de coups. Le résultat d'une partie est l'une des trois possibilités suivantes : gain blanc, gain noir, partie nulle. On modélise cela par une énumération en UML.

Si nous relions maintenant les concepts de coup, de pièce et de case, nous obtenons la figure 4-29. Un coup se joue avec une pièce qui se déplace d'une case de départ à

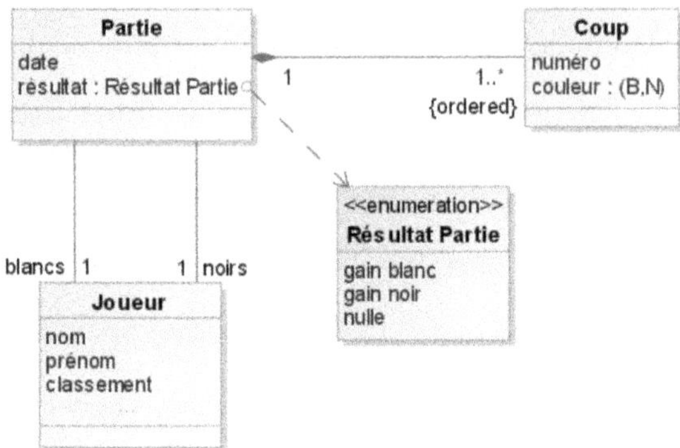

Figure 4-28. *Modélisation statique du déroulement de la partie*

une case d'arrivée. Notez la contrainte sur l'identité de la couleur d'un coup et de la pièce concernée.

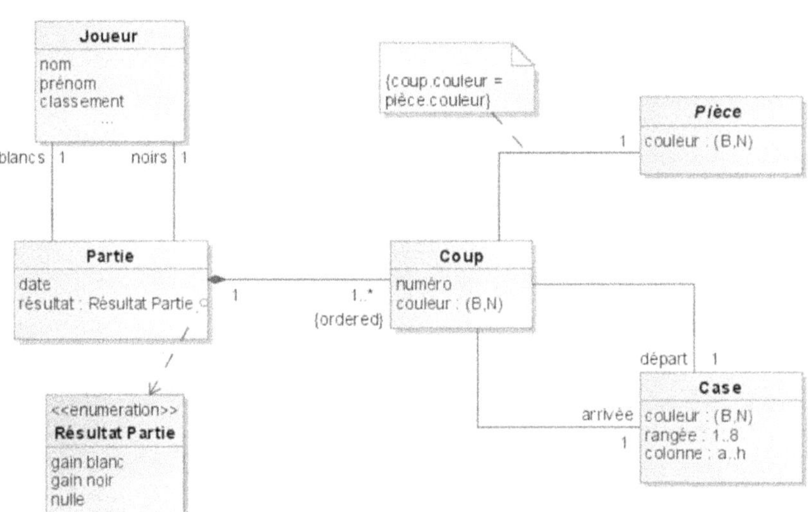

Figure 4-29. *Modélisation détaillée du déroulement de la partie*

Nous arrêtons là cette exploration du jeu d'échecs par le biais de la modélisation statique, que nous pourrions encore détailler.

Par ailleurs, si nous souhaitons ajouter d'autres règles plus dynamiques concernant par exemple la fin de la partie (cas de mat, pat, abandon, partie nulle, etc.), un diagramme d'états est tout à fait approprié. Nous le présenterons au chapitre 6 (exercice 6-1).

Les classes structurées UML 2

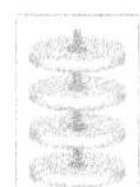

EXERCICE 4-5. Limitations de la relation de composition

La figure 4-30 explique que les voitures et les bateaux possèdent un moteur, que les voitures ont des roues alors que les bateaux ont des hélices, et que les moteurs se décomposent tous de façon similaire. La composition exprime également le fait que la même instance de *Moteur* ne peut pas appartenir simultanément à une instance de *Voiture* et une instance de *Bateau*, même si la classe *Moteur* est partagée entre les classes *Voiture* et *Bateau*. C'est pour cela que les multiplicités concernées sont à 1 exactement, mais avec une contrainte de « ou exclusif » {xor}. La composition signifie encore qu'une instance de *Moteur* est détruite quand son instance conteneur de *Voiture* ou de *Bateau* est détruite.

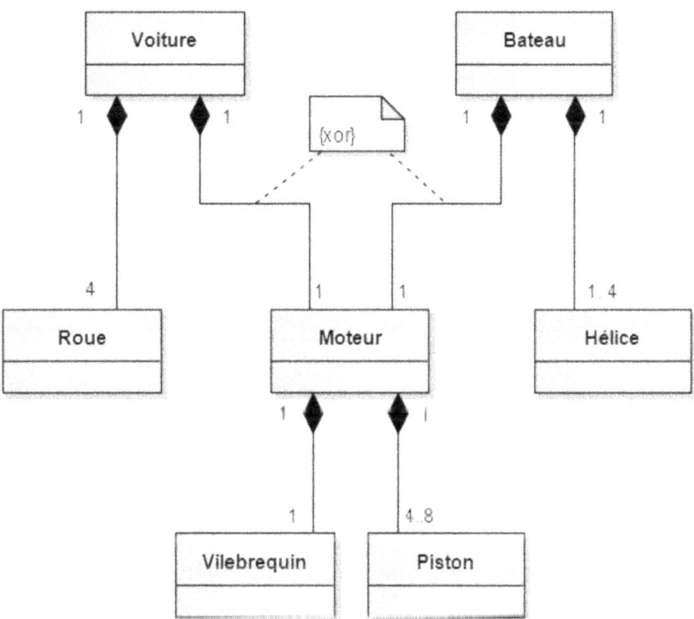

Figure 4-30.
Utilisation de la composition UML 1.x

Une façon plus élégante de modéliser la contrainte {xor} consiste à introduire une super-classe abstraite *Véhicule à moteur*, comme sur la figure 4-31.

3. Cet exercice est inspiré de l'excellent article de Conrad Bock intitulé « UML 2 Composition Model » et publié dans le « Journal of Object Technology », Vol. 3, N° 10, November-December 2004. Il est disponible sur le site web suivant : http://www.jot.fm/issues/issue_2004_11/column5.

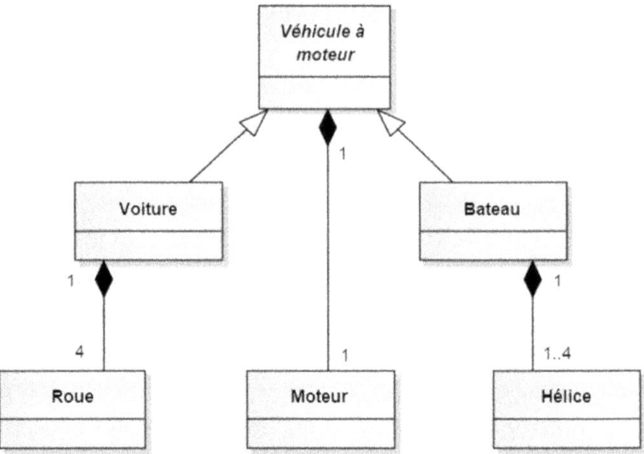

Figure 4-31.
Introduction d'une super-classe abstraite

La relation de composition telle qu'elle existait dans UML 1.x fonctionne bien pour modéliser de la décomposition hiérarchique. Cependant, elle présente des limitations significatives lorsqu'il s'agit de relier des éléments au même niveau de décomposition, comme tenté sur le schéma 4-32.

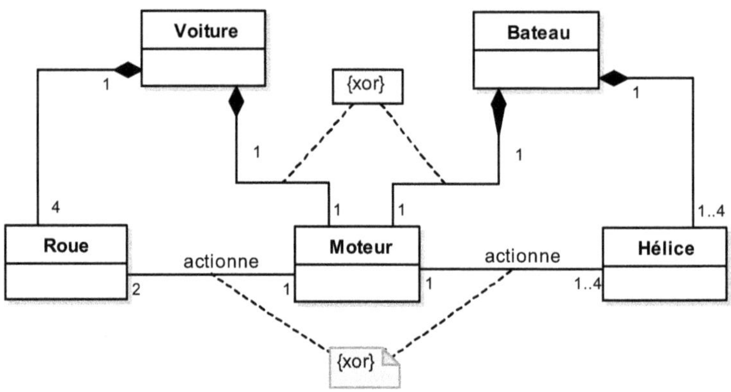

Figure 4-32.
Exemple douteux d'associations au même niveau de décomposition

Expliquez pourquoi le diagramme précédent n'est pas satisfaisant (malgré les contraintes {xor} entre associations) et proposez une meilleure solution en utilisant le nouveau concept UML 2 de classe structurée. Notez que la super-classe abstraite ne changerait rien au problème.

Les associations ajoutées à la figure 4-32 par rapport à la 4-30 essaient d'exprimer le fait que les moteurs actionnent des roues dans les voitures et des hélices dans les bateaux. Cependant, les associations sont définies globalement pour tous les moteurs, pas dans le contexte de voitures ou de bateaux particuliers. Cela signifie donc que :

- Le moteur d'une certaine voiture peut actionner les hélices d'un bateau, ou les roues d'une autre instance de voiture.

- Chaque moteur est censé actionner à la fois des roues et des hélices. Si l'on avait mis une multiplicité 0..1 au lieu de 1 du côté *Moteur*, on aurait pu avoir cette fois-ci des moteurs n'actionnant rien du tout.
- Un moteur peut actionner les deux roues gauches d'une voiture, au lieu des roues avant. L'association ne spécifie pas quel couple de roues est actionné.

Nous voyons donc clairement que le modèle proposé n'est pas du tout satisfaisant. On pourrait dessiner un grand nombre de diagrammes d'objets cohérents avec le diagramme de classes précédent, mais complètement stupides ! Un tel exemple de diagramme d'objets est donné sur la figure 4-33.

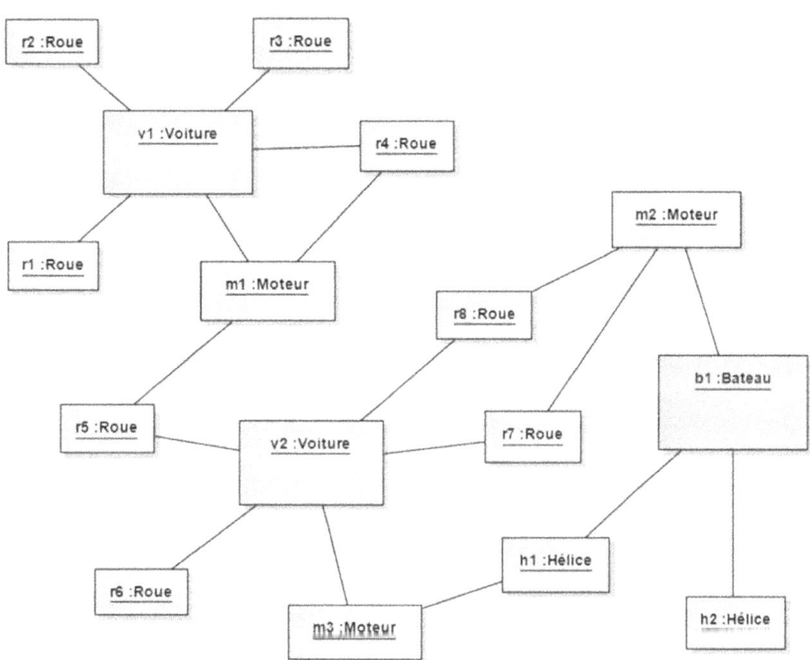

Figure 4-33. *Exemple incorrect de diagramme d'objets cohérent avec la figure précédentte*

UML 2 traite le problème en introduisant un nouveau type de diagramme appelé « diagramme de structure composite », avec les nouveaux concepts de classe structurée, participant et connecteur.

À RETENIR

Classe structurée

Une classe structurée est une classe dotée d'une structure interne. Elle contient des participants (*parts*[C]) reliées par des connecteurs. Une instance d'une classe structurée contient un objet ou un ensemble d'objets correspondant à chaque participant. Au sein de son conteneur, un participant possède un type et une multiplicité. Tous les objets d'un objet structuré unique sont implicitement reliés par le fait qu'ils sont contenus par le même objet.

Connecteur

Un connecteur est une relation contextuelle entre deux participants dans une classe structurée. La différence avec une association classique est la suivante : chaque association est indépendante des autres, alors que tous les connecteurs d'une classe structurée partagent un contexte unique.

c.Le terme anglais *part* doit plutôt être traduit par participant que partie. Il s'agit plus d'une notion de rôle joué par des éléments typés dans le contexte d'une classe que de contenance de définition.

Nous allons ainsi décrire deux contextes différents : celui de la classe *Voiture* et celui de la classe *Bateau*. À l'intérieur de chaque contexte, les rectangles représentent des participants avec pour chacune un nom de rôle et un type. Ces participants sont différents de simples instances car ils ne sont pas soulignés.

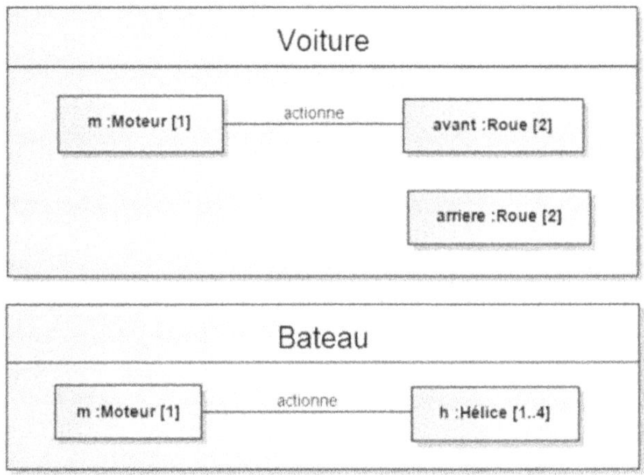

Figure 4-34.
Composition dans un contexte avec UML 2

La figure précédente exprime correctement que :

- dans chaque voiture, il y aura un moteur, deux roues avant et deux roues arrière ;
- le moteur actionne les roues avant situées dans la même voiture que le moteur ;
- ce moteur n'actionne rien d'autre dans la voiture, ni dans d'autres voitures ou dans des bateaux.

Le même raisonnement s'applique pour les bateaux. Un exemple de diagramme d'objets compatible est donné ci-après. Notez le soulignement permettant de distinguer les instances par rapport aux participants.

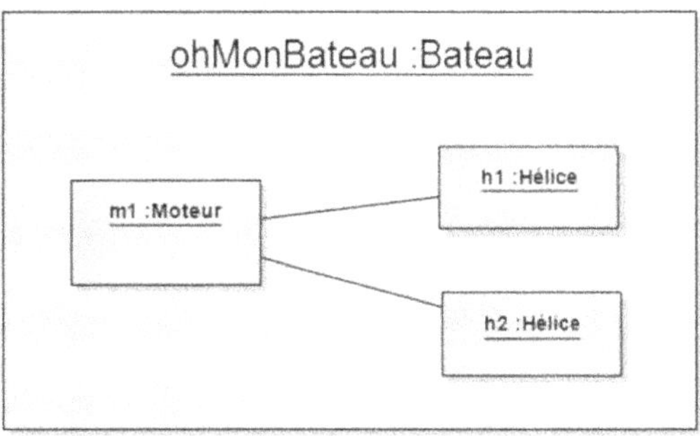

Figure 4-35.
Diagramme d'objets UML 2

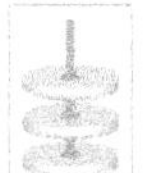

EXERCICE 4-6. Description d'une chaîne HI-FI

Décrivez sous forme de classes structurées un ampli-tuner ainsi qu'un lecteur de DVD. Utilisez les notions de ports et d'interfaces fournies et requises.

À RETENIR

Notion de port

Un port est un point d'interaction individuel entre une classe structurée et son environnement. La classe (et ses ports) peut avoir des interfaces requises et fournies pour définir son comportement visible de l'extérieur. Lorsqu'on crée une instance de classe structurée, ses ports sont créés avec elle. À sa destruction, ses ports sont détruits. On peut également connecter des ports à des participants internes ou à la spécification de l'objet dans son ensemble.

Nous avons essayé de décrire, de manière simplifiée mais réaliste, un ampli-tuner connectable à un lecteur DVD ainsi qu'à d'autres entrées possibles. Nous avons pour cela spécifié les différents ports physiques présents sur ce type d'appareil, ainsi que l'interface homme-machine disponible sur la face avant de l'appareil[4]. Notez les symboles différents de l'interface fournie (*lollipop*) et de l'interface requise (*socket*), nouveauté UML 2. Les interfaces sont définies en extension sur la droite du diagramme 4-36.

4. Il est clair que nous aurions pu utiliser aussi bien des composants que des classes structurées. La différence entre les deux n'est d'ailleurs pas significative en UML 2, le composant étant simplement de plus grosse granularité, mais conceptuellement équivalent (contrairement à la notion de composant UML 1.x).

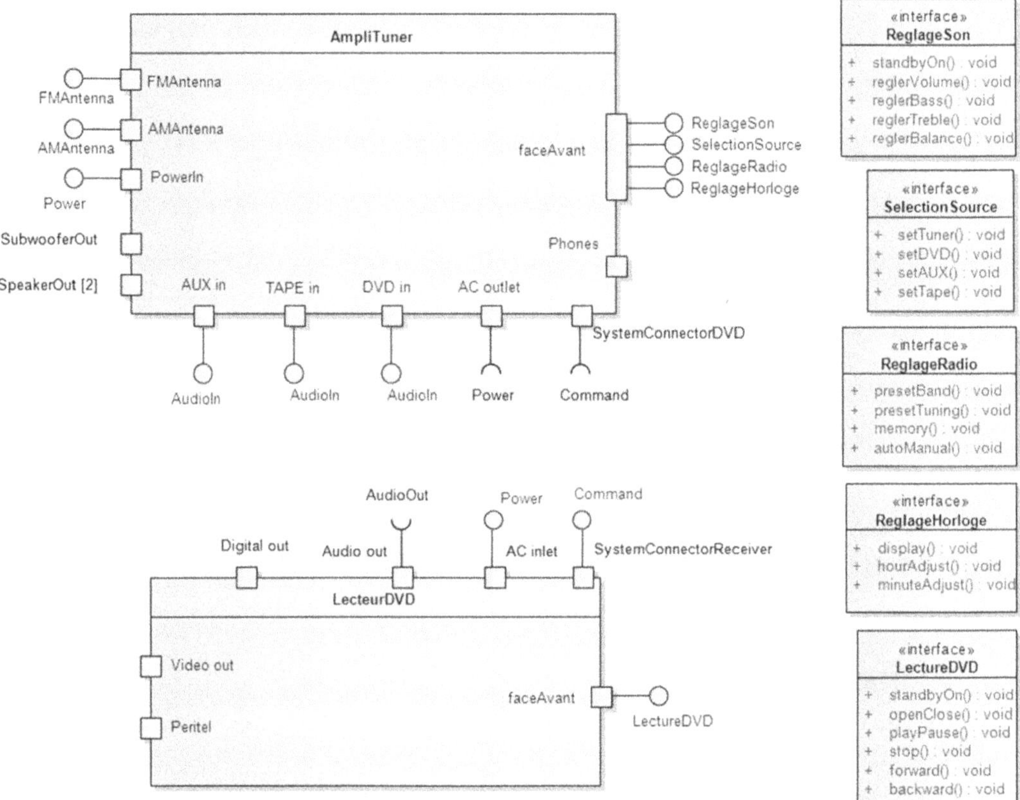

Figure 4-36.
Eléments de la chaîne HI-FI

Nous allons maintenant connecter les éléments entre eux, sans oublier les enceintes, antennes, etc. Pour cela, nous allons utiliser le concept de collaboration avec sa définition UML 2.

À RETENIR

Collaboration

Une collaboration décrit une relation contextuelle qui prend en charge l'interaction entre un jeu de participants. Un rôle est la description d'un participant. Contrairement à une classe structurée, une collaboration ne détient pas les instances liées à ses rôles. Ces dernières existent avant l'établissement d'une instance de la collaboration, mais la collaboration les rassemble et établit des liens pour les connecter.

La chaîne HI-FI va être ainsi vue comme une collaboration rassemblant un certain nombre de participants dans un objectif commun, comme représenté sur la figure suivante. Nous avons mixé volontairement les connecteurs simples et les connecteurs montrant l'imbrication des interfaces fournies et requises.

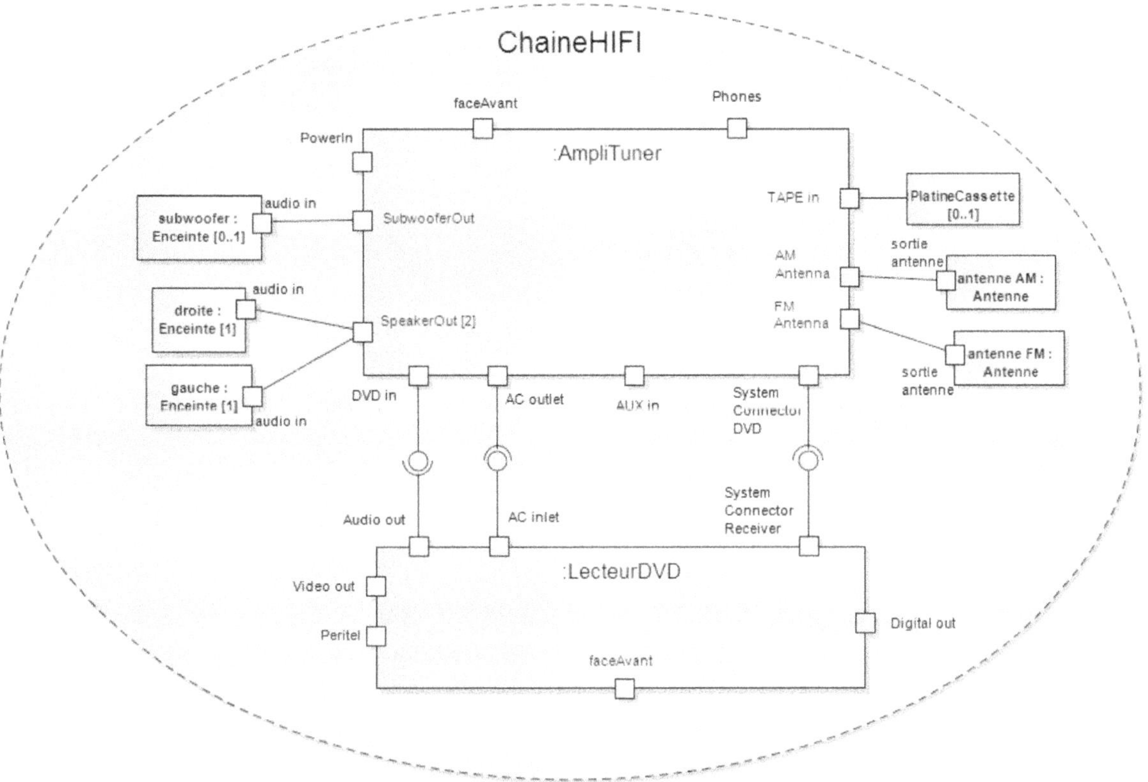

Figure 4-37.
La chaîne HI-FI vue comme une collaboration UML 2

Qu'est-ce qu'un Home Cinéma, sinon une chaîne HI-FI connectée à un dispositif de projection (abstraction pour télévision, vidéoprojecteur, etc.) ? Nous pouvons le représenter par une nouvelle collaboration faisant intervenir plus de participants de type *Enceinte*, et un participant supplémentaire de type *DispositifProjection*.

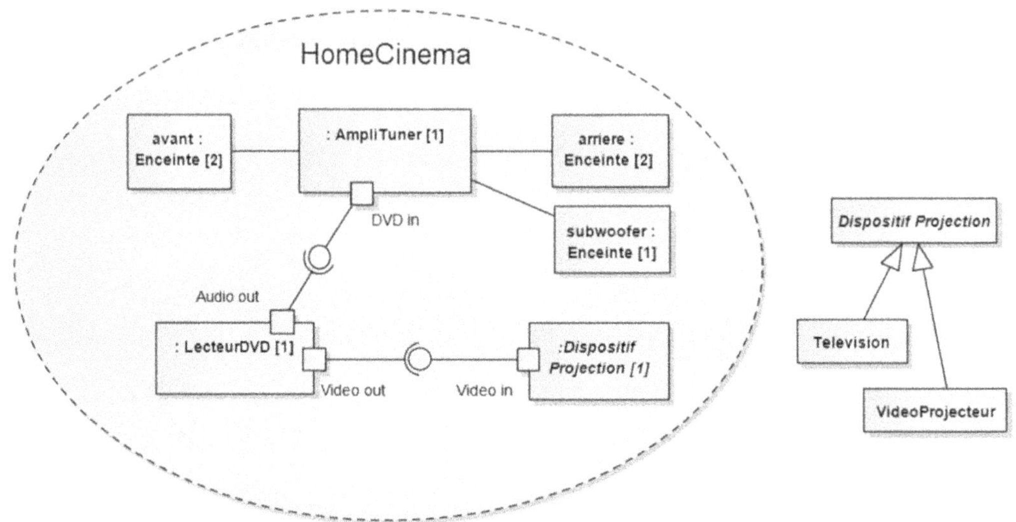

Figure 4-38.
Le « Home Cinema » vu comme une collaboration UML 2

Présentation de SysML[5]

La communauté de l'ingénierie système a voulu définir un langage commun de modélisation pour les ingénieurs système, adapté à leur problématique, comme UML l'est devenu pour les informaticiens. Ce nouveau langage, nommé SysML, est fortement inspiré de la version 2 d'UML, mais ajoute la possibilité de représenter les exigences du système, les éléments non logiciels (mécanique, hydraulique, capteur…), les équations physiques, les flux continus (matière, énergie, etc.) et les allocations. La version 1.0 de SysML a été adoptée officiellement par l'OMG le 19 septembre 2007.

Le bloc SysML (*block*) constitue la brique de base pour la modélisation de la structure d'un système. Il peut représenter un système complet, un sous-système ou un composant élémentaire. C'est l'équivalent de la classe structurée UML 2. Le diagramme de définition de bloc (*block definition diagram* ou bdd) est utilisé pour représenter les blocs, leurs propriétés, leurs relations. C'est l'équivalent du diagramme de classes UML. Le diagramme de bloc interne (*internal bloc diagram* ou ibd) permet de représenter la connexion entre les parties (ou participants) d'un bloc,

5. Pour en savoir plus, le lecteur pourra se référer à l'ouvrage paru aux éditions Eyrolles : *Modélisation de systèmes complexes avec SysML*, P. Roques, Eyrolles 2013.

ainsi que les éventuelles multiplicités des parties. C'est l'équivalent du diagramme de structure composite UML.

SysML distingue deux types de ports, contrairement à UML :

- Port standard : ce type de port autorise la description de services logiques entre les blocs, au moyen d'interfaces regroupant des opérations. C'est l'équivalent du port UML.
- Port de flux (*Flow Port*) : ce type de port autorise la circulation de flux physiques entre les blocs. La nature de ce qui peut circuler va des fluides aux données, en passant par l'énergie.

Dans le cas de nos exemples précédents, l'alimentation électrique, le son et les signaux audio et vidéo se modéliseraient plus naturellement grâce au concept SysML de *Flow Port*. Nous donnons ci-après le bbd (*bloc definition diagram*) SysML des éléments de la chaîne HI-FI, à comparer à la figure 4-36.

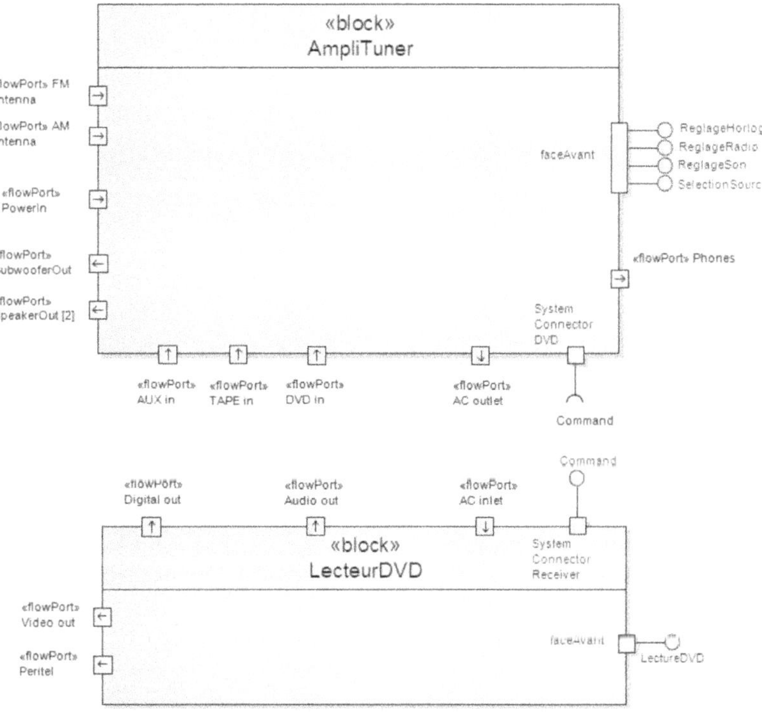

Figure 4-39.
Éléments de la chaîne Hi-Fi modélisés sous forme de blocs SysML

Il est clair que les ports permettant de faire circuler des flux d'énergie ou de matière se modélisent plus naturellement par des *Flow Ports* que par des *Standard Ports* : la flèche à l'intérieur du carré représentant le port de flux est, dans ce cas, nettement plus explicite que les notions d'interfaces fournies et requises, surtout quand on pense que l'interface fournie correspond à la capacité de réagir aux messages reçus, et que l'interface requise correspond donc à l'émission de messages (exactement le contraire du sens naturel pour l'alimentation électrique, par exemple). La notion d'interface est tout à fait adaptée pour le contrôle/commande d'éléments, pour la communication par messages discrets. En revanche, elle est absolument inadaptée pour les flux de matière et d'énergie. D'où l'intérêt majeur de la notion de *Flow Port* apportée par SysML.

Découverte d'un « pattern »

EXERCICE 4-7. Découverte guidée du pattern « Composite »

Proposez une solution élégante qui permette de modéliser le système de gestion de fichiers suivant :

1. les fichiers, les raccourcis et les répertoires sont contenus dans des répertoires et possèdent un nom ;
2. un raccourci peut concerner un fichier ou un répertoire ;
3. au sein d'un répertoire donné, un nom ne peut identifier qu'un seul élément (fichier, sous-répertoire ou raccourci).

Commençons par modéliser les trois phrases, une à une.

1. *Les fichiers, les raccourcis et les répertoires sont contenus dans des répertoires et possèdent un nom.*

Chacun des trois concepts doit être représenté par une classe. La contenance est modélisée par une composition, car la multiplicité du côté contenant est égale à 1, et la destruction d'un répertoire entraîne la destruction de tout ce qu'il contient.

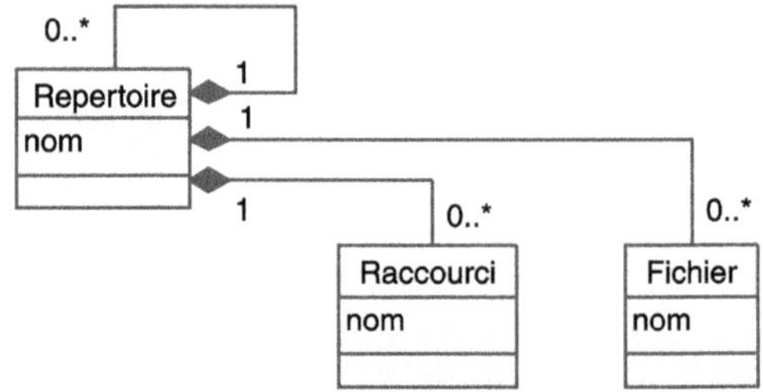

Figure 4-40.
Modélisation de la phrase 1

Deux associations en exclusion mutuelle traduisent parfaitement la deuxième phrase :

2. *Un raccourci peut concerner un fichier ou un répertoire.*

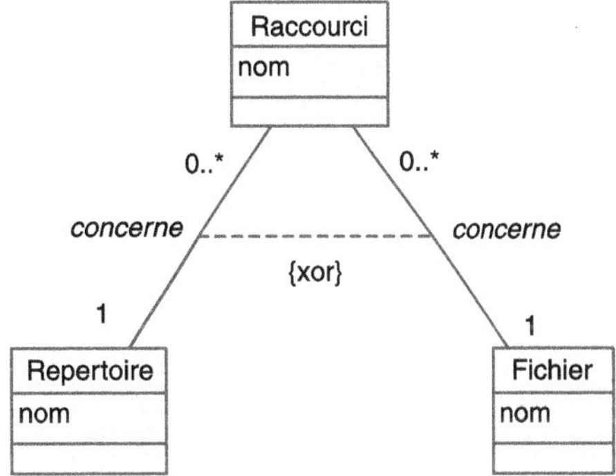

Figure 4-41.
Modélisation de la phrase 2

Les choses se compliquent quand il s'agit de modéliser la troisième phrase :

3. *Au sein d'un répertoire donné, un nom ne peut identifier qu'un seul élément (fichier, sous-répertoire ou raccourci).*

La solution la plus évidente consiste à qualifier chacune des trois compositions avec l'attribut nom. Ce qualificatif représente en fait le nom relatif de chaque élément dans son répertoire englobant. On notera la réduction de la multiplicité de l'autre côté du qualificatif. Pour modéliser le nom absolu, un attribut dérivé est tout à fait approprié, puisqu'il peut se déduire de la succession des noms relatifs.

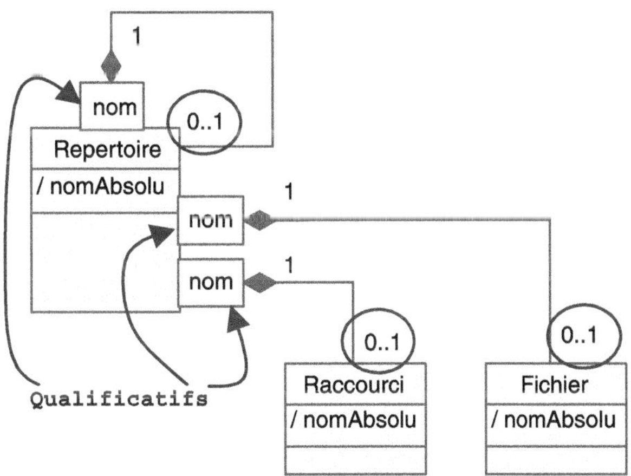

Figure 4-42.
Modélisation de la phrase 3

Que pensez-vous du diagramme suivant, regroupant les modèles des trois phrases ?

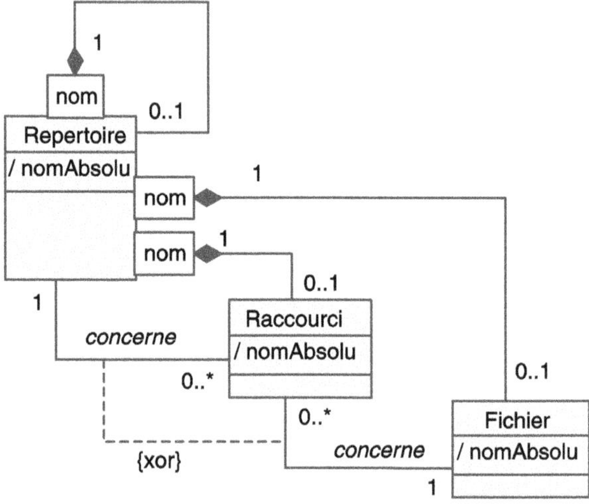

Figure 4-43.
Première version du modèle

Le modèle obtenu semble bien répondre aux trois phrases de l'énoncé. Pourtant, il n'est pas tout à fait correct ! En effet, d'après la figure précédente, deux fichiers ou deux raccourcis ne peuvent pas avoir le même nom au sein d'un même répertoire, mais rien n'empêche en revanche qu'un fichier et un raccourci aient le même nom…

Ce léger défaut met en fait en évidence un problème majeur : il nous faut un qualificatif unique pour tout type d'élément contenu dans un répertoire et non pas un qualificatif pour chacun. Or, nous comptons trois compositions : il faut donc modifier le modèle en profondeur afin de n'avoir plus qu'une composition à qualifier. Comment faire ?

La solution est en fait contenue dans la formulation de la troisième phrase :

« Au sein d'un répertoire donné, un nom ne peut identifier qu'un seul *élément* (fichier, sous-répertoire ou raccourci). »

Le mot « élément » doit nous permettre de trouver l'idée salvatrice… Que contiennent les répertoires ? Des fichiers, des raccourcis et d'autres répertoires. Oui, mais encore, comment pouvons-nous tous les appeler ? Des éléments ! Si nous ajoutons une super-classe abstraite *Element* généralisant les fichiers, les raccourcis et les répertoires, les trois compositions se résolvent en une seule, avec un qualificatif unique, et le tour est joué ! Voici le modèle que l'on obtient alors :

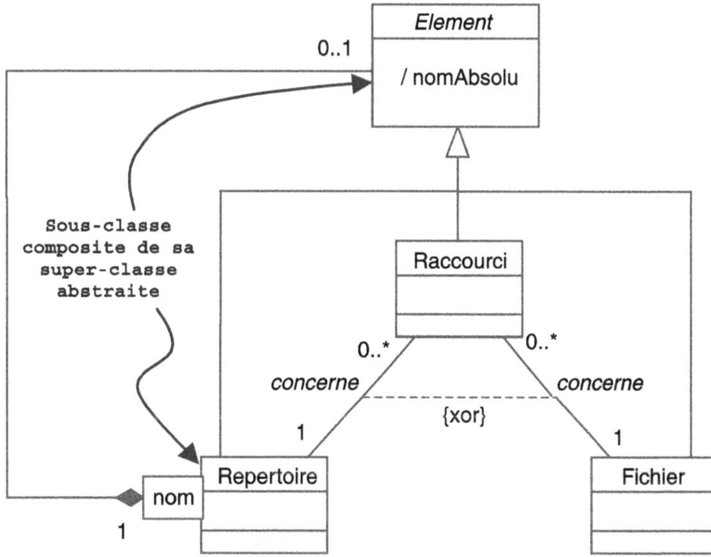

Figure 4-44.
Version finale élégante

Ce qui est étonnant dans cette solution, et qui explique qu'elle ne soit pas si facile à trouver, c'est la double relation asymétrique entre les classes *Repertoire* et *Element* :

- *Repertoire* est un composite par rapport à *Element*.
- *Repertoire* est une sous-classe d'*Element*.

À RETENIR

Le Pattern « Composite »

La solution de la figure suivante a été décrite d'une façon plus générale dans l'ouvrage de référence sur les *Design Patterns*[d], sous le nom de pattern « composite ».
Ce pattern fournit une solution élégante pour modéliser des structures arborescentes qui représentent des hiérarchies composant/composé. Le client peut ainsi traiter de la même façon les objets individuels (feuilles) et leurs combinaisons (composites).

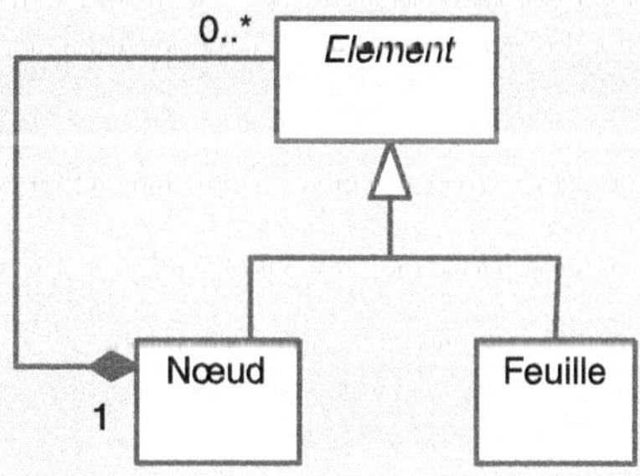

Figure 4-45.
Pattern du composite sous forme simple

d. *Design Patterns: Elements of Reusable Object-Oriented Software*, E. Gamma *et al.*, 1995, Addison-Wesley.

Une autre façon d'utiliser un design pattern consiste à le représenter comme une collaboration nommée, reliée aux classes qui jouent des rôles dans la collaboration. Chaque dépendance avec le mot-clé « `role binding` » est nommée par le rôle générique des classes dans le design pattern. Il s'agit d'une manière très pratique d'appliquer un design pattern dans un contexte concret sans pour autant expliciter toutes les relations induites entre les classes qui collaborent.

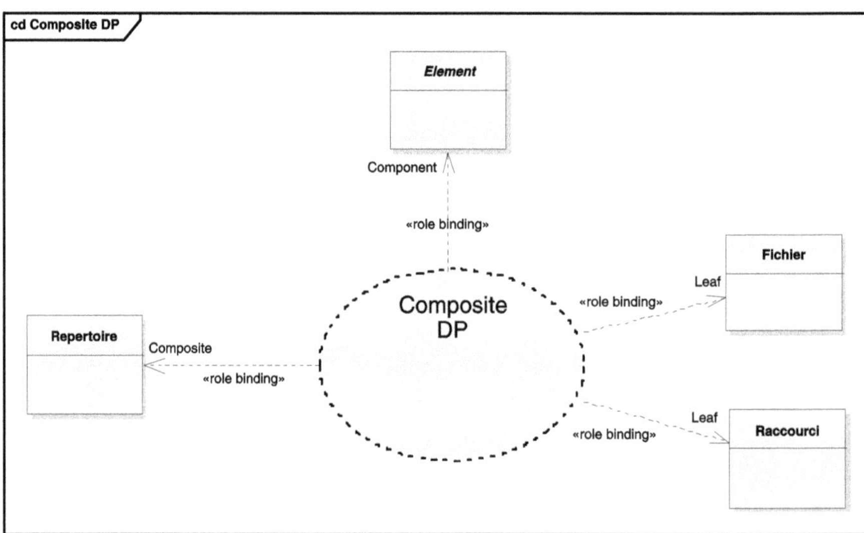

Figure 4-46. *Pattern du composite appliqué sous forme de collaboration*

Conseils méthodologiques

Notion d'état et diagramme de classes

La notion d'état ne doit pas apparaître directement en tant qu'attribut sur les diagrammes de classes : elle sera modélisée dans le point de vue dynamique au moyen du diagramme d'états. Dans le diagramme de classes UML, les seuls concepts dynamiques disponibles sont les opérations.

Comment positionner les opérations ?

En orienté objet, on considère que l'objet sur lequel on pourra réaliser un traitement doit l'avoir déclaré en tant qu'opération. Les autres objets qui posséderont une référence sur cet objet pourront alors lui envoyer un message invoquant l'opération.

Objet ou attribut ?

Un objet est un élément plus « important » qu'un attribut. Un bon critère à appliquer peut s'énoncer de la façon suivante : si l'on ne peut demander à un élément que sa valeur, il s'agit d'un simple attribut ; si l'on peut lui poser plusieurs questions, il s'agit plutôt d'un objet qui possède à son tour plusieurs attributs, ainsi que des liens avec d'autres objets.

À quoi sert le diagramme d'objets ?

N'hésitez pas à utiliser le diagramme d'objets pour donner un exemple, ou encore un contre-exemple, qui permette d'affiner un aspect délicat d'un diagramme de classes.

Bonne utilisation de la généralisation

N'employez la relation de généralisation que lorsque la sous-classe est conforme à 100 % aux spécifications de sa super-classe.

Super-classe abstraite ou concrète ?

Comprenez bien pourquoi une super-classe n'est pas toujours abstraite (sinon on n'aurait pas besoin de l'aide visuelle du nom en italique), et pourquoi la relation de généralisation/spécialisation ne conduit pas toujours à un « arbre » d'héritage.

Conventions de nommage UML

- Les noms des attributs commencent toujours par une minuscule (contrairement aux noms des classes qui commencent systématiquement par une majuscule) et peuvent contenir ensuite plusieurs mots concaténés commençant par une majuscule.
- Il est préférable de ne pas utiliser d'accents ni de caractères spéciaux.
- Les mêmes conventions s'appliquent au nommage des rôles des associations, ainsi qu'aux opérations.

Attribut dérivé et qualificatif

- Utilisez le concept d'attribut dérivé pour distinguer les attributs intéressants pour l'analyste, mais redondants car leur valeur peut être déduite à partir d'autres informations disponibles dans le modèle. Les attributs dérivés permettent à l'analyste de ne pas faire un choix de conception prématuré.

- Utilisez à bon escient les qualificatifs, sans oublier la modification de la multiplicité de l'autre côté de l'association.

Agrégation ou composition ?

Pour qu'une agrégation soit une composition, il faut vérifier les deux critères suivants :

- La multiplicité ne doit pas être supérieure à un du côté du composite.
- Le cycle de vie des parties doit dépendre de celui du composite (en particulier pour la destruction).

Limitations de la composition

La relation de composition telle qu'elle existait dans UML 1.x fonctionne bien pour modéliser de la décomposition hiérarchique. Cependant, elle présente des limitations significatives lorsqu'il s'agit de relier des éléments au même niveau de décomposition. En effet, les associations sont définies globalement, pas dans le contexte de classes et encore moins d'instances particulières.

Si nécessaire, vous devez avoir recours au puissant diagramme de structure composite. Celui-ci introduit les nouveaux concepts de classe structurée, participant (*part*) et connecteur. Une classe structurée est une classe dotée d'une structure interne. Elle contient des participants reliés par des connecteurs. Une instance d'une classe structurée contient un objet ou un ensemble d'objets correspondant à chaque participant. Au sein de son conteneur, un participant possède un type et une multiplicité. Tous les objets d'un objet structuré unique sont implicitement reliés par le fait qu'ils sont contenus par le même objet. Un connecteur est une relation contextuelle entre deux participants dans une classe structurée. La différence avec une association classique est la suivante : chaque association est indépendante des autres, alors que tous les connecteurs d'une classe structurée partagent un contexte unique.

La structuration du modèle statique

- La structuration d'un modèle statique est une activité délicate. Elle doit s'appuyer sur deux principes fondamentaux : *cohérence* et *indépendance*. Le premier principe consiste à regrouper les classes qui sont proches d'un point de vue sémantique. À cet égard, il faut chercher l'homogénéité au niveau des critères suivants : finalité, évolution et cycle de vie. Le second principe consiste quant à lui à renforcer ce découpage initial en s'efforçant de minimiser les dépendances entre les packages.
- Le problème des associations qui traversent deux packages réside dans le fait qu'une seule d'entre elles suffit à induire une dépendance mutuelle, si elle est

bidirectionnelle. Il est toutefois possible de limiter cette navigation à une seule des deux directions, pour éliminer une des deux dépendances induites par l'association. UML nous permet de représenter explicitement cette navigabilité en ajoutant sur l'association une flèche qui indique le seul sens possible.

- Pour qu'un package soit vraiment un composant réutilisable, il ne faut pas qu'il dépende des autres packages.
- Respectez les sacro-saints principes des dépendances entre packages :
  - Pas de dépendances mutuelles.
  - Pas de dépendances circulaires.
  - Un package d'analyse contient généralement moins de 10 classes.

La subjectivité de la modélisation

Soyez conscient du caractère hautement subjectif de l'activité de modélisation, et du choix souvent difficile qu'il faut faire entre simplicité et évolutivité. Un modèle très compact, simple à implémenter, sera peu évolutif lorsque de nouvelles demandes émaneront des utilisateurs. Un modèle nettement plus complexe à implémenter, mais très souple, résistera mieux à l'évolution des besoins utilisateurs. Le choix entre les deux solutions doit donc se faire en fonction du contexte : faut-il privilégier la simplicité, les délais de réalisation, ou au contraire la pérennité et l'évolutivité ?

Forte cohésion et métaclasse

- Veillez à ce que vos classes n'aient pas trop de responsabilités différentes, sous peine de violer un principe fort de la conception orientée objet, appelé *forte cohésion*.
- Si vous identifiez une classe *XX* qui possède trop de responsabilités, et dont certaines ne sont pas propres à chaque instance, pensez au *pattern de la métaclasse*. Ajoutez une classe *TypeXX*, répartissez les propriétés sur les deux classes et reliez-les par une association « * - 1 ». La classe *TypeXX* est qualifiée de « métaclasse », car elle contient des informations qui décrivent la classe *XX*. On parle aussi de type et d'exemplaires.

Étudiez les patterns !

- Apprenez à identifier les moments opportuns où il convient d'utiliser un pattern de modélisation. Contraignez-vous à les étudier sérieusement afin de ne pas « réinventer la roue » à chaque nouveau modèle !

PARTIE III

Point de vue dynamique

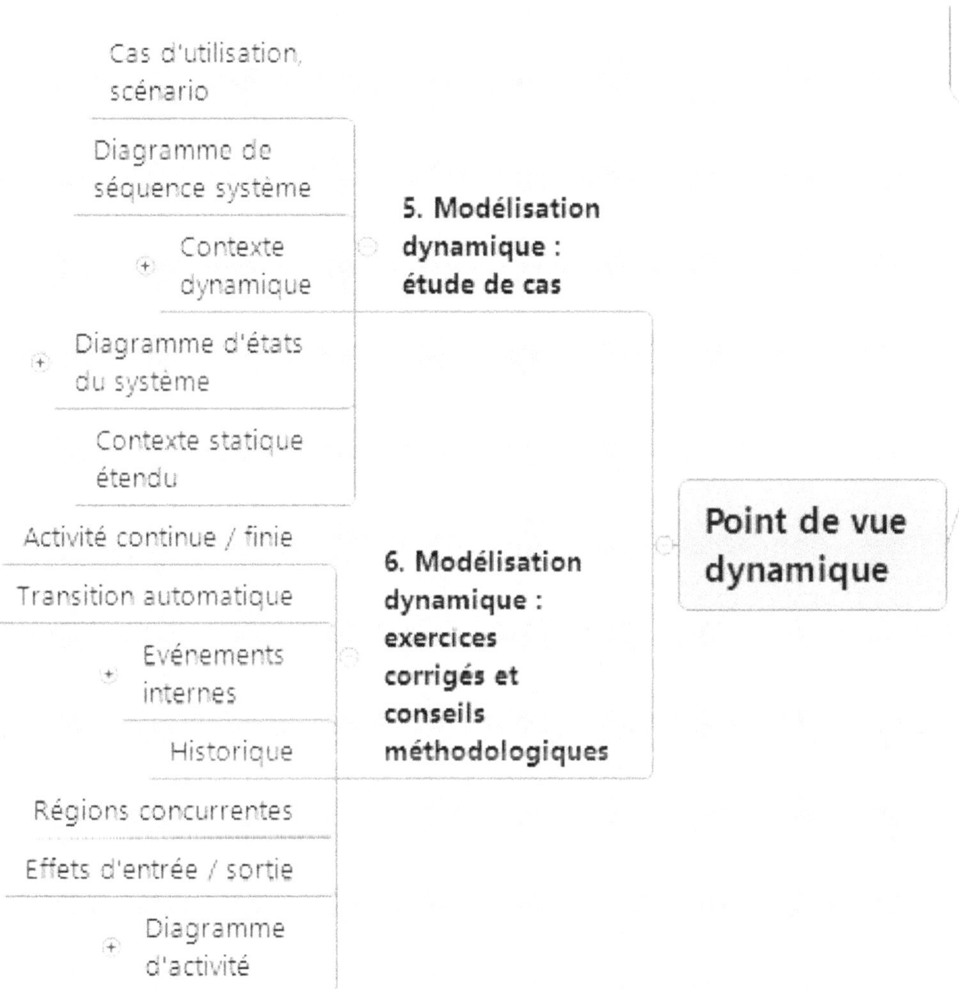

5

Modélisation dynamique : étude de cas

Mots-clés

■ Acteur ■ Cas d'utilisation, scénario ■ Diagramme de séquence système ■ Diagramme de contexte dynamique ■ Message ■ Diagramme d'états ■ État, transition ■ Événement ■ Condition ■ Action - Activité.

Ce chapitre va nous permettre d'illustrer pas à pas, à partir d'une nouvelle étude de cas, les principaux concepts et diagrammes UML pour le point de vue dynamique.

En commençant par identifier les acteurs et les cas d'utilisation, nous dessinerons tout d'abord un diagramme de séquence « système ». Puis, nous réaliserons un diagramme de communication particulier (que nous appellerons diagramme de contexte dynamique) afin de répertorier tous les messages que les acteurs peuvent envoyer au système et recevoir.

Après ce travail préliminaire, nous nous embarquerons dans une description en profondeur de la dynamique souhaitée du système. Nous insisterons tout particulièrement sur le diagramme d'états qui est à notre avis trop souvent sous-employé, alors que c'est un diagramme extrêmement utile pour décrire avec précision des comportements complexes, et ce dès l'analyse.

En complément des concepts de base, nous expliquerons la bonne utilisation des concepts avancés tels que :

- Événement interne : *when*
- État composite et sous-états exclusifs
- Transition propre et transition interne
- Pseudo-état : *History*
- Envoi de message : *send*

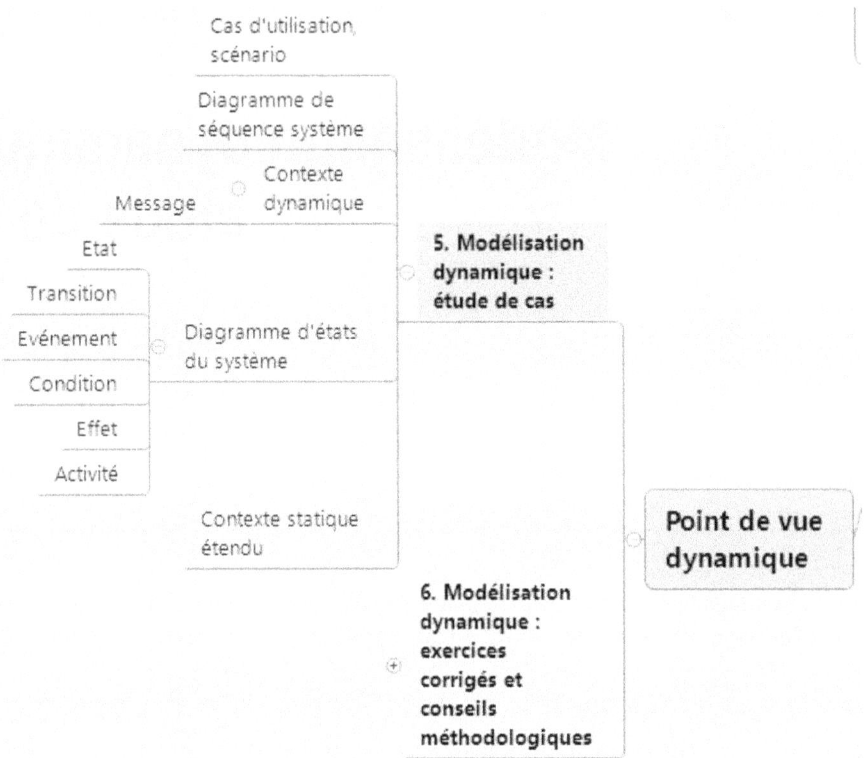

Principes et définitions de base

Diagramme d'états

UML a repris le concept bien connu de *machine à états finis*, qui consiste à s'intéresser au cycle de vie d'une instance générique d'une classe particulière au fil de ses interactions avec le reste du monde, dans tous les cas possibles. Cette vue locale d'un objet, qui décrit comment il réagit à des événements en fonction de son état courant et comment il passe dans un nouvel état, est représentée graphiquement sous la forme d'un *diagramme d'états*[1].

Un diagramme d'états pour quelles classes ?

Toutes les classes du modèle statique ne requièrent pas nécessairement une machine à états, représentée par un diagramme d'états. Il s'agit donc de trouver celles qui ont un

1. UML utilise beaucoup le terme *statechart*, issu des travaux de D. Harel.

comportement dynamique complexe nécessitant une description poussée. Cela correspond à l'un des deux cas suivants :

- les objets de la classe peuvent-ils réagir différemment à l'occurrence du même événement ? Chaque type de réaction caractérise un état particulier ;
- la classe doit-elle organiser certaines opérations dans un ordre précis ? Dans ce cas, des états séquentiels permettent de préciser la chronologie forcée des événements d'activation.

Comment le construire ?

1. Représentez tout d'abord la séquence d'états qui décrit le comportement nominal d'un objet, avec les transitions qui y sont associées.
2. Ajoutez progressivement les transitions qui correspondent aux comportements alternatifs ou d'erreur.
3. Complétez les effets sur les transitions et les activités dans les états.
4. Structurez le diagramme en sous-états s'il devient trop complexe.

Comment le représenter ?

Un diagramme d'états est un graphe orienté d'états et de transitions.

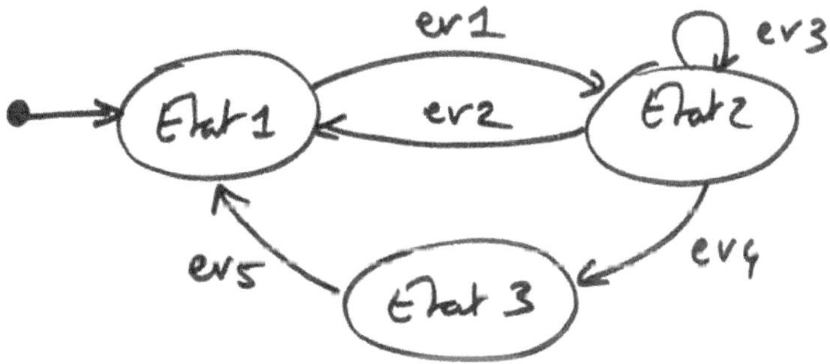

Figure 5-1.
Notation de base du diagramme d'états

État

Un *état* représente une situation durant la vie d'un objet pendant laquelle :

- il satisfait une certaine condition ;
- il exécute une certaine activité ;
- ou bien il attend un certain événement.

Un objet passe par une succession d'états durant son existence. Un état a une durée finie, variable selon la vie de l'objet, en particulier en fonction des événements qui lui arrivent.

Comment les identifier ?

Comment trouver les états d'une classe ? Pour faire un parallèle, on peut dire qu'il est aussi difficile de trouver les bons états dans le modèle dynamique que les bonnes classes dans le modèle statique ! Il n'y a donc pas de recette miracle, cependant trois démarches complémentaires peuvent être mises en œuvre :

- la recherche intuitive repose sur l'expertise métier. Certains états fondamentaux font partie du vocabulaire des experts du domaine et sont identifiables *a priori* ;
- l'étude des attributs et des associations de la classe peut donner des indications précieuses : cherchez des valeurs seuils d'attributs qui modifient la dynamique, ou des comportements qui sont induits par l'existence ou l'absence de certains liens ;
- une démarche systématique peut également être utilisée : classe par classe, cherchez le diagramme d'interaction le plus représentatif du comportement des instances de cette classe, associez un état à chaque intervalle entre événements émis ou reçus par une instance et placez les transitions. Reproduisez ensuite cette démarche avec tous les scénarios faisant intervenir des instances de la classe, afin d'ajouter de nouvelles transitions ou de nouveaux états. La difficulté principale consiste à trouver ensuite les boucles dans le diagramme, afin de ne pas multiplier les états.

État initial et état final

En plus de la succession d'états « normaux » correspondant au cycle de vie d'un objet, le diagramme d'états comprend également deux pseudo-états :

- L'état initial du diagramme d'états correspond à la création de l'instance.
- L'état final du diagramme d'états correspond à la destruction de l'instance.

Transition

Une transition décrit la réaction d'un objet lorsqu'un événement se produit (généralement l'objet change d'état). En règle générale, une transition possède un événement déclencheur, une condition de garde, un effet et un état cible.

Événement

En UML, un événement spécifie qu'il s'est passé quelque chose de significatif, localisé dans le temps et dans l'espace. Dans le contexte des machines à états finis, il représente l'occurrence d'un stimulus qui peut déclencher une transition entre états.

UML propose de distinguer quatre sortes d'événements :

- la *réception d'un message* envoyé par un autre objet, ou par un acteur. L'envoi d'un message est en général asynchrone ;
- *l'appel d'une opération* (*call event*) sur l'objet récepteur. L'événement d'appel est en général synchrone ;
- le *passage du temps (time event)*, qui se modélise en utilisant le mot-clé `after` suivi d'une expression représentant une durée, décomptée à partir de l'entrée dans l'état courant ;
- un *changement* dans la satisfaction d'une condition (*change event*). On utilise alors le mot-clé `when`, suivi d'une expression booléenne. L'événement de changement se produit lorsque la condition passe à vrai.

Un événement peut porter des paramètres qui matérialisent le flot d'informations ou de données entre objets.

Message

Un message est une transmission d'information unidirectionnelle entre deux objets, l'objet émetteur et l'objet récepteur.

Le mode de communication peut être synchrone ou asynchrone. La réception d'un message est un événement qui est doit être traité par le récepteur.

Condition

Une condition (ou condition de garde) est une expression booléenne qui doit être vraie lorsque l'événement arrive pour que la transition soit déclenchée. Elle peut concerner les attributs de l'objet ainsi que les paramètres de l'événement déclencheur. Plusieurs transitions avec le même événement doivent avoir des conditions de garde différentes.

Comment représenter les concepts dynamiques de base ?

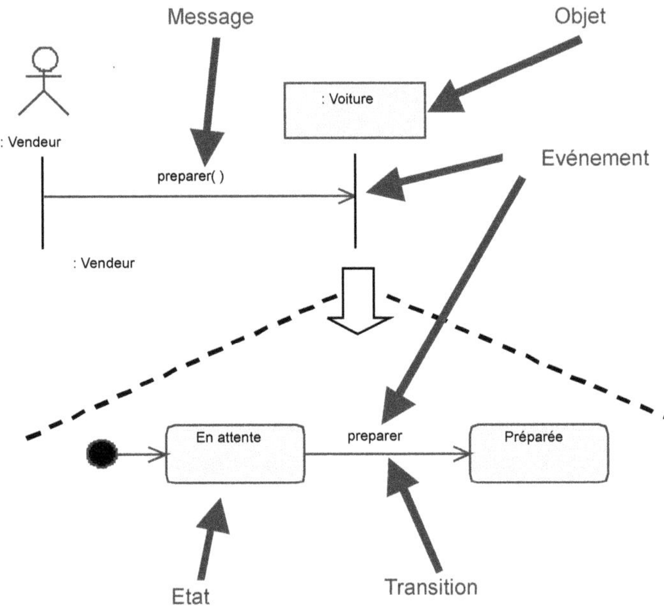

Figure 5-2.
Concepts dynamiques de base

Effet : action ou activité

Une transition peut spécifier un comportement optionnel réalisé par l'objet lorsque la transition est déclenchée. Ce comportement est appelé « *effet* » en UML 2 : cela peut être une simple action ou une séquence d'actions (une activité). Une action élémentaire[2] peut représenter la mise à jour d'un attribut, un appel d'opération, la création ou la destruction d'un autre objet, ainsi que l'envoi d'un signal à un autre objet. Les *activités* associées aux transitions sont considérées comme atomiques, c'est-à-dire qu'elles ne peuvent être interrompues. Ce sont typiquement des séquences d'actions.

Les *activités durables (do-activity)*, au contraire, ont une certaine durée, sont interruptibles et sont donc associées aux états.

2. UML 2 a apporté la définition de plus de cinquante actions élémentaires avec leur nom et leur sémantique.

Comment représenter les diagrammes d'états ?

Figure 5-3.
Notation plus complète du diagramme d'états

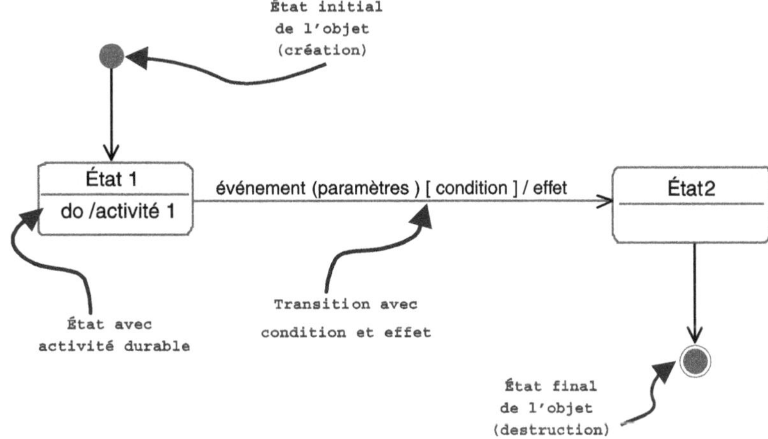

Étude d'un Publiphone à pièces

Cette étude de cas concerne un système simplifié de Publiphone à pièces.

1. Le prix minimal d'une communication interurbaine est de 0,2 euro.
2. Après l'introduction de la monnaie, l'utilisateur a 2 minutes pour composer son numéro (ce délai est décompté par le standard[3]).
3. La ligne peut être libre ou occupée.
4. Le correspondant peut raccrocher le premier.
5. Le Publiphone consomme de l'argent dès que l'appelé décroche et à chaque unité de temps (UT) générée par le standard.
6. On peut ajouter des pièces à tout moment.
7. Lors du raccrochage, le solde de monnaie est rendu.

À partir de ces six phrases, nous allons progressivement :

1. Identifier les acteurs et les cas d'utilisation.
2. Construire un diagramme de séquence système.
3. Construire le diagramme de contexte dynamique.
4. Élaborer le diagramme d'états du Publiphone.

3. Nous utilisons le terme « standard », mais il représente en fait le réseau téléphonique dans son ensemble.

Étape 1 – Identification des acteurs et des cas d'utilisation

En premier lieu, nous allons identifier les acteurs et les cas d'utilisation du Publiphone à pièces.

EXERCICE 5-1. Diagramme de cas d'utilisation

Dessinez le diagramme de cas d'utilisation du Publiphone à pièces.

Quelles sont les entités externes qui interagissent directement avec le Publiphone ?

Si nous procédons à une analyse linguistique de l'énoncé, nous obtenons les cinq candidats suivants : utilisateur, standard, correspondant, Publiphone, appelé.

Éliminons tout de suite Publiphone puisqu'il s'agit du système lui-même. En revanche, le standard est bien un acteur (non-humain) connecté directement au système.

La seule difficulté concerne les acteurs humains : utilisateur, correspondant et appelé. Comme les deux derniers termes semblent être synonymes, nous pouvons garder le mot *appelé* et renommer, par souci de symétrie, utilisateur en *appelant*.

Figure 5-4.
Liste préliminaire des acteurs

Comment les acteurs utilisent-ils le Publiphone ? La seule utilisation vraiment intéressante dans notre contexte est celle de l'appelant qui téléphone à l'appelé. Le standard sert en fait d'intermédiaire entre les deux. Si nous affinons encore notre analyse, nous nous apercevons rapidement que l'appelé n'interagit pas directement avec le Publiphone : il est complètement masqué par le standard.

Une illustration graphique de ce problème de détermination de frontière est donnée sur le diagramme de contexte statique suivant.

On voit bien sur le diagramme précédent que l'appelant communique avec l'appelé par le biais de trois systèmes connectés : le Publiphone, le standard et le téléphone de l'appelé. On notera la symétrie du schéma en regard du standard, qui joue le rôle d'acteur par rapport aux deux autres systèmes de même nature.

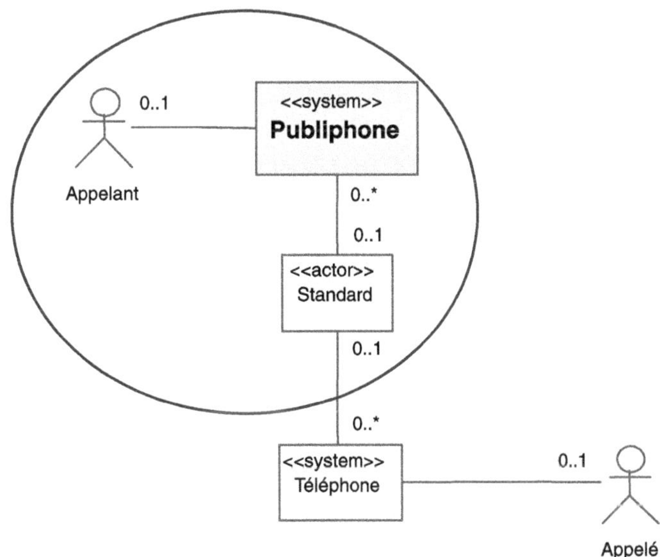

Figure 5-5.
Diagramme de contexte statique élargi du Publiphone

L'appelé est donc un acteur indirect par rapport au Publiphone. De plus, si l'on prend en compte le fait qu'il est possible de se faire appeler sur un publiphone, nous voyons que les termes Appelé et Appelant sont plutôt des rôles alternatifs joués par un utilisateur du système ! Du coup, nous retiendrons le terme général d'utilisateur comme acteur principal de notre unique cas d'utilisation.

Figure 5-6.
Diagramme de cas d'utilisation du Publiphone

Étape 2 – Réalisation du diagramme de séquence système

Avant de plonger dans les arcanes du diagramme d'états du Publiphone, nous allons le préparer en réalisant tout d'abord un diagramme de séquence système. Nous avons vu aux chapitres 1 et 2 l'intérêt de ce type de diagramme et les différents détails qui le concernent.

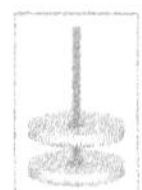

EXERCICE 5-2. Diagramme de séquence système

Réalisez un diagramme de séquence système qui décrive le scénario nominal du cas d'utilisation TÉLÉPHONER.

En se basant sur notre connaissance du domaine, nous allons décrire le scénario nominal de succès de communication entre un appelant et un appelé.

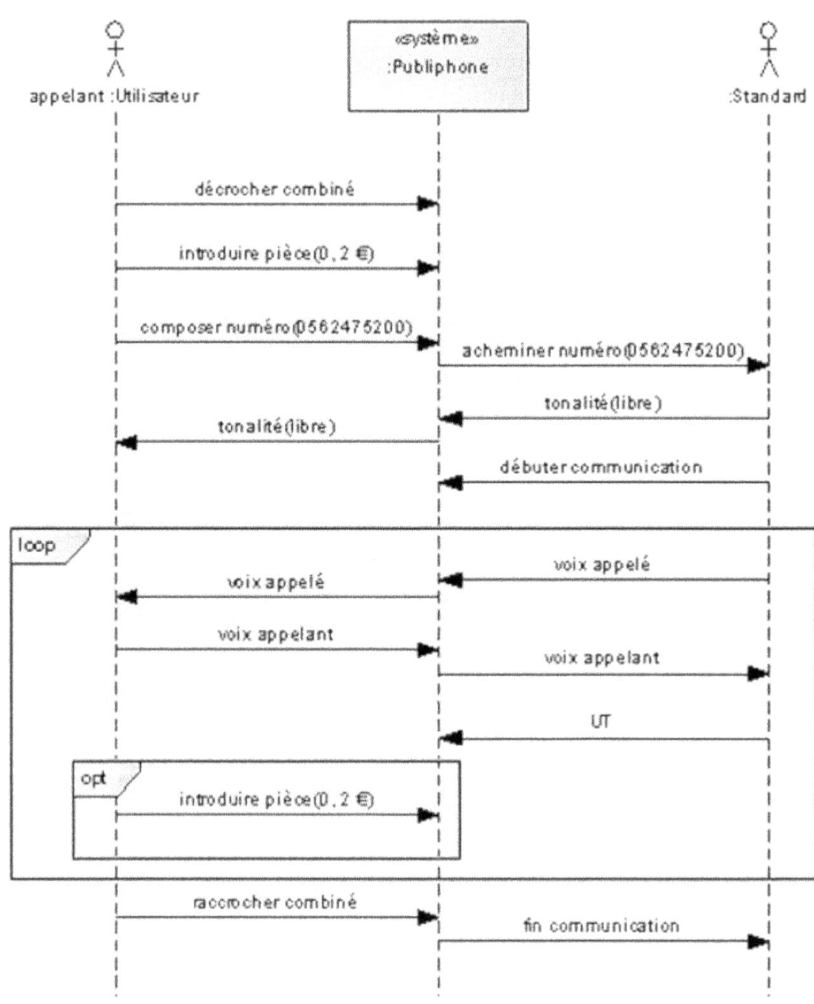

Figure 5-7. *Diagramme de séquence système du scénario nominal de* Téléphoner

Comme cela est expliqué aux chapitres 1 et 2, nous utilisons la convention graphique suivante :

- l'acteur principal *Utilisateur* avec le rôle *appelant* à gauche ;
- une ligne de vie représentant le *Publiphone* au milieu (avec le stéréotype « système ») ;
- l'acteur secondaire *Standard* à droite.

Notez l'utilisation de deux fragments UML 2 :

- `loop` pour indiquer l'itération sur la phase de conversation avec le transport de la voix et le passage des unités de temps (UT) ;
- `opt` pour indiquer la possibilité d'ajouter des pièces pendant la conversation.

Nous n'avons pas représenté pour l'instant les réponses du Publiphone à l'appelant (en termes de tonalité par exemple) afin de ne pas alourdir ce premier schéma.

EXERCICE 5-3. Diagramme de séquence système enrichi

Enrichissez le diagramme de séquence système précédent avec des actions internes intéressantes et quelques réponses du Publiphone à l'appelant.

En revanche, ne représentez plus la conversation afin de vous concentrer sur les « opérations système ».

Nous avons ajouté au diagramme précédent les actions internes importantes du Publiphone, telles que la vérification des pièces et la gestion du solde de l'appelant :

- incrémentation lors de l'introduction de pièces ;
- décrémentation lors du début de communication et à chaque UT.

Figure 5-8.
Diagramme de séquence système enrichi du scénario nominal de Téléphoner

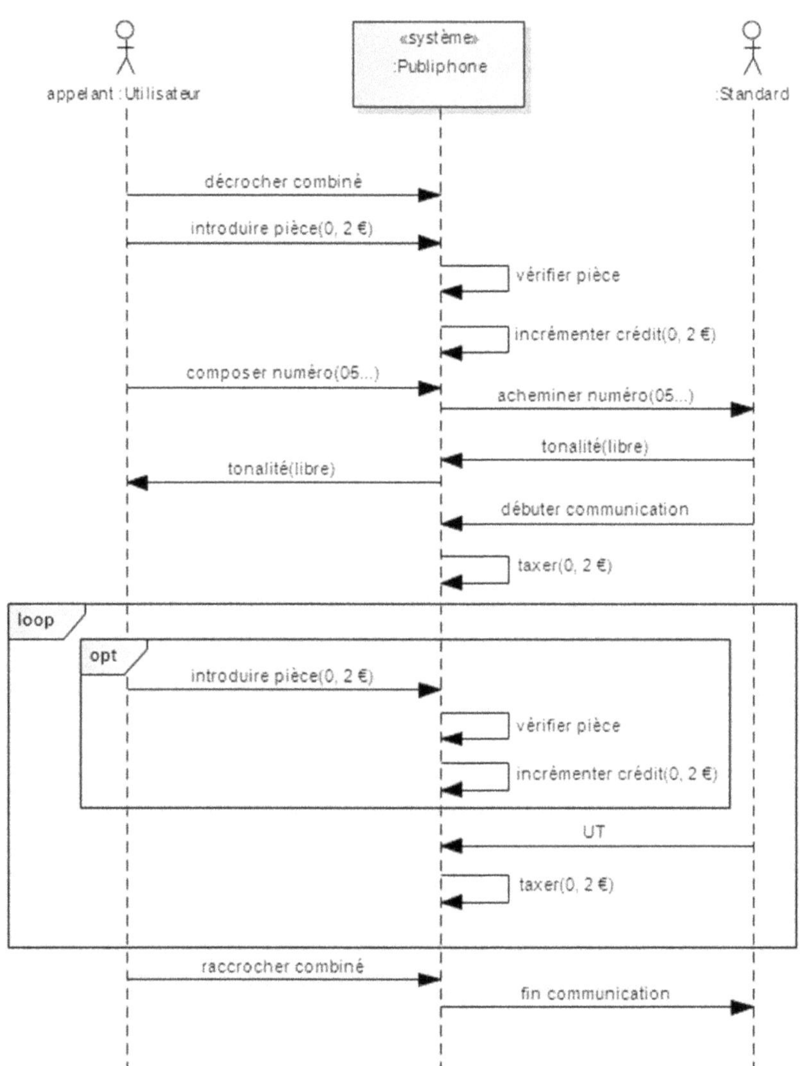

Étape 3 – Représentation du contexte dynamique

Pour parfaire la préparation du diagramme d'états, nous allons maintenant répertorier l'ensemble des messages qui sont émis et surtout ceux qui sont reçus par le Publiphone. En effet, les messages reçus vont devenir des événements qui déclenchent des transitions entre états et les messages émis vont donner lieu à des actions sur les transitions.

Le diagramme de séquence système réalisé à l'étape 2 liste un certain nombre de messages. Nous visons maintenant en la matière à l'exhaustivité et à la « généricité ». Dans cette optique, nous préconisons de représenter graphiquement l'ensemble des messages échangés par le système avec ses acteurs sous la forme d'un diagramme de communication appelé *diagramme de contexte dynamique*[4].

À RETENIR

Représentation graphique du contexte dynamique

Utilisez un diagramme de communication de la façon suivante :
– le système étudié est représenté par un objet[a] au centre du diagramme ;
– cet objet central est entouré par une instance de chaque acteur ;
– un lien relie le système à chacun des acteurs ;
– sur chaque lien sont répertoriés tous les messages en entrée et en sortie du système, sans numérotation.

a. En réalité, UML 2 parle également de ligne de vie pour les rectangles dans le diagramme de communication… Nous continuerons à utiliser le terme d'objet pour simplifier.

EXERCICE 5-4. Diagramme de contexte dynamique

Réalisez le diagramme de contexte dynamique du Publiphone de la façon indiquée précédemment.

En partant des deux diagrammes de séquence système, nous avons répertorié les messages échangés entre le système et ses acteurs. Puis nous les avons généralisés en ajoutant des paramètres quand c'était nécessaire :

- introPièce(0,2 €) devient un message paramétré : « introPiece(p) » ;
- composerNumero(05…) devient « composerNumero(num) » ;
- tonalité (libre) devient « tonalité(type) » pour prendre en compte l'occupation de la ligne, etc.

Ce premier travail donne le schéma préliminaire suivant :

4. Comme pour le diagramme de contexte statique recommandé au chapitre 1, il ne s'agit pas d'un diagramme UML standard. Cependant, notre expérience pratique a montré qu'il était très utile sur les projets réels.

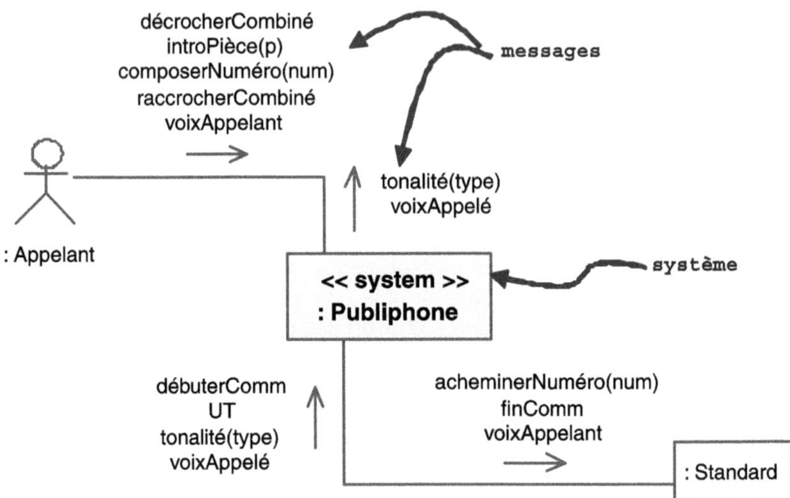

Figure 5-9. *Version préliminaire du diagramme de contexte dynamique*

Toutefois, prenons garde de ne pas oublier que nous sommes partis du diagramme de séquence système qui représente un scénario nominal du cas d'utilisation *Téléphoner*. D'autres messages peuvent être envisagés entre le Publiphone et ses acteurs :

- s'il reste des pièces inutilisées quand l'appelant raccroche, le Publiphone les lui rend ;
- après l'introduction de la somme minimale de 0,2 €, le Publiphone transmet un message au standard pour le décompte du délai de 2 minutes ;
- si le numéro composé n'est pas valide, le standard le détecte ;
- si l'appelé raccroche le premier, la fin de communication est signalée par le standard ;
- plus généralement, le standard transmet l'état de la ligne au Publiphone (libre, occupée, en dérangement, etc.), et pas seulement le type de tonalité.

Le diagramme de contexte dynamique est donc complété comme cela apparaît sur la figure ci-après.

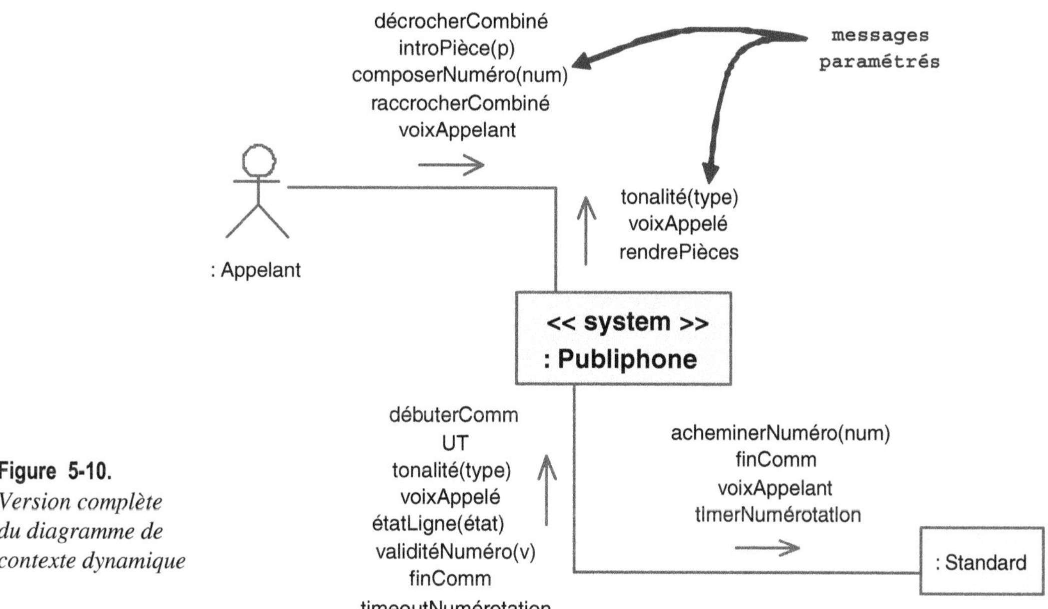

Figure 5-10. *Version complète du diagramme de contexte dynamique*

Étape 4 – Description exhaustive par un diagramme d'états

Après tout ce travail préliminaire, nous pouvons maintenant entreprendre une description exhaustive de la dynamique du Publiphone.

Le comportement du Publiphone n'est pas trivial, comme en témoigne par exemple le nombre élevé de messages identifiés sur le diagramme de contexte dynamique. Nous préconisons dans ce cas une approche itérative et incrémentale. C'est la démarche que nous allons mettre en œuvre au travers des questions qui suivent.

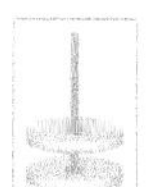

EXERCICE 5-5. Diagramme d'états préliminaire

Réalisez un premier diagramme d'états qui décrive le comportement nominal du Publiphone à pièces, d'après le diagramme de séquence système.

Pour le cas d'utilisation *Téléphoner*, l'état initial nominal du Publiphone est à « raccroché en service ». Quand l'appelant décroche le combiné, il doit ensuite introduire un minimum de 0,2 € pour pouvoir composer son numéro. Une fois qu'un numéro valide est composé, le Publiphone attend la réponse du standard, puis que l'appelé décroche. La conversation est alors établie jusqu'à ce que l'un des deux raccroche. Le Publiphone revient alors à son état initial.

Traduisons ce texte en un premier squelette de diagramme d'états.

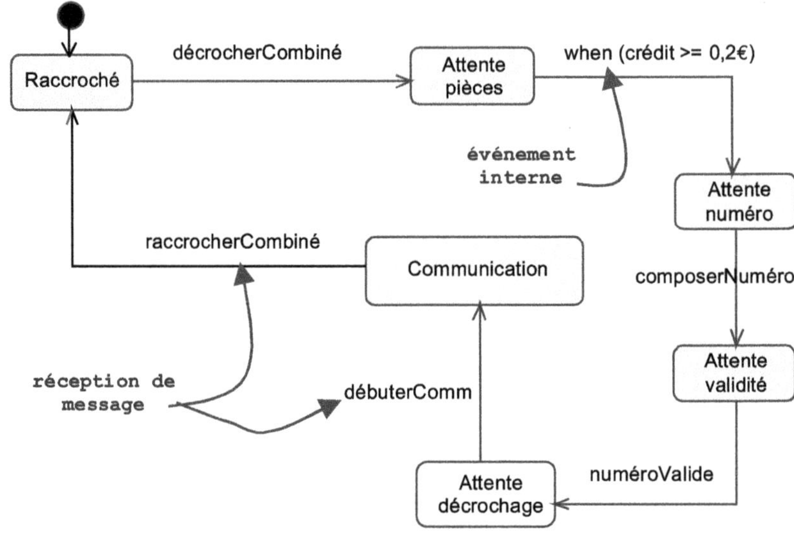

Figure 5-11. *Première version du diagramme d'états*

À RETENIR

Événement interne : « when »

On notera que la plupart des événements qui déclenchent les transitions entre états correspondent à la réception d'un message émis par un acteur. Nous avons d'ailleurs utilisé les mêmes noms pour les événements que pour les messages correspondants (sauf pour numeroValide qui est plus lisible que le rigoureux validiteNumero(vrai)).

Seul le passage de l'état « Attente pièces » à l'état « Attente numéro » est provoqué par un événement interne au Publiphone : la détection du dépassement du seuil des 0,2 €. UML propose un mot-clé pour distinguer ces changements d'états internes : « `when` », suivi d'une expression booléenne dont le passage de faux à vrai déclenche la transition.

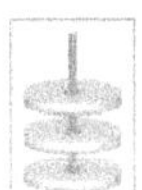

EXERCICE 5-6. Diagramme d'états (suite)

Comment représenter le fait que l'appelant peut raccrocher à tout moment et pas seulement dans l'état conversation ?

Il y a (comme souvent) deux façons de procéder : la triviale et l'élégante ! La solution triviale consiste à ajouter des transitions déclenchées par l'événement *raccrocherCombiné* et sortant de tous les états pour amener vers l'état « Raccroché ». Mais le diagramme paraît soudain bien chargé…

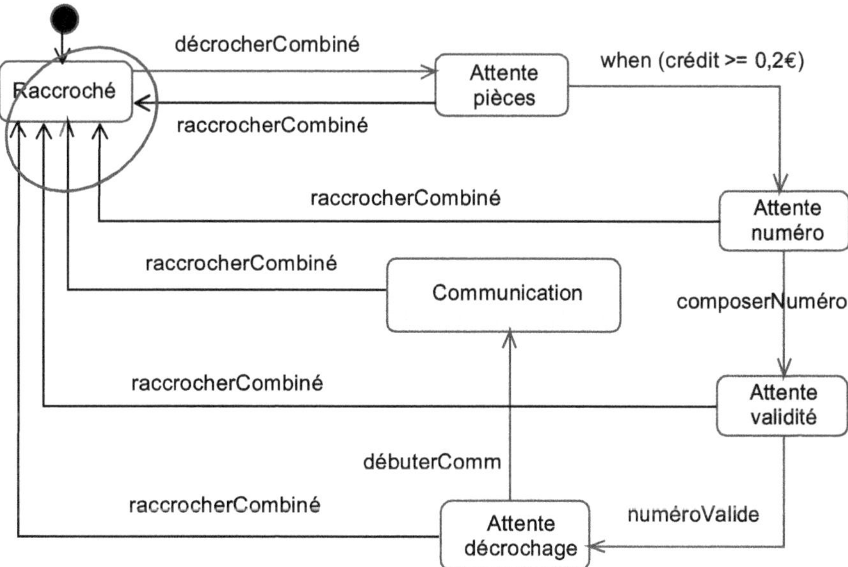

Figure 5-12.
Solution triviale

La solution élégante consiste à introduire un super-état[5], « Décroché », ce qui permet de factoriser la transition de sortie vers l'état « Raccroché ».

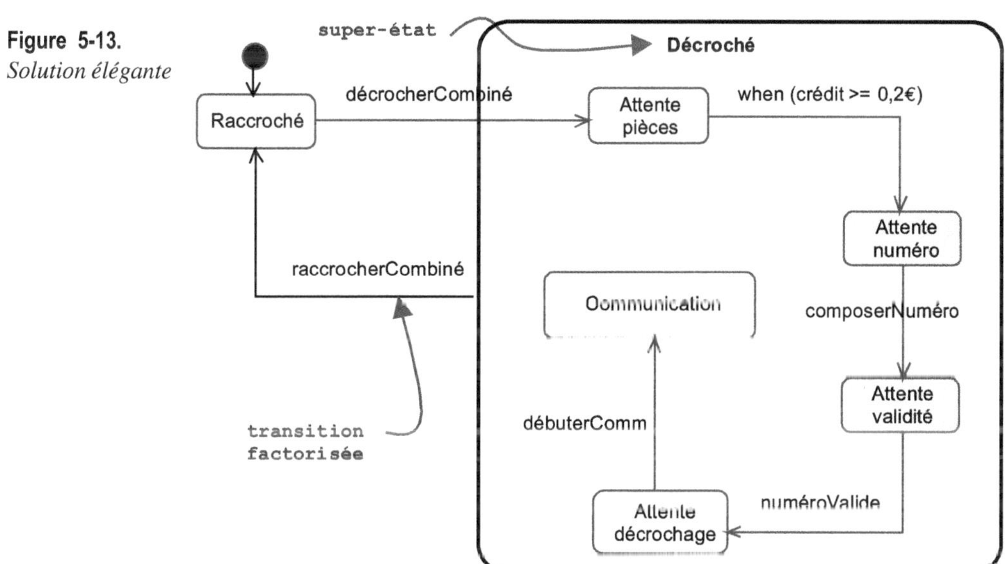

Figure 5-13.
Solution élégante

On notera également que nous aurions pu utiliser une notation un peu plus sophistiquée pour la transition de « Raccroché » vers « Attente pièces », comme cela est illustré sur le schéma suivant.

5. On parle également d'état « composite ».

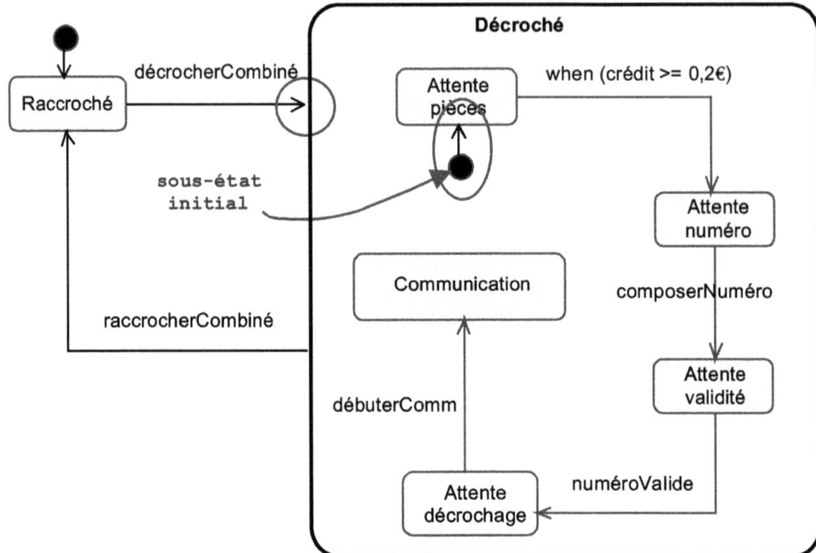

Figure 5-14.
Solution élégante avec sous-état initial

Au lieu d'avoir directement une transition entre « Raccroché » et « Attente pièces », nous obtenons une première transition entre « Raccroché » et « Décroché », puis le symbole graphique de l'état initial à l'intérieur de « Décroché », afin d'indiquer explicitement le sous-état initial. Cette manière de procéder permet de découper le diagramme d'états en deux niveaux :

- un premier niveau ne faisant apparaître que les états « Raccroché » et « Décroché » ;
- un second niveau correspondant à la décomposition de « Décroché ».

Cette possibilité de représentation sur plusieurs niveaux est illustrée sur la figure suivante, qui fait apparaître le symbole de l'état composite à l'intérieur de « Décroché ».

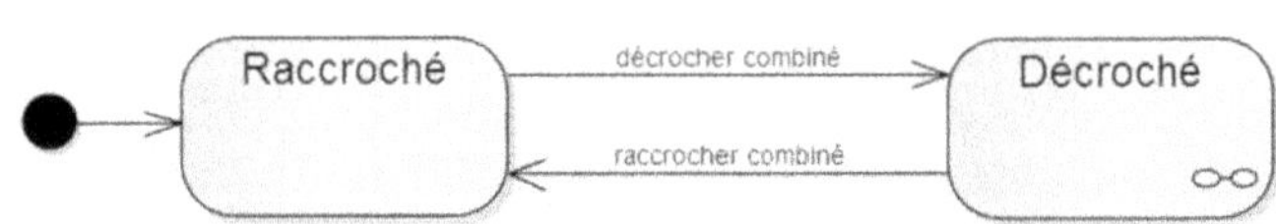

Figure 5-15.
Représentation des deux états de plus haut niveau

Nous conserverons dans la suite de l'étude de cas la transition directe par souci de simplicité.

EXERCICE 5-7. Diagramme d'états (suite bis)

Comment le crédit de l'appelant peut-il atteindre 0,2 € ?

Considérez plusieurs solutions.

Pour le moment, le crédit de l'appelant n'intervient que dans l'expression booléenne associée à l'événement interne « `when` ». Cependant, pour que le crédit atteigne 0,2 €, il faut que l'appelant introduise une ou plusieurs pièces.

Nous pouvons donc placer une transition propre (qui ramène vers l'état de départ) sur l'état « Attente pièces ». Dès que le crédit dépasse 0,2 €, le Publiphone doit passer dans l'état « Attente numéro ».

Si nous ne souhaitons utiliser que des événements de réception de messages, probablement introduirons-nous des conditions sur les transitions comme cela est illustré sur la figure 5-16.

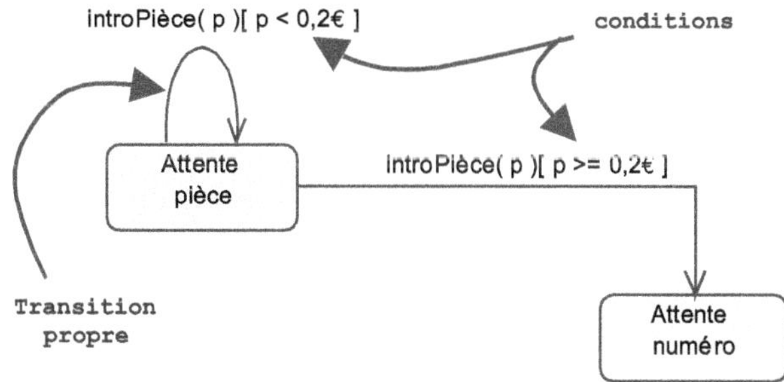

Figure 5-16.
Première solution incorrecte

Cette solution, qui paraît évidente, est cependant erronée puisqu'elle interdit de composer un numéro après avoir introduit deux pièces de 10 cents… Il faut donc que le Publiphone mémorise un attribut *crédit* qui est incrémenté à chaque introduction de pièce.

Il est tentant de transformer notre schéma en ajoutant des actions et en modifiant les conditions.

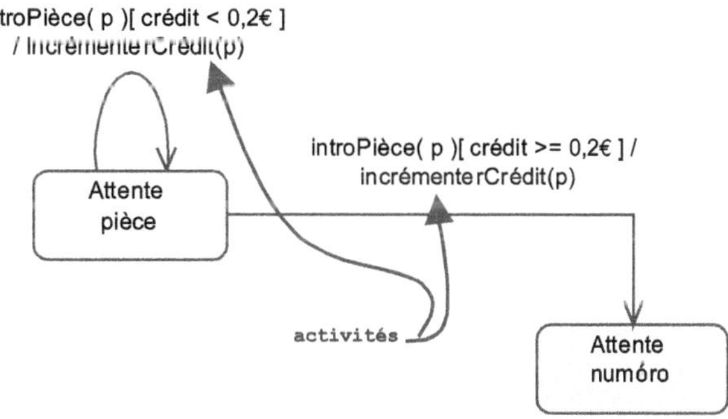

Figure 5-17.
Seconde solution incorrecte

Hélas, cette solution est également fausse, mais d'une manière plus subtile ! En effet, la sémantique d'une transition en UML est la suivante : lorsque l'événement déclencheur se produit, la condition est testée. Si (et seulement si) la condition est évaluée à vrai, la transition est déclenchée et l'effet associé est alors réalisé.

Voyons comment cela se passe concrètement sur notre exemple, en partant de « Attente pièces » avec un crédit initial de 0 € :

- L'appelant introduit une pièce de 10 cents. Le crédit est inférieur à 0,2 € (il vaut 0 €) : la transition propre est déclenchée et le crédit vaut maintenant 10 cents.
- L'appelant introduit une pièce de 10 cents. Le crédit est inférieur à 0,2 € (il vaut 10 cents) : la transition propre est déclenchée et le crédit vaut maintenant 0,2 €.

Le résultat est surprenant : l'appelant a payé 0,2 € et ne peut toujours pas composer son numéro… La moralité de ce constat est la suivante : n'essayez pas de tester une donnée dans une condition avant de l'avoir modifiée par une action ou activité, ce qui est le cas lorsqu'on veut tout faire tenir dans une seule transition.

On en déduit aisément la solution correcte.

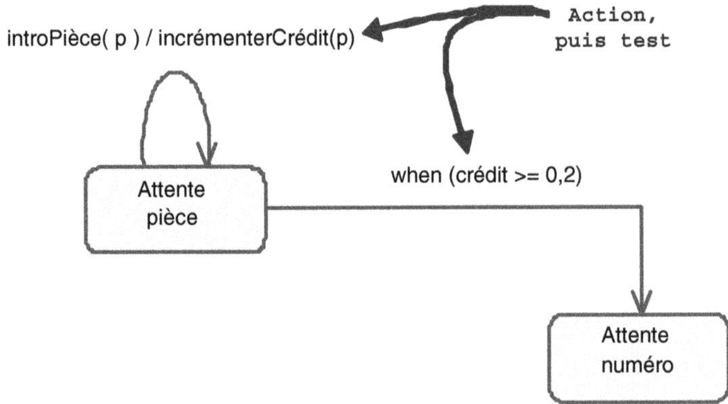

Figure 5-18.
Solution correcte

Cette façon de modéliser doit bien être notée, car elle peut être réutilisée dans nombre de contextes.

EXERCICE 5-8. Diagramme d'états (suite ter)

Complétez la gestion du crédit de l'appelant.

N'omettez pas la dernière phrase : on peut ajouter des pièces à tout moment…

Reprenons les choses par le début. Admettons que le fait de décrocher le combiné fasse tomber les éventuelles pièces qui auraient été introduites auparavant. Le crédit doit donc être initialisé à « 0 » sur cette transition.

Ensuite, pour que le crédit atteigne 0,2 €, il faut que l'appelant introduise une ou plusieurs pièces. Nous avons donc placé une transition propre sur l'état « Attente pièces ». Dès que le crédit dépasse 0,2 €, la transition de changement « `when` » amène le Publiphone en l'état « Attente numéro ».

Le crédit n'évolue plus jusqu'à ce que l'appelé décroche, ce qui est traduit par le message *débuterComm* émis par le standard. En effet, à partir de ce moment-là, le crédit est décrémenté régulièrement comme l'indique la phrase 5 (« Le Publiphone consomme de l'argent dès que l'appelé décroche et à chaque unité de temps [UT] générée par le standard »). L'action *taxer* représente la chute d'une pièce à chaque impulsion.

Enfin, il ne faut pas oublier de rendre les pièces non utilisées quand l'appelant raccroche.

La prise en compte de tous ces éléments donne le schéma présenté ci-après.

Figure 5-19.
Prise en compte de la gestion du crédit

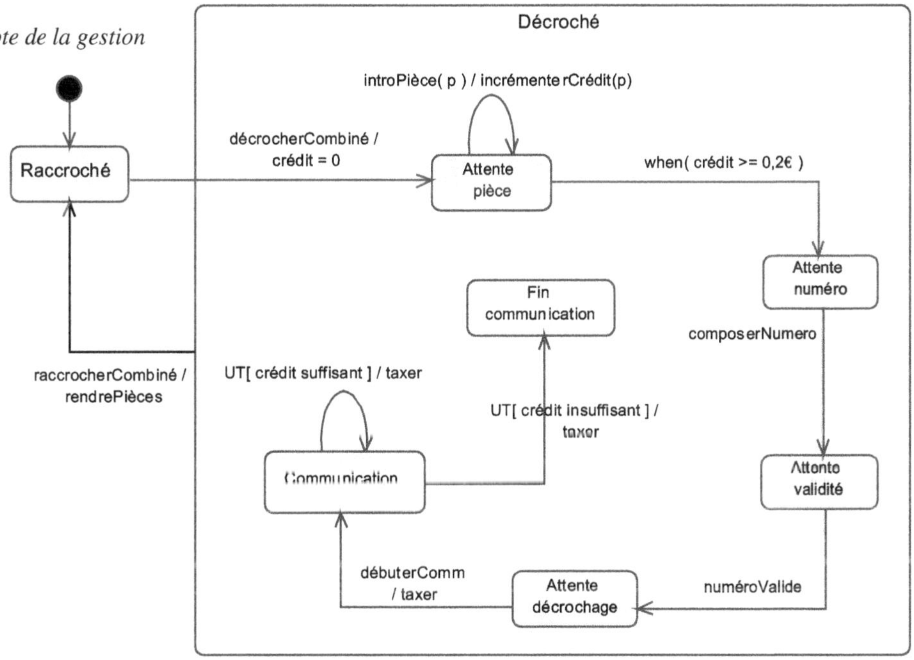

On notera l'introduction du nouvel état « Fin communication » pour parer au cas où la communication est interrompue par le Publiphone faute de crédit suffisant.

Il nous reste encore à modéliser la dernière phrase : on peut ajouter des pièces à tout moment. Là encore, plusieurs solutions sont possibles, mais une seule va s'avérer tout à la fois correcte et élégante.

La première idée consiste à introduire une transition propre identique à celle de « Attente pièce » sur chaque sous-état de « Décroché ». Cette façon de procéder est correcte, mais le dispositif est très lourd, et nous allons plutôt chercher à factoriser au moyen du super-état. N'est-il pas possible de transférer la transition propre au niveau même de « Décroché », comme cela est illustré sur le schéma ci-après ?

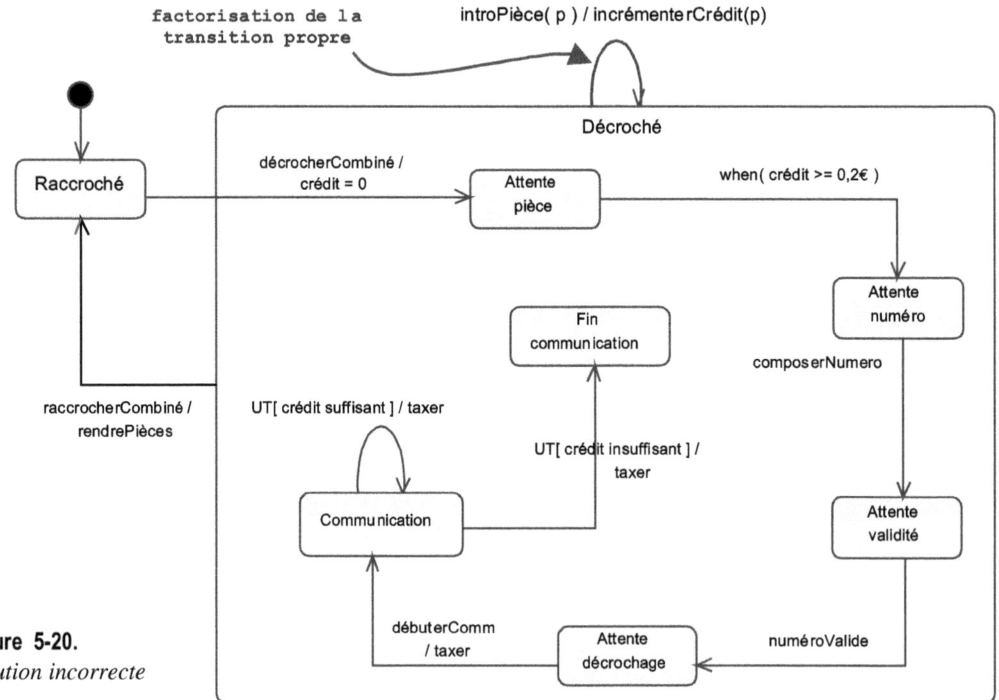

Figure 5-20.
Solution incorrecte

Hélas, cette solution n'est pas satisfaisante, comme nous allons le voir.

À RETENIR

Transition propre ou transition interne ?

Dans le cas d'une transition propre, l'objet quitte son état de départ pour le retrouver. Cela peut avoir des effets secondaires non négligeables comme l'interruption puis le redémarrage d'une activité durable, la réalisation d'effets en entrée (« `entry` ») ou en sortie (« `exit` ») de l'état, etc. De plus, quand un état est décomposé en sous-états, une transition propre ramène forcément l'objet dans le sous-état initial. Ici, chaque introduction de pièce ramènerait le Publiphone dans l'état « Attente pièce », qui est implicitement sous-état initial de « Décroché » !

Pour résoudre ce problème courant, il existe en UML la notion de transition interne ; elle représente un couple (événement/effet) qui n'a aucune influence sur l'état courant. La transition interne est ainsi notée à l'intérieur du symbole de l'état.

C'est l'approche que nous allons utiliser pour notre étude de cas.

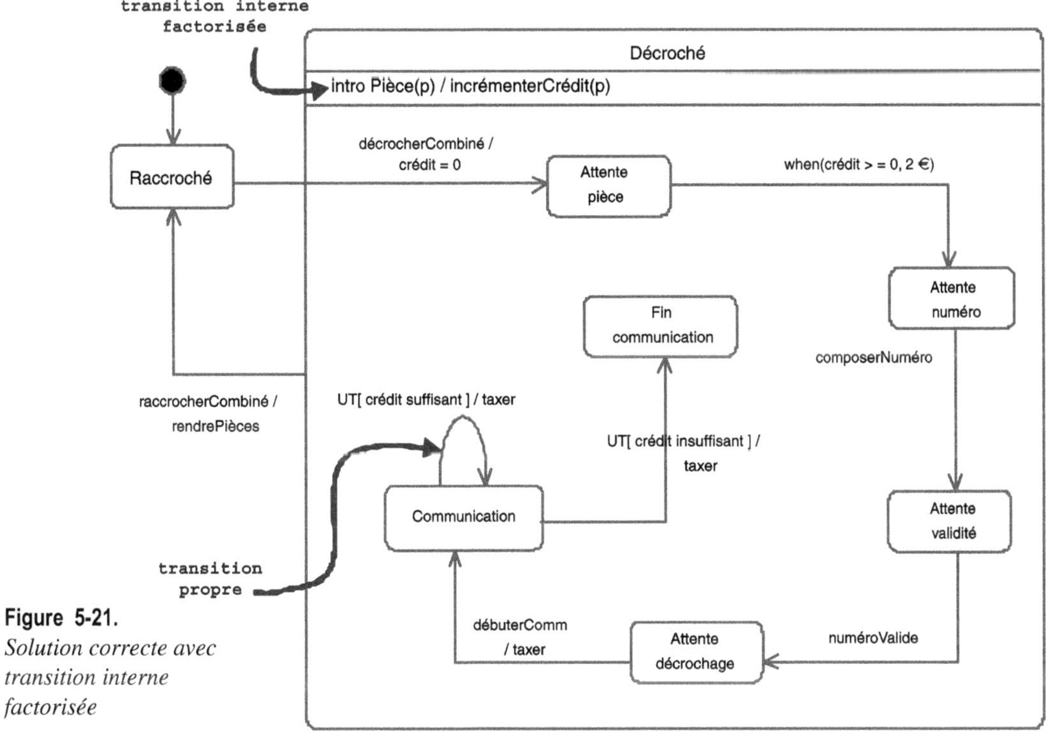

Figure 5-21.
Solution correcte avec transition interne factorisée

On voudra bien noter aussi qu'en toute rigueur, la transition propre sur l'état « Communication » devrait également être une transition interne. En fait, lorsqu'il n'y a pas d'effet secondaire, on préfère utiliser la transition propre qui est plus visuelle. Il faudra cependant être vigilant si nous devons un jour décomposer « Communication » en sous-états…

Une deuxième solution correcte, mais plus complexe, consiste à utiliser le pseudo-état « `History` ».

À RETENIR

Pseudo-état « history »

L'activation du pseudo-état « `History` » permet à un super-état de se souvenir du dernier sous-état séquentiel qui était actif avant une transition sortante. Une transition vers l'état « `History` » rend à nouveau actif le dernier sous-état actif, au lieu de ramener vers le sous-état initial.

Le diagramme 5-20 peut donc être corrigé ainsi.

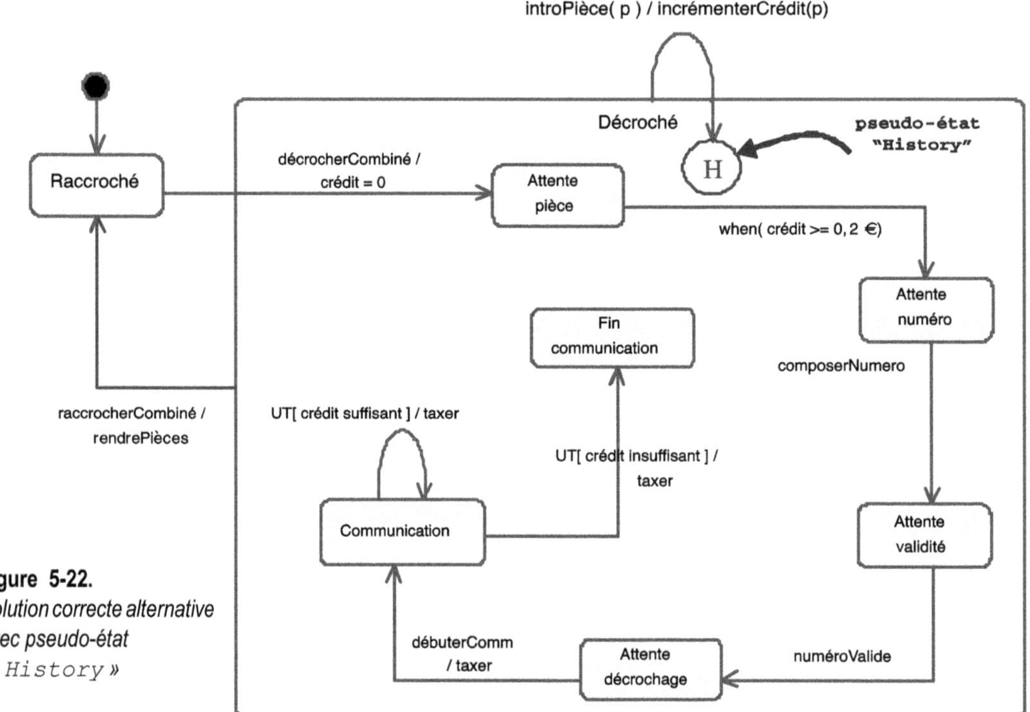

Figure 5-22. *Solution correcte alternative avec pseudo-état « History »*

EXERCICE 5-9. Diagramme d'états (fin)

Complétez le diagramme d'états pour prendre en compte l'ensemble de l'énoncé.

Proposez des compléments si vous le pensez nécessaire.

Reprenons les phrases de l'énoncé une à une. Nous avons traité en détail les phrases 1, 5 et 6. En revanche, nous n'avons pris en compte que très partiellement les phrases 2, 3 et 4.

Voyons tout d'abord la phrase 2 :

2. *Après l'introduction de la monnaie, l'utilisateur a 2 minutes pour composer son numéro (ce délai est décompté par le standard).*

Le délai étant décompté par le standard, nous avons introduit deux messages dans le diagramme de contexte (voir figure 5-10) :

- *timerNumérotation* envoyé par le Publiphone au standard ;
- *timeoutNumérotation* envoyé par le standard au Publiphone.

À RETENIR

Envoi de message : « send »

UML propose un mot-clé « `send` » pour représenter l'action importante qui consiste à envoyer un message à un autre objet sur déclenchement d'une transition.
La syntaxe de cette action particulière est la suivante : « / `send` cible.message »[b].

b. Attention, dans des versions anciennes d'UML, la notation était plus sibylline : « ^cible.message ».

Dans le diagramme d'états du Publiphone, nous aurons donc une transition qui sera déclenchée par la réception du message *timeoutNumérotation*, et l'envoi du message *timerNumérotation* à l'entrée de l'état « Attente numéro », comme cela est illustré sur le schéma suivant.

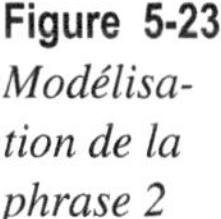

Figure 5-23. *Modélisation de la phrase 2*

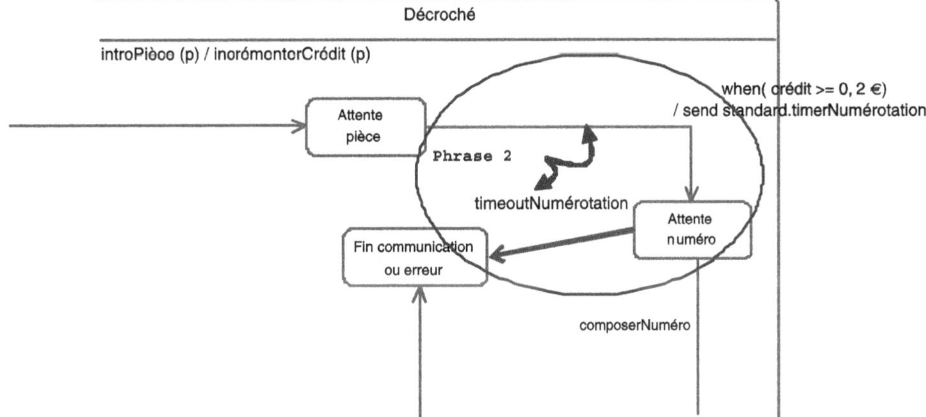

Il faut noter que nous avons renommé l'état « Fin communication », car cet « état puits » (c'est-à-dire n'ayant aucune transition en sortie) nous servira également pour tous les cas d'erreur.

Passons maintenant à la phrase 3 : la ligne peut être libre ou occupée.

Pour le moment, nous avons supposé que la ligne était libre et que le correspondant décrochait. Nous allons introduire dans le modèle la possibilité que le standard renvoie un état ligne (occupée), mais également que l'appelé ne décroche pas (ce qui n'est pas prévu explicitement dans l'énoncé). Pour ce dernier cas, nous supposons que le standard envoie un message *timeoutAppel* qui amène le Publiphone dans l'état d'erreur.

La phrase 4 ajoute simplement une transition entre les états « Communication » et « Fin communication » : le correspondant peut raccrocher le premier.

Le diagramme d'états complété est représenté ci-après sur le schéma suivant.

Figure 5-24.
Modélisation complète de toutes les phrases de l'énoncé

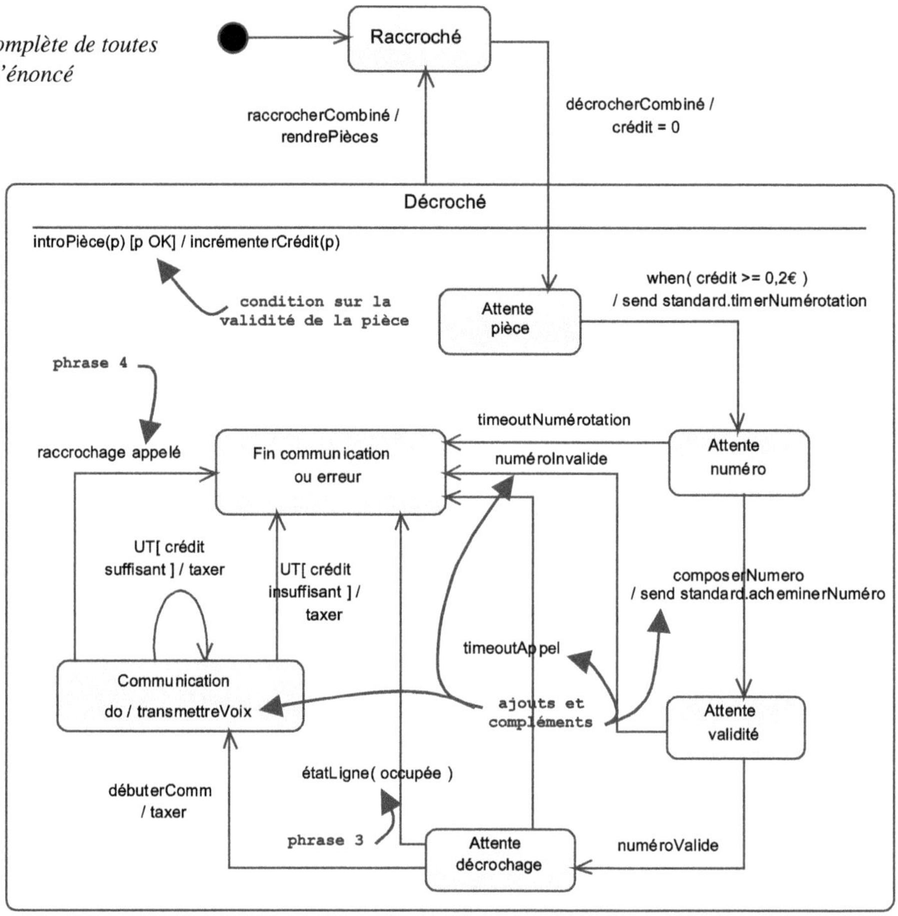

EXERCICE 5-10. Diagramme de contexte statique étendu

En vous servant de toute cette étude dynamique, proposez une version étendue du diagramme de contexte statique qui fasse apparaître les attributs et les opérations de la classe Publiphone.

Nous allons appliquer quelques règles simples :

- Les opérations publiques correspondent aux noms des messages émis par les acteurs.
- Les opérations privées correspondent aux noms des messages envoyés à soi-même.
- Les attributs correspondent aux noms des données rémanentes, manipulées dans les effets ou les conditions.

Voyons tout d'abord les opérations publiques. D'après le diagramme de contexte dynamique (voir figure 5-10), nous pouvons identifier :

- décrocherCombiné
- introPièce(p)
- composerNuméro(num)
- raccrocherCombiné
- débuterComm
- UT
- étatLigne(état)
- validitéNuméro(v)
- finComm
- timeoutNumérotation

Le diagramme d'états (voir figure 5-24) nous amène à ajouter l'opération suivante :

- timeoutAppel

Passons maintenant en revue les opérations privées. Le diagramme de séquence système enrichi (voir figure 5-8) montrait les messages suivants :

- vérifierPièce
- incrémenterCrédit
- taxer

Sur le diagramme d'états, nous avons introduit l'activité durable « `do`/ transmettre-Voix », qui peut être ajoutée à la liste des opérations privées (puisqu'elle est déclenchée indirectement par l'arrivée dans l'état « Communication »). On notera que l'opération *vérifierPièce* s'est traduite par une condition « [p OK] » sur la transition interne factorisée.

Enfin, quels sont les attributs intéressants ? Il est clair qu'une donnée importante est celle qui est gérée d'une façon permanente par le Publiphone : le *crédit* de l'appelant. Du coup, nous pouvons éliminer les opérations implicites de lecture/ écriture de cet attribut (*incrémenterCrédit*, *taxer*).

Nous en savons assez pour dessiner le diagramme de contexte statique étendu.

À RETENIR

Diagramme de contexte statique étendu

Nous appelons « diagramme de contexte statique étendu » un diagramme de contexte statique dans lequel nous ajoutons des attributs et des opérations de niveau système à la classe qui représente le système (appréhendé comme une boîte noire), ainsi qu'aux acteurs non-humains.

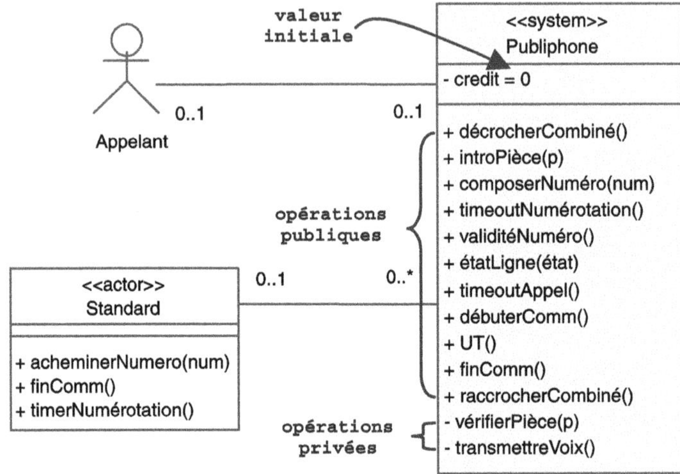

Figure 5-25.
Diagramme de contexte étendu

On notera que nous avons fait figurer les opérations publiques sur l'acteur non-humain *Standard*, mais pas sur l'acteur *Appelant*. Le concept d'opération n'a pas de sens sur un acteur humain : on ne cherche généralement pas à le modéliser d'une façon déterministe. Sur un acteur non-humain, en revanche, la liste des opérations représente son interface (au sens d'une API, par exemple) telle qu'elle est utilisée par le système étudié. C'est particulièrement utile pour vérifier l'interopérabilité des deux systèmes et s'assurer que ces opérations sont déjà disponibles, ou prévues dans les spécifications.

Au point de vue notation UML, rappelons que :

- « – » signifie privé ;
- « + » signifie public ;
- « = » permet de spécifier la valeur initiale d'un attribut.

6

Modélisation dynamique : exercices corrigés et conseils méthodologiques

Mots-clés

■ Activité continue/finie ■ Transition automatique ■ Événements « `after` » et « `when` » ■ Régions concurrentes ■ Effets d'entrée (`entry`) ou de sortie (`exit`) ■ Action, flot de contrôle, flot d'objet ■ Decision ■ Embranchement, jonction ■ Partition ■ Région d'expansion, région interruptible

Ce chapitre va nous permettre de compléter, au moyen de plusieurs petits exercices, le passage en revue des principales difficultés que pose la construction des diagrammes d'états UML, à savoir :

- activité continue ou finie, transition automatique ;
- pseudo-événements *after* et *when* ;
- régions concurrentes ;
- effets d'entrée (*entry*) et de sortie (*exit*) ;
- points d'entrée et de sortie ;
- héritage de transitions d'un super-état.

Nous reverrons également les bases du diagramme d'activité, ainsi que les nouveautés les plus intéressantes introduites par UML 2.

Nous avons déjà traité des diagrammes de séquence aux chapitres 1 et 2, mais nous les reverrons ici, ainsi que les diagrammes de communication dans la partie consacrée à la conception.

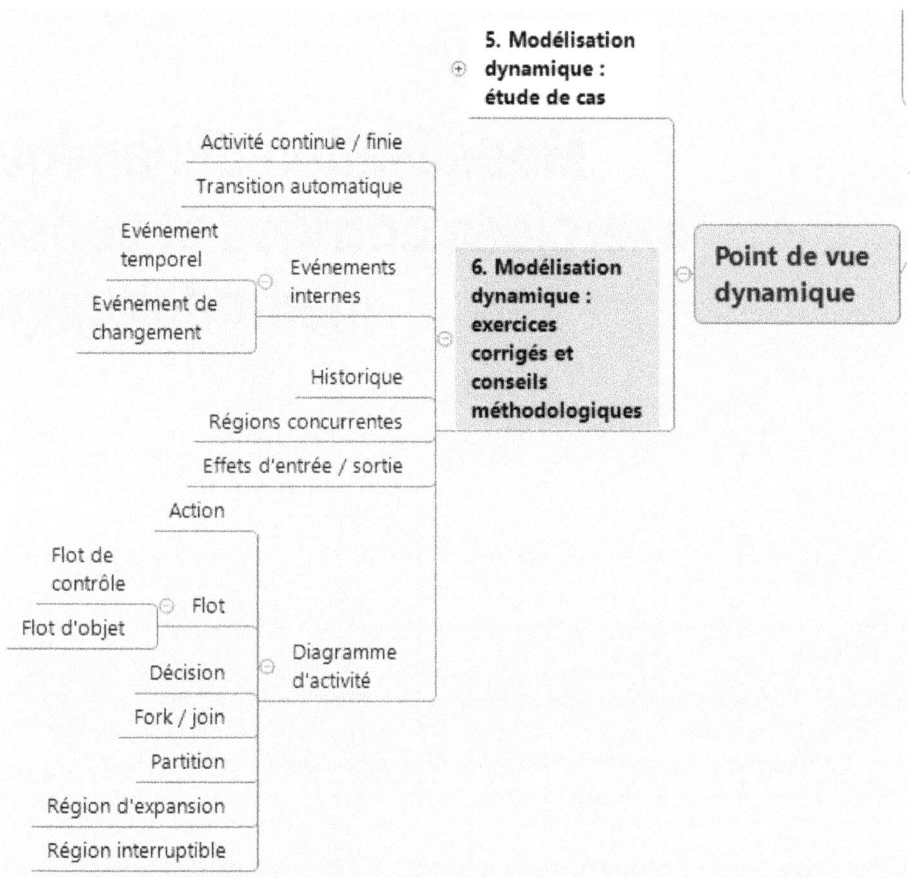

Concepts de base du diagramme d'états

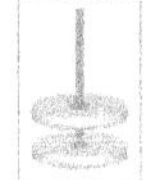

EXERCICE 6-1. Diagramme d'états d'une partie d'échecs

Dessinez le diagramme d'états correspondant au déroulement d'une partie d'échecs.

Commençons par représenter le comportement séquentiel d'une partie, sachant que les Blancs commencent.

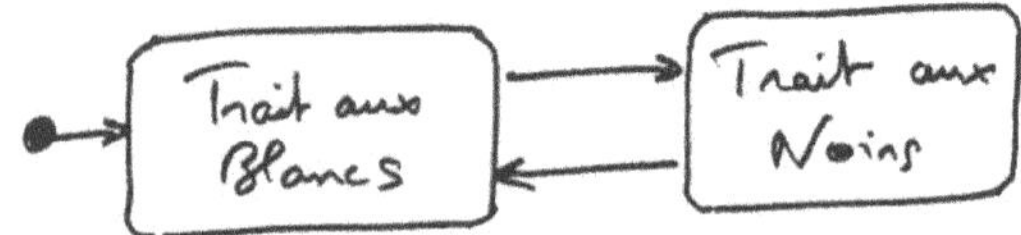

Figure 6-1.
Début du diagramme d'états de la partie

Représentons ensuite par des états finaux différents les trois issues possibles : gain blanc (1-0), gain noir (0-1) et partie nulle (1/2-1/2). Nous n'avons pas cherché l'exhaustivité, les règles des échecs de compétition étant nettement plus complexes que ce qui est dessiné sur le schéma suivant.

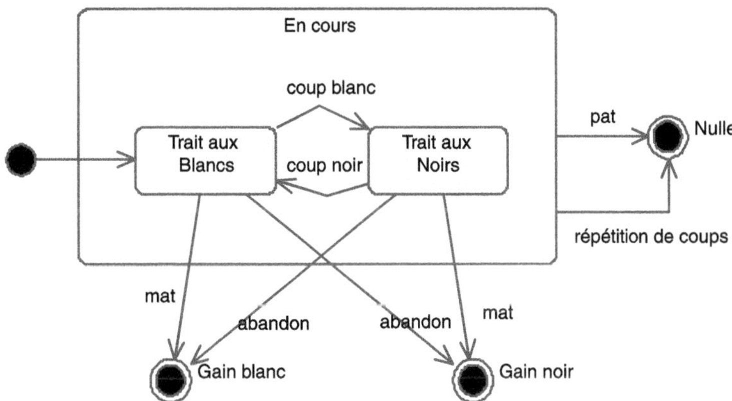

Figure 6-2.
Diagramme d'états de la partie

Si nous souhaitons ajouter la possibilité de commencer une partie à partir d'une position donnée à la place de la position initiale standard, nous sommes amenés à utiliser la nouvelle notation du point d'entrée (« *entry point* »). Le cercle blanc nommé « Position » sur la figure 6-3 permet de démarrer directement une partie dans l'état « NoirsJouent » si on le désire, alors que le sous-état initial par défaut est « BlancsJouent », comme indiqué par la flèche positionnée au-dessus de ce sous-état. Les événements « pat » et « répétition » sont factorisés, alors que « abandon » et « mat » mènent à des états de sortie différents suivant l'état source. La notation du point de sortie (« *exit point* ») consiste en une croix à l'intérieur d'un cercle blanc. Elle est également propre à UML 2.

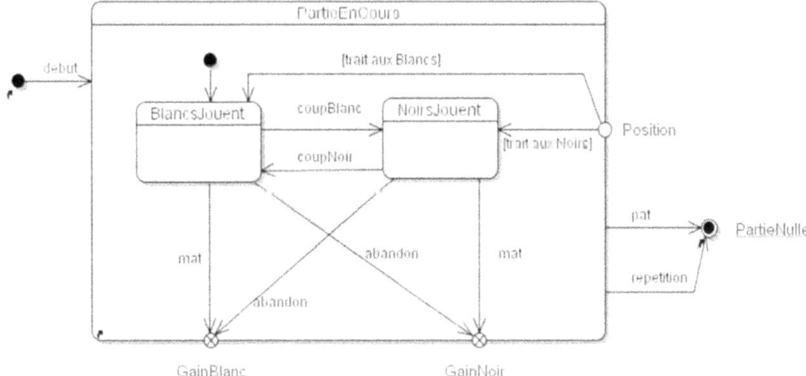

Figure 6-3.
Diagramme d'états complété de la partie

EXERCICE 6-2. Diagramme d'états simple

Considérons un réveille-matin simplifié :

- on peut mettre l'alarme « on » ou « off » ;
- quand l'heure courante devient égale à l'heure d'alarme, le réveil sonne sans s'arrêter ;
- on peut interrompre la sonnerie.

Dessinez le diagramme d'états correspondant.

Voyons tout d'abord la première phrase :

1. *On peut mettre l'alarme « on » ou « off ».*

Le réveil a clairement deux états distincts : *Désarmé* (alarme « off ») ou *Armé* (alarme « on »). Une action de l'utilisateur permet de passer d'un état à l'autre. On suppose que le réveil est bien désarmé au départ. Notez le paramètre *heureAlarme* de l'événement *armer.*

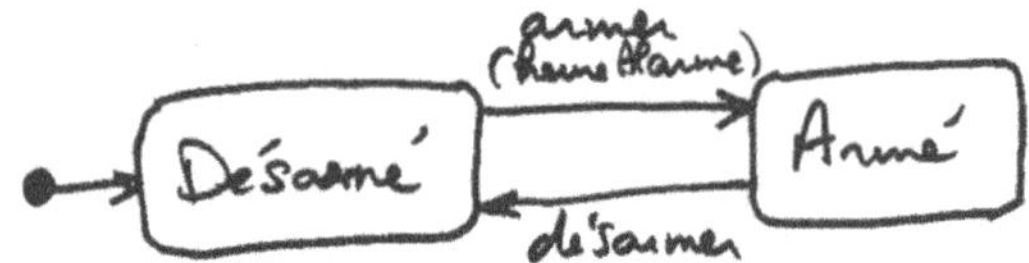

Figure 6-4.
Diagramme d'états de la phrase 1

Considérons maintenant les deux autres phrases :

2. *Quand l'heure courante devient égale à l'heure d'alarme, le réveil sonne sans s'arrêter ;*
3. *On peut interrompre la sonnerie.*

Le fait de sonner constitue un nouvel état pour le réveil. Il s'agit bien d'une période de temps durant laquelle le réveil effectue une certaine activité (sonner) qui dure jusqu'à ce qu'un événement vienne l'interrompre.

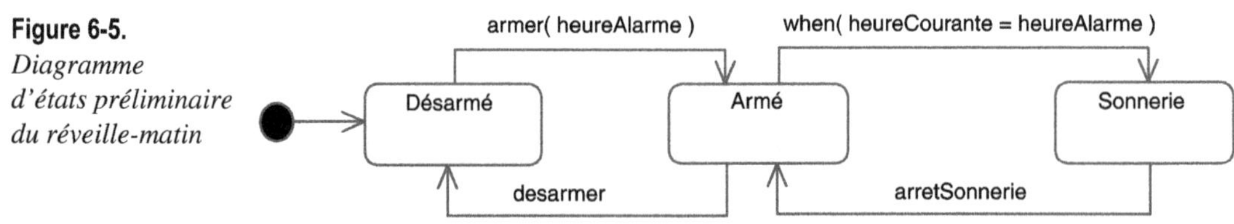

Figure 6-5.
Diagramme d'états préliminaire du réveille-matin

Le passage de l'état *Armé* à l'état *Sonnerie* est déclenché par une transition due à un changement interne, représenté au moyen du mot-clé « `when` ». En revanche, d'après l'énoncé, le retour de l'état *Sonnerie* à l'état *Armé* ne s'effectue que sur un événement utilisateur.

EXERCICE 6-3. Activité finie et transition automatique

Complétez le diagramme d'états précédent pour prendre en compte le fait que la sonnerie du réveil s'arrête d'elle-même au bout d'un certain temps.

Il y a donc une deuxième possibilité de sortie de l'état *Sonnerie* : quand le réveil s'arrête tout seul de sonner au bout d'un certain temps.

À RETENIR

Activité continue ou finie – transition automatique

Une activité durable à l'intérieur d'un état peut être soit :

- « continue » : elle ne cesse que lorsque se produit un événement qui fait sortir l'objet de l'état ;
- « finie » : elle peut également être interrompue par un événement, mais elle cesse de toute façon d'elle-même au bout d'un certain temps, ou quand une certaine condition est remplie.

La transition de complétion d'une activité finie, aussi appelée transition automatique, est représentée en UML sans nom d'événement ni mot-clé.

Dans notre exemple, il suffit donc d'ajouter une activité durable *sonner* à l'état *Sonnerie* et une transition automatique en sortie de cet état. Le diagramme d'états complété est représenté sur le schéma suivant.

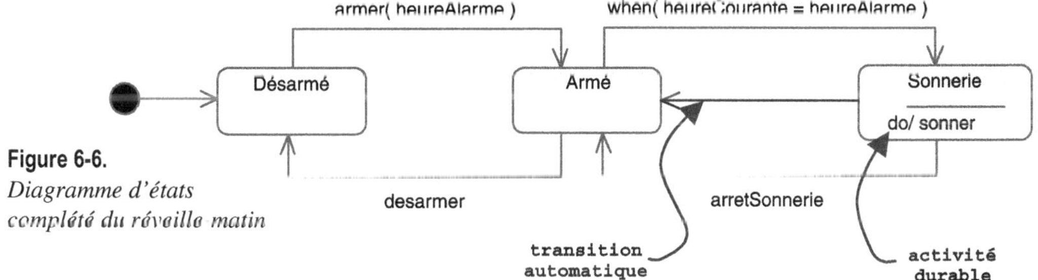

Figure 6-6.
Diagramme d'états complété du réveille matin

Il convient aussi de se demander si l'utilisateur a le droit de désarmer le réveil pendant qu'il sonne. Dans ce cas, il faudrait ajouter une transition déclenchée par *desarmer* et allant directement de *Sonnerie* à *Désarmé*.

EXERCICE 6-4. Diagramme de contexte statique

Déduisez-en le diagramme de contexte statique étendu du réveil (voir exercice 5-10).

Si l'on applique de nouveau les règles énoncées lors de l'exercice 5-10, on obtient sans difficulté le diagramme ci-après.

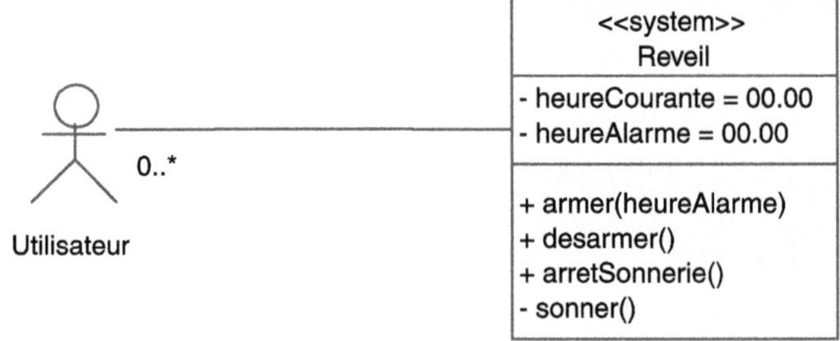

Figure 6-7.
Diagramme de contexte statique étendu

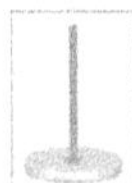

EXERCICE 6-5. Diagramme d'états simple

Considérons une montre à cadran numérique simplifiée :

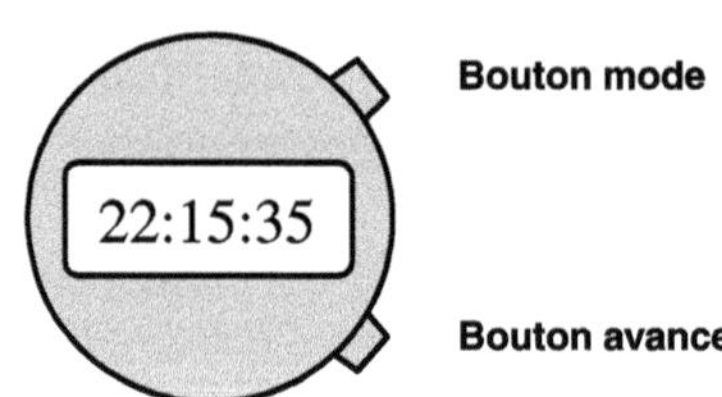

Figure 6-8.
Montre à cadran numérique simplifiée

1. Le mode courant est le mode « Affichage ».
2. Quand on appuie une fois sur le bouton mode, la montre passe en « modification heure ». Chaque pression sur le bouton avance incrémente l'heure d'une unité.
3. Quand on appuie une nouvelle fois sur le bouton mode, la montre passe en « modification minute ». Chaque pression sur le bouton avance incrémente les minutes d'une unité.
4. Quand on appuie une nouvelle fois sur le bouton mode, la montre repasse en mode « Affichage ».

Dessinez le diagramme d'états correspondant.

On obtient sans difficulté particulière ce diagramme d'états typique, qui est présenté sur le schéma suivant.

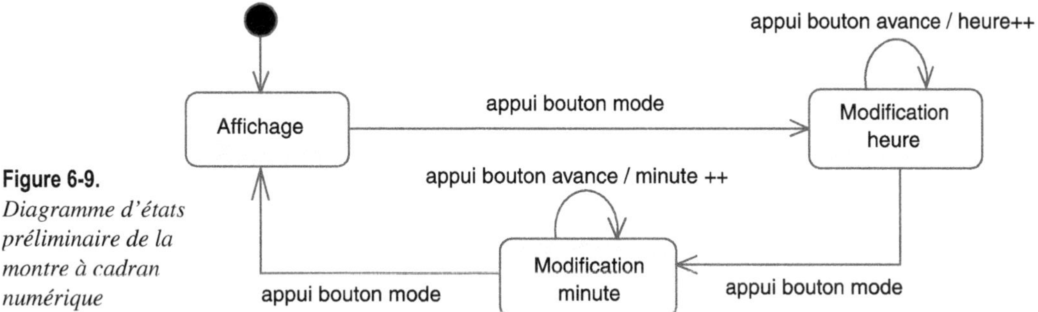

Figure 6-9. *Diagramme d'états préliminaire de la montre à cadran numérique*

On remarquera les notations en style C++ ou Java pour les actions : « heure++ » et « minute++ ». UML n'impose pas de « langage d'action » nous pouvons donc en exprimer le détail comme nous le souhaitons : texte libre, pseudo-code, etc.

Nous obtenons des transitions propres sur les états de modification et pas sur l'état d'affichage. Cela veut-il dire que l'événement « appui bouton avance » est impossible dans l'état « Affichage » ? Non, bien sûr. Cela signifie plutôt que, comme cet événement n'a aucun effet dans cet état, il ne déclenche aucune transition. L'événement est purement et simplement perdu.

Concepts avancés du diagramme d'états

EXERCICE 6-6. Événement temporel

Ajoutez le comportement suivant : quand on appuie sur le bouton avance plus de deux secondes, les heures (ou les minutes) s'incrémentent rapidement jusqu'à ce qu'il se produise un relâchement dans la pression du bouton.

Envisagez plusieurs solutions possibles.

Dans l'exemple précédent, les événements d'appui sur les boutons correspondaient en fait au couple indivisible « pression » et « relâchement ». Nous avions considéré que la durée de pression sur chaque bouton était négligeable par rapport aux durées des états ou, en tout cas, non significative. Avec le nouvel énoncé, ce n'est plus le cas, puisque la durée de pression sur le bouton avance influe sur le comportement de la montre. La bonne approche consiste à introduire un nouvel événement : « relâchement bouton avance », afin de pouvoir gérer le temps de pression.

Le diagramme suivant montre l'utilisation du *timing diagram* d'UML 2.

Figure 6-10.
Timing diagram : transformation d'un événement en deux

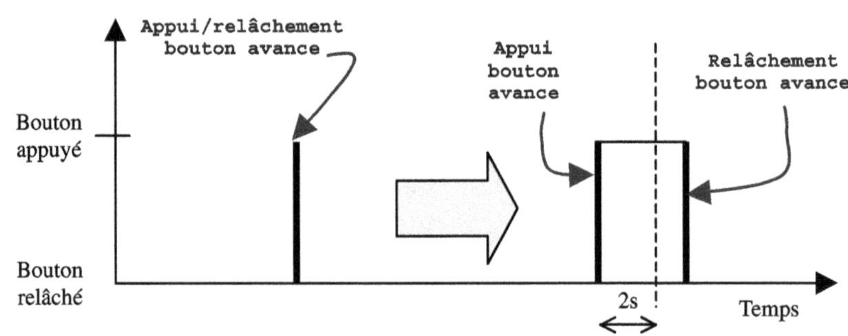

Une première solution, tentante, consiste à introduire une condition sur la durée de pression, ainsi qu'un nouvel état « Incrémentation rapide », comme cela est illustré sur la figure suivante :

Figure 6-11.
Modification erronée du diagramme d'états de la montre à cadran numérique

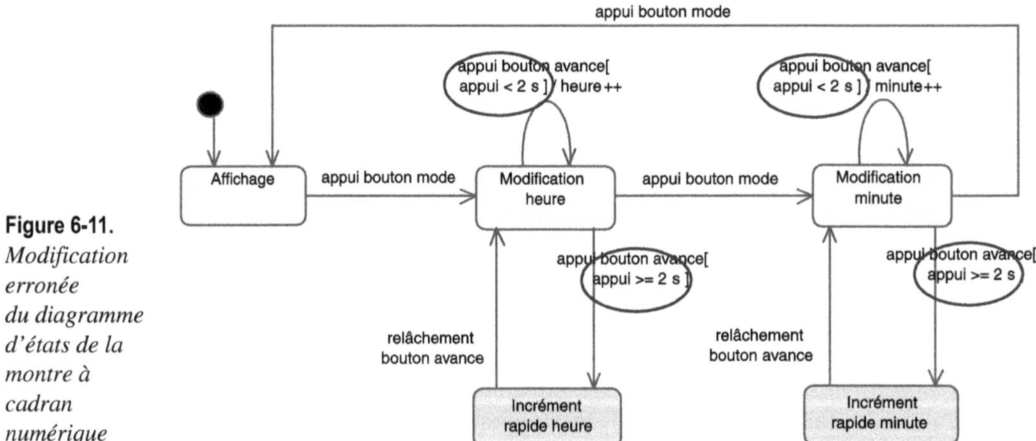

Pourtant, cette solution qui semble évidente n'est pas acceptable en UML.

En effet, un événement (comme une transition) est par convention instantané, ou en tout cas insécable (atomique). Il est donc tout à fait inapproprié de tester sa durée ! Les seuls concepts dynamiques en UML pour lesquels la notion de durée est significative sont l'état et l'activité durable. Il faut donc s'en servir pour résoudre cet exercice.

Deux solutions sont possibles : toutes les deux nécessitent que l'on ajoute un état intermédiaire pour que l'on puisse tester la durée de pression sur le bouton avance, mais elles diffèrent quant à la façon de réaliser ce test :

- La première approche consiste à introduire une activité finie « attendre 2 s » dans l'état intermédiaire et une transition automatique qui représente le fait que le bouton est appuyé plus de deux secondes.
- La seconde approche consiste à utiliser un autre mot-clé proposé par UML : le pseudo-événement « `after` », suivi d'une durée en argument représentant l'échéance d'un timer.

Pour illustrer les deux solutions, nous les avons représentées ensemble sur le diagramme suivant mais, dans la réalité, il faudrait bien sûr en choisir une seule et l'appliquer aux deux états de modification. Pour notre part, nous recommandons la seconde solution qui nous semble plus simple et plus facile à lire.

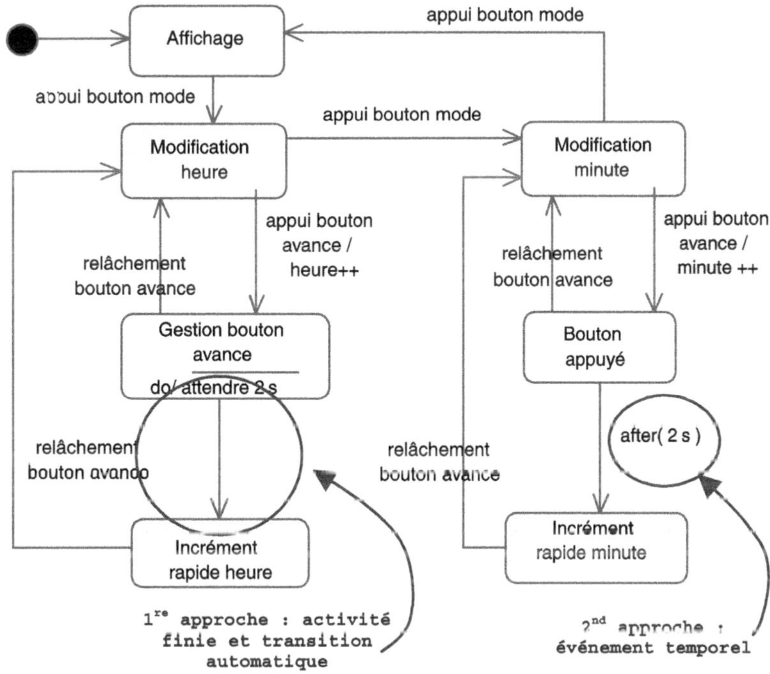

Figure 6-12. *Les deux possibilités pour procéder à une modification correcte du diagramme d'états de la montre à cadran numérique*

On notera que le comportement initial est conservé : si le bouton avance est relâché en moins de deux secondes, les heures (ou les minutes) sont bien incrémentées d'une unité. En fait, la transition propre qui existait sur chaque état de modification a pu être coupée en deux suite à la séparation des deux événements « appui » et « relâche », et à l'ajout de l'état intermédiaire.

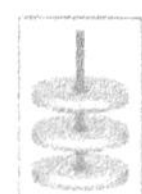

EXERCICE 6-7. Récapitulatif

Modélisez le comportement du vidéoprojecteur lors d'une session de formation.

Commencez par identifier les états et transitions « nominaux ». Ajoutez les périodes de préchauffage et de refroidissement de la lampe. Représentez ensuite le fait qu'il faut appuyer successivement deux fois en moins de 5 s sur le bouton power pour interrompre la vidéoprojection. Envisagez enfin la panne de la lampe...

Commençons par identifier le scénario nominal d'utilisation du vidéoprojecteur : le brancher, puis l'allumer (bouton power), puis connecter l'ordinateur. Ensuite, l'éteindre, puis le débrancher.

Si nous ajoutons la possibilité de l'éteindre alors qu'il est allumé ou connecté, puis celle de le débrancher intempestivement, nous arrivons au diagramme de la figure 6-13.

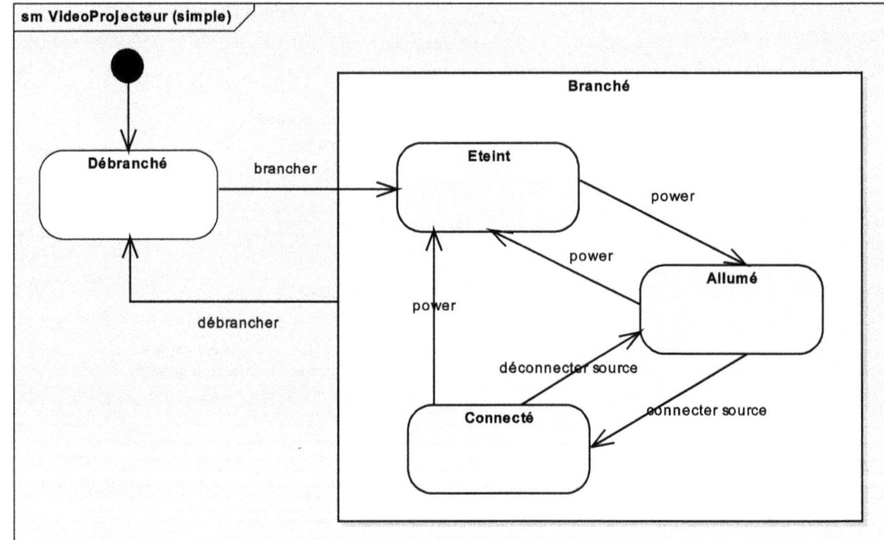

Figure 6-13. *Première version du diagramme d'états du vidéoprojecteur*

Ajoutons le comportement suivant : si l'on éteint le vidéoprojecteur sans le déconnecter de sa source, il repassera directement dans l'état *Connecté* quand on le rallumera. Les deux états *Allumé* et *Connecté* intègrent chacun une activité durable : respectivement la projection d'un écran bleu ou de la source d'entrée. Le diagramme devient alors comme indiqué sur la figure 6-14.

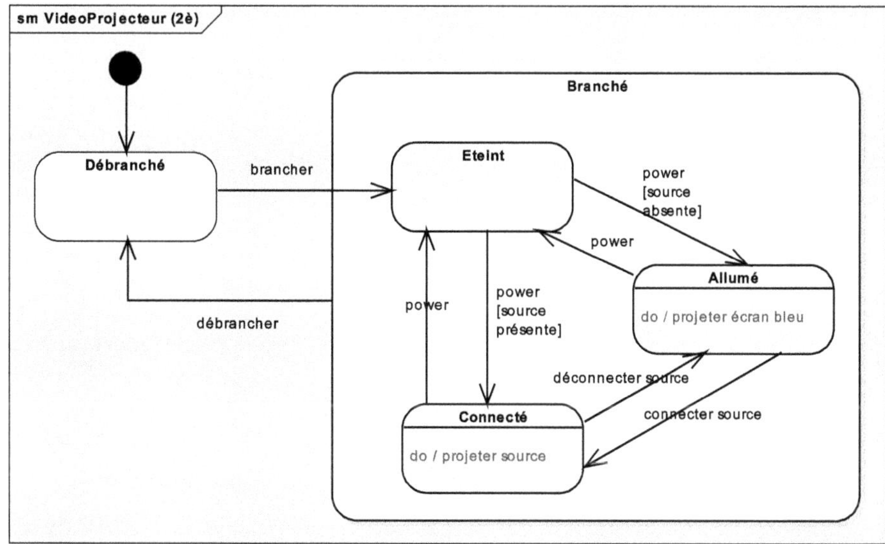

Figure 6-14. *Deuxième version du diagramme d'états du vidéoprojecteur*

Ajoutons maintenant les activités continues de préchauffage et de refroidissement de la lampe. Il est donc nécessaire d'introduire deux états supplémentaires autour de l'état *Éteint*.

Comment sortir de ces états supplémentaires : soit en utilisant un événement de changement (`when`) testant la température de la lampe, soit plus simplement une transition automatique. Nous utiliserons cette dernière solution, plus simple et n'obligeant pas à spécifier les températures visées.

Vérifions que nous avons pris en compte tous les scénarios : d'abord le comportement nominal en début de session de formation : *Débranché* – brancher – *Éteint* – power – *Préchauffage* – [source absente] – *Allumé* – connecter source – *Connecté*. Puis, à la pause, le formateur éteint le projecteur : *Connecté* – power – *Refroidissement* – *Éteint*. Ensuite, de retour dans la salle, il rallume le projecteur et n'a pas besoin de reconnecter la source : *Éteint* – power – *Préchauffage* – [source présente] – *Connecté*.

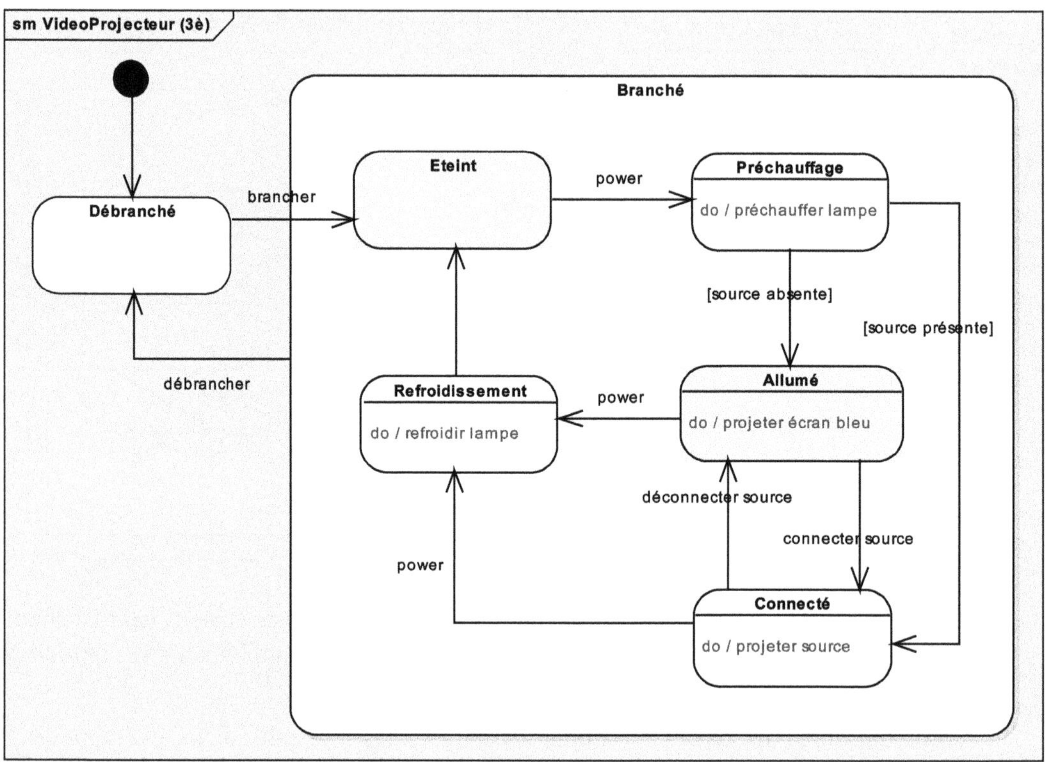

Figure 6-15.
Troisième version du diagramme d'états du vidéoprojecteur

Pour éviter de perdre trop de temps lors d'un appui intempestif sur power dans l'état *Connecté*, les vidéoprojecteurs modernes demandent une confirmation sous la forme d'un deuxième appui sur power en moins de 5 s.

Nous avons vu lors de l'exercice précédent l'événement temporel `after (délai)` qui va nous servir ici, associé à un nouvel état transitoire d'attente de confirmation.

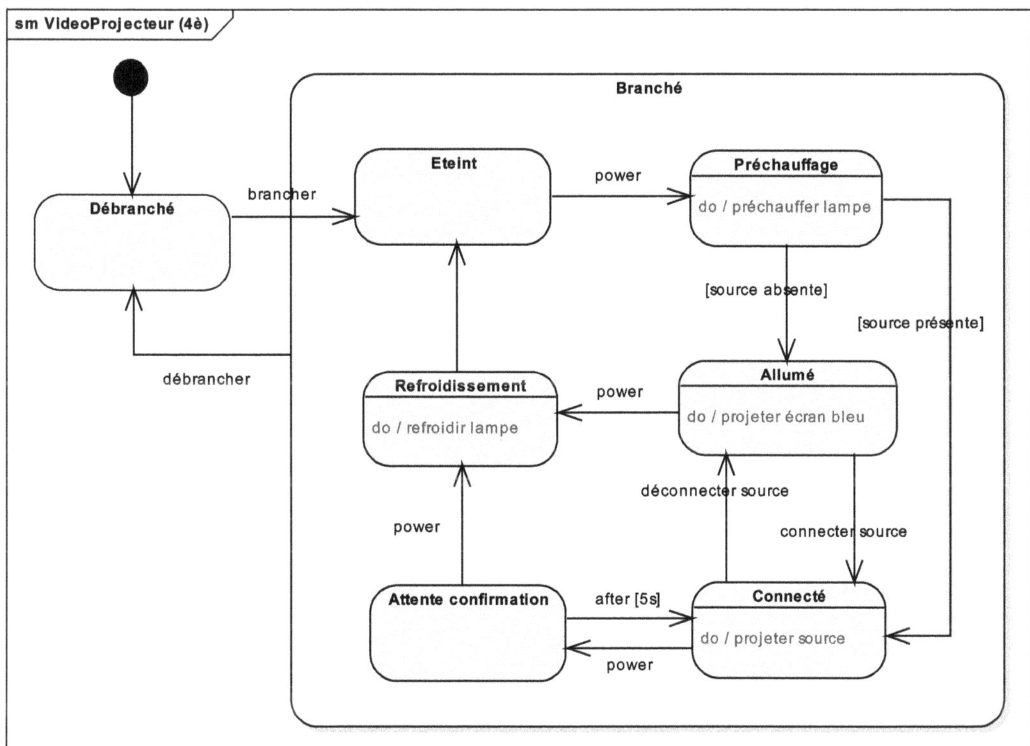

Figure 6-16.
Quatrième version du diagramme d'états du vidéoprojecteur

Ajoutons enfin l'événement redouté : la lampe peut griller dès lors que le projecteur n'est pas éteint. Le plus simple consiste à introduire un nouvel état composite à l'intérieur de *Branché* mais excluant *Éteint*. Il suffit alors d'introduire une transition factorisée déclenchée par l'événement interne de changement `when(état lampe = grillée)`, qui amène vers un état de panne. Le diagramme complété est représenté sur la figure 6-17.

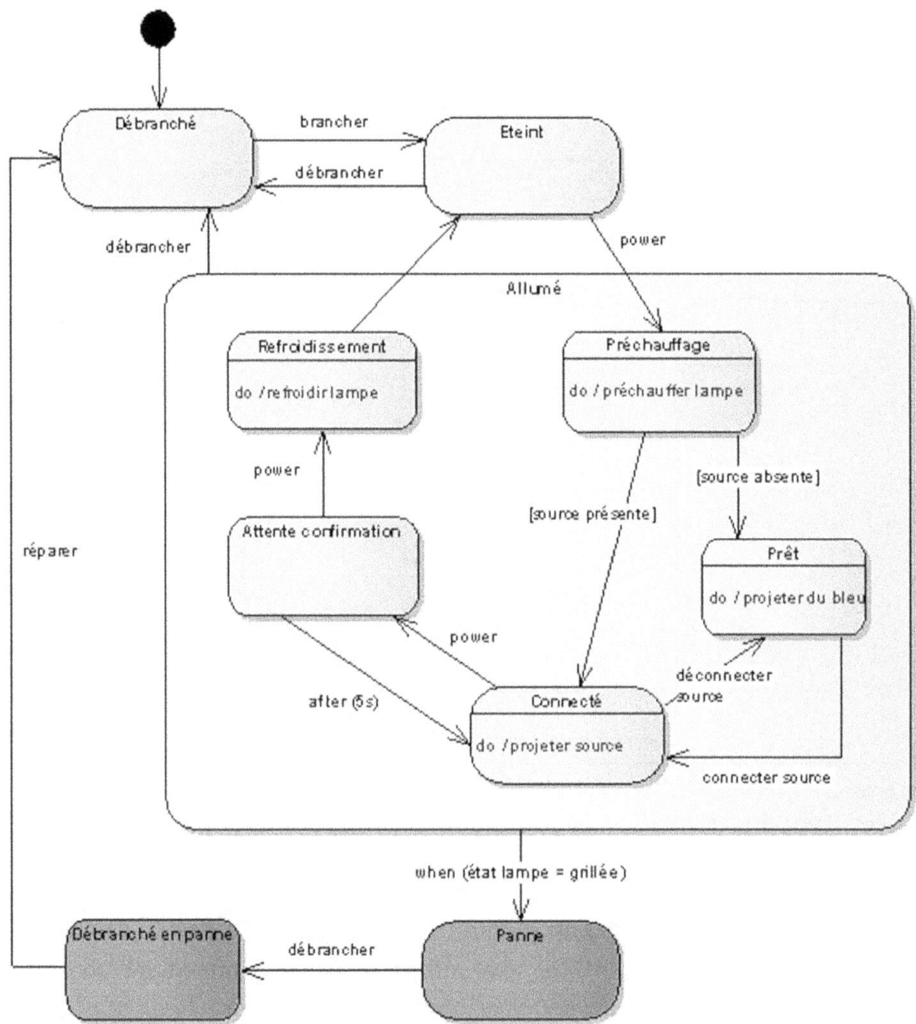

Figure 6-17.
Version du diagramme d'états du vidéoprojecteur avec états de panne

En fait, la confirmation pour éteindre le vidéoprojecteur est également obligatoire depuis l'état *Prêt*. On peut donc introduire un super-état englobant *Prêt* et *Connecté*, mais il faut alors utiliser un pseudo-état *History* (H) pour savoir dans quel sous-état revenir quand la temporisation tombe. Le schéma finalisé est montré sur la figure suivante.

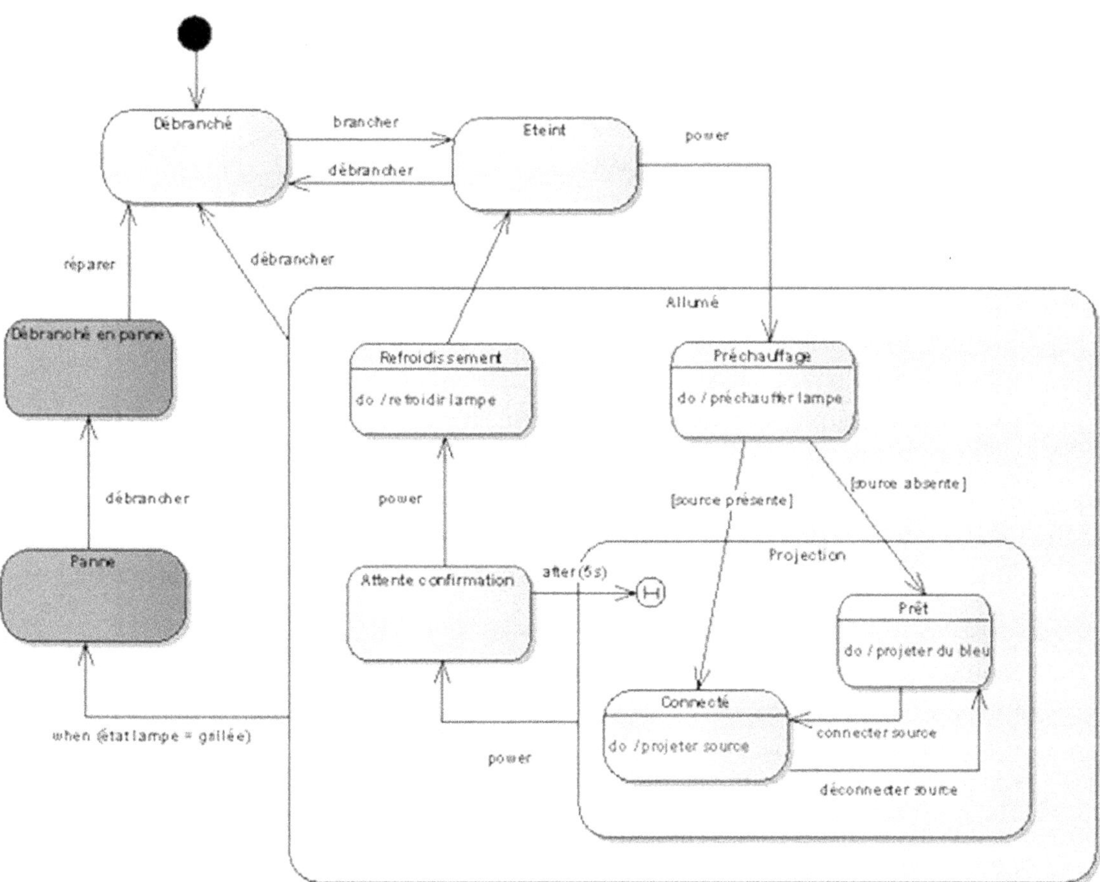

Figure 6-18.
Version du diagramme d'états du vidéoprojecteur

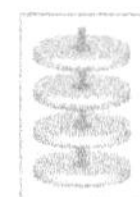

EXERCICE 6-8. Régions concurrentes

Reprenons notre exemple de montre à cadran numérique tel qu'il était présenté au début de l'exercice, et ajoutons maintenant à cette dernière deux autres boutons :

- un bouton éclairage ; en le pressant, on éclaire le cadran de la montre, jusqu'à ce qu'on le relâche ;
- un bouton alarme, qui ajoute à la montre digitale une fonctionnalité classique d'alarme, comme cela a été décrit lors du premier exercice de ce chapitre (réveille-matin).

Dessinez le diagramme d'états complet incluant tous les comportements de la montre.

Nous sommes clairement en présence de trois comportements concurrents :

- la gestion de l'affichage ;
- la gestion de l'alarme ;
- la gestion de l'éclairage.

Commençons par le plus simple d'entre eux, qui concerne la gestion de l'éclairage. Cette dernière peut se modéliser très simplement par un automate à deux états, comme nous l'illustrons sur le schéma suivant.

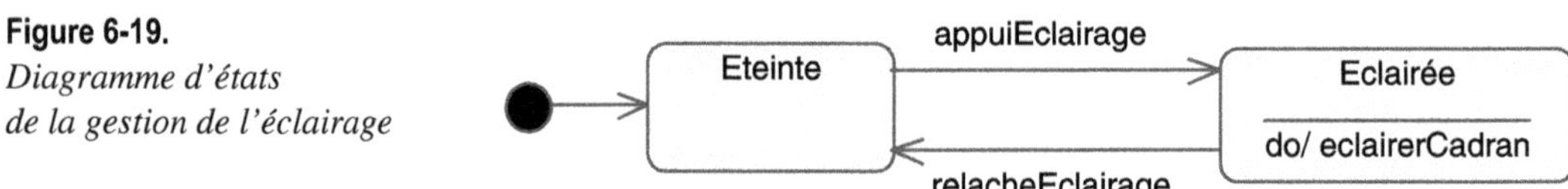

Figure 6-19.
Diagramme d'états de la gestion de l'éclairage

Si la gestion de l'éclairage peut tout à fait se modéliser à part, il n'en est pas de même pour l'affichage et l'alarme. En effet, il faut maintenant pouvoir aussi modifier l'heure d'alarme et la minute d'alarme, ce qui ajoute deux nouveaux états au diagramme de la figure 6-9, comme cela est indiqué ci-après.

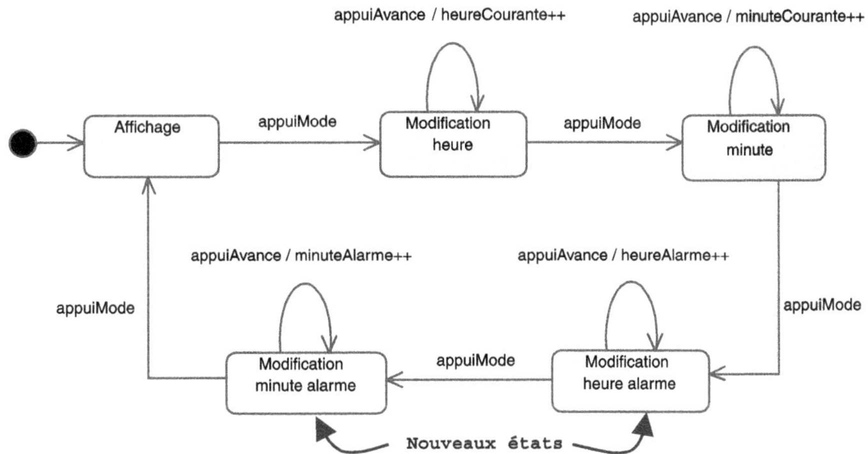

Figure 6-20. *Diagramme d'états de la gestion de l'affichage*

Il reste maintenant à modéliser la gestion de l'alarme. Nous pouvons nous inspirer du diagramme d'états du réveil (voir figure 6-6) pour obtenir le schéma suivant. On y notera la dépendance avec la gestion de l'affichage *via* le test effectué par la gestion de l'alarme sur les attributs (« `when` »...).

when(heureCourante=heureAlarme AND minuteCourante=minuteAlarme)
appuiAlarme
Désarmée
appuiAlarme
Armée
Sonnerie
do/ sonner
appuiAlarme

Figure 6-21. *Diagramme d'états de la gestion de l'alarme*

Nous avons donc obtenu trois diagrammes d'états. Comment faire en sorte que ces trois diagrammes séparés décrivent le comportement de la montre à cadran numérique ?

Là encore, deux solutions sont possibles :

- Considérer que toute instance de *Montre* contient en fait trois instances et que chacune gère un des trois comportements décrits précédemment. Toute montre délègue ainsi une partie de sa dynamique à une instance d'afficheur, d'éclairage ou d'alarme, suivant le cas. On peut représenter cela au moyen d'une relation de composition dans un diagramme de classes. Toutefois, UML 2 permet une meilleure solution : utiliser le concept de classe structurée (revoir l'exercice 4-5), ou même de composant. Nous en profitons pour illustrer le connecteur de délégation (« delegate »). Celui-ci relie le contrat externe du composant (ses interfaces) à la réalisation de ce comportement par ses parties.

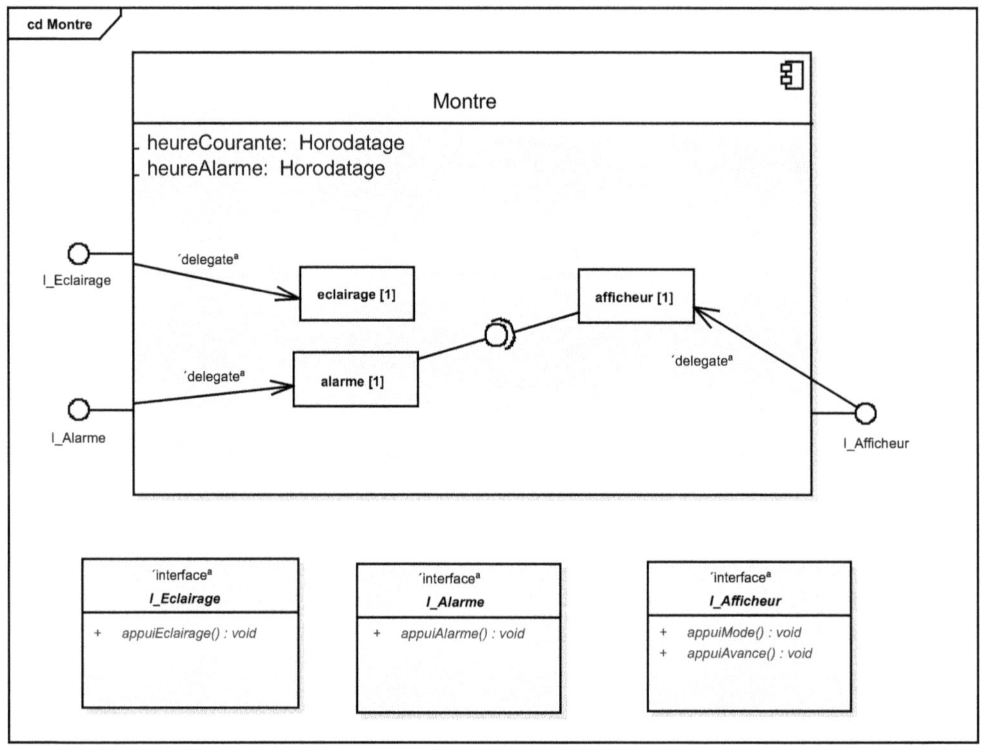

Figure 6-22.
Diagramme de structure composite qui montre la relation de délégation

- Décrire des « régions concurrentes » au sein du diagramme d'états de la classe *Montre*. L'état courant de la montre devient alors un vecteur à trois lignes : état de l'affichage, état de l'alarme, état de l'éclairage. Une montre peut simultanément être en affichage de modification minute, être en train de sonner et être éclairée.

Le diagramme d'états de la montre avec trois régions concurrentes apparaît sur le schéma ci-après.

Figure 6-23.
Diagramme d'états de la montre avec régions concurrentes

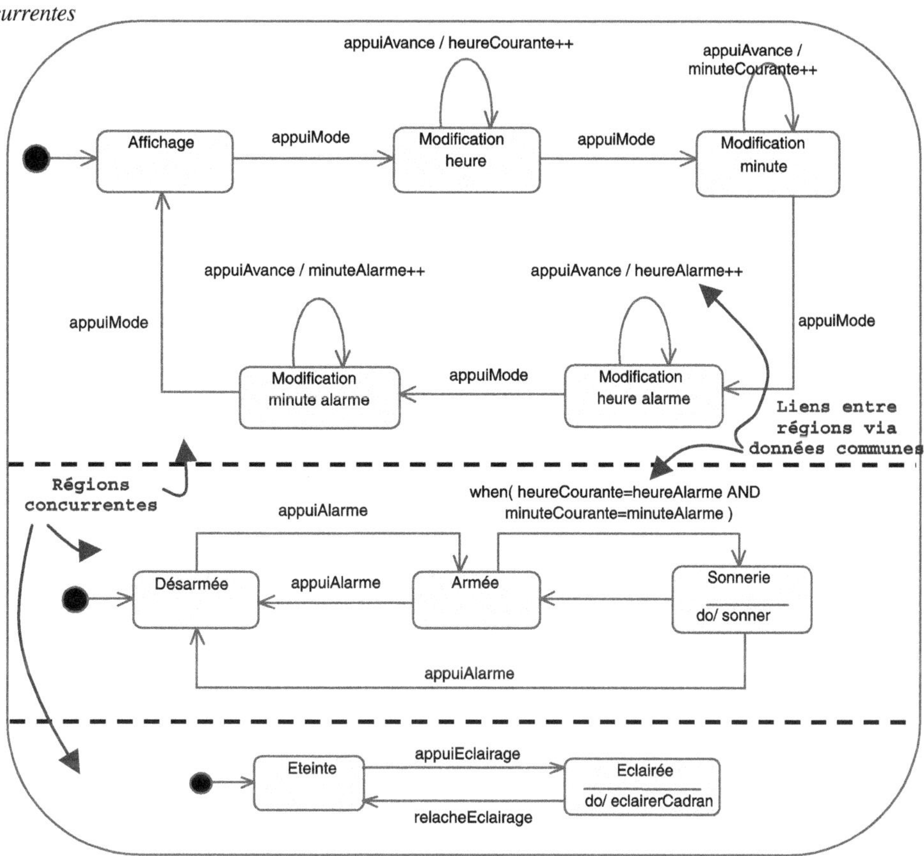

On notera que chaque « région » doit être initialisée puisque, si les états sont bien exclusifs à l'intérieur d'une région concurrente, ils existent simultanément dans les trois régions.

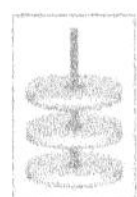

EXERCICE 6-9. Diagramme d'états hiérarchique

Considérons le fragment de diagramme d'états suivant, qui contient de nombreux effets.

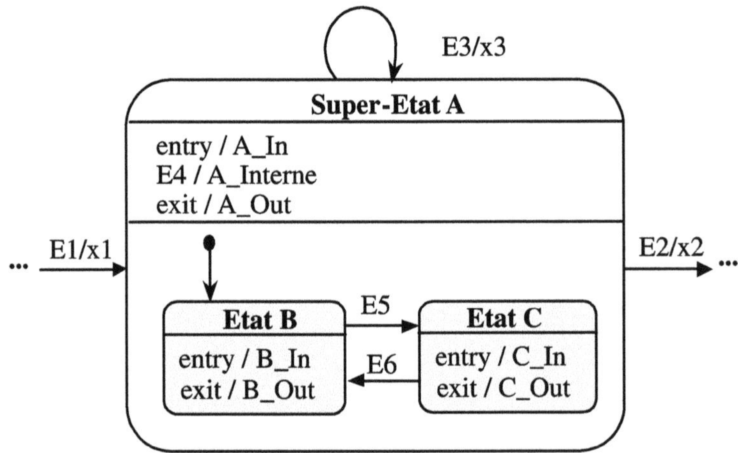

Figure 6-24.
Exemple de diagramme d'états complexe

À RETENIR

Effets d'entrée (ou de sortie) – entry (exit)

Un effet d'entrée (introduit par le mot-clé « `entry` » à l'intérieur du symbole d'un état) représente une action ou une activité qui est exécutée chaque fois que l'on entre dans cet état. Cela permet de factoriser un même effet qui sera déclenché par toutes les transitions qui entrent dans l'état.
L'effet de sortie (introduit par le mot-clé « `exit` ») est l'effet symétrique en sortie de l'état.

Le diagramme de l'énoncé comprend donc :

- une transition propre sur le super-état (E3/x3) ;
- une transition interne dans le super-état (E4/A_Interne) ;
- des transitions d'entrée et de sortie dans le super-état et chacun des sous-états.

Nous allons étudier l'ordre temporel d'exécution des effets en complétant le tableau suivant. Nous partirons de l'état à gauche du diagramme symbolisé par « … », et nous prendrons comme nouvel état de départ l'état d'arrivée de la ligne précédente.

État de départ	Événement	Effets	État d'arrivée
…	E1	?	?
?	E5	?	?
?	E4	?	?
?	E6	?	?
?	E3	?	?
?	E5	?	?
?	E3	?	?
?	E2	?	?

Complétez le tableau précédent.

Dans l'état de départ, symbolisé par « … » à gauche du diagramme, l'événement E1 déclenche l'effet x1, puis conduit au super-état A. Cette entrée dans le super-état A déclenche l'effet d'entrée A_In, puis l'entrée dans le sous-état B (à cause du symbole du sous-état initial), et donc l'effet d'entrée B_In.

État de départ	Événement	Effets	État d'arrivée
…	E1	x1, A_In, B_In	B (dans A)

Dans l'état B, l'événement E5 fait sortir de l'état et déclenche donc l'effet B_Out, puis conduit à l'état C et déclenche en conséquence C_In.

État de départ	Événement	Effets	État d'arrivée
B	E5	B_Out, C_In	C (dans A)

Dans l'état C, l'événement E4 est-il possible ? Oui, car les transitions internes sont héritées du super-état. L'événement E4 fait donc rester dans l'état C et déclenche simplement l'effet A_Interne.

État de départ	Événement	Effets	État d'arrivée
C	E4	A_Interne	C (dans A)

Dans l'état C, l'événement E6 fait sortir de l'état et déclenche donc C_Out, puis conduit à l'état B et déclenche en conséquence B_In.

État de départ	Événement	Effets	État d'arrivée
C	E6	C_Out, B_In	B (dans A)

Dans l'état B, l'événement E3 est-il possible ? Oui, car les transitions propres sont héritées du super-état. L'événement E3 fait d'abord sortir de l'état B et déclenche l'effet B_Out, puis fait sortir du super-état A et déclenche A_Out, déclenche ensuite x3, puis fait entrer dans le super-état A et déclenche A_In, enfin fait rentrer dans l'état B et déclenche B_In.

État de départ	Événement	Effets	État d'arrivée
B	E3	B_Out, A_Out, x3, A_In, B_In	B (dans A)

Nous avons déjà considéré l'arrivée de E5 dans l'état B :

État de départ	Événement	Effets	État d'arrivée
B	E5	B_Out, C_In	C (dans A)

Attention, il y a un piège ! Dans l'état C, l'événement E3 fait d'abord sortir de l'état C et déclenche C_Out, puis fait sortir du super-état A et déclenche A_Out, déclenche ensuite x3, puis fait entrer dans le super-état A et déclenche A_In, enfin fait rentrer dans l'état B (car c'est le sous-état initial !) et déclenche B_In.

État de départ	Événement	Effets	État d'arrivée
C	E3	C_Out, A_Out, x3, A_In, B_In	B (dans A)

Dans l'état B, l'événement E2 fait d'abord sortir de l'état B et déclenche B_Out, puis du super-état A et déclenche A_Out, et déclenche enfin x2.

État de départ	Événement	Effets	État d'arrivée
B	E2	B_Out, A_Out, x2	…

Concepts de base du diagramme d'activité

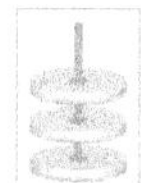

EXERCICE 6-10. Recette de cuisine

Recette simplifiée : commencer par casser le chocolat en morceaux, puis le faire fondre.

En parallèle, casser les œufs en séparant les blancs des jaunes.

Quand le chocolat est fondu, ajouter les jaunes d'œuf.

Battre les blancs en neige jusqu'à ce qu'ils soient bien fermes.

Les incorporer délicatement à la préparation chocolat sans les briser.

Verser dans des ramequins individuels.

Mettre au frais au moins 3 heures au réfrigérateur avant de servir.

Représentez par un diagramme d'activité la recette de la mousse au chocolat...

Proposez d'abord une version simple, en supposant que vous avez des ressources illimitées, puis une version avec deux personnes. Complétez ensuite le diagramme en ajoutant soit des flots d'objets soit des *input* et *output pins*.

Le diagramme d'activité simple est donné par la figure suivante. Nous supposons avoir des ressources illimitées, donc nous parallélisons au maximum.

Notez l'utilisation des barres d'embranchement (*fork*) et de jointure (*join*), permettant de représenter précisément le parallélisme dans les flots de contrôle de l'activité.

Notez également l'utilisation du symbole graphique UML 2 pour l'action « Attendre 3h » qui est de type : *accept time event.*

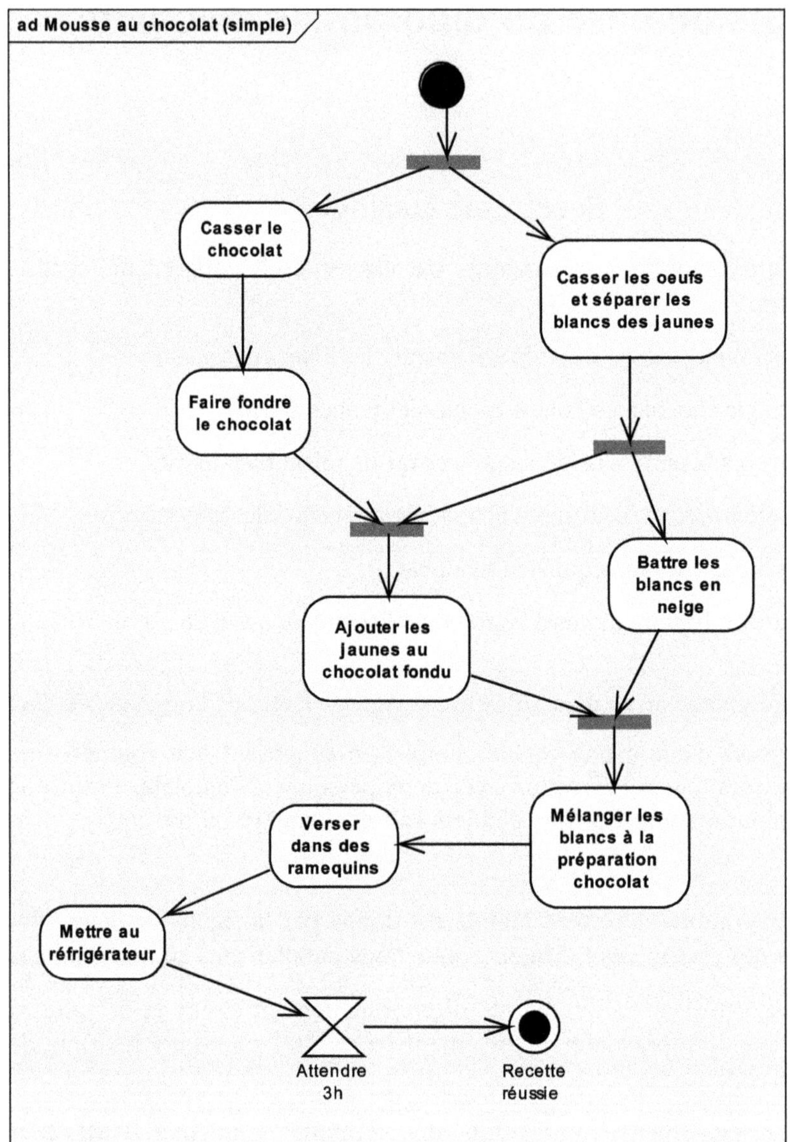

Figure 6-25.
Exemple de diagramme d'activité simple

Si nous supposons maintenant que nous avons deux ressources, un chef et un apprenti, nous pouvons répartir les actions dans deux partitions.

À RETENIR

PARTITION

Les actions d'un diagramme d'activité peuvent être réparties dans des partitions séparées représentant les entités responsables de ces actions. Il s'agit d'une généralisation du concept UML 1 de « swimlane ».

Figure 6-26.
Exemple de diagramme d'activité avec partitions

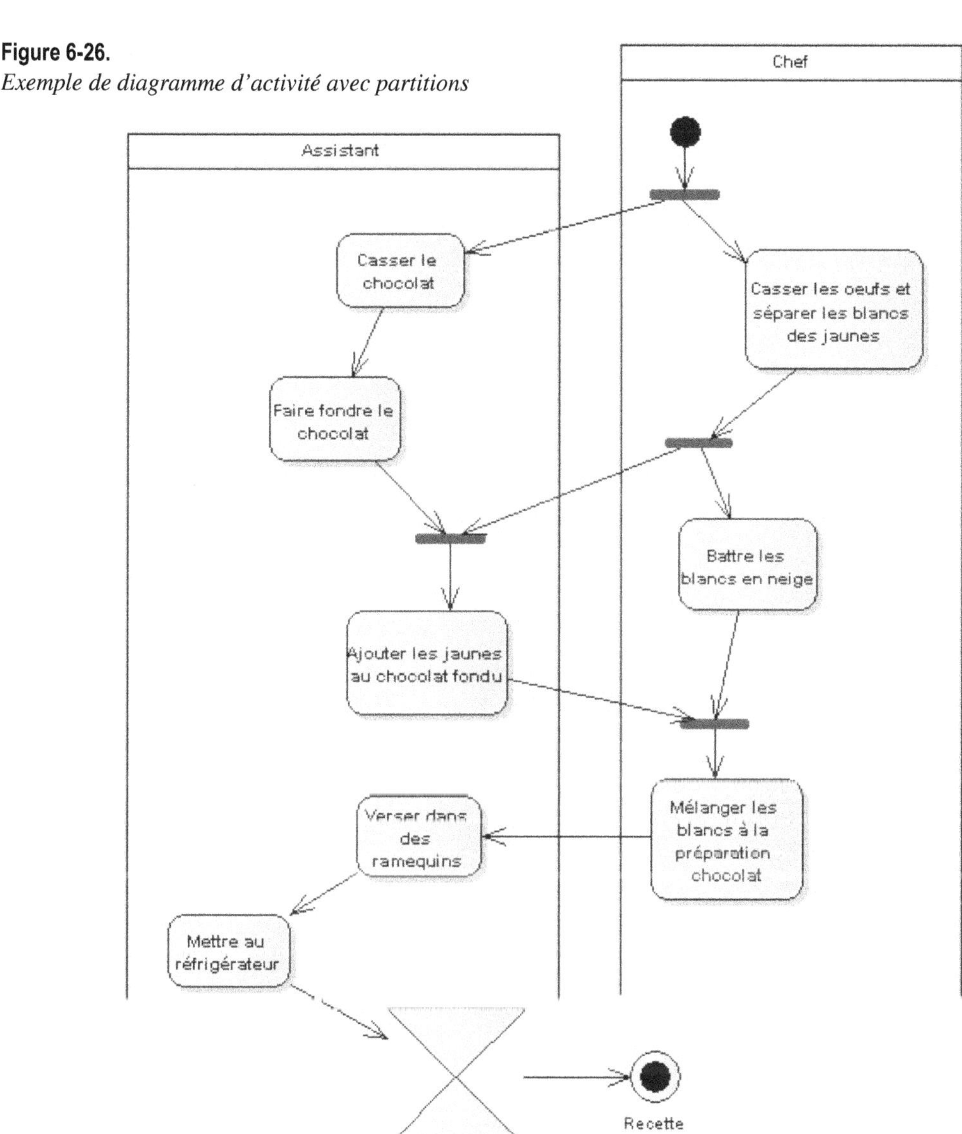

Nous allons maintenant compléter ce diagramme en ajoutant des flots d'objets, comme illustré sur la figure suivante.

À RETENIR

Flots de contrôle et flots d'objets

UML 2 a unifié la notation des flots de contrôle et des flots d'objets.
Les flots de contrôle connectent des actions pour indiquer que l'action pointée par la flèche ne peut pas démarrer tant que l'action source n'est pas terminée.
Les flots d'objets connectent des nœuds d'objets pour fournir des entrées (inputs) aux actions. Le nom d'un état peut être mis entre crochets et placé avec le nom du type.

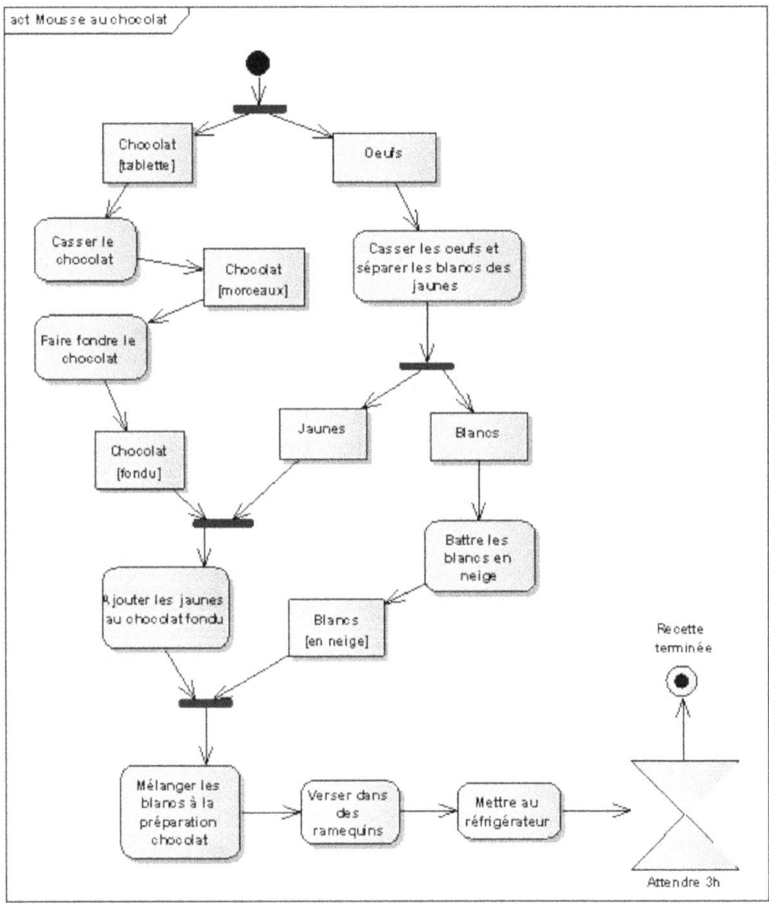

Figure 6-27.
Exemple de diagramme d'activité avec flots d'objets

À RETENIR

Deux notations pour les flots d'objets

UML 2 propose deux notations équivalentes pour les flots d'objets.
Nous avons vu la première sur la figure précédente. Une autre notation possible consiste à indiquer les valeurs d'entrée à la disposition de l'action et celles qu'elle fournit en sortie sous la forme de petits carrés appelés pins. Le nom du nœud objet est spécifié à proximité du pin.

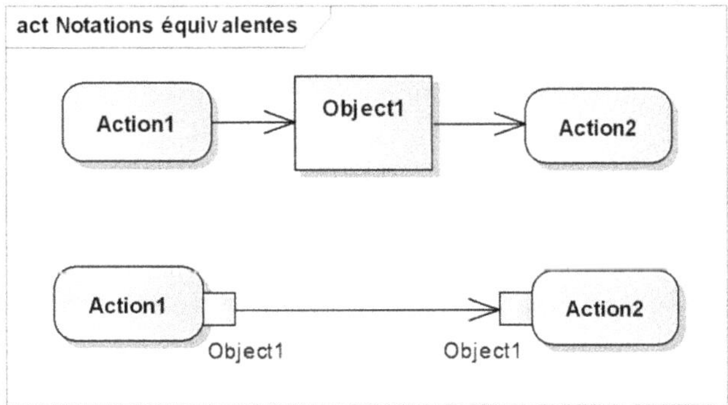

Figure 6-28.
Notations des flots d'objets

Si l'on applique cette deuxième notation à la recette de mousse au chocolat, on aboutit au diagramme de la figure suivante (6-29).

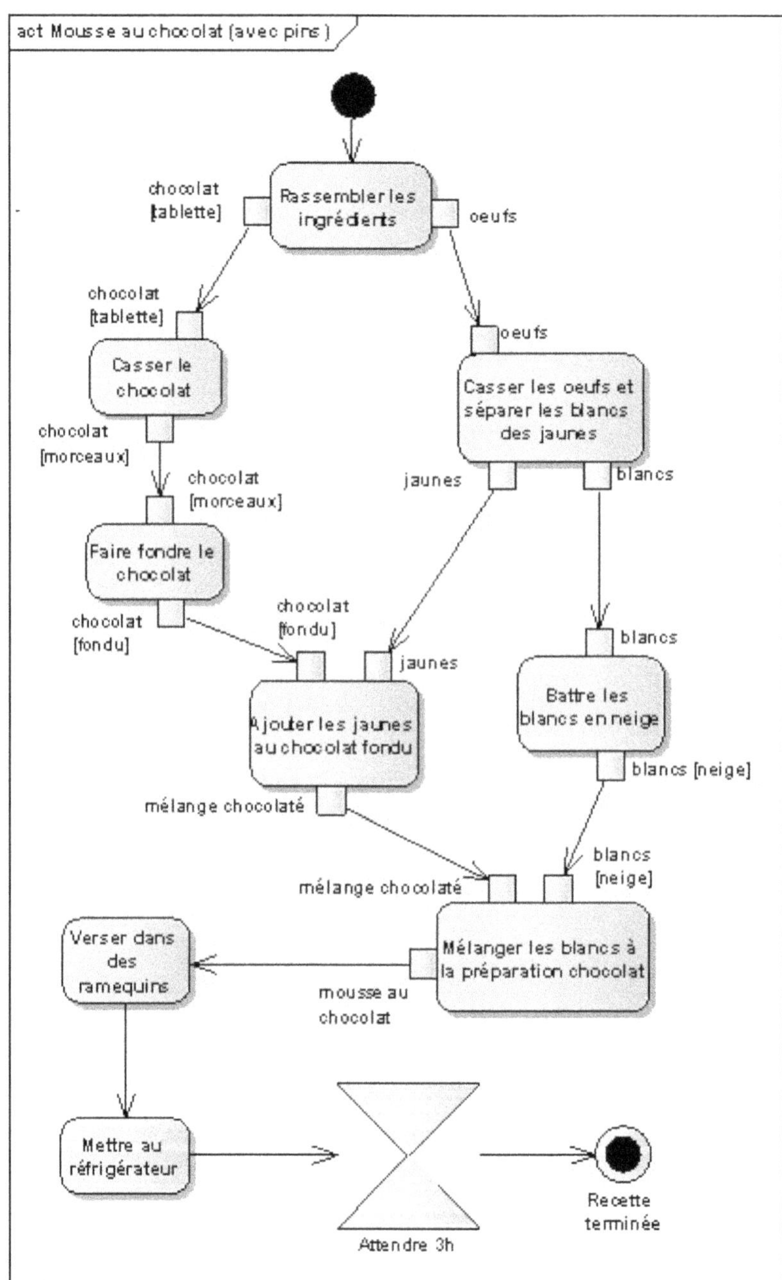

Figure 6-29.
Exemple de diagramme d'activité avec input *et* output pins

Concepts avancés du diagramme d'activité

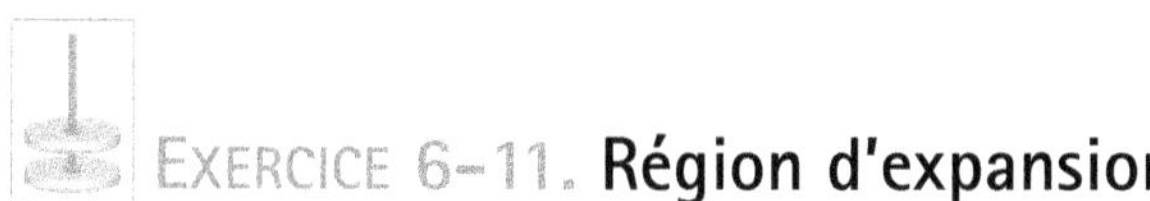

EXERCICE 6-11. Région d'expansion

Précisez le diagramme d'activité précédent en introduisant une région d'expansion pour mieux expliquer la boucle sur le remplissage des ramequins...

À RETENIR

Région d'expansion

Une région d'expansion est un nœud d'activité structuré qui s'exécute une fois pour chaque élément dans une collection d'entrée. Les entrées et sorties de la collection (nœuds d'expansion) sont matérialisés sur la frontière de la boîte par des petits rectangles divisés en plusieurs compartiments.

Nous allons utiliser ce nouveau concept UML 2 pour décrire le remplissage successif des ramequins en fonction de la quantité de mélange chocolat produit. La partie du diagramme modifiée est représentée sur la figure suivante.

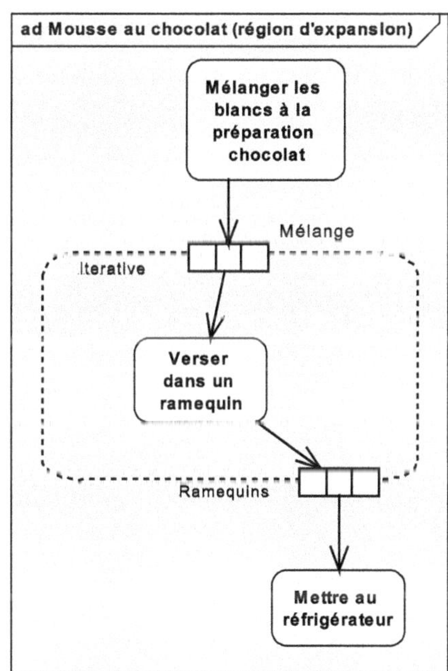

Figure 6-30. *Exemple de région d'expansion*

EXERCICE 6-12. Région d'expansion et flot d'exception

Précisez maintenant le début du diagramme d'activité en introduisant une région d'expansion pour mieux expliquer la séparation des blancs des jaunes ainsi qu'un flot d'exception pour prendre en compte l'oubli du chocolat sur le feu...

Nous avons vu à la question précédente comment utiliser la région d'expansion. Notez également le nouveau symbole UML 2 du nœud final de flot (*flow final*), permettant d'exprimer le fait que si le cuisinier rate la séparation du jaune et du blanc, il ne remplit pas les nœuds d'expansion de sortie.

Si nous voulons ajouter l'exception possible consistant à laisser brûler le chocolat pendant qu'on s'occupe des œufs, il faut introduire le concept de région interruptible et de flot d'exception.

À RETENIR

Région interruptible

Une région interruptible est un ensemble de nœuds et d'arcs d'activité au sein duquel l'activité se termine si l'événement désigné se produit. Cet événement d'interruption apparaît comme une flèche « éclair » partant de l'intérieur de la région interruptible et se dirigeant vers la bordure du gestionnaire d'interruption.

La figure suivante illustre l'utilisation de ces concepts UML 2 en montrant le diagramme d'activité complet.

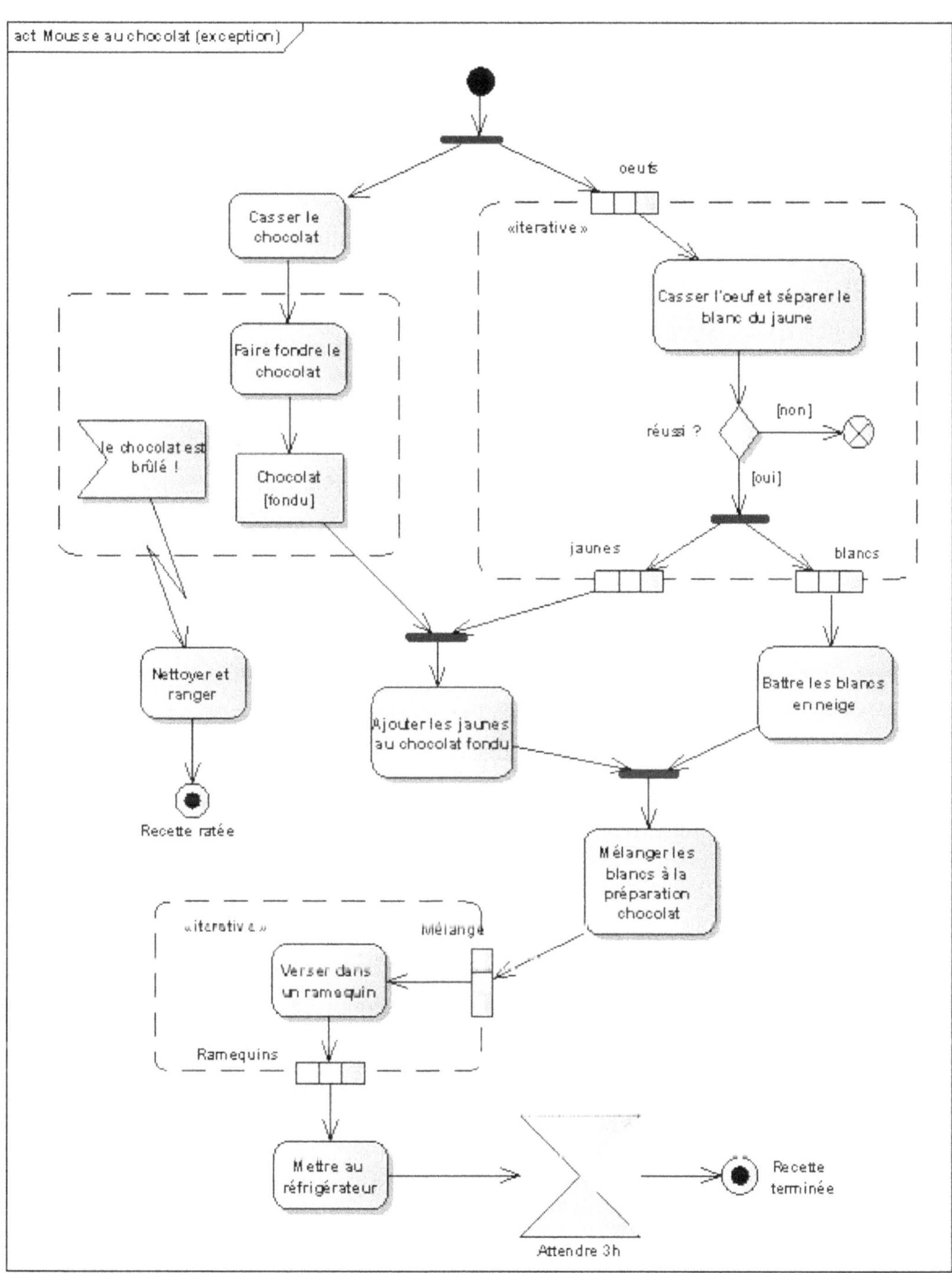

Figure 6-31.
Diagramme d'activité complété de la recette de mousse au chocolat

Conseils méthodologiques

Contexte dynamique

Pour représenter le contexte dynamique, utilisez un diagramme de *communication*, de la façon suivante :

- le système étudié est représenté par un objet au centre du diagramme ;
- cet objet central est entouré par une instance de chaque acteur ;
- un lien relie le système à chacun des acteurs ;
- sur chaque lien sont répertoriés tous les messages en entrée et en sortie du système, sans numérotation.

Comment construire les diagrammes d'états ?

Pour construire efficacement les diagrammes d'états :

- représentez d'abord la séquence d'états qui décrit le comportement nominal d'une instance, avec les transitions associées ;
- ajoutez progressivement les transitions qui correspondent aux comportements « alternatifs » ou d'exception ;
- complétez les effets sur les transitions et dans les états ;
- structurez le tout en sous-états et utilisez les notations avancées (`entry`, `exit`, etc.) si le diagramme devient trop complexe.

Événements

Distinguez bien les événements internes (« `when`(condition) ») et temporels (« `after`(durée) ») de ceux qui résultent de la réception de messages.

Attention : un événement (comme une transition) est par convention instantané, ou en tout cas insécable (atomique). Il est donc tout à fait incorrect de tester sa durée ! Les seuls concepts dynamiques en UML qui possèdent la notion de durée sont l'état et l'activité durable.

Super-état

Pensez à utiliser le concept de super-état pour factoriser les nombreuses transitions déclenchées par le même événement et amenant au même état.

Effet et condition

Attention, sur une transition, l'effet est toujours déclenché *après* l'évaluation de la condition de garde.

Transition automatique

Utilisez correctement les transitions automatiques. Une activité durable à l'intérieur d'un état peut être soit :

- « Continue » : elle ne s'arrête que lorsque se produit un événement qui fait sortir de l'état ;
- « Finie » : elle peut également être interrompue par un événement, mais s'arrête de toute façon d'elle-même au bout d'un certain temps, ou quand une certaine condition est remplie.

La transition de complétion d'une activité durable, aussi appelée *transition automatique*, est représentée en UML sans nom d'événement ni mot-clé.

Transition propre ou interne ?

Retenez bien la différence entre la transition propre et la transition interne :

- Dans le cas d'une *transition propre*, l'objet quitte son état de départ pour y revenir ensuite. Cela peut avoir des conséquences secondaires non négligeables comme l'interruption puis le redémarrage d'une activité durable, la réalisation d'effets en entrée (« `entry` ») ou en sortie (« `exit` ») de l'état, etc. ; en outre, si l'état est décomposé en sous-états, une transition propre ramène forcément l'objet dans le sous-état initial.
- En revanche, la *transition interne* représente un couple (événement/effet) qui n'a aucune influence sur l'état courant. La transition interne est notée graphiquement à l'intérieur du symbole de l'état.

Pseudo-état « History »

Il faut savoir utiliser à bon escient le pseudo-état « `history` » : il permet à un super-état de se souvenir du dernier sous-état séquentiel qui était actif avant une transition sortante. Une transition vers l'état « `history` » rend de nouveau actif le dernier sous-état actif, au lieu de ramener vers le sous-état initial.

Effets d'entrée et de sortie

N'abusez pas des effets d'entrée et de sortie. En effet, en cas de modification de l'effet sur une des transitions concernées, il vous faudra penser à « défactoriser » et à remettre l'effet sur chaque autre transition. Un effet d'entrée (ou de sortie) doit réellement être une caractéristique de l'état dans lequel il est décrit et pas seulement un artifice local de factorisation.

Action d'envoi de message

N'oubliez pas de décrire dans vos diagrammes d'états l'action importante qui consiste à envoyer un message à un autre objet sur déclenchement d'une transition. La syntaxe de cette action particulière est la suivante : « `/send` cible.message ».

États concurrents

Si un objet réalise plusieurs comportements relativement indépendants, il y a deux façons de le modéliser :

- considérer qu'il contient en fait plusieurs objets et que chacun d'entre eux réalise un de ses comportements, et représenter cela au moyen d'une classe structurée dans un diagramme de structure composite (ou un composant dans un diagramme de composants) ;
- décrire des « régions concurrentes » au sein du diagramme d'états ; l'état courant devient alors un vecteur à plusieurs lignes qui peuvent évoluer en parallèle.

Comment enrichir les classes à partir des diagrammes d'états ?

Des règles simples permettent d'enrichir la définition des classes à partir des diagrammes d'états :

- les opérations publiques correspondent aux noms des messages émis par les acteurs ;
- les opérations privées correspondent aux noms des messages envoyés à soi-même ;
- les attributs correspondent aux noms des données rémanentes, manipulées dans les actions, les activités ou les conditions.

Opération et acteur ?

Le concept d'opération n'a pas de sens sur un acteur humain : on ne cherche généralement pas à le modéliser d'une façon déterministe. Sur un acteur non-humain, en revanche, la liste des opérations représente son interface (au sens d'une API par exemple), telle qu'elle est utilisée par le système étudié. Cela s'avère particulièrement utile pour vérifier l'interopérabilité des deux systèmes et s'assurer que ces opérations sont déjà disponibles, ou prévues dans les spécifications.

Pas de diagramme d'états à moins de trois états !

Pas de diagramme d'états si l'on compte moins de trois états ! Ne perdez pas de temps à dessiner des diagrammes d'états qui ne contiennent que deux états (de type « on/off »), voire un seul. Dans ce cas, la dynamique de la classe est sûrement simple et susceptible d'être appréhendée directement. En suivant cette règle, il apparaît que 10 % des classes nécessitent usuellement une description détaillée sous forme de diagramme d'états.

Faut-il utiliser toutes les subtilités du diagramme d'états ?

Ne mettez pas forcément en œuvre toutes les subtilités des diagrammes d'états. Le formalisme du diagramme d'états UML est très puissant, mais aussi très complexe. Le lecteur qui n'en maîtrise pas tous les détails risque fort de ne pas vous suivre.

AVIS D'EXPERT

Olivier Casse, expert en langages et outils de modélisation de systèmes embarqués, directeur régional chez Artisan Software

Modèle UML exécutable : une utopie ?

L'engouement pour UML est dorénavant une évidence, toutefois la majeure partie des utilisateurs se contente d'une version inerte de leurs modèles… ce qui répond parfaitement à l'un des objectifs de la notation UML : communiquer. Une version graphique d'un projet permet de décrire les idées (ou les intentions), mais ces idées sont-elles exprimées sans équivoque ?
Un des moyens les plus pragmatiques de vérifier ces modèles est de les exécuter en les simulant avec les scénarios nominaux d'utilisation. Ceci implique un outillage permettant a minima de générer non seulement un squelette de code représentant l'architecture statique du projet, mais également l'intégration du comportement couvrant les aspects dynamiques du système.
Malheureusement, UML ne répond pas de façon triviale à ce besoin. Les éditeurs d'outils proposent diverses techniques pour pallier ce manque, notamment à partir des machines d'états qui se prêtent bien à une génération de code automatique. Cerise sur le gâteau, ces diagrammes peuvent être animés pour faciliter leur mise au point. Le modèle UML est alors utilisé pour construire l'architecture du modèle et donc du code final obtenu, alors que le côté dynamique est complété par du code : C, C++, C#, Java, Ada…voire SystemC, VHDL…
Selon la complétude et les possibilités de personnalisation de l'outillage UML, le code compilable ainsi obtenu peut servir à vérifier si le comportement global correspond bien aux attentes au niveau système, et selon la qualité du générateur, peut être utilisé en production. Ainsi, le modèle servant de référence entre maître d'ouvrage et maître d'œuvre est enrichi par une image exécutable et vérifiée servant de référence sur les cas d'utilisation nominaux. Dans certains domaines, notamment l'automobile, ces prototypes virtuels s'ornementent d'une IHM qui permet d'en contrôler l'exécution et d'analyser les résultats attendus. Dans ce cas, le Modèle est exécuté comme une boîte noire.

Marc Tizzano, consultant senior

Modélisation de la dynamique

Comment modéliser la dynamique d'une application ?
Lors de la modélisation des applications, une des questions récurrentes concerne la description de la dynamique. Si un consensus pour le diagramme de classes s'est dégagé pour la modélisation des éléments statiques, le modélisateur dispose d'un grand nombre de formalismes pour décrire le comportement de son logiciel. Il peut privilégier une description textuelle, et, dans ce cadre, il choisira les cas d'utilisation (ce qui aura le mérite de favoriser la discussion avec le client). Il peut aussi opter pour une approche plus événementielle et il préférera les diagrammes de séquence ou de communication. S'il veut privilégier une vision orientée flot de données, il utilisera alors les diagrammes d'activité. Si le comportement à modéliser est un processus métier, deux nouveaux formalismes viennent enrichir sa palette :

- les EPC (*Event-driven Process Chain*) popularisés par l'outil BPM Aris de Ids Scheer ;
- et le formalisme BPMN (*Business Process Modeling Notation*) qui est une norme OMG.

Que choisir ? Dans tous les cas, je préconise une première description textuelle en utilisant les cas d'utilisation, car il faut favoriser la communication avec le client. Si la dynamique à décrire est une succession d'appels de méthodes, une description de quelques séquences d'interactions caractéristiques pourra être modélisée avec les diagrammes de séquence. Cette description formelle devra rester simple, non exhaustive et n'est pas obligatoire. Par contre, s'il faut modéliser un processus métier, une description plus formelle est alors obligatoire, et, dans ce cas, je recommande l'utilisation de BPMN, qui a l'avantage de permettre une traduction vers un langage d'exécution, le BPEL (*Business Process Execution Language*).

PARTIE IV

Conception

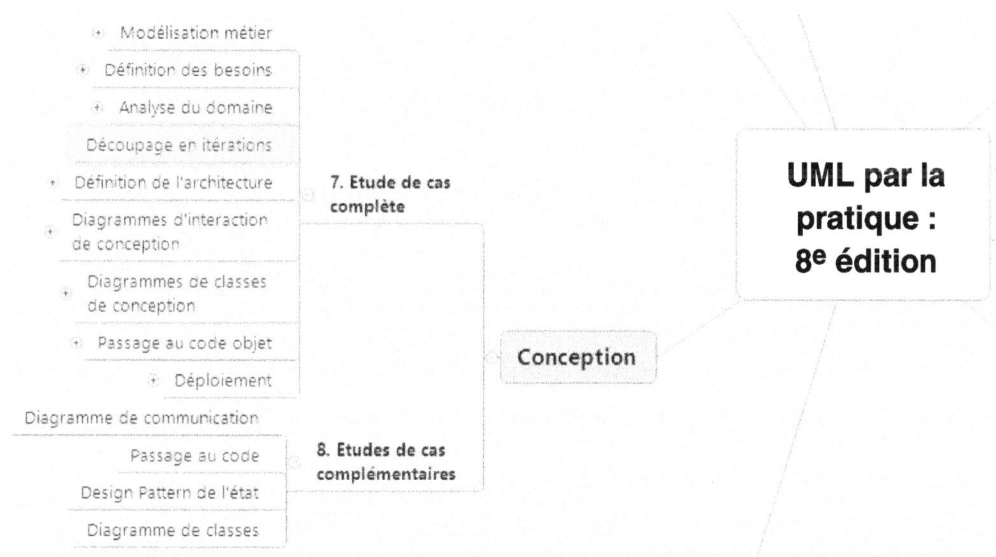

7

Étude de cas complète : de la modélisation métier à la conception détaillée en Java ou C#

Ce chapitre va nous permettre de mener une étude de cas complète partant de la modélisation métier et aboutissant à la conception détaillée (cible Java ou C#), en passant par l'expression des besoins fonctionnels et l'analyse orientée objet.

Nous allons voir en particulier :

- Quels diagrammes d'UML utiliser pour la modélisation métier ?
- Comment se servir de cette modélisation métier pour mieux définir les besoins informatiques ?
- Comment l'analyse linguistique permet d'aider à la modélisation du domaine ?
- Comment décrire une architecture en couches avec UML ?
- Comment utiliser les diagrammes de séquence et de de communication pour décrire les interactions entre objets informatiques, et répartir les opérations ?
- Comment répercuter les décisions d'affectation des responsabilités aux objets dans les diagrammes de classes ?
- Comment traduire les diagrammes UML de conception détaillée en code orienté objet ?

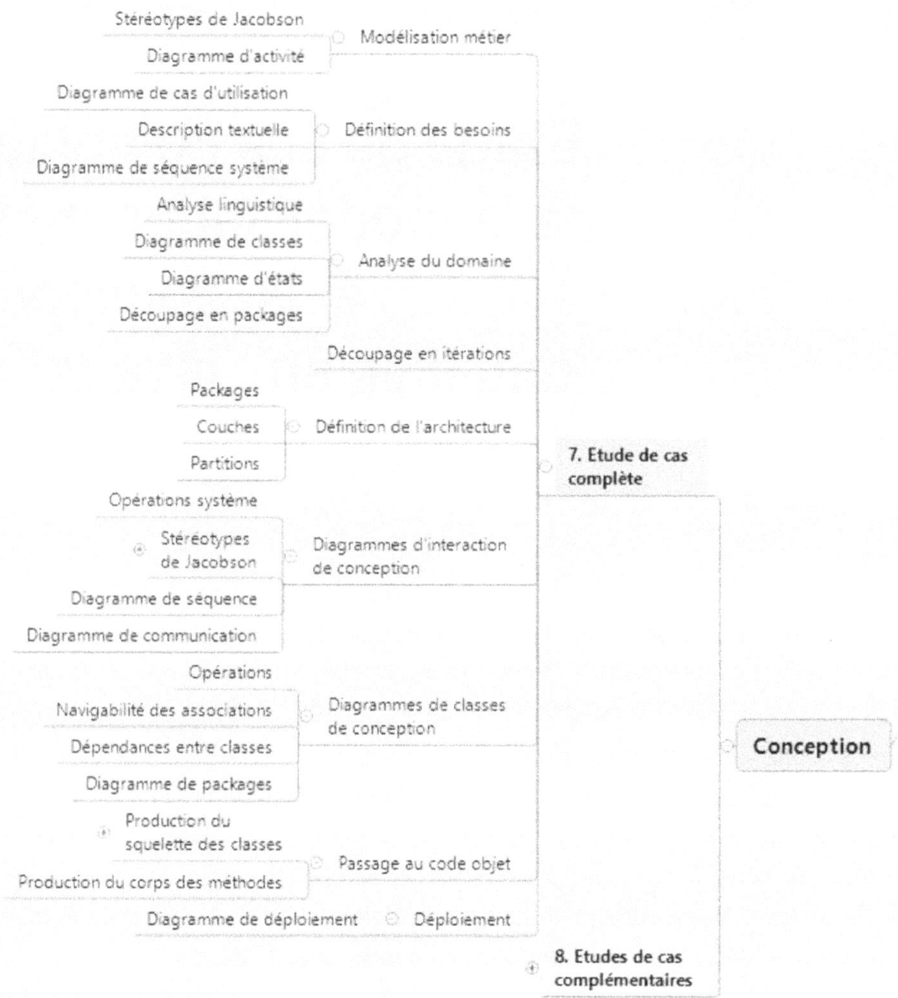

AVIS D'EXPERT

Fabien Brissonneau, consultant et formateur, eiXa6 informatique

La modélisation métier connaît un intérêt croissant dans les entreprises. Elle se heurte néanmoins à plusieurs obstacles, dont la difficulté de réutiliser le travail effectué n'est pas des moindres. Réalisée sans concertation avec les futurs lecteurs, elle est la cible de nombreuses critiques.

Bien répandu dans les équipes informatiques, UML est le langage commun qui s'impose auprès des équipes de maîtrise d'œuvre et d'ouvrage. De plus, il présente l'intérêt aujourd'hui majeur d'être très bien outillé. Au-delà de son domaine d'origine, UML fait des émules. Preuve en est le support de plus en plus répandu d'UML par des outils utilisant traditionnellement des notations propriétaires ou spécialisées.

Étape 1 – Modélisation métier (business modeling)

Dans le cadre de l'amélioration qu'elle veut apporter à son système d'information, une entreprise souhaite modéliser, dans un premier temps, le processus de formation de ses employés afin que quelques-unes de leurs tâches soient informatisées.

1. Le processus de formation est initialisé lorsque le responsable formation reçoit une demande de formation de la part d'un employé. Cette demande est instruite par le responsable qui la qualifie et transmet son accord ou son désaccord à l'intéressé.
2. En cas d'accord, le responsable recherche dans le catalogue des formations agréées un stage qui correspond à la demande. Il informe l'employé du contenu de la formation et lui propose une liste des prochaines sessions. Lorsque l'employé a fait son choix, le responsable formation inscrit le participant à la session auprès de l'organisme de formation concerné.
3. En cas d'empêchement, l'employé doit informer le responsable de formation au plus tôt pour annuler l'inscription ou la demande.
4. À la fin de sa formation, l'employé doit remettre au responsable formation une appréciation sur le stage qu'il a effectué, ainsi qu'un document justifiant de sa présence.
5. Le responsable formation contrôle par la suite la facture que l'organisme de formation lui a envoyée avant de la transmettre au comptable achats.

À RETENIR

Stéréotypes pour la modélisation métier

En matière de modélisation métier, Jacobson[a] a été le premier à proposer d'utiliser les concepts UML d'acteur, cas d'utilisation, classe, package, etc., avec des stéréotypes particuliers. Dans la suite de l'exercice, nous utiliserons les stéréotypes suivants, fournis entre autres par Rational/Rose :

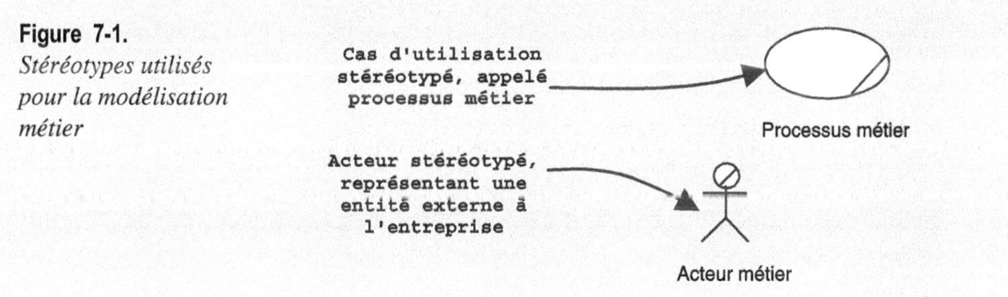

Figure 7-1. *Stéréotypes utilisés pour la modélisation métier*

a. *Software Reuse:* I. Jacobson *et al.*, 1997, Prentice Hall, puis *The Unified Software Development Process*, I. Jacobson, G. Booch, J. Rumbaugh, 1999, Addison-Wesley (qui existe en version française chez Eyrolles : *Le processus unifié de développement logiciel*).

À RETENIR

Figure 7-1.
(suite)

Classe stéréotypée, représentant un humain agissant à l'intérieur de l'entreprise

Travailleur métier

Classe stéréotypée, représentant une entité passive manipulée par un travailleur métier

Entité métier

Package stéréotypé, structurant le modèle métier

Unité d'organisation

EXERCICE 7-1. Modélisation d'un processus métier

Utilisez les stéréotypes pour la modélisation métier afin de montrer le processus de formation et ses acteurs sur un diagramme de cas d'utilisation.

Modélisez le processus de formation et ses acteurs.

Le processus de formation est représenté par un cas d'utilisation stéréotypé.

Les acteurs impliqués sont (dans l'ordre de l'énoncé) :

- l'employé ;
- le responsable formation ;
- l'organisme de formation ;
- le comptable des achats.

Seul l'organisme de formation est une entité externe à l'entreprise, ce qui donne le schéma suivant :

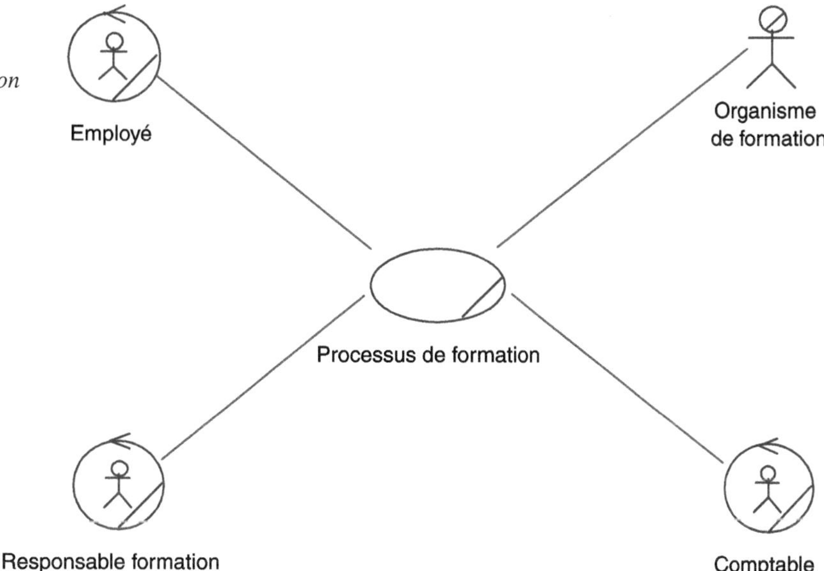

Figure 7-2. *Modélisation du processus de formation avec ses acteurs*

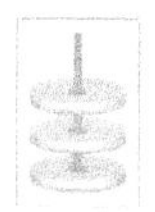

EXERCICE 7-2. Le diagramme d'activité pour modéliser un processus

Décrivez la dynamique du processus de formation au moyen d'un diagramme d'activité. Utilisez des partitions verticales pour affecter les responsabilités aux acteurs.

Modélisez le processus de formation avec un diagramme d'activité.

Le processus de formation comporte un ensemble d'actions ordonnées dans le temps et affectées à un des acteurs identifiés précédemment. Cet enchaînement se représente parfaitement grâce à un diagramme d'activité.

Les partitions[1] permettent d'agencer graphiquement les actions de telle sorte que celles qui sont affectées à un même acteur se trouvent dans la même bande verticale.

1. Généralisation UML 2 du concept de « swimlane ».

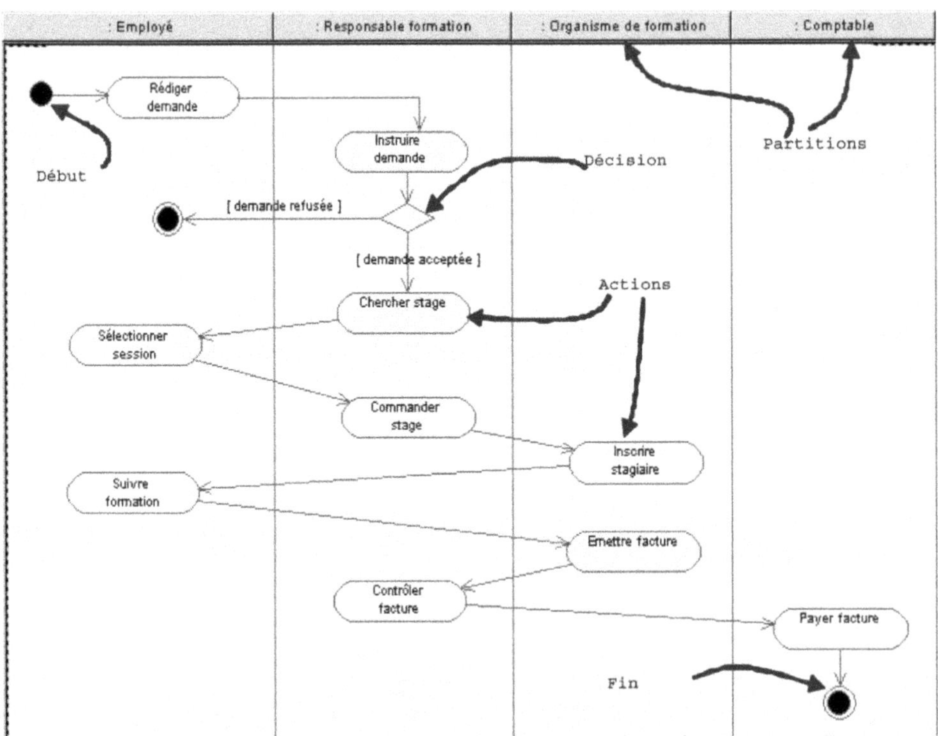

Figure 7-3.
Diagramme d'activité du processus de formation

Pour compléter le diagramme, on peut également ajouter la création et le changement d'état des entités métier, suite à la réalisation des actions.

Notez que nous n'avons pas utilisé l'icône spécifique de l'entité métier pour la *DemandeDeFormation*, afin de pouvoir plus facilement indiquer ses changements d'états entre crochets.

Le diagramme ainsi obtenu est très intéressant, puisqu'il fait le pont entre les trois axes de modélisation : fonctionnel (actions), dynamique (flots) et statique (entités et partitions) !

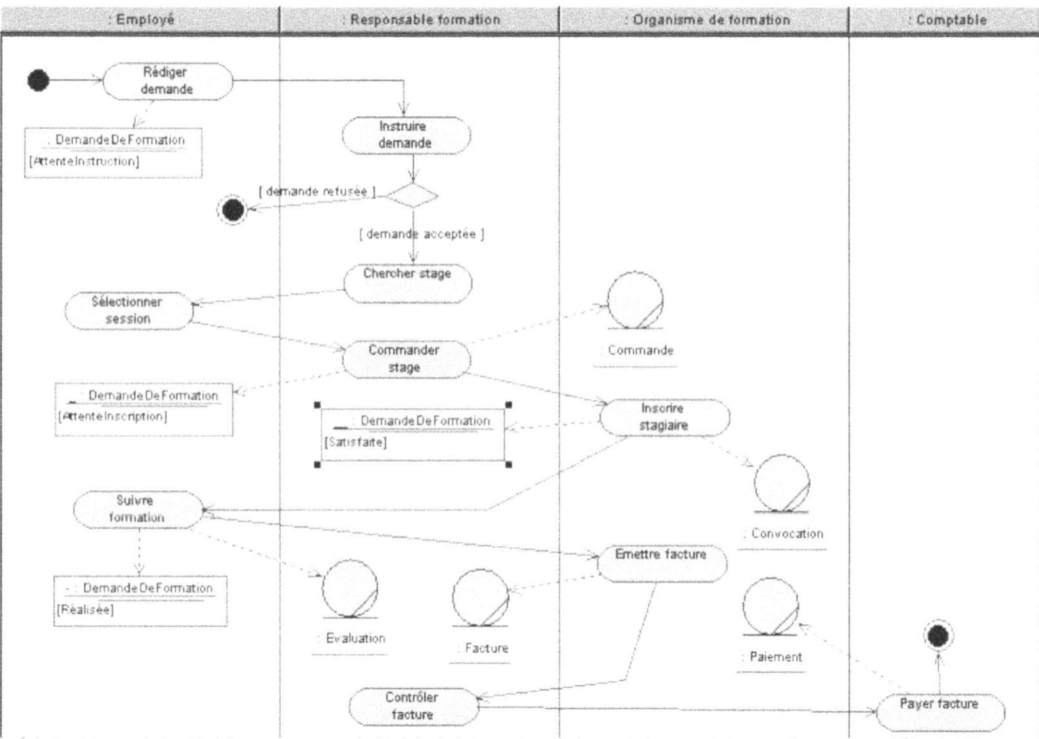

Figure 7-4.
Diagramme d'activité complété du processus de formation

Étape 2 – Définition des besoins du système informatique

Poursuivons notre étude fonctionnelle. La définition des tâches qui seront informatisées est réalisée par sélection de certaines actions du modèle métier. Nous allons ainsi déduire le cahier des charges fonctionnel du système informatique à partir de l'étude précédente, et en particulier du diagramme d'activité.

Le système doit permettre d'initialiser une demande de formation et de suivre cette demande jusqu'à l'inscription effective d'un employé.

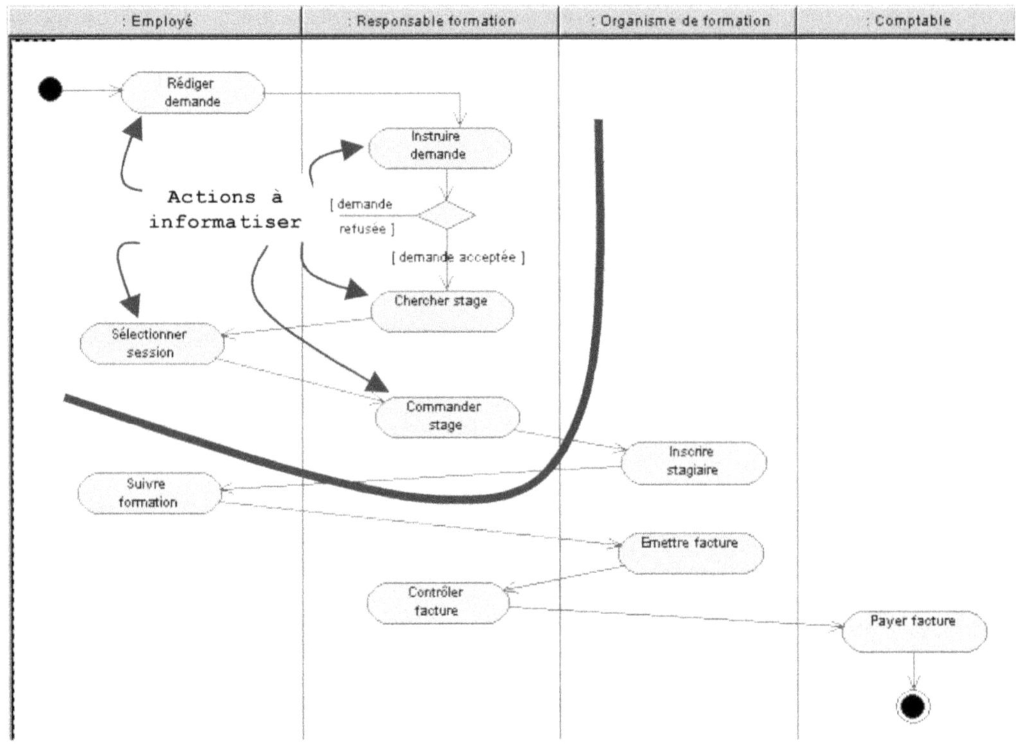

Figure 7-5.
Actions du processus de formation à informatiser

Le système de gestion des demandes de formation doit donc permettre d'automatiser les actions métier suivantes :

- Rédiger une demande (employé) ;
- Instruire une demande (responsable formation) ;
- Chercher un stage (responsable formation) ;
- Sélectionner une session (employé) ;
- Commander un stage (responsable formation).

Et il ne faut pas oublier qu'un employé a la possibilité d'annuler une demande ou une inscription à une session.

Pour tout cela, il est indispensable que le système informatique gère un catalogue de formations agréées auquel les employés peuvent accéder partiellement en lecture, et le responsable formation globalement en écriture. Ce catalogue contiendra non seulement le contenu technique, la durée, etc., des formations proposées par les organismes agréés, mais aussi les dates et lieux des prochaines sessions. Le responsable formation pourra également créer des regroupements de formations appelés thèmes.

EXERCICE 7-3. Le diagramme de cas d'utilisation pour définir les besoins informatiques

Élaborez le diagramme de cas d'utilisation du système informatique de gestion des demandes de formation. Écrivez quelques lignes de résumé pour chaque cas d'utilisation.

Élaborez le modèle des cas d'utilisation du système.

Les acteurs impliqués sont (dans l'ordre de l'énoncé) :

- l'employé ;
- le responsable formation ;
- l'organisme de formation.

En effet, les actions du comptable ne seront pas informatisées et il n'interagira donc pas directement avec le système informatique.

D'après la liste des actions métier, on peut définir les cas d'utilisation suivants :

Demander une formation

L'employé peut consulter le catalogue et sélectionner un thème, ou une formation, ou même une session particulière. La demande est automatiquement enregistrée par le système et transmise au responsable formation par e-mail.

Traiter les demandes

Le responsable formation va utiliser le système pour indiquer aux employés sa décision (accord ou refus). En cas d'accord sur une session précise, le système va envoyer automatiquement par fax une demande d'inscription sous forme de bon de commande à l'organisme concerné. Si l'employé n'a pas choisi une session, mais simplement une formation ou un thème, le responsable formation va consulter le catalogue et sélectionner les sessions qui paraissent correspondre le mieux à la demande. Cette sélection sera transmise par e-mail à l'employé, qui pourra ainsi faire une nouvelle demande plus précise.

Gérer ses demandes

L'employé peut consulter l'état de ses demandes de formation en cours et éventuellement les annuler individuellement. Il peut également préciser une demande incomplète. Le responsable formation est automatiquement averti par e-mail.

Mettre à jour le catalogue

Le responsable formation peut introduire une nouvelle formation dans le catalogue, modifier une formation existante ou supprimer une formation qu'un organisme a abandonnée. Il peut également modifier les regroupements de formations qui ont été faits par thèmes. Il a aussi la possibilité de mettre à jour les dates et lieux des sessions.

Le diagramme préliminaire ci-après synthétise toutes ces réflexions.

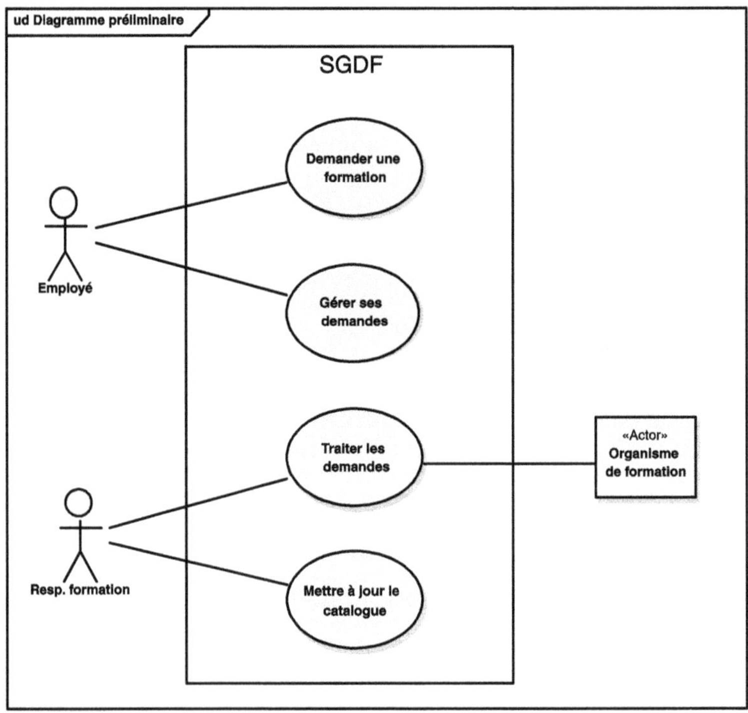

Figure 7-6. *Diagramme de cas d'utilisation préliminaire du système de gestion des demandes de formation*

EXERCICE 7-4. Description essentielle d'un cas d'utilisation

Rédigez une description détaillée essentielle de METTRE À JOUR LE CATALOGUE.

Dessinez un diagramme de séquence représentatif pour ce cas d'utilisation.

Sommaire d'identification

Titre : Mettre à jour le catalogue **Type** : essentiel détaillé

Résumé : le responsable formation est chargé de la mise à jour continue d'un catalogue qui répertorie les formations agréées disponibles pour les employés. La plupart des modifications proviennent des organismes de formation.

Acteurs : Responsable formation.

Date de création : 28/09/17 **Date de mise à jour** : 26/01/18
Version : 1.8 **Responsable** : Pascal Roques

Description des enchaînements

Préconditions : le responsable formation s'est authentifié sur le système.

Postconditions : une nouvelle version du catalogue est disponible en consultation.

Scénario nominal :

1. Ce cas d'utilisation commence en général quand un Organisme de formation informe le Responsable formation de modifications par rapport à son offre.	
2. Le Responsable formation peut introduire une nouvelle formation dans le catalogue, modifier une formation existante ou enlever une formation supprimée par l'organisme. Lors d'une création ou d'une modification, le Responsable formation a la possibilité de modifier l'agenda des sessions prévues pour la formation.	3. Le Système prévient les utilisateurs connectés qu'ils risquent de travailler sur une version obsolète. Lors d'une suppression, le Système indique au Responsable formation la liste des participants qui étaient inscrits aux sessions annulées, et les inscriptions sont annulées.

4. Le Responsable formation valide ses modifications.	5. Le Système prévient les employés connectés qu'une nouvelle version du catalogue est disponible.

Séquences alternatives :

A1 : informations incomplètes

L'enchaînement A1 démarre à l'étape 2 du scénario nominal.

2. Lorsque les informations relatives à une nouvelle formation sont incomplètes (par exemple, absence de date de session), la formation est mise au catalogue mais aucune inscription ne pourra être prise. La description doit être modifiée et complétée plus tard.

Le scénario nominal continue à l'étape 2.

A2 : gestion des thèmes

La séquence A2 démarre à l'étape 2 du scénario nominal.

2. Le responsable formation peut commencer par créer un nouveau thème ou renommer un thème existant. Il peut également déplacer une formation d'un thème à un autre.

Le scénario nominal continue à l'étape 2.

Spécifications supplémentaires

Concurrence : ce cas d'utilisation ne peut être exécuté que par un responsable à la fois.

Disponibilité : le catalogue est accessible *via* l'Intranet du lundi 9 h au vendredi 17 h. Les actions de maintenance doivent être limitées au strict minimum pendant ces heures.

Exemple de diagramme de séquence système du cas d'utilisation : « Mettre à jour le catalogue ».

Nous avons utilisé un fragment de type « alternatives » (`alt`) pour indiquer que les actions effectuées par le responsable formation peuvent arriver dans n'importe quel ordre. Ce fragment « alternatives » est lui-même imbriqué dans une boucle (`loop`).

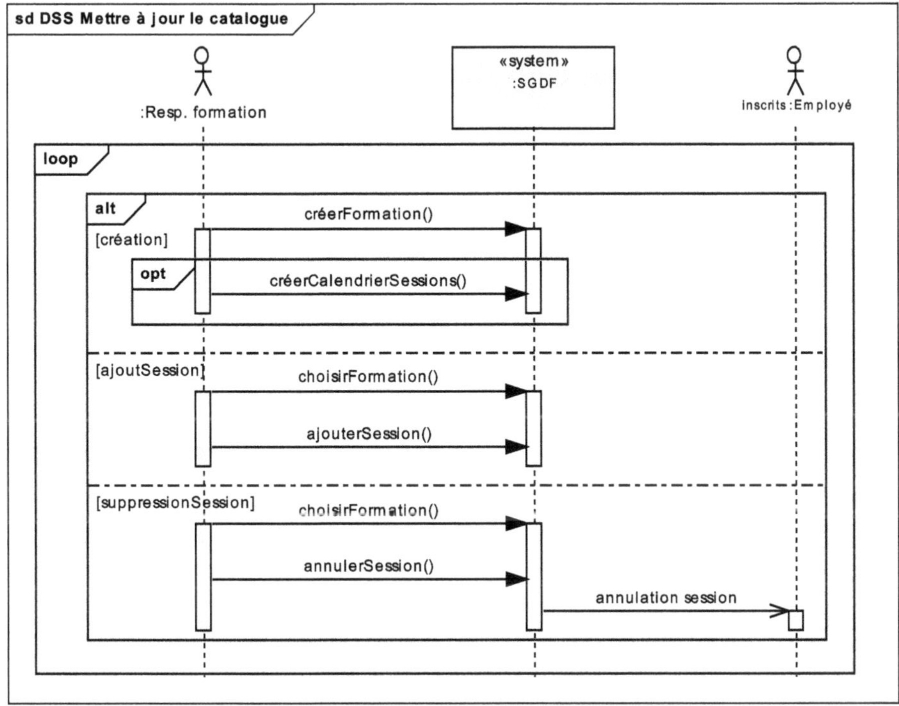

Figure 7-7. *Diagramme de séquence système du cas d'utilisation :* Mettre à jour le catalogue

Remarquons que les employés inscrits à une session annulée sont automatiquement avertis par le système (e-mail). La flèche du message « annulation session » est ouverte pour indiquer qu'il s'agit d'un message asynchrone[2].

À RETENIR

Flots de contrôle des messages

Un flot de contrôle synchrone signifie que l'objet émetteur se bloque en attendant la réponse du récepteur du message.
Dans un flot de contrôle asynchrone au contraire, l'objet émetteur n'attend pas la réponse du récepteur et poursuit sa tâche sans se soucier de la réception de son message.

Il faudra donc ajouter un acteur secondaire à notre diagramme de cas d'utilisation préliminaire.

2. Attention, ceci est conforme à la nouvelle norme UML 2. Dans les versions précédentes, le message asynchrone était représenté par une demi-flèche ouverte.

EXERCICE 7-5. Amélioration du diagramme de cas d'utilisation

Améliorez le diagramme de cas d'utilisation préliminaire du système informatique de gestion des demandes de formation.

En particulier, pour demander une formation et pour maintenir le catalogue, le système doit proposer une fonctionnalité de base de consultation du catalogue.

Améliorez le modèle des cas d'utilisation du système.

Pour demander une formation, le système doit proposer une fonctionnalité de base de consultation du catalogue. L'employé peut consulter le catalogue sans faire de demande. La création d'une demande vient étendre optionnellement la consultation[3].

L'acteur « Organisme de formation » ne fait que recevoir des messages venant du système, nous utiliserons donc une association unidirectionnelle. De même, l'employé est acteur secondaire (récepteur) des cas d'utilisation du responsable formation et réciproquement.

De plus, un responsable formation peut également effectuer une demande de formation, etc. Nous ajoutons donc une relation de généralisation entre acteurs.

Enfin, pour ne pas surcharger le diagramme, nous n'y représenterons pas le processus d'identification de l'employé ou du responsable formation. Mais nous créerons plutôt un package différent. Le modèle de cas d'utilisation est ainsi divisé en deux packages :

- cas d'utilisation opérationnels ;
- cas d'utilisation de support.

Le diagramme de cas d'utilisation du premier package devient :

3. On pourrait également argumenter que pour demander une formation, il faut obligatoirement consulter le catalogue, ce qui pourrait justifier une relation d'inclusion (« include ») entre cas d'utilisation. Nous voyons là une fois de plus la difficulté (et le danger) des relations entre cas d'utilisation !

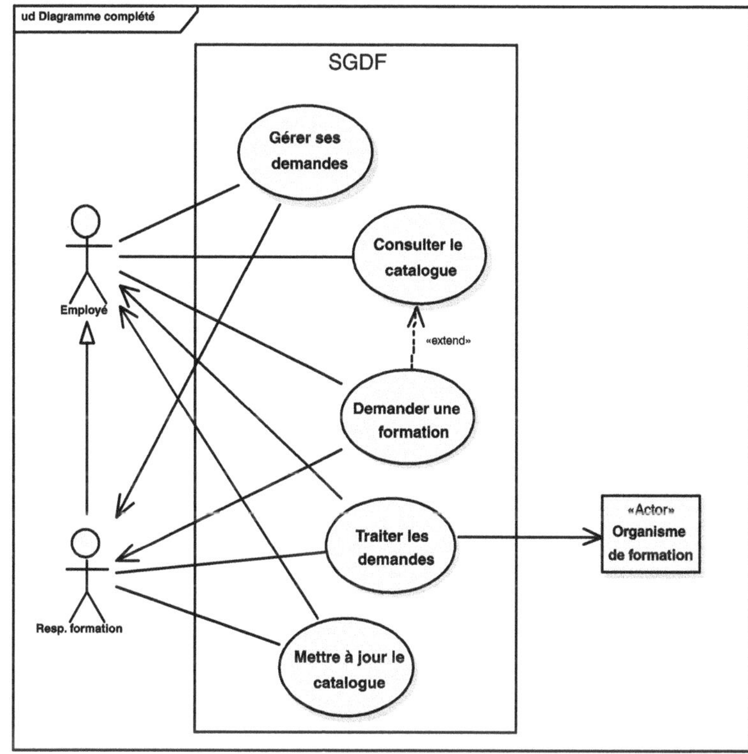

Figure 7-8.
Diagramme de cas d'utilisation du package des cas opérationnels

Celui du second package est fourni par la figure suivante.

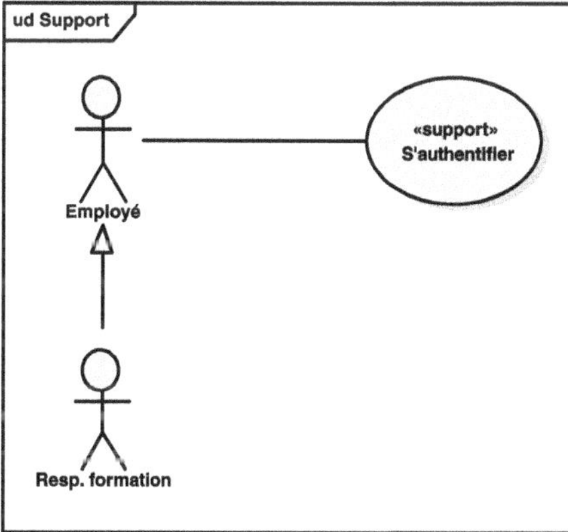

Figure 7-9.
Diagramme de cas d'utilisation du package des cas de support

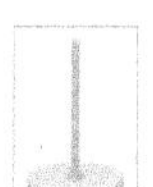

EXERCICE 7-6. Diagramme de contexte statique

La contrainte de concurrence sur ce cas d'utilisation amène une dernière question.

Élaborez le diagramme de contexte statique du système.

Le système de gestion des demandes de formation est fondamentalement multi-utilisateurs (typiquement : un intranet), sauf pour le responsable formation qui doit en être le seul utilisateur en modification à un moment donné.

Les organismes de formation n'ont pas accès au système : ils ne font que recevoir des commandes (une à la fois), ce qui explique la flèche de navigabilité sur l'association entre le système et l'acteur non humain.

Notez que nous avons cette fois utilisé le symbole du composant UML pour particulariser le système.

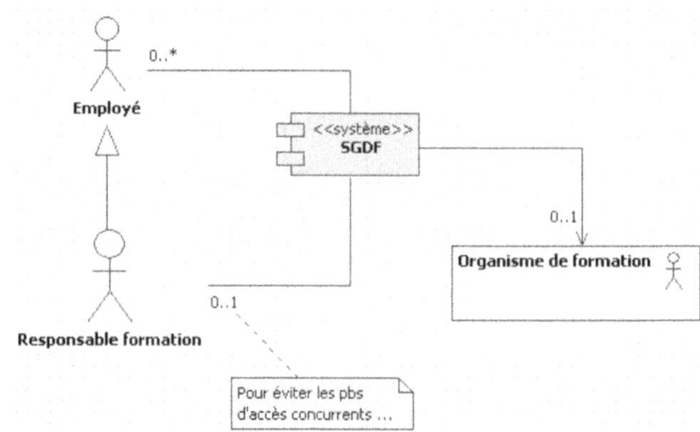

Figure 7-10.
Diagramme de contexte statique du système de gestion des demandes de formation

Étape 3 – Analyse du domaine (partie statique)

Nous allons reprendre l'énoncé de l'étude de cas, déjà traitée du point du vue fonctionnel aux étapes 1 et 2, en le reformulant et en le simplifiant légèrement.

1. Le processus de formation est initialisé lorsque le responsable formation reçoit une demande de formation de la part d'un employé.
2. Cette demande est instruite par le responsable qui qualifie la demande et transmet son accord ou son désaccord à l'intéressé.
3. En cas d'accord, le responsable recherche dans le catalogue des formations agréées un stage correspondant à la demande.
4. Il informe l'employé du contenu de la formation et lui propose une liste des prochaines sessions.
5. Lorsque l'employé retourne son choix, le responsable formation inscrit le participant à la session auprès de l'organisme de formation concerné.
6. Le responsable formation contrôle par la suite la facture que lui a adressée l'organisme de formation avant de la transmettre au comptable des achats.

Nous avons déjà identifié les travailleurs métier impliqués dans le processus de formation (exercice 7-1). Il nous faut maintenant aborder ce dernier sous l'angle statique qu'il présente et découvrir les principales entités métier.

Pour cela, une analyse lexicale du texte de l'énoncé est tout à fait indiquée. Cette technique est en général sous-utilisée, car elle peut sembler fastidieuse. Elle est pourtant très efficace pour découvrir des objets candidats dans les cas difficiles, par exemple si le modélisateur connaît mal le domaine métier.

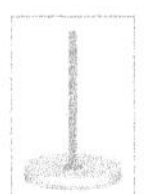

EXERCICE 7-7. Analyse linguistique (1/6)

Modélisez la phrase 1, en employant les stéréotypes de Jacobson.

Une analyse simpliste des noms et groupes nominaux fournit les entités suivantes : processus de formation, responsable formation, demande de formation, employé. Considérons chacun des candidats à tour de rôle.

- *Processus de formation* a déjà été identifié à l'étape 1 en tant que processus métier : il n'apparaîtra pas sur le diagramme de classes.
- En revanche, *responsable formation* et *employé* y figureront, car ils ont été identifiés comme travailleurs métier.
- Articles « un/une » ou « le/la ». L'article indéfini (« un/une ») indique que le nom est utilisé de façon générique, alors que l'article défini (« le/la ») indique que le nom est unique dans le contexte de la phrase. Attention cependant : l'article « un » signifie souvent « un en général », (comme dans : lorsque le responsable formation reçoit *une* demande de formation), mais aussi parfois « un et un seul » pour indiquer que le pluriel ne serait pas possible (comme dans : de la part d'*un* employé). Dans ce cas, on obtient une multiplicité 1 sur une association.

Nous en déduisons aisément le diagramme de classes suivant.

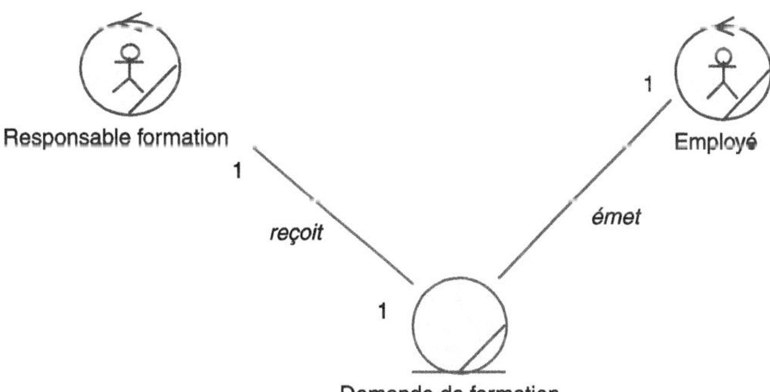

Figure 7-11.
Modélisation statique de la phrase 1

EXERCICE 7-8. Analyse linguistique (2/6)

Modélisez la phrase 2.

En procédant, comme pour la première phrase, à une analyse simpliste des noms et groupes nominaux, on obtient les entités suivantes : demande, responsable, accord, désaccord, l'intéressé.

- Référence indirecte par « ce/cette », « ces » : une phrase utilisant le mot « ce » fait presque toujours référence au sujet de la phrase précédente. Les concepts *demande* et *demande de formation* sont donc identiques.
- Attention aux synonymes ! Il est clair que *responsable* n'est pas un nouveau concept, mais simplement une forme plus courte de *responsable formation*. C'est un peu moins évident avec le mot *intéressé* qui fait référence à l'employé qui a émis la demande.
- Possessifs : « son/sa », « ses ». Nous pouvons traduire la possession de deux façons : une association ou un attribut. Nous choisissons l'association si le possesseur et la possession sont tous les deux des concepts. Nous choisissons l'attribut si la possession est une simple caractéristique du possesseur.
- Conjonction de coordination « ou ». Un « ou exclusif » doit faire penser à une relation de généralisation/spécialisation, mais uniquement si les concepts spécialisés ont des attributs et des comportements différents. Dans le cas contraire, il vaut mieux introduire un simple type énuméré. Dans notre exemple, nous pouvons considérer que l'accord ou le désaccord sont des spécialisations d'une entité *réponse* relative à la demande. En effet, le désaccord aura probablement un attribut *motif*, contrairement à l'accord.
- Verbes : la demande est reçue par le responsable, puis instruite et enfin qualifiée. Il n'est pas question de dessiner trois associations pour modéliser toutes les actions que le responsable peut effectuer à propos de la demande. Au contraire, le diagramme de classes doit représenter une vue statique qui soit valable à tout moment. Nous renommons donc l'association entre *responsable* et *demande* avec un verbe plus neutre (*traiter*), et nous modifions les multiplicités en conséquence.

Pour compléter le diagramme, nous avons supposé qu'un employé ne peut pas émettre plus d'une demande à la fois. On notera également les multiplicités entre *demande* et *réponse* : une réponse est forcément liée à une et une seule demande ; une demande peut exister sans réponse (tant qu'elle n'est pas instruite).

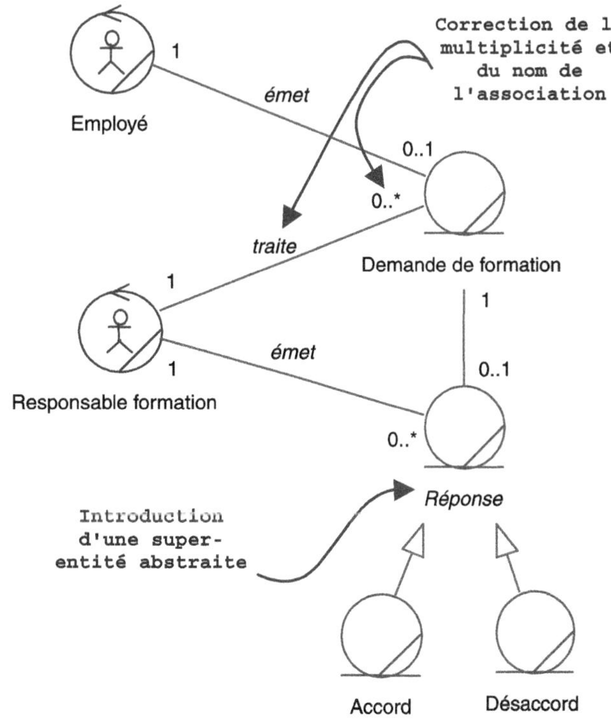

Figure 7-12.
Modélisation statique de la phrase 2

EXERCICE 7-9. Analyse linguistique (3/6)

Modélisez la phrase 3.

Une nouvelle analyse rapide des noms et groupes nominaux fournit les entités suivantes : accord, responsable, catalogue, formation, stage, demande.

- *Accord*, *responsable* et *demande* ont été identifiés précédemment.
- Conteneur et contenu : *catalogue* est un conteneur composé de *formations* ; les deux peuvent donner lieu à des entités, si elles portent des attributs et des comportements. C'est bien le cas dans notre exemple. On doit alors étudier la possibilité d'une agrégation ou d'une composition. Sinon, le contenu peut être un simple attribut du conteneur.
- Pluriel : le pluriel sur un nom (catalogue *des* formation*s*) donne souvent lieu à une entité au singulier, mais avec une multiplicité « 0..* » sur une association.
- Verbes : attention, les verbes correspondent souvent à des actions effectuées sur les entités (le responsable *recherche*…). Ces actions ne se traduisent généralement pas

dans le diagramme de classes d'analyse. Elles donnent en revanche des indications sur la dynamique, et peuvent donner lieu à des fragments de diagramme de séquence ou de communication.

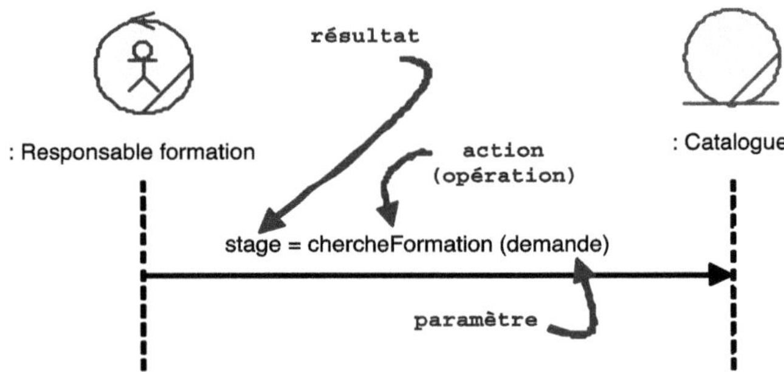

Figure 7-13.
Fragment de modèle dynamique issu de la phrase 3

- Adjectifs : ils représentent soit des attributs d'une entité déjà identifiée, soit une possibilité de relation de généralisation. Attention : ils peuvent aussi simplement ajouter du « bruit » dans le texte, comme dans notre cas où seules les *formations agréées* ont une existence notable dans le processus de formation.
- Participes présents : ils indiquent souvent une association entre deux entités. Par exemple, « un stage *correspondant à* la demande » amène la création d'une association entre les entités *stage* et *demande*.
- Attention aux synonymes ! Pour éviter les répétitions qui alourdissent le style, l'usage des synonymes est fréquent : *formation* et *stage* en sont une bonne illustration. Le modélisateur doit débusquer ces synonymes et les « réduire » en choisissant un nom principal d'entité. Nous préférerons le terme *formation* plutôt que celui de *stage*.

Toute cette discussion conduit au diagramme de classes ci-après.

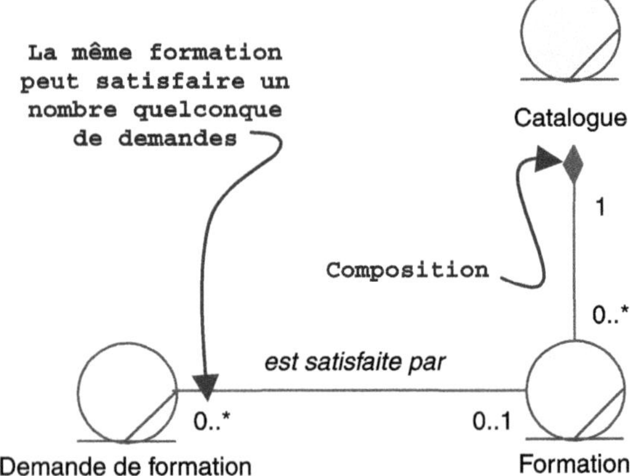

Figure 7-14.
Modélisation statique de la phrase 3

EXERCICE 7-10. Analyse linguistique (4/6)

Modélisez la phrase 4.

Une analyse sommaire des noms et groupes nominaux permet de relever les entités suivantes : employé, contenu, formation, liste, session.

- Référence indirecte par un pronom : « il/elle », etc. Les pronoms sont des références à un autre nom qui est souvent le sujet de la phrase précédente. Ici, « *il* informe… » concerne de toute évidence le responsable.
- *Employé* et *formation* ont été identifiés précédemment.
- Contenance ou possession : entité à part entière ou attribut suivant les cas. Si l'on considère qu'une formation a un contenu dont la structure est complexe (prérequis, objectifs, plan détaillé, etc.) et un comportement, il est tout à fait justifié d'en faire une entité. Comme nous l'avons souligné précédemment, on doit étudier la possibilité d'une agrégation ou d'une composition.
- Conteneur : le mot *liste* indique simplement une multiplicité « * » et apporte souvent une notion d'ordonnancement (contrainte UML `{ordered}`). Il ne faut surtout pas identifier une entité *liste* lors de la phase d'analyse : le choix des types de conteneur est vraiment du ressort de la conception détaillée, voire de l'implémentation.
- Attention aux faux synonymes ! Cette fois-ci, il ne faut pas croire que *session* est synonyme de *formation* ou *stage*. En effet, le concept de *session* ajoute des notions de date et de lieu qui ne font pas partie du concept plus générique de *formation*. On peut évoquer les mérites de la « formation UML de 4 jours proposée par PRFC », et s'inscrire à la « session qui a lieu à Toulouse du 9 au 12 janvier 2018 ». De plus, ces entités ont des comportements bien distincts : on peut reporter ou annuler une *session*, sans modifier de quelque manière que ce soit la *formation*.
- Verbes : là encore, les verbes représentent des échanges de messages entre instances, et absolument pas des associations.

Figure 7-15.
Fragment de modèle dynamique issu de la phrase 4

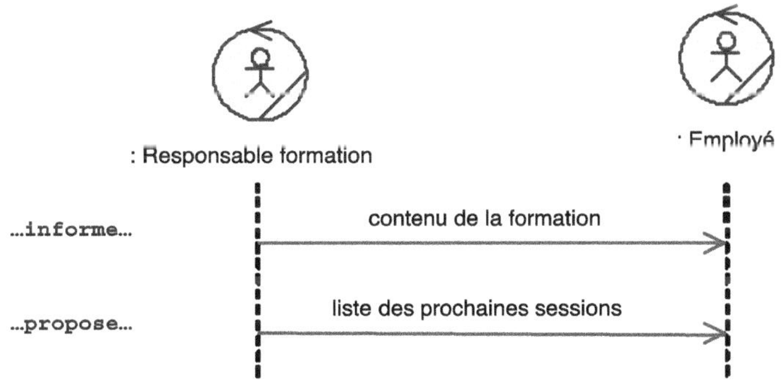

: Responsable formation

: Employé

…informe… contenu de la formation

…propose… liste des prochaines sessions

Le résultat de ces cogitations est synthétisé sur le schéma présenté ci-après.

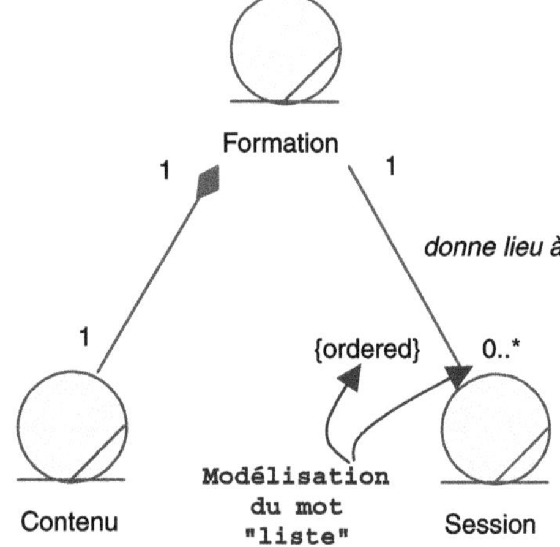

Figure 7-16.
Modélisation statique de la phrase 4

La relation entre *formation* et *session* est une nouvelle illustration de l'important « pattern de la métaclasse », étudié au chapitre 3, exercice 3-11.

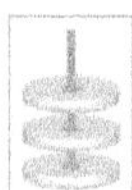

EXERCICE 7-11. Analyse linguistique (5/6)

Modélisez la phrase 5.

Une fois encore, l'analyse linguistique nous fournit les entités candidates : employé, choix, responsable formation, participant, organisme de formation.

- Employé, responsable et organisme de formation ont été identifiés précédemment.
- Une nouvelle fois, il faut veiller à ne pas modéliser un comportement dynamique dans le diagramme de classes ! La phrase 5 se traduirait directement par le fragment de diagramme de séquence suivant.

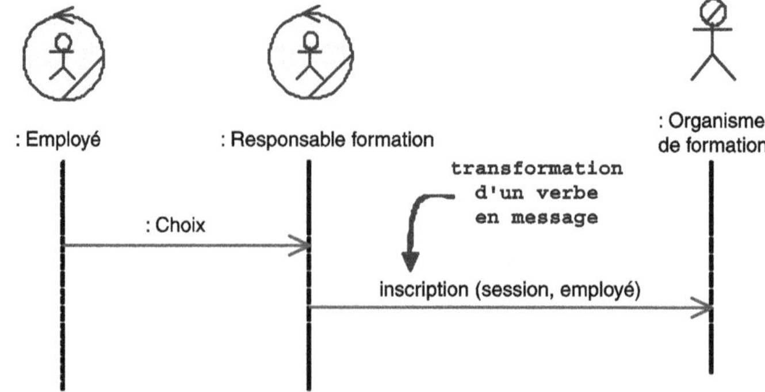

Figure 7-17.
Modélisation dynamique de la phrase 5

- Verbes : souvent le verbe cache un nom ! Dans l'exemple précédent, où « le responsable formation *inscrit* le participant », le diagramme de séquence fait apparaître un message *inscription* qui porte des paramètres. En fait, nous avons besoin d'une entité *inscription* qui représente une sorte de contrat entre le responsable et l'organisme externe. Cette entité porte des attributs (date, prix, etc.) et des comportements (reporter, annuler, etc.).

Les entités de type *contrat* se modélisent très fréquemment comme des classes d'association.

- Termes vagues : le mot *choix* est délicat à modéliser. En effet, il s'agit d'un mot imprécis, d'un terme vague. Il faut donc le situer dans le contexte auquel il se rapporte. D'après la phrase 4, l'employé choisit une des sessions proposées par le responsable. Le mot *choix* dans ce contexte ne sert qu'à identifier une *session* particulière pour laquelle le responsable va faire une demande d'inscription auprès de l'organisme de formation. Il ne s'agit donc pas d'une nouvelle entité, mais plutôt d'un rôle joué par une session dans une relation avec une inscription.
- Rôles : il faut veiller à ne pas créer systématiquement de nouvelles entités. En effet, certains noms représentent simplement des rôles joués par des entités déjà identifiées. C'est le cas pour *participant*, qui ne décrit qu'un rôle joué par un employé dans le cadre d'une session.
- Acteurs. Faut-il relier *organisme de formation* à *session* ? C'est ce que semble indiquer la phrase 5. Toutefois, nous avons vu avec la phrase 4 que les sessions se rapportent toutes à une formation. Il est donc plus judicieux de relier directement *organisme de formation* à *formation*.

La modélisation statique de la phrase 5 est illustrée sur la figure suivante.

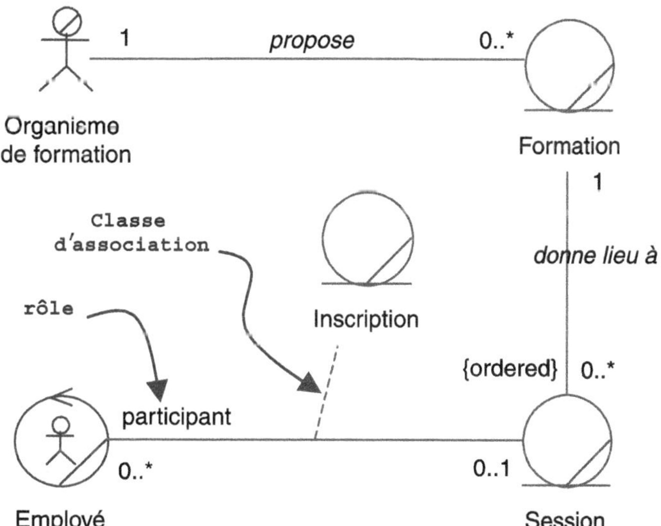

Figure 7-18.
Modélisation statique de la phrase 5

EXERCICE 7-12. Analyse linguistique (6/6)

Modélisez la phrase 6.

Pour cette dernière phrase aussi, l'analyse linguistique nous fournit les entités candidates : responsable formation, suite, facture, organisme de formation, comptable des achats.

- *Responsable formation* et *organisme de formation* ont été identifiés précédemment. *Comptable des achats* est un travailleur métier comme nous l'avions indiqué à l'étape 1.
- Propositions temporelles : elles ne servent que pour la modélisation dynamique. Dans notre cas, « contrôle *par la suite…* » ne fait qu'indiquer une succession temporelle de messages. Elle permet implicitement de relier la *facture* à *l'inscription* (voir phrase 5).

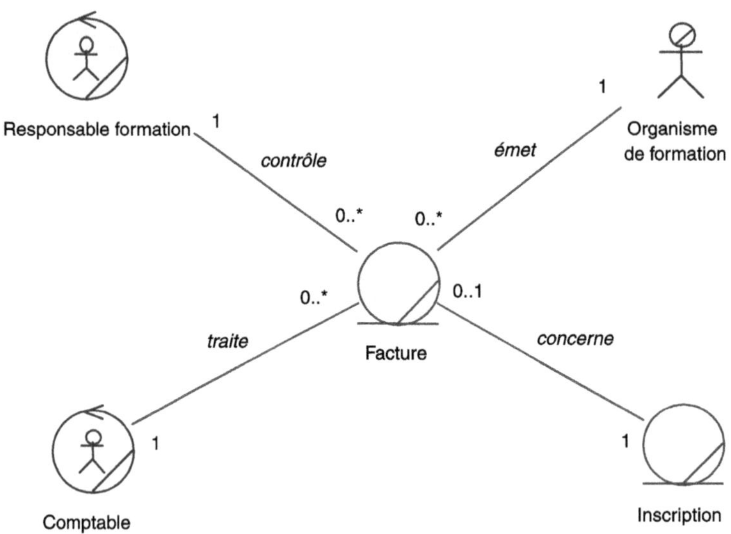

Figure 7-19. *Modélisation statique de la phrase 6*

EXERCICE 7-13. Modèle métier – découpage en packages

Rassemblez tous les fragments précédents sur un même diagramme de classes.

Proposez une découpe du modèle en packages représentant des unités d'organisation métier.

Élaborez un diagramme de classes global montrant un découpage en packages.

Le modèle statique préliminaire de notre étude de cas provient de la réunion de tous les diagrammes précédents.

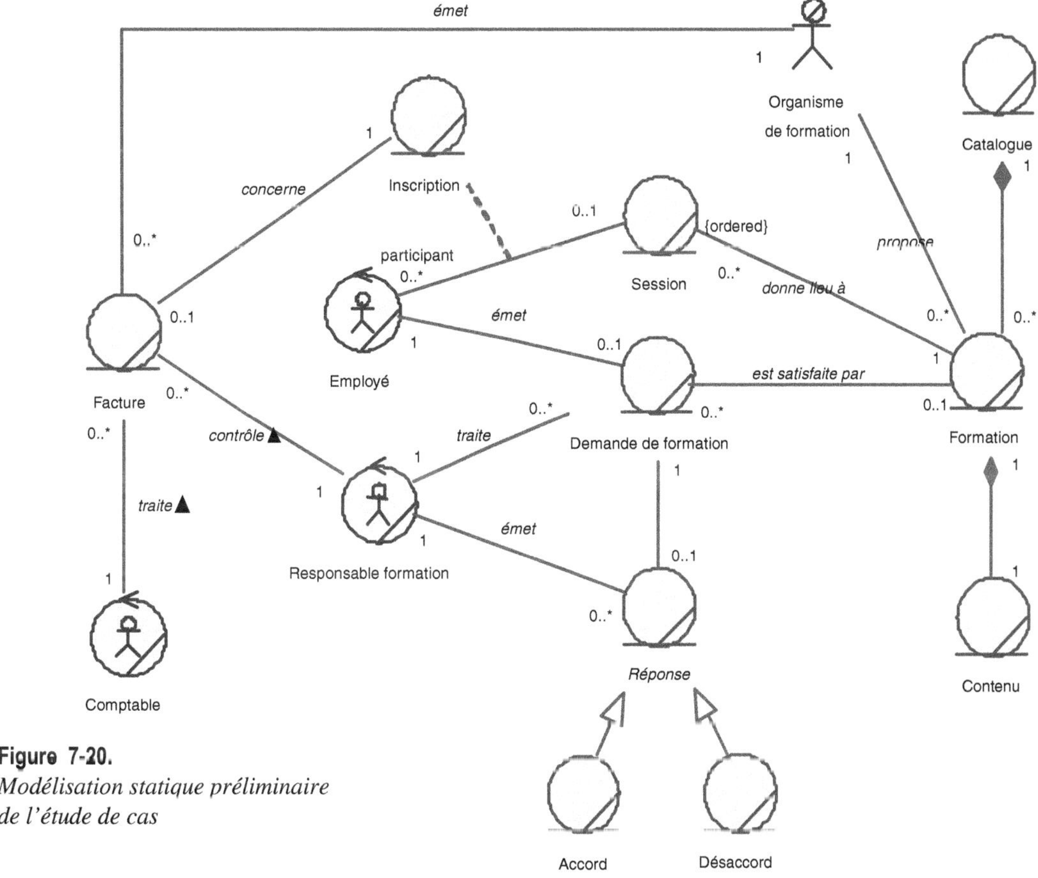

Figure 7-20.
Modélisation statique préliminaire de l'étude de cas

Comment procéder pour découper ce modèle en unités d'organisation métier ?

- Il est clair que toute la partie droite du modèle (y compris l'entité *session*) concerne le catalogue de formation et constitue une unité cohérente, relativement stable dans le temps.
- Le couple *facture-comptable* est aussi relativement indépendant du reste, et correspond d'ailleurs à un service bien identifié de l'entreprise.
- Tout le reste est de la responsabilité du responsable formation et constitue un ensemble cohérent, centré sur la demande de formation.

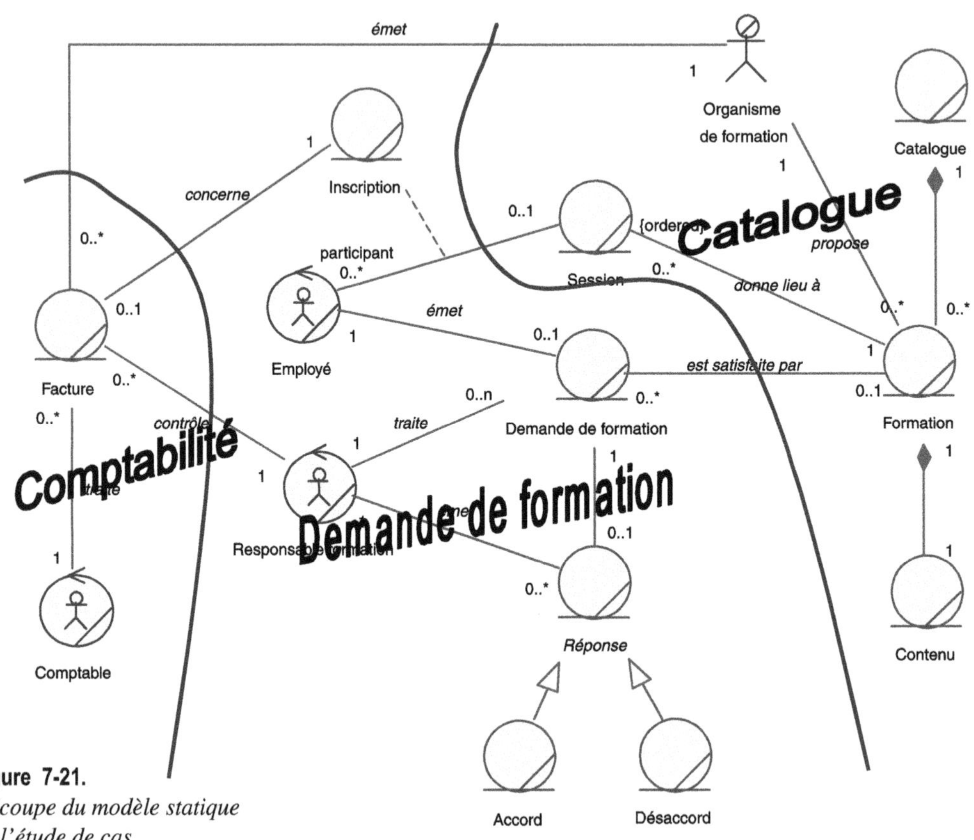

Figure 7-21.
Découpe du modèle statique de l'étude de cas

Nous pouvons représenter cette structuration en découpant le schéma précédent grâce à des packages stéréotypés, comme cela a été indiqué à l'étape 1.

Figure 7-22.
Packages stéréotypés représentant la découpe du modèle métier

Package stéréotypé, représentant une unité d'organisation métier

Comptabilité

+ Comptable
+ Facture

Demandes de formation

+ Demande de formation
+ Responsable formation
+ Employé
+ Inscription
+ Réponse
+ Accord
+ Désaccord

Catalogue de formations

+ Catalogue
+ Organisme de formation
+ Formation
+ Contenu
+ Session

Entités métier du package

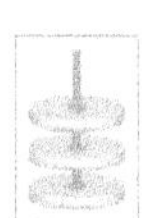

EXERCICE 7-14. Modèle métier – diagramme de classes par package

Dessinez un diagramme de classes par unité d'organisation, en essayant de minimiser les dépendances entre packages. Ajoutez quelques attributs métier pertinents pour compléter le modèle métier statique.

Élaborez un diagramme de classes complet par package.

Commencez par un diagramme de packages avec des dépendances.

Il est clair que le package *Catalogue de formation* peut être autonome et qu'il peut donc constituer un composant métier réutilisable. Il est également logique de faire dépendre la facture de la demande de formation plutôt que le contraire. Le schéma de dépendances entre unités d'organisation métier que l'on obtient est donc celui qui est présenté ci-après. Il s'agit d'un diagramme de packages qui respecte les sacro-saints principes des dépendances entre packages :

- Pas de dépendances mutuelles ;
- Pas de dépendances circulaires.

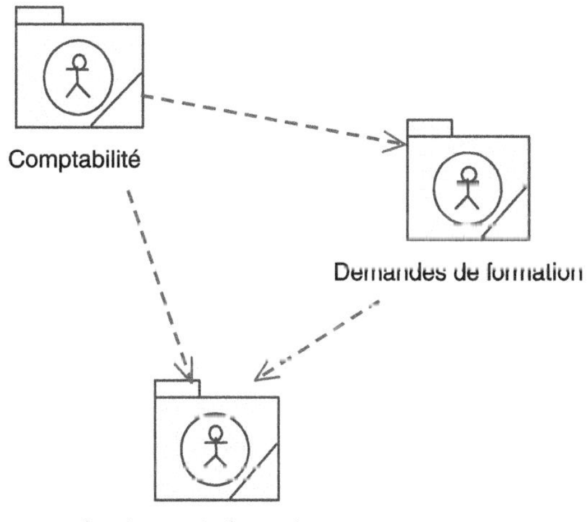

Figure 7-23.
Diagramme de packages montrant les dépendances souhaitées entre packages

Cet objectif de dépendances entre packages impose une contrainte sur la navigabilité des associations qui traversent deux unités d'organisation, de la façon suivante.

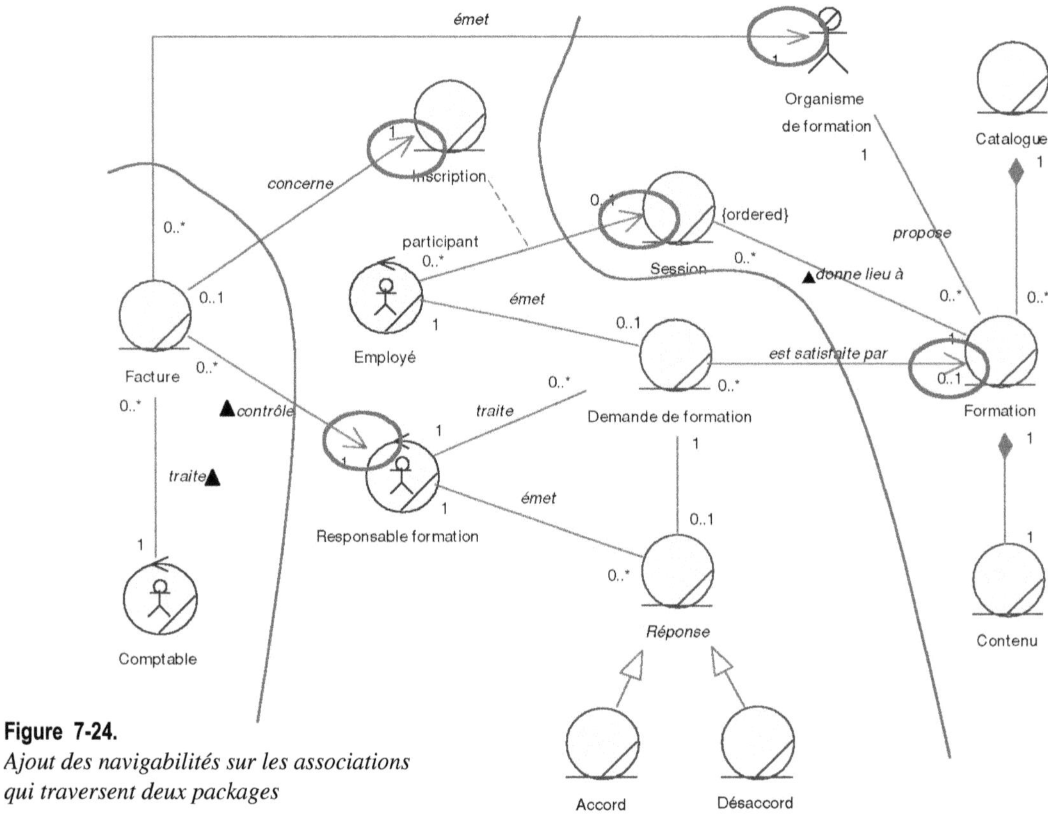

Figure 7-24.
Ajout des navigabilités sur les associations qui traversent deux packages

Nous pouvons maintenant dessiner un diagramme de classes par package en ajoutant quelques attributs métier pertinents. Notez la présence sur les diagrammes des classes reliées appartenant aux autres packages (avec l'indication « (from xxx)[4] »).

4. Cette convention graphique efficace n'est pas standard UML. Elle a été popularisée jadis par l'outil Rational/Rose et reprise par Enterprise Architect.

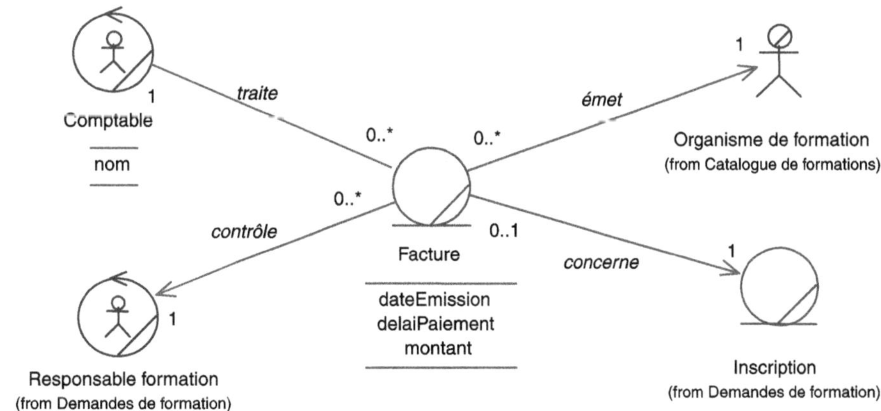

Figure 7-25. *Diagramme de classes du package* Comptabilité

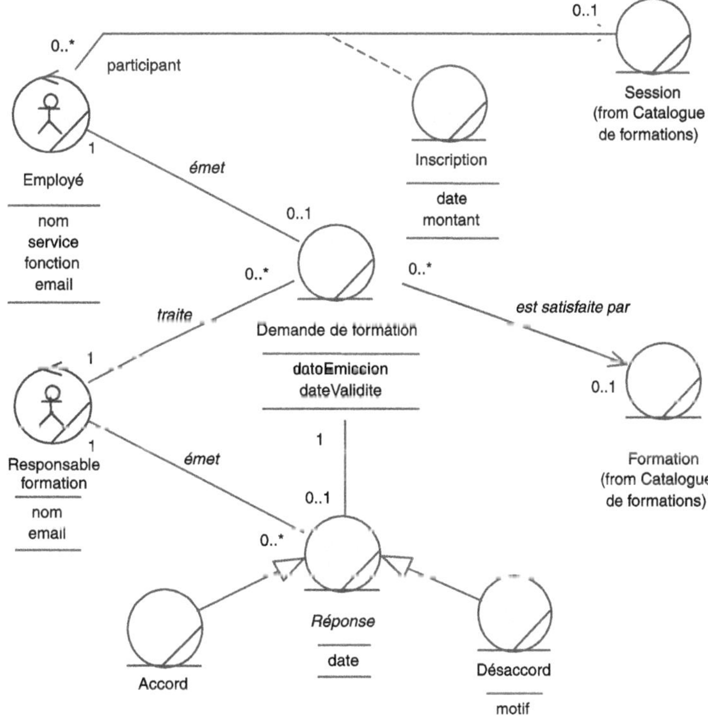

Figure 7-26. *Diagramme de classes du package* Demandes de formation

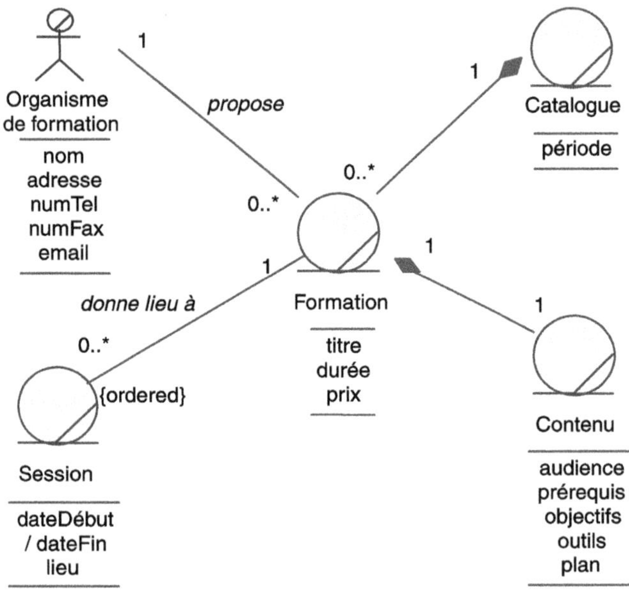

Figure 7-27.
Diagramme de classes du package Catalogue de formations

On notera l'attribut dérivé */dateFin* de *Session*. La contrainte pourrait s'écrire simplement en OCL[5] : {context Session inv : self.dateFin = self.dateDébut + self.formation.durée }.

Étape 4 – Analyse du domaine (partie dynamique)

EXERCICE 7-15. Modèle métier – diagramme d'états

Réalisez le diagramme d'états de la demande de formation.

Quelles informations avons-nous déjà réunies sur la dynamique d'une demande de formation ?

Reprenons les trois premières phrases de l'énoncé :

1. Le processus de formation est initialisé lorsque le responsable formation reçoit une demande de formation de la part d'un employé. Cette demande est

5. OCL (Object Constraint Language) est un petit langage à expressions, permettant d'exprimer des contraintes sur les diagrammes de classes UML au moyen d'expressions booléennes qui doivent être vérifiées par le modèle. OCL fait partie intégrante d'UML depuis la version UML 1.1.

instruite par le responsable qui qualifie la demande et transmet son accord ou son désaccord à l'intéressé.

2. En cas d'accord, le responsable recherche dans le catalogue des formations agréées un stage correspondant à la demande. Il informe l'employé du contenu de la formation et lui propose une liste des prochaines sessions. Lorsque l'employé retourne son choix, le responsable formation inscrit le participant à la session auprès de l'organisme de formation concerné.

3. En cas d'empêchement, l'employé doit informer le responsable de formation au plus tôt pour annuler l'inscription ou la demande.

Nous avions également réalisé un diagramme d'activité du processus de formation montrant les objets métier et leurs changements d'états.

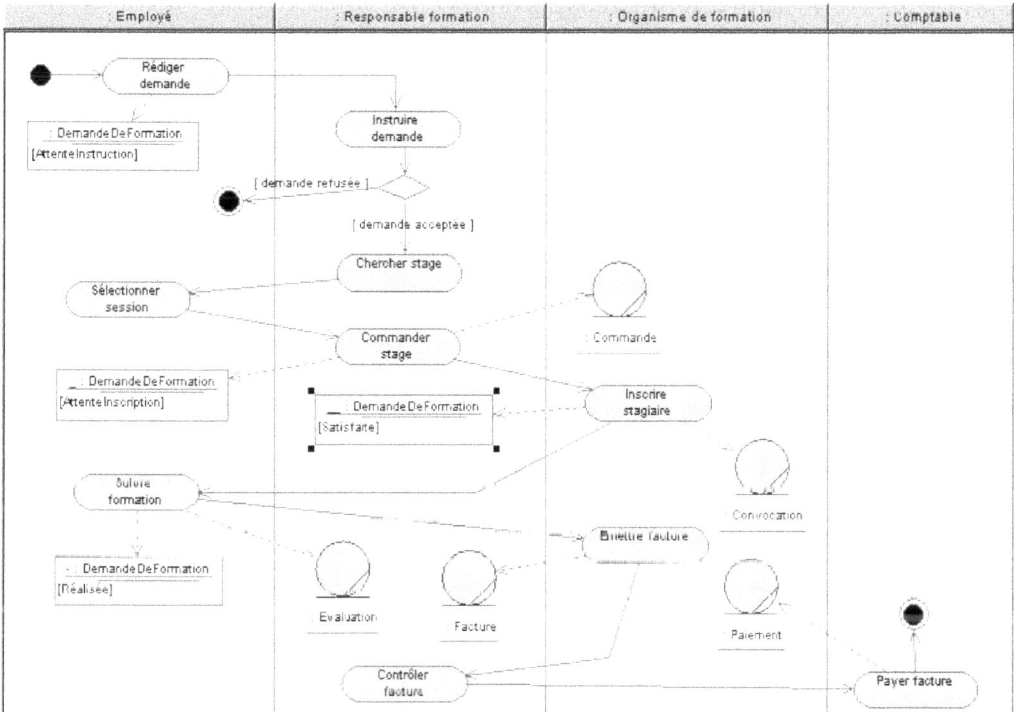

Figure 7-28.

Diagramme d'activité du processus de formation

À partir de ce diagramme d'activité, nous pouvons tout d'abord identifier quatre états principaux de la demande de formation, comme le montre la figure suivante.

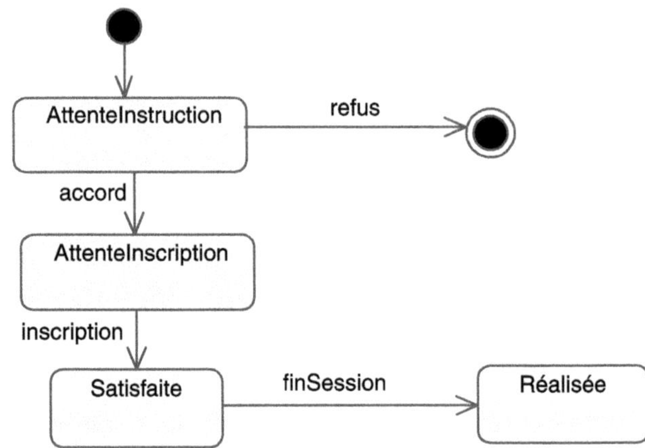

Figure 7-29.
Diagramme d'états initial de la demande de formation

En fait, en relisant attentivement la première phrase, nous nous apercevons que la demande est initiée par l'employé et envoyée au responsable formation, puis instruite par ce dernier qui transmet son accord ou son désaccord à l'intéressé. Pour pouvoir compléter le diagramme d'états, nous allons réfléchir à la suite de la vie d'une demande. Ceci nous amène à ajouter un état avant *Attente Instruction*, puisque c'est la validation de la demande qui déclenche la transmission au responsable formation. La création proprement dite de cette demande n'est pas atomique, car l'employé doit effectuer plusieurs sélections (thème, période, etc.) avant de procéder à la validation. Nous avons également identifié des actions d'envoi de message qui se matérialiseront par le mot-clé « `send` » sur les transitions du diagramme d'états.

Une nouvelle version plus complète du diagramme d'états est représentée sur la figure suivante.

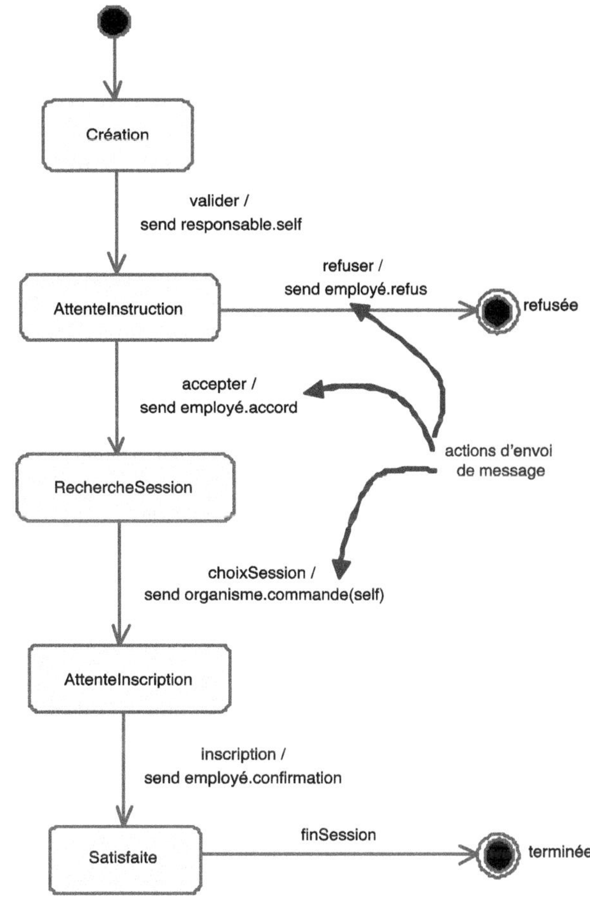

Figure 7-30.
Deuxième version du diagramme d'états de la demande de formation

Que peut-il bien nous manquer pour terminer notre diagramme d'états ? En fait, toutes les transitions d'annulation ou d'erreur. L'employé peut ainsi annuler sa demande à tout moment, l'organisme de formation peut indiquer une annulation de session, etc.

Le diagramme d'états complet est représenté sur la figure ci-après.

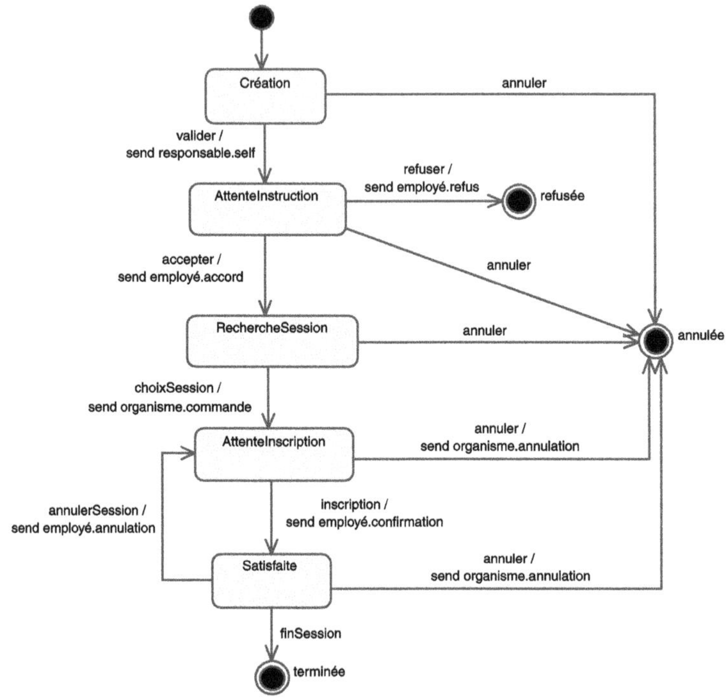

Figure 7-31.
Diagramme d'états complet de la demande de formation

Étape 5 – Définition des itérations

Nous allons maintenant définir des itérations à partir du travail déjà effectué et nous fixer comme objectif la conception de la première de ces itérations avec le langage Java comme cible principale.

EXERCICE 7-16. Planification des itérations

Proposez une découpe du projet en itérations à partir du travail d'analyse précédent (cas d'utilisation et modèle métier statique). Ayez en particulier à l'esprit un des principes majeurs du processus unifié : guidé par les cas d'utilisation…

Découpez le projet en itérations.

Au vu des dépendances entre les packages métier, ainsi qu'entre les cas d'utilisation, il paraît naturel de commencer par la gestion du catalogue. En effet, les deux autres packages métier dépendent de *Catalogue de formations* et le cas d'utilisation fondamental *Demander une formation* est relié par extension au cas *Consulter le catalogue*. Nous choisissons donc de réaliser les deux cas d'utilisation qui concernent le catalogue dans la première itération.

Pour la deuxième itération, il est indispensable de s'occuper du cas d'utilisation principal du système, à savoir *Demander une formation*.

Dans une troisième itération, nous traiterons les aspects plus administratifs (inscription, etc.) avec *Traiter les demandes*.

Enfin, la dernière itération sera consacrée à *Gérer ses demandes*, un peu moins important fonctionnellement.

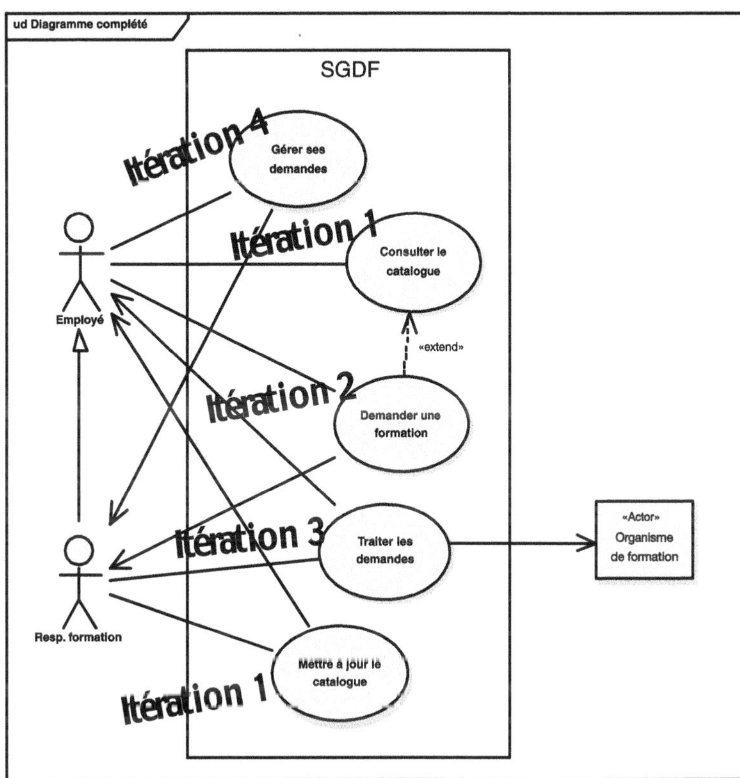

Figure 7-32.
Proposition de répartition des cas d'utilisation en itérations

Il est à noter que le service plus technique d'authentification de l'employé ou du responsable formation sur l'intranet peut être réalisé parallèlement aux cas d'utilisation fonctionnels.

Étape 6 – Définition de l'architecture système

Les systèmes informatiques modernes sont organisés en couches horizontales, elles-mêmes découpées en partitions verticales. Cette découpe est d'abord logique, puis éventuellement physique en termes de machines.

Le problème général de l'architecture des systèmes informatiques n'est pas le sujet de ce livre. Néanmoins, nous profiterons de cette quatrième partie pour faire passer quelques idées fondamentales sur les architectures en couches dites « n-tiers », ainsi que sur les diagrammes UML qui sont utiles pour cette activité.

À RETENIR

Architecture en trois niveaux

L'architecture à trois niveaux, devenue maintenant classique, était bien, au départ, une division logique, mais elle fut interprétée à tort comme pouvant impliquer des nœuds d'exécution physiquement séparés.

Le principal objectif de cette séparation en trois couches (3-tiers) est d'isoler la logique métier des classes de présentation (IHM), ainsi que d'interdire un accès direct aux données stockées par ces classes de présentation. Le souci premier est de répondre au critère d'évolutivité : pouvoir modifier l'interface de l'application sans devoir modifier les règles métier, et pouvoir changer de mécanisme de stockage sans avoir à retoucher l'interface, ni les règles métier.

En voici l'illustration, basée sur l'étude de cas du chapitre 2 : la caisse enregistreuse de supermarché.

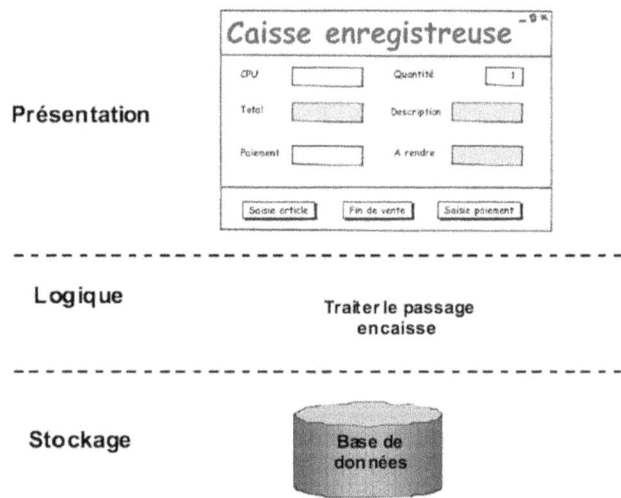

Figure 7-33.
Architecture en trois couches de la caisse enregistreuse

On ne considère plus aujourd'hui que cette décomposition en trois couches soit suffisante si l'on a des objectifs importants de modularité et de réutilisation. En effet, elle conduit les objets graphiques de présentation à connaître le détail de la couche logique, ce qui nuit à leur maintenabilité et à leur réutilisabilité.

Pour améliorer cet état de fait, l'idée consiste à introduire un objet artificiel, souvent appelé « contrôleur »[6], entre les objets graphiques et les objets métier. C'est l'objet de conception *contrôleur* qui connaît maintenant l'interface des objets de la couche métier et qui joue le rôle de « façade » vis-à-vis de la couche présentation, comme cela est illustré sur la figure suivante.

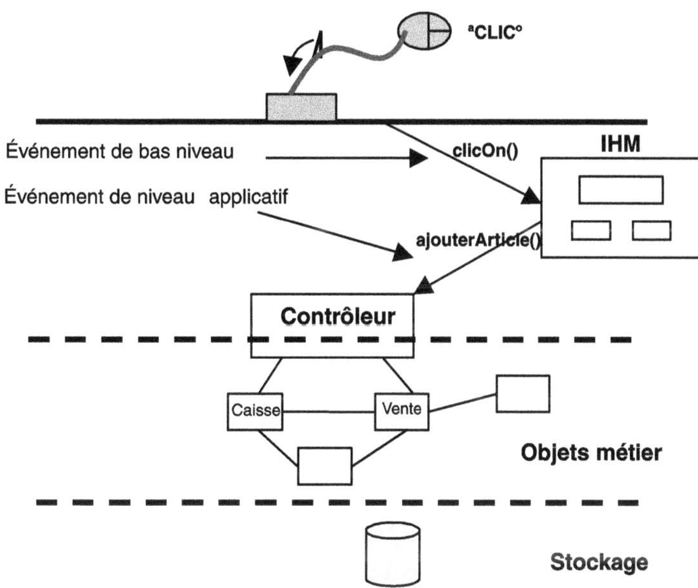

Figure 7-34.
Diagramme illustrant l'ajout de l'objet contrôleur

Tous ces nouveaux objets contrôleurs, introduits en conception, vont être rassemblés dans une nouvelle couche appelée « logique applicative », qui concourt à réaliser les cas d'utilisation du système, et à isoler la couche présentation des objets métier, souvent persistants et très réutilisables.

L'architecture en trois couches peut ainsi être complétée avec deux couches supplémentaires qui représentent pour la première ces objets contrôleurs découplant la présentation du métier et pour la seconde des services techniques généraux tels que l'accès aux bases de données, la génération de rapports, etc.

Nous allons utiliser ces principes d'architecture multicouches dans la suite du chapitre dans le cadre du système de gestion des demandes de formation.

6. Il s'agit du deuxième GRASP Pattern proposé par Larman dans [Larman 05]. Le nom de contrôleur fait également référence au pattern bien connu MVC (Model – View – Controller), ainsi qu'aux classes « control » de Jacobson, dont nous parlons plus loin dans ce chapitre.

À RETENIR

Packages, couches et partitions

En UML, le seul mécanisme de regroupement de classes disponible est le package. Par conséquent, les couches horizontales et les partitions verticales se traduisent également par des packages.

Ainsi, une architecture en couches se décrit par un diagramme statique qui ne montre que des packages et leurs dépendances. UML 2 a reconnu l'importance de ce type de diagramme de haut niveau en officialisant le diagramme de packages comme un type de diagramme UML à part entière. Vous pouvez utiliser le mot-clé « `layer` » pour distinguer les packages qui représentent les couches.

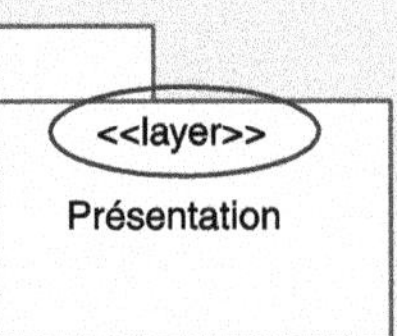

Figure 7-35.
Représentation UML d'une couche logicielle

EXERCICE 7-17. Architecture en couches préliminaire

Proposez un diagramme d'architecture préliminaire du projet sur la base des recommandations précédentes.

Élaborez un diagramme de packages d'architecture.

Nous décrivons donc un package stéréotypé « `layer` » par couche logicielle. À l'intérieur de chaque couche, nous donnons une structure préliminaire en partitions.

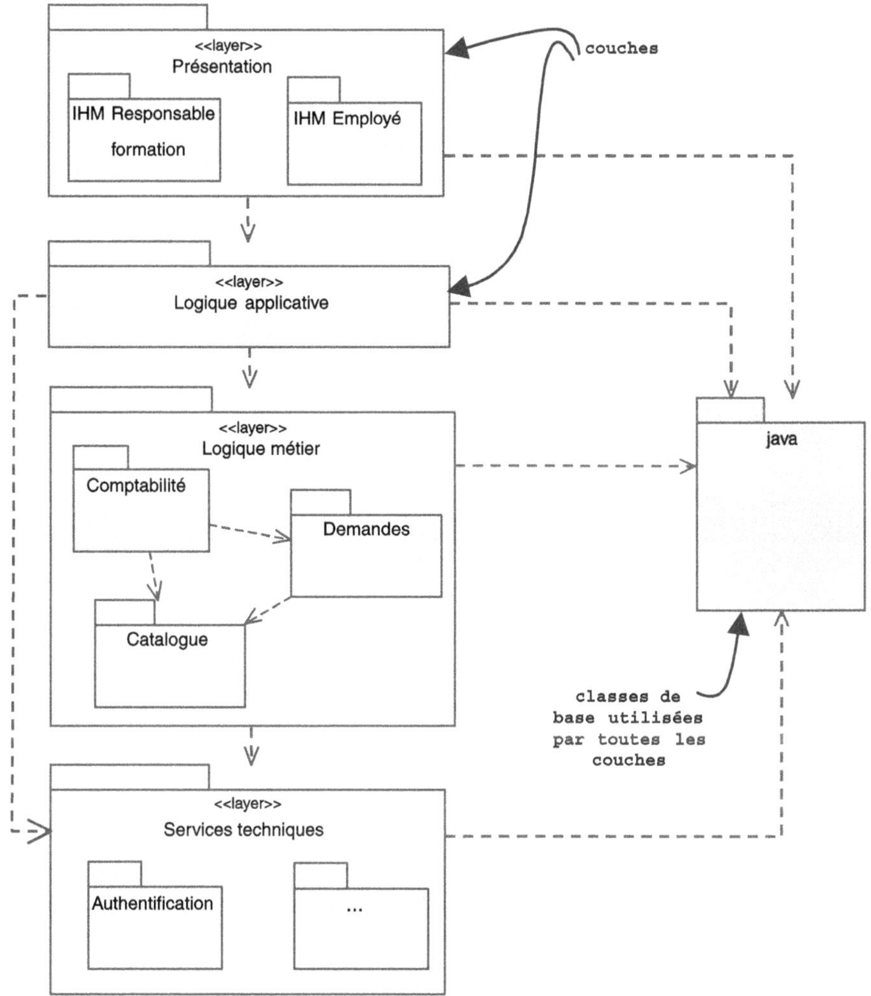

Figure 7-36. *Architecture en couches du système de gestion des demandes de formation*

La couche métier comprend *a priori* les trois packages identifiés à l'étape 3 : *Comptabilité*[7], *Demandes* et *Catalogue*. Cette découpe pourra être affinée par la suite dans notre étude ; il ne s'agit que d'une structuration préliminaire.

La couche applicative n'est pas détaillée sur le schéma. Elle peut être structurée soit à l'identique de la couche métier, soit au contraire d'un point de vue fonctionnel en calquant les packages de cas d'utilisation.

La couche présentation regroupe plutôt les classes graphiques des interfaces respectives du responsable et de l'employé.

7. La partie relative à la comptabilité ne fait en toute rigueur pas partie du système informatique, comme indiqué lors de l'étude des cas d'utilisation. Nous la conservons néanmoins dans la suite de l'exercice pour travailler sur une architecture logique de taille conséquente.

La couche des services techniques comprend au moins un package pour gérer le service technique d'authentification, identifié dès l'étape 1.

Enfin, il ne faut pas oublier les classes de base Java fournies par le JDK et qui sont utilisées par toutes les couches. La couche présentation par exemple va utiliser les classes graphiques. La couche des services techniques quant à elle va en particulier utiliser les classes JDBC d'accès aux bases de données relationnelles. Toutes les couches vont se servir des classes de base telles que les conteneurs, les dates, etc.

Il faut toutefois bien considérer que cette architecture préliminaire pourra être affinée ou modifiée (principalement au niveau des partitions à l'intérieur de chaque couche) par le travail de conception qui va suivre. N'oubliez pas que le processus d'analyse/conception est fondamentalement itératif.

Étape 7 – Définition des opérations système (itération #1)

EXERCICE 7-18. Opérations système

La première itération correspond aux cas d'utilisation *Consulter le catalogue* et *Mettre à jour le catalogue*. Les concernant, on a procédé à une description de haut niveau à l'étape 1 (exercice 7-3). Nous citons pour mémoire :

« Le responsable formation peut introduire une nouvelle formation dans le catalogue, modifier une formation existante ou supprimer une formation supprimée par un organisme. Il peut également modifier les regroupements de formations appelés thèmes. Il a aussi la possibilité de mettre à jour les dates et lieux des sessions.

Pour demander une formation et pour maintenir le catalogue, le système doit proposer une fonctionnalité de base de consultation du catalogue.

Répertoriez les opérations système pour le cas d'utilisation METTRE À JOUR LE CATALOGUE.

Les opérations système pour le cas d'utilisation *Mettre à jour le catalogue* se déduisent facilement de sa description de haut niveau. Il faut néanmoins penser à la création et à la maintenance des organismes de formation, ce qui n'apparaît pas clairement dans le texte.

Les opérations système sont rassemblées sur le schéma suivant, où une classe symbolise le système vu comme une boîte noire, avec ses opérations.

Figure 7-37.
Opérations système pour le cas d'utilisation Mettre à jour le catalogue

Système
creerFormation() modifierFormation() creerOrgaFormation() modifierOrgaFormation() creerTheme() modifierTheme() creerSession() modifierSession()

Pour simplifier, nous avons considéré que l'action de modification inclut toujours la suppression et nous avons omis les opérations de consultation pure.

EXERCICE 7-19. Contrat d'opération système

Nous avons identifié les opérations système à l'étape précédente. Mais comment pouvons-nous spécifier le résultat de l'exécution d'une opération système ?

À RETENIR

Contrat d'opérations

Larman a proposé dans [Larman 05] d'établir un « contrat » pour chaque opération système.
Un contrat d'opération décrit les changements d'état du système quand une opération système est effectuée. Ces modifications sont exprimées en termes de « postconditions » qui détaillent le nouvel état du système après l'exécution de l'opération.
Les principales postconditions concernent la création (ou la destruction) d'objets et de liens issus du modèle statique d'analyse, ainsi que la modification de valeurs d'attributs. Les contrats d'opérations permettent ainsi de faire le lien entre le point de vue fonctionnel/dynamique des cas d'utilisation et le point de vue statique d'analyse.
Un plan type de description textuelle de contrat d'opération est donné ci-après :

- nom
- responsabilités
- références
- préconditions
- postconditions
- exceptions (optionnel)
- notes (optionnel)

Rédigez le contrat de l'opération système CREERFORMATION.

En premier lieu, nous allons extraire du diagramme de classes du package *Catalogue de formations* (voir figure 7-27) la partie concernée par notre question. En effet, les opérations système *creerFormation* et *creerTheme* vont agir sur des objets et des liens provenant du diagramme suivant :

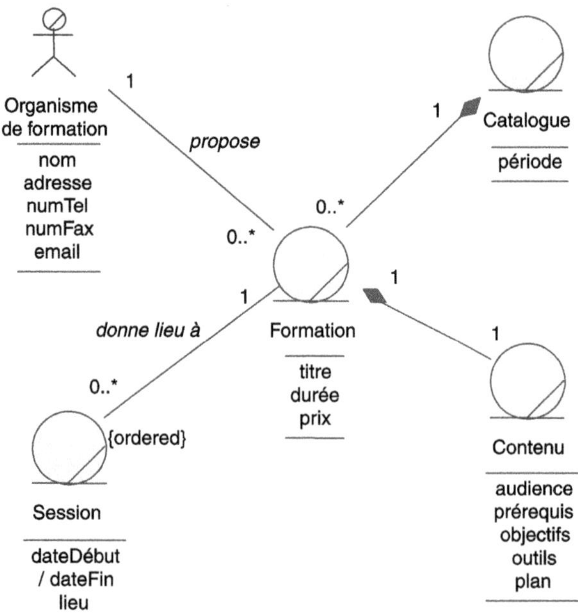

Figure 7-38.
Diagramme de classes du package Catalogue de formations

Cependant, faisait défaut la notion de thème dans notre modèle métier. Ce concept de thème est purement applicatif : il facilite le travail de l'employé lors d'une demande de formation en lui permettant de rester volontairement imprécis et de ne pas choisir une formation particulière, mais plutôt un ensemble de formations sur un sujet donné.

Nous supposerons que les thèmes structurent le catalogue, mais qu'ils ne le partitionnent pas : une formation appartient à au moins un thème. La figure suivante montre les modifications apportées par l'introduction du concept de thème.

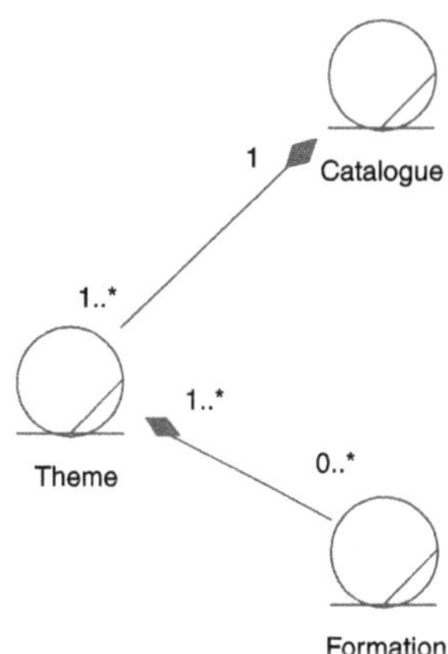

Figure 7-39.
Introduction du concept de thème

Nous pouvons maintenant décrire le contrat de l'opération *creerFormation* :

- Nom
  creerFormation.
- Responsabilités
  Créer une nouvelle formation d'après la description fournie par l'organisme de formation concerné et la classer dans au moins un des thèmes existants.
- Références
  Cas d'utilisation *Mettre à jour le catalogue.*
- Préconditions
  - le catalogue de formations existe ;
  - il y a au moins un thème dans le catalogue ;
  - l'organisme fournisseur de la formation existe déjà dans le catalogue ;
  - le responsable est connecté sur l'intranet.
- Postconditions
  - une formation f a été créée avec ses attributs ;
  - un objet contenu c a été créé avec ses attributs ;
  - c a été lié à f ;
  - f a été liée à l'organisme fournisseur ;
  - d'éventuels objets sessions ont été créés avec leurs attributs ;
  - ces objets sessions ont été liés avec f ;
  - f a été liée à au moins un thème.

Étape 8 – Diagrammes d'interaction (itération #1)

Les contrats d'opérations constituent le dernier livrable en matière d'analyse. En effet, s'ils décrivent ce que fait une opération en termes de changements d'état, ils ne doivent pas encore décrire comment elle y procède.

C'est justement le travail du concepteur de choisir comment les objets logiciels vont interagir entre eux pour réaliser telle ou telle opération. Jacobson[8] a proposé le premier (encore lui !) des stéréotypes de classes pour décrire la réalisation d'un cas d'utilisation. Nous allons nous inspirer de ses travaux pour remplacer le système vu comme une boîte noire (du point de vue de l'analyse) par des objets logiciels (du point de vue de la conception), comme cela est illustré par les diagrammes de séquence présentés ci-après.

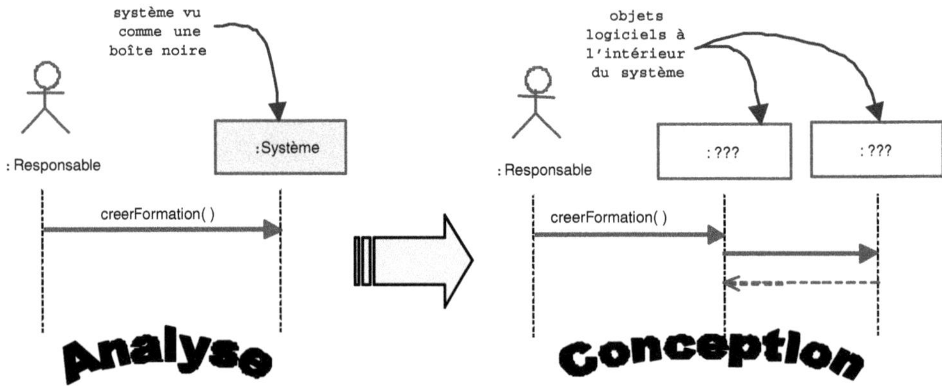

Figure 7-40.
Passage de l'analyse à la conception

À RETENIR

Stéréotypes de Jacobson

À l'intérieur du système, Jacobson distingue les trois stéréotypes suivants :
–<<`boundary`>> : classes qui servent à modéliser les interactions entre le système et ses acteurs ;
–<<`control`>> : classes utilisées pour représenter la coordination, l'enchaînement et le contrôle d'autres objets – elles sont en général reliées à un cas d'utilisation particulier ;
–<<`entity`>> : classes qui servent à modéliser des informations durables et souvent persistantes

Nous utiliserons ces trois stéréotypes (avec leurs symboles graphiques associés, dans les diagrammes de séquence) pour montrer graphiquement comment un message émis par un acteur traverse les couches présentation, application et métier[9].

8. Voir en particulier *The Unified Software Development Process*, I. Jacobson *et al.*, 1999, Addison Wesley, p. 44.
9. Même si Jacobson (et le RUP de Rational) présente ses stéréotypes comme des types de classes d'analyse, nous préférons parler pour notre part de conception préliminaire. Nous détaillerons ensuite cette conception logique en fonction de la plate-forme de développement choisie (J2EE, .NET, etc.) et remplacerons par exemple les « boundary » par des JSP (J2EE) ou des ASP (.Net), etc.

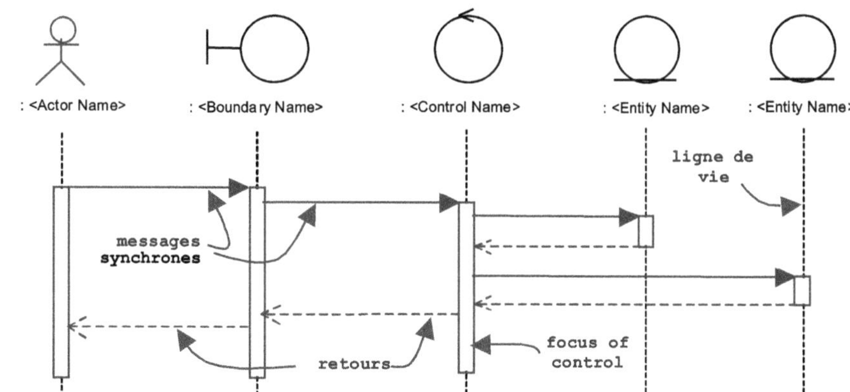

Figure 7-41.
Illustration des trois stéréotypes de Jacobson sur un diagramme de séquence

Notez la représentation des « focus of control » – bandes blanches qui représentent les périodes d'activité sur les lignes de vie des objets –, ainsi que les flèches en pointillé de retour d'invocation d'une opération.

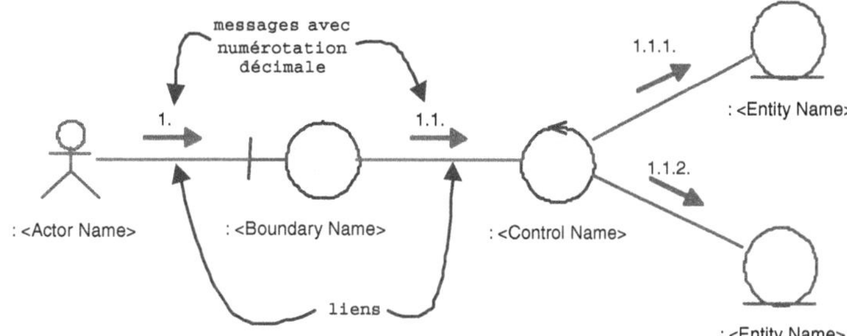

Figure 7-42.
Illustration des trois stéréotypes de Jacobson sur un diagramme de communication

Notez la numérotation décimale qui permet de montrer l'imbrication des messages, d'une façon comparable à la représentation des « focus of control » sur le diagramme de séquence précédent.

EXERCICE 7-20. Diagrammes d'interaction de conception

Réalisez un diagramme de séquence ou un diagramme de communication qui montre la réalisation de l'opération système *creerFormation*.

Réalisez un diagramme d'interaction pour CREERFORMATION.

Que devons-nous faire ? Pour le savoir, il nous faut reprendre toutes les postconditions répertoriées lors de l'étape précédente :

- une formation f a été créée avec ses attributs ;
- un objet contenu c a été créé avec ses attributs ;
- c a été lié à f ;
- f a été liée à l'organisme fournisseur ;
- d'éventuels objets sessions ont été créés avec leurs attributs ;
- ces objets sessions ont été liés avec f ;
- f a été liée à au moins un thème.

N'oubliez pas que les postconditions ne représentent que le nouvel état du système à la fin de l'exécution de l'opération système. Elles ne sont absolument pas ordonnées : c'est le rôle du concepteur de choisir maintenant quel objet doit réaliser chaque action, et dans quel ordre.

La postcondition fondamentale concerne bien la création de l'objet formation, avec son contenu et ses sessions, puis la définition de ses liens avec les autres objets du catalogue tels que les thèmes et les organismes. Il est raisonnable de penser que la création de l'objet formation f va se faire en quatre étapes :

1. initialisation de l'objet f et de ses attributs ;
2. création de son contenu ;
3. création des sessions ;
4. validation de f.

Voyons par le détail une solution possible pour la première étape, mettant en jeu deux objets <<`boundary`>>, un <<`control`>> et un <<`entity`>>.

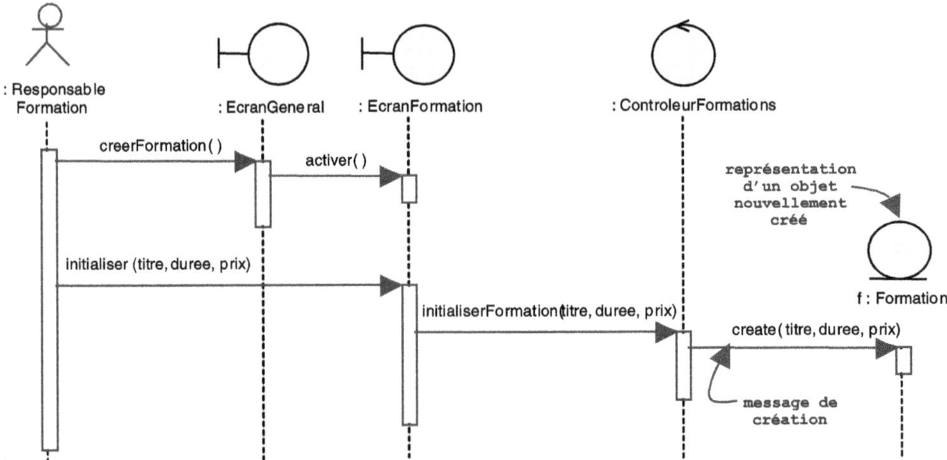

Figure 7-43.
Diagramme de séquence de l'initialisation de f

Le même scénario peut se représenter par un diagramme de communication, comme ceci :

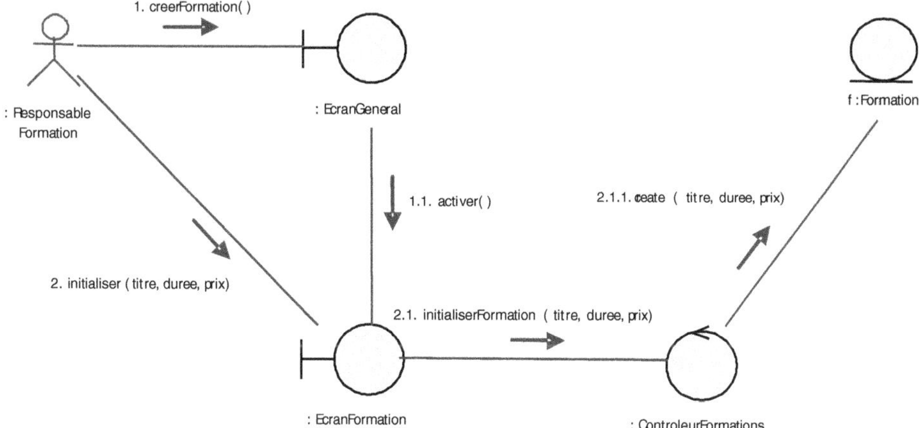

Figure 7-44.
Diagramme de communication de l'initialisation de f

Poursuivons par la création du contenu. Le diagramme de séquence complété devient alors :

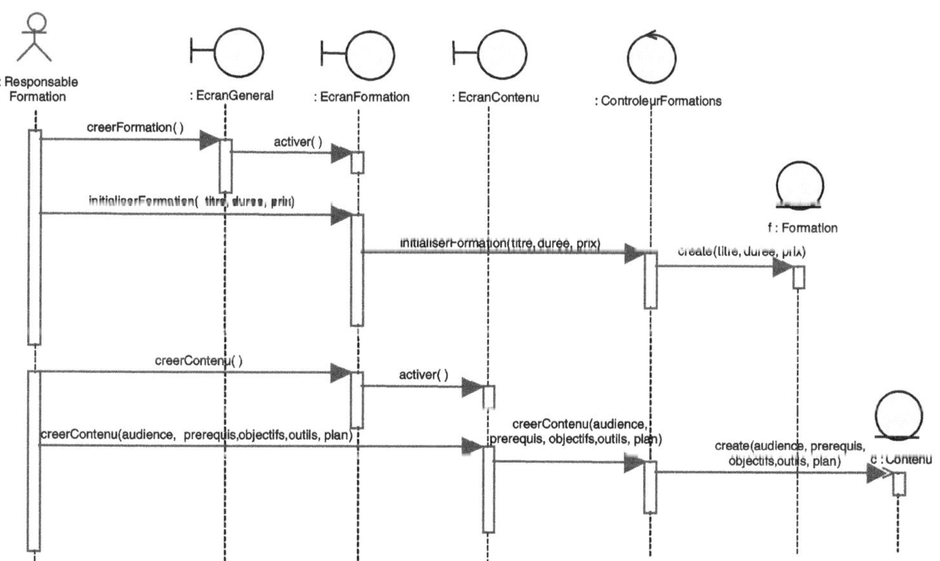

Figure 7-45.
Diagramme de séquence de l'initialisation de f et de la création de son contenu

On notera que le diagramme de séquence devient de moins en moins lisible au fur et à mesure que nous ajoutons des objets… C'est pour cette raison simple que le diagramme de communication est intéressant en conception : il nous permet de disposer nos objets dans les deux dimensions afin d'améliorer la lisibilité du schéma.

Le diagramme de communication qui correspond au diagramme de séquence précédent est donné sur la figure suivante, à titre de comparaison.

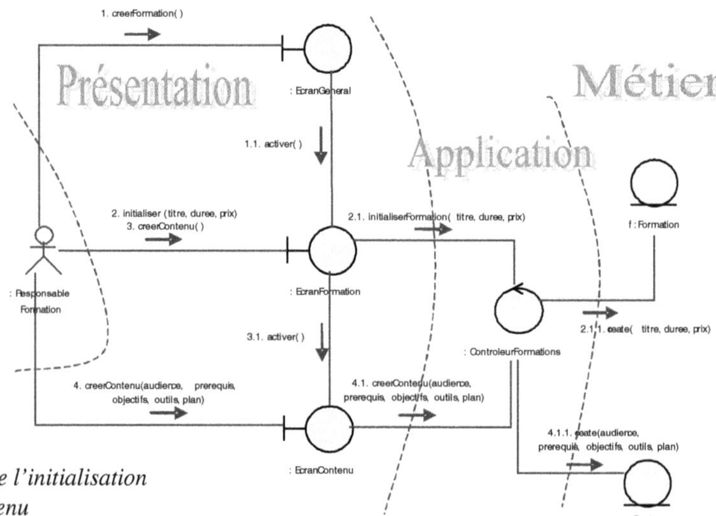

Figure 7-46.
Diagramme de communication de l'initialisation de f et de la création de son contenu

On notera que le diagramme de *communication* présenté ci-dessus permet de bien différencier visuellement les couches d'objets.

Poursuivons maintenant par la création des sessions.

À RETENIR

Multi-objet

Pour indiquer que la formation f sera liée à une collection de sessions, nous utilisons un *multi-objet*. Le *multi-objet* est une construction UML 1 qui représente en un seul symbole plusieurs objets de la même classe[a]. Cela permet de ne pas ajouter trop tôt de classes de conception détaillée liées au langage de programmation (comme *Vector* de la STL C++ ou *ArrayList* en Java, etc.). Un multi-objet peut également représenter l'abstraction entière d'une connexion à une base de données.
Nous avions d'ailleurs oublié dans le diagramme 7-45 de créer la collection vide de sessions lors de la création de f. Il suffit ensuite après la création de chaque session de l'ajouter à la collection. Nous utilisons pour cela une opération générique *add()* : voir figure 7-47.

a. Cette notation très répandue se trouve avoir disparu dans la version 2 du langage UML. Nous continuons cependant à l'utiliser dans le reste du chapitre pour des raisons de lisibilité et de clarté pédagogique. Le lecteur curieux se référera au chapitre suivant pour voir par quoi cette notation UML 1 a été remplacée en UML 2.

Le diagramme de *communication* présente un autre avantage sur le diagramme de séquence : il permet de représenter les relations structurelles entre les objets. Nous avons par exemple fait figurer les liens de composition autour de l'objet formation f, pour mieux préparer la traçabilité avec notre futur diagramme de classes de conception.

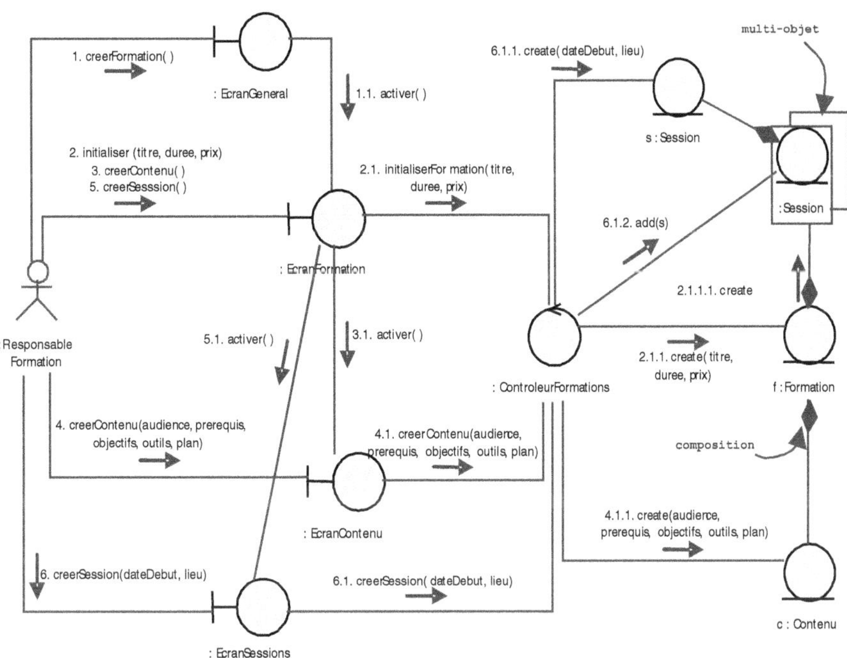

Figure 7-47.
Diagramme de communication de l'initialisation de f, de la création de son contenu et d'une session

Il ne nous reste plus qu'à lier la formation f à un thème existant et à valider la création. En comparant le travail réalisé aux postconditions qui étaient souhaitées au début de la réponse, on peut constater que la suivante n'a pas été prise en compte : « f a été liée à l'organisme fournisseur ». Nous l'ajoutons simplement aux responsabilités du contrôleur, lors de la création de la formation.

Le diagramme de communication complet de l'opération système *creerFormation* se trouve sur la figure suivante. Remarquez la quantité d'information, assez considérable, qui arrive à être représentée de façon encore à peu près lisible sur une seule page. Néanmoins, nous atteignons là les limites du diagramme de communication.

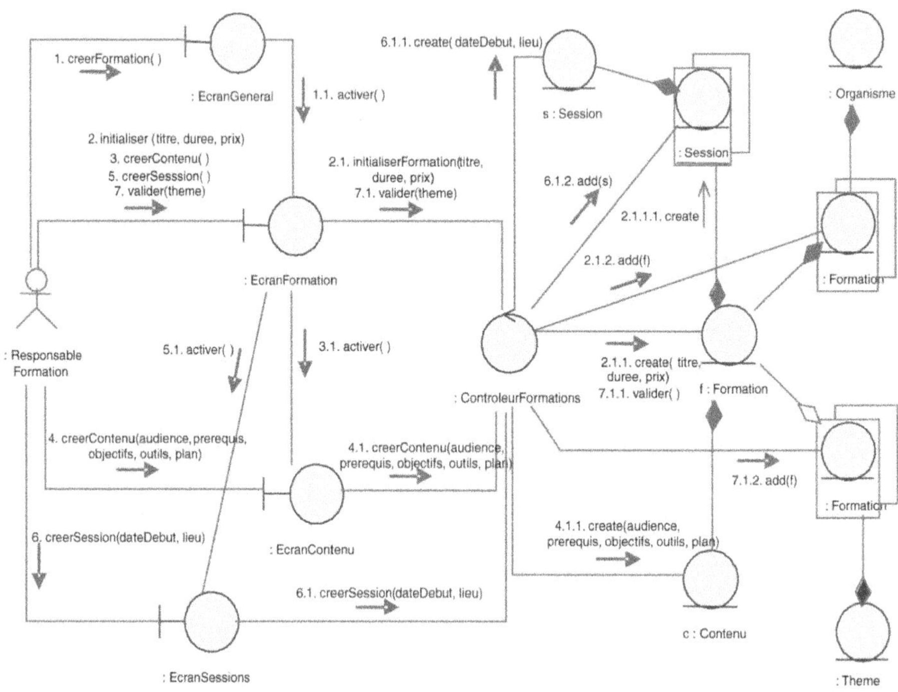

Figure 7-48.
Diagramme de communication complet de l'opération système creerFormation

Une idée intéressante pour améliorer la lisibilité du diagramme consiste à le découper en deux en prenant l'objet contrôleur comme charnière :

- une première partie afin de spécifier la cinématique de l'interface homme-machine avec les acteurs, les objets <<`boundary`>> et l'objet <<`control`>> ;
- une seconde partie afin de spécifier la dynamique des couches applicatives et métier avec l'objet <<`control`>> et les objets <<`entity`>>.

Les diagrammes de communication partiels ainsi obtenus sont montrés sur les deux figures qui suivent.

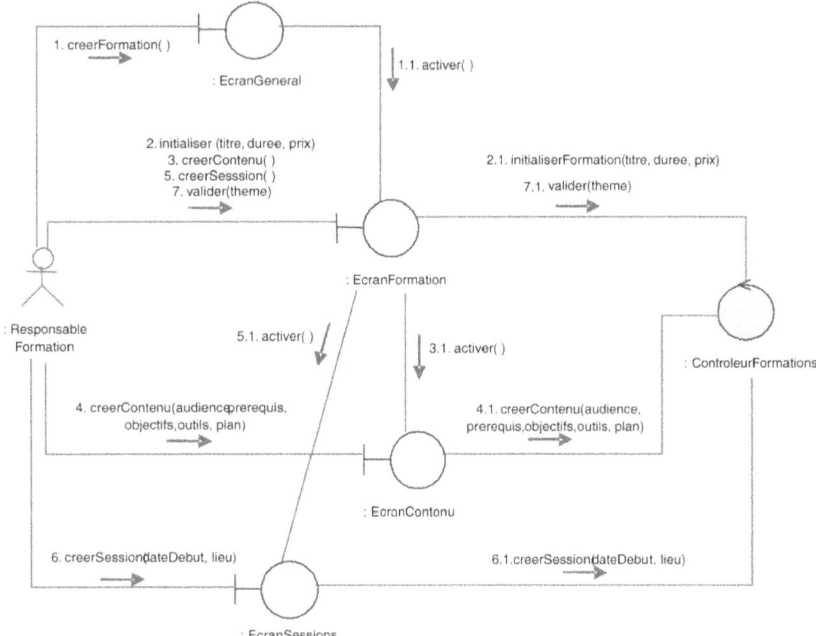

Figure 7-49.
Diagramme de communication partiel de l'opération système creerFormation *: couche présentation et lien avec la couche applicative*

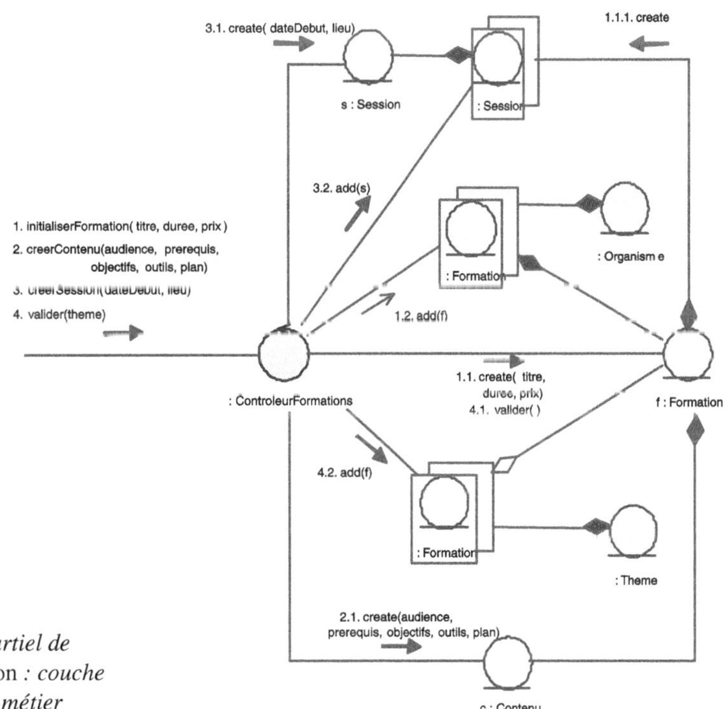

Figure 7-50.
Diagramme de communication partiel de l'opération système creerFormation *: couche applicative et lien avec la couche métier*

Étape 9 – Diagrammes de classes de conception (itération #1)

Chaque opération système va donner lieu à une étude dynamique sous la forme d'un diagramme d'interaction, comme cela a été le cas pour l'opération *creerFormation* lors de l'exercice précédent.

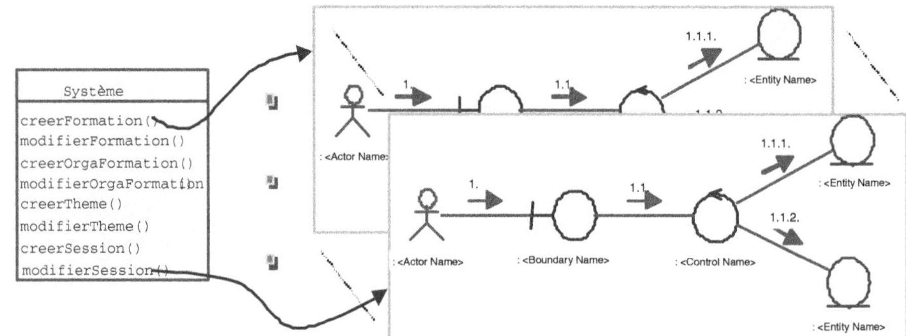

Figure 7-51. *Démarche de conception initialisée par les opérations système*

Les diagrammes d'interaction ainsi réalisés vont permettre d'élaborer des diagrammes de classes de conception, et ce en ajoutant principalement les informations suivantes aux classes issues du modèle d'analyse :

- les opérations : un message ne peut être reçu par un objet que si sa classe a déclaré l'opération publique correspondante ;

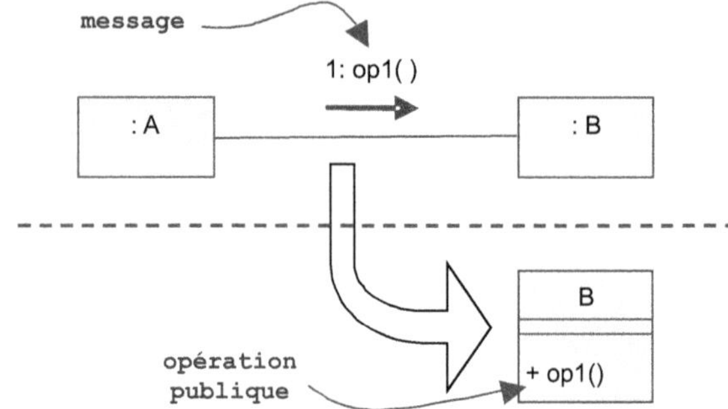

Figure 7-52. *Rapport entre message et opération*

- la navigabilité des associations ou les dépendances entre classes, suivant que les liens entre objets sont durables ou temporaires, et en fonction du sens de circulation des messages.

À RETENIR

Liens durables ou temporaires

Un lien durable entre objets va donner lieu à une association navigable entre les classes correspondantes ; un lien temporaire (par paramètre : « `parameter` », ou variable locale : « `local` ») va donner lieu à une relation de dépendance.
Sur l'exemple présenté ci-après, le lien entre l'objet :A et l'objet :B devient une association navigable entre les classes correspondantes. Le fait que l'objet :A reçoive en paramètre d'un message une référence sur un objet de la classe C induit une dépendance entre les classes concernées.

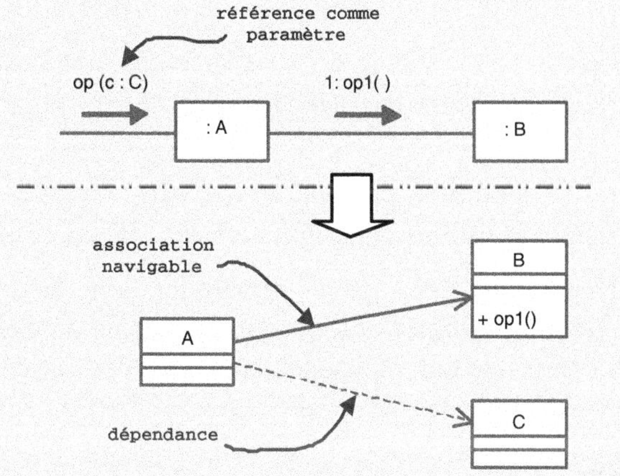

Figure 7-53.
Rapport entre les liens entre objets et les relations entre classes

Notez enfin que nous recommandons de ne pas ajouter les classes qui correspondent aux multi-objets dans le diagramme de classes de conception de façon à rester le plus longtemps possible indépendant du langage de programmation cible.

EXERCICE 7-21. Diagramme de classes de conception

En appliquant les règles énoncées plus haut, Réalisez un fragment de diagramme de classes de conception à partir du diagramme de communication partiel 7-50 (*creer-Formation*).

Commencez un diagramme de classes de conception pour CREERFORMATION.

Le diagramme de communication 7-50 nous permet tout d'abord d'ajouter les opérations dans les classes comme cela est montré sur le schéma suivant.

On notera qu'il y a peu d'opérations puisque nous ne faisons pas apparaître :

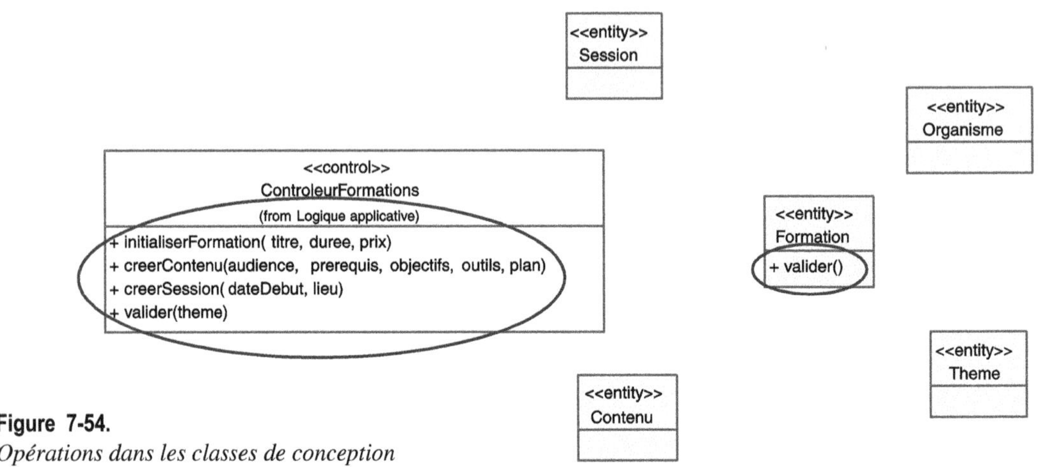

Figure 7-54.
Opérations dans les classes de conception

- Les opérations de création (message `create`),
- Les opérations génériques sur les classes conteneurs (*add*(), etc.).

Néanmoins, on peut remarquer un premier problème : comment l'objet *controleurFormations* peut-il ajouter la nouvelle formation f au multi-objets de l'organisme correspondant sans posséder une référence sur cet organisme ?

Figure 7-55.
Diagramme de communication restreint au premier message de l'opération système creerFormation

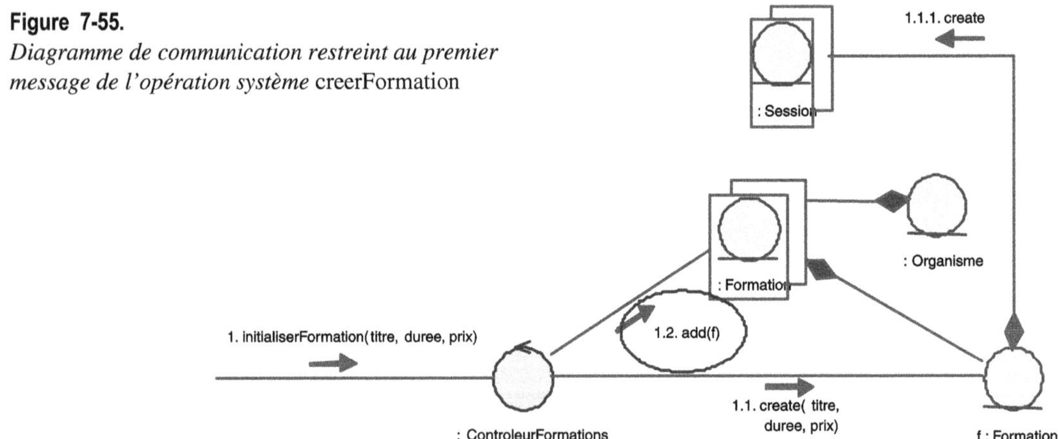

Cela signifie que nous devons ajouter un paramètre à l'opération *initialiserFormation* : une référence vers un organisme existant.

Si nous utilisons également les mots-clés « `parameter` » et « `local` » pour indiquer les liens temporaires entre objets, le diagramme de communication précédent est modifié comme suit :

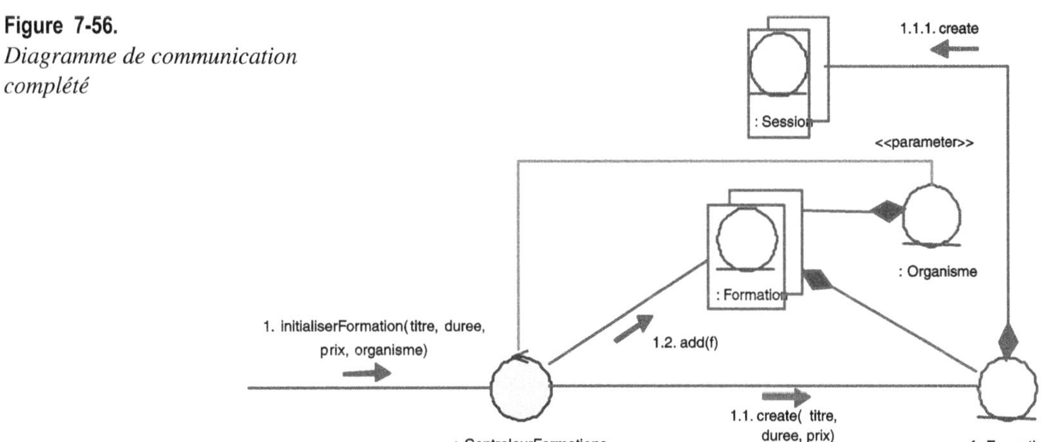

Figure 7-56.
Diagramme de communication complété

Nous allons maintenant compléter le diagramme de classes en ajoutant les relations entre classes : association (avec ses variantes : agrégation ou composition) et dépendance. Le travail est facilité en ceci que nous avions déjà indiqué les liens de composition et d'agrégation sur le diagramme de communication.

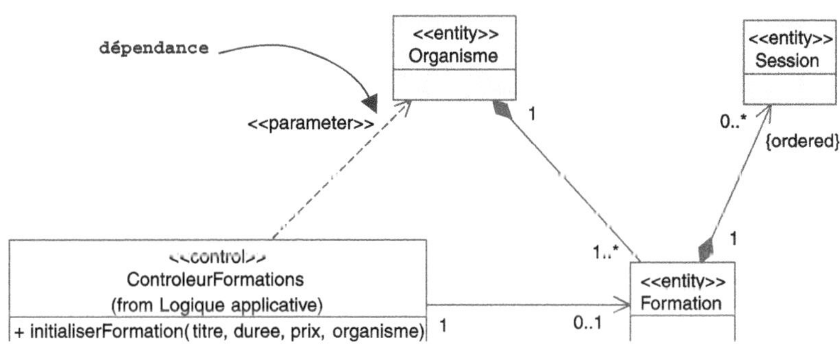

Figure 7-57.
Diagramme de classes complété d'après le diagramme de communication précédent

On notera l'utilisation du mot-clé « `parameter` » sur la dépendance entre les classes *ControleurFormations* et *Organisme*, pour refléter le type de lien temporaire qui existe entre les objets correspondants dans le diagramme de communication.

Si nous appliquons maintenant la même démarche sur l'ensemble du diagramme 7-50, nous obtenons le diagramme de classes de conception ci-après. Il faut noter que nous avons fait figurer les attributs dans les classes, mais pas les paramètres des opérations (pour simplifier le schéma).

Figure 7-58.
Diagramme de classes de conception complété

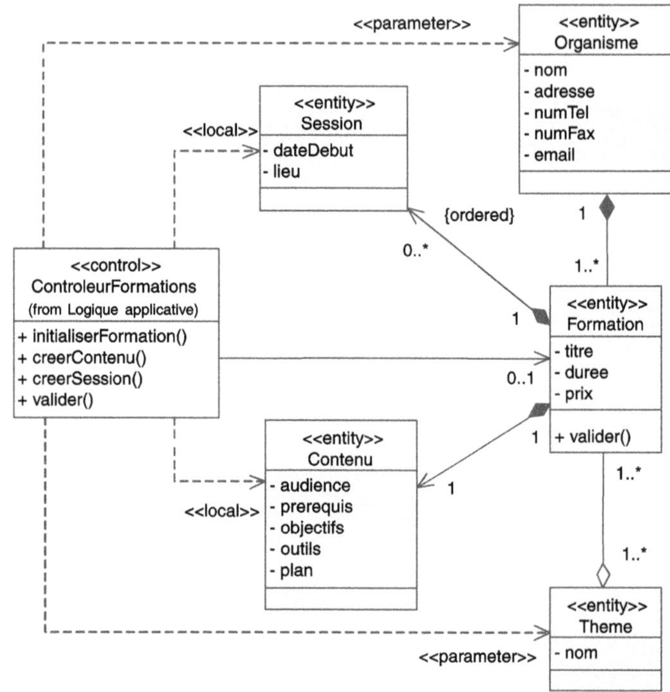

Bien sûr, ce diagramme est encore dans un état tout à fait provisoire :

- les choix de navigabilité des associations sont loin d'être définitifs – ils pourront être modifiés par l'étude des autres opérations système ;
- les dépendances se transformeront peut-être en associations si les objets requièrent un lien durable, et non un simple lien temporaire, dans le cadre d'autres opérations système.

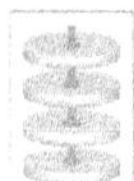

EXERCICE 7-22. Amélioration de la conception

À partir des diagrammes réalisés lors de la question précédente, proposez des améliorations à la conception objet qu'ils illustrent.

Améliorez les diagrammes de conception précédents.

Le diagramme de classes 7-58 présente une classe *ControleurFormations* couplée à toutes les autres classes ! Cette propriété est tout à fait contraire à un principe fondamental de la conception objet, appelé couramment « couplage faible ».

À RETENIR

Couplage faible

Le « couplage » représente une mesure de la quantité d'autres classes auxquelles une classe donnée est connectée, dont elle a connaissance, ou dont elle dépend.

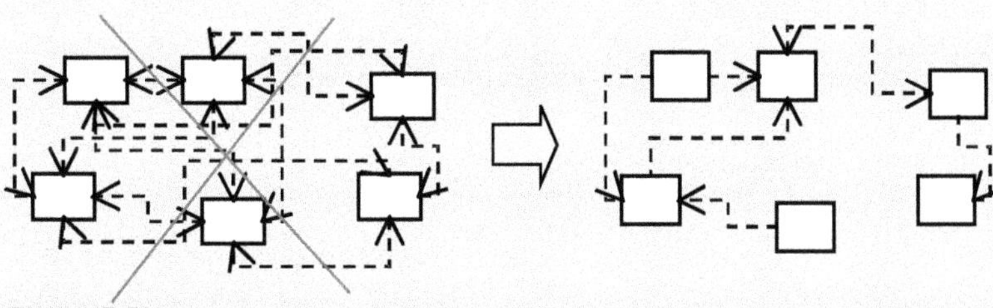

Figure 7-59.
Couplage entre classes

Conserver un couplage faible est un principe qu'il faut bien avoir à l'esprit pour toutes les décisions de conception ; c'est un objectif sous-jacent à évaluer d'une façon continue. En effet, en y pourvoyant, on obtient en général une application plus évolutive et plus facile à maintenir.
La notion d'objet « contrôleur » que nous avons détaillée précédemment (voir figure 7-34) est un bon exemple de moyen mis en œuvre pour minimiser le couplage entre les couches logicielles.

Essayons de voir s'il n'existe pas un moyen simple de réduire le couplage de la classe *ControleurFormations* sans augmenter pour autant celui des autres classes.

Reprenons le diagramme de communication 7-50. L'objet *ControleurFormations* est-il vraiment le mieux placé pour créer les objets *Contenu* et *Session* ? Ne pourrait-il pas plutôt déléguer cette responsabilité de création à l'objet *Formation* qui va de toute façon être ensuite lié d'une façon durable à son contenu et à ses sessions ? De cette manière, nous enlevons les deux dépendances entre *ControleurFormations* et *Contenu* et *Session*, sans en ajouter, puisque *Formation* est déjà couplée à *Contenu* et *Session* par des relations fortes de composition.

Le diagramme de communication peut donc être modifié comme le montre la figure suivante.

Figure 7-60.
Diagramme de communication amélioré de l'opération système creerFormation

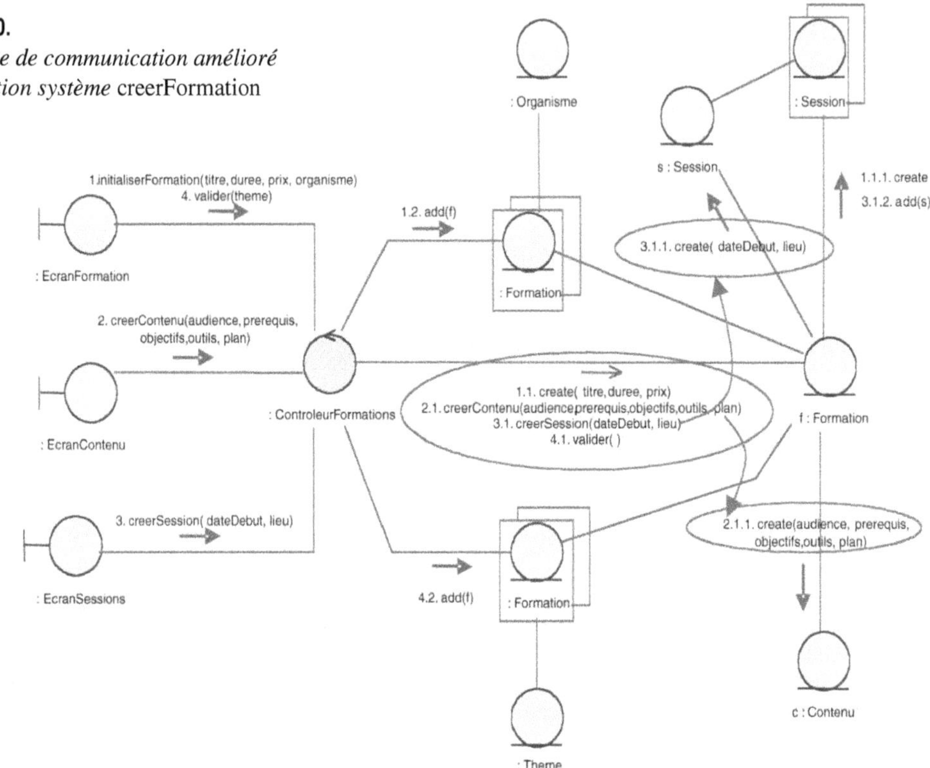

Le diagramme de classes de conception est ainsi allégé de deux dépendances, simplement parce que l'objet *ControleurFormations* a su déléguer une partie de ses responsabilités à l'objet *Formation*. En fait, cet exemple simple est tout à fait représentatif du travail itératif d'évaluation et d'amélioration que doit faire tout concepteur en matière de conception objet.

Pour terminer, nous allons compléter le diagramme de classes amélioré par les types des attributs, et procéder à la signature complète des opérations (paramètres avec leur type). Il faut bien noter que nous utilisons des types simples du langage Java (comme *int* et *short*), des classes de base Java (comme *String* et *Date*), des classes « primitives » utilisateur (comme *Numero* et *Email*), qu'il faudra définir précisément, et enfin des classes du modèle (comme *Theme* et *Organisme*).

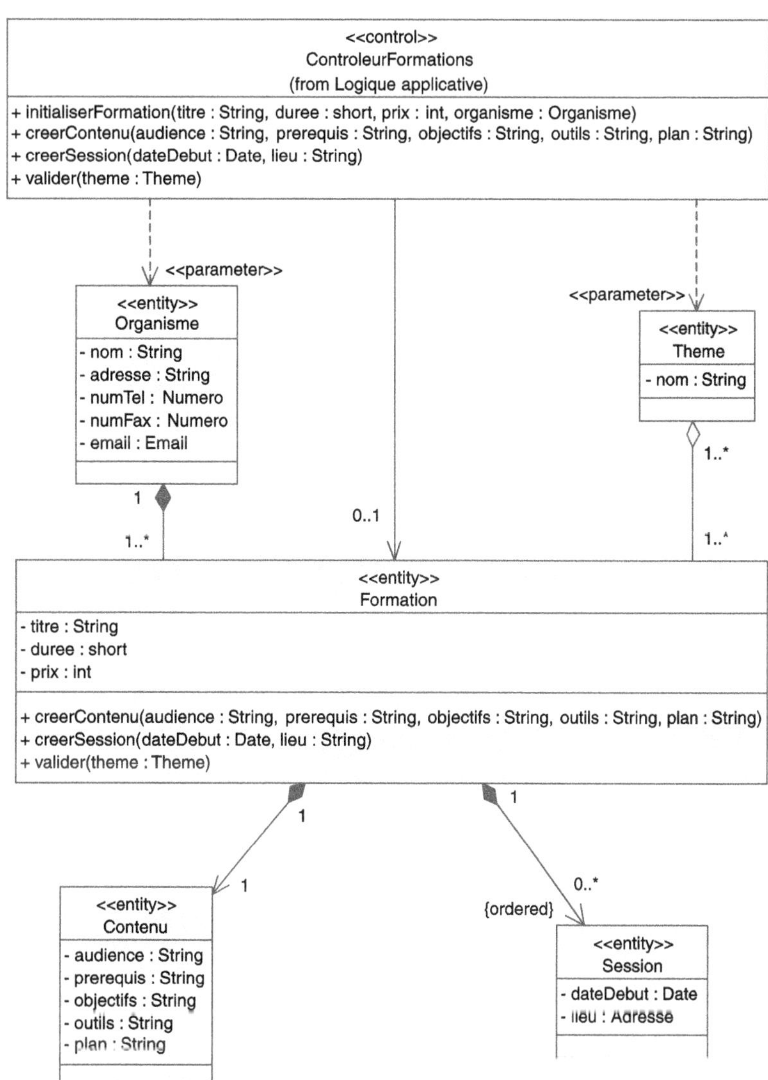

Figure 7-61.
Diagramme de classes de conception amélioré

Étape 10 – Définition des opérations système (itérations #2 et #3)

À ce stade, nous tenons pour acquis que l'itération 1 a été réalisée avec succès. Les cas d'utilisation *Consulter le catalogue* et *Mettre à jour* ont été conçus, implémentés et testés. Le package métier *Catalogue de formations* a été affiné et enrichi en conséquence. Un état possible de son diagramme de classes de conception (ne montrant que les classes <<`entity`>>) est présenté sur la figure suivante.

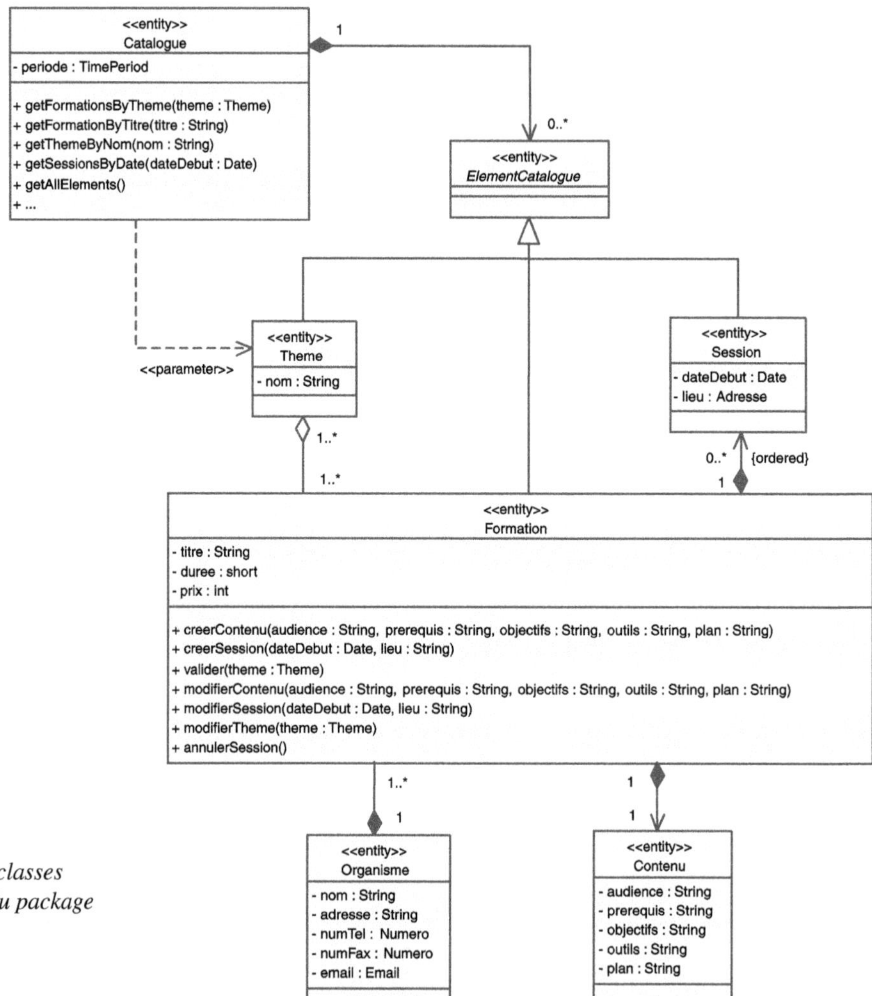

Figure 7-62.
Diagramme de classes de conception du package Catalogue

On notera que de nombreuses opérations ont été ajoutées, ainsi qu'une classe abstraite *ElementCatalogue* qui englobe les thèmes, les formations et les sessions, dans l'optique de la création d'une demande de formation par un employé à partir d'un élément quelconque du catalogue de formations.

Le stockage du catalogue dans une base de données relationnelle est opérationnel, ainsi que l'interface homme-machine des deux cas d'utilisation.

Le mécanisme d'authentification est également disponible dans une version qui va nous permettre de continuer notre travail.

EXERCICE 7-23. Opérations système

Nous allons maintenant concevoir et implémenter les deuxième et troisième itérations[10]. Commençons donc par le cas d'utilisation *Demander une formation*. Sa description de haut niveau a été réalisée à l'étape 1 (exercice 7-3). Nous la citons pour mémoire :
« L'employé peut consulter le catalogue, et sélectionner un thème, ou une formation, ou même une session particulière. La demande est automatiquement enregistrée par le système et transmise au responsable formation par e-mail. »

Pour le second cas, *Traiter les demandes*, la description était la suivante :
« Le responsable formation va utiliser le système pour indiquer aux employés sa décision (accord ou refus). En cas d'accord sur une session précise, le système va envoyer automatiquement par fax une demande d'inscription sous forme de bon de commande à l'organisme concerné. »

Listez les opérations système pour les cas d'utilisation DEMANDER UNE FORMATION et TRAITER LES DEMANDES.

Nous allons tout d'abord réaliser un diagramme de séquence système du scénario nominal du cas d'utilisation *Demander une formation*.

Nous supposons que l'employé peut effectuer plusieurs demandes, d'où le cadre `loop`. Les sélections d'une formation et d'une session sont optionnelles, d'où les deux cadres `opt` imbriqués. Le diagramme suivant a été réalisé avec l'outil gratuit StarUML, pour changer un peu…

10. Nous groupons les itérations par deux uniquement à des fins pédagogiques, afin que les différents modèles réalisés soient le plus intéressant possible.

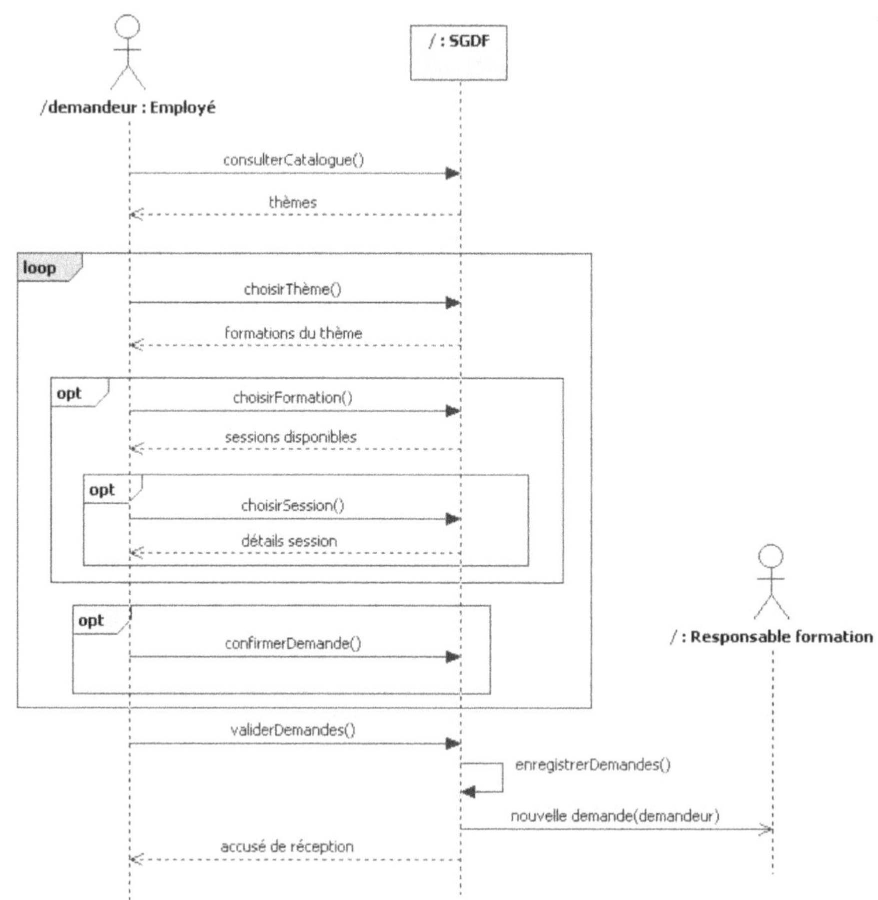

Figure 7-63. *Diagramme de séquence système de* Demander une formation

Nous allons ensuite réaliser un diagramme de séquence système simplifié (sans traiter le cas d'acceptation de demande incomplète) du cas d'utilisation *Traiter les demandes*.

Notez la possibilité qu'offre UML 2 de représenter graphiquement les préconditions en haut de la ligne de vie du système.

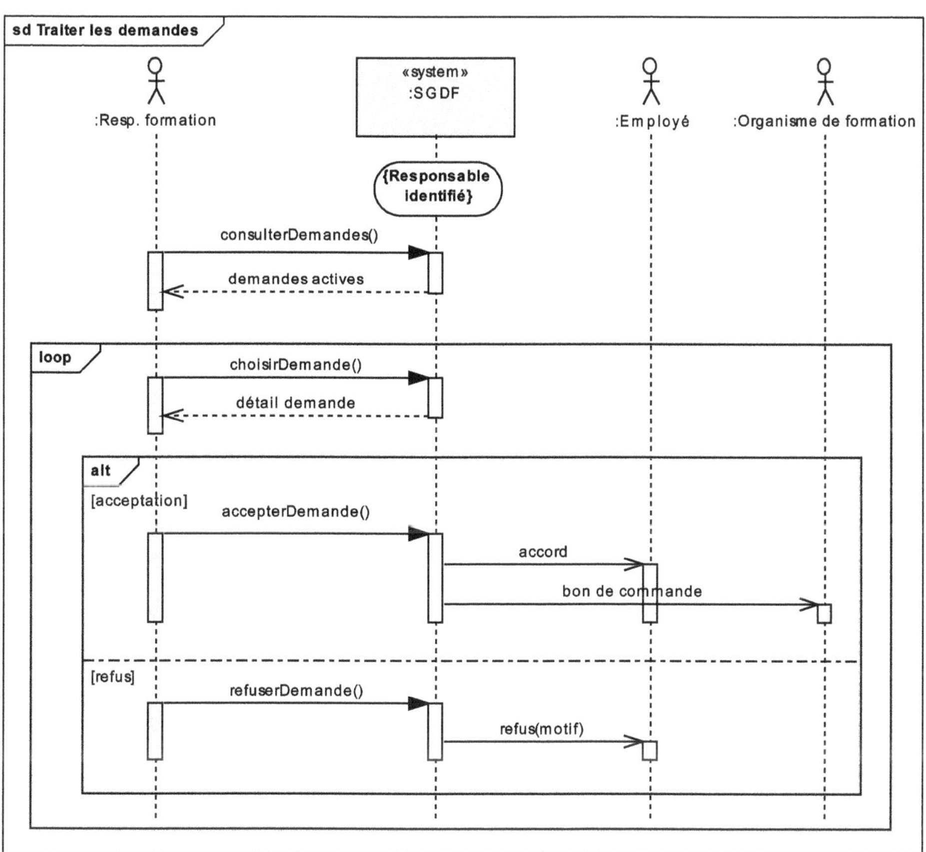

Figure 7-64.
Diagramme de séquence système de Traiter les demandes

Les principales opérations système pour les cas d'utilisation *Demander une formation* et *Traiter les demandes* sont donc listées sur les deux schémas précédents (flèches entrant dans le SGDF).

Étape 11 – Contrats d'opérations (itérations #2 et #3)

EXERCICE 7-24. Contrats d'opérations système

Utilisez le plan type précédent de contrat d'opération système.

Rédigez les contrats de VALIDERDEMANDE et REFUSERDEMANDE.

En premier lieu, nous allons extraire du diagramme de classes du package *Demandes de formation* (voir figure 7-26) la partie concernée par notre question. En effet, les opérations système *validerDemande* et *refuserDemande* vont agir sur des objets et des liens émanant du diagramme ci-après.

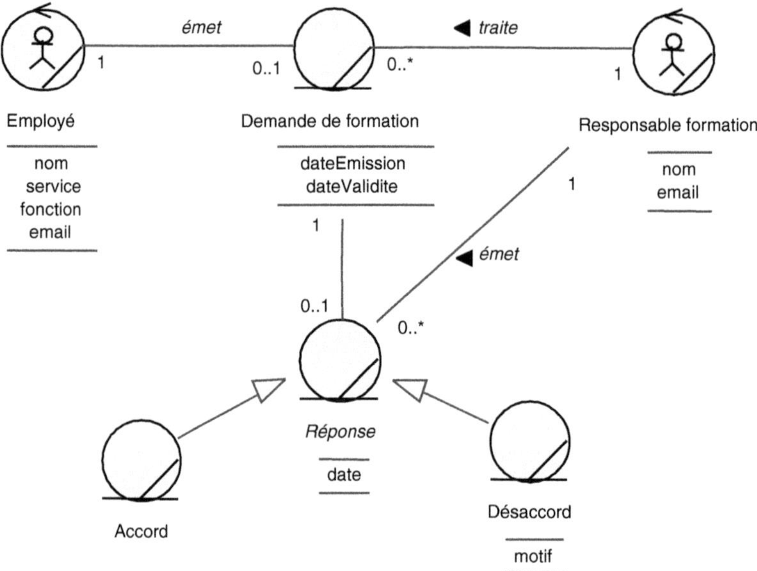

Figure 7-65.
Extrait du diagramme de classes déduit de la modélisation métier

Établissons tout d'abord le contrat de l'opération *validerDemande* :

- Nom
  validerDemande.
- Responsabilités
  Créer une demande initiale d'après les éléments du catalogue et la transmettre au responsable formation pour instruction.
- Références
  Cas d'utilisation *Demander une formation.*
- Préconditions
  - le catalogue de formations existe ;
  - l'employé est connecté sur l'intranet ;
  - un objet e représentant l'employé existe dans l'application.
- Postconditions
  - une demande de formation ddf a été créée ;
  - les attributs *dateValidite* et *dateEmission* de ddf ont été initialisés ;
  - ddf a été liée à l'employé e ;

  - ddf a été liée à un élément du catalogue de formation (c'est un aspect qui faisait défaut dans le diagramme de la modélisation métier) ;
  - un e-mail contenant ddf a été transmis au responsable formation.
- Exceptions
  - L'employé peut annuler sa création de demande à tout moment avant de valider.

Poursuivons par le contrat de l'opération *refuserDemande* :

- Nom
  refuserDemande.
- Responsabilités
  Refuser une demande transmise par un employé et lui retourner le motif du refus.
- Références
  Cas d'utilisation *Traiter les demandes*.
- Préconditions
  - une demande de formation ddf existe ;
  - le responsable est connecté sur l'intranet ;
  - un objet e représentant l'employé existe dans l'application et est relié à ddf.
- Postconditions
  - la demande de formation ddf a été détruite ;
  - un objet Désaccord d a été créé ;
  - les attributs *date* et *motif* de d ont été initialisés ;
  - un e-mail contenant d a été transmis à l'employé e.
- Exceptions
  - Néant.

Étape 12 – Diagrammes d'interaction (itérations #2 et #3)

EXERCICE 7-25. Diagramme de communication

Comme à l'étape 8 pour les itérations 1 et 2, nous allons poursuivre notre travail de conception en réalisant un diagramme de communication.

Élaborez un diagramme de communication qui réalise VALIDERDEMANDE.

La démarche est analogue à celle que nous avons adoptée pour l'exercice 7-20.
Le diagramme de communication représentant l'initialisation de la demande de formation par l'employé est tout à fait similaire à celui de la figure 7-44.

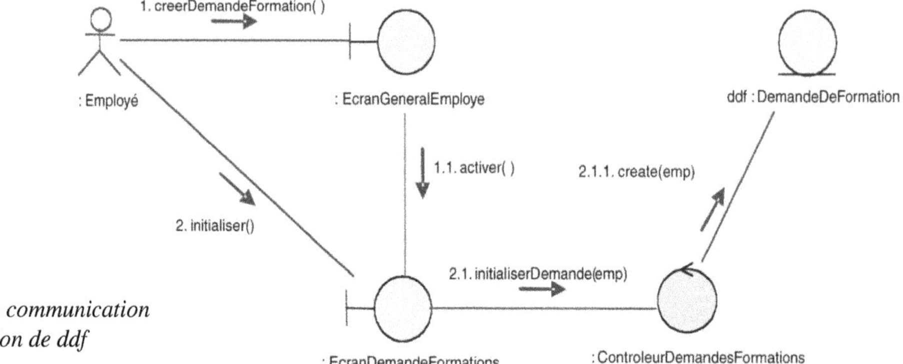

Figure 7-66.
Diagramme de communication de l'initialisation de ddf

Continuons par l'établissement du lien avec un élément du catalogue de formation, puis par le positionnement des attributs *dateValidite* et *dateEmission*, et enfin l'envoi du message au responsable.

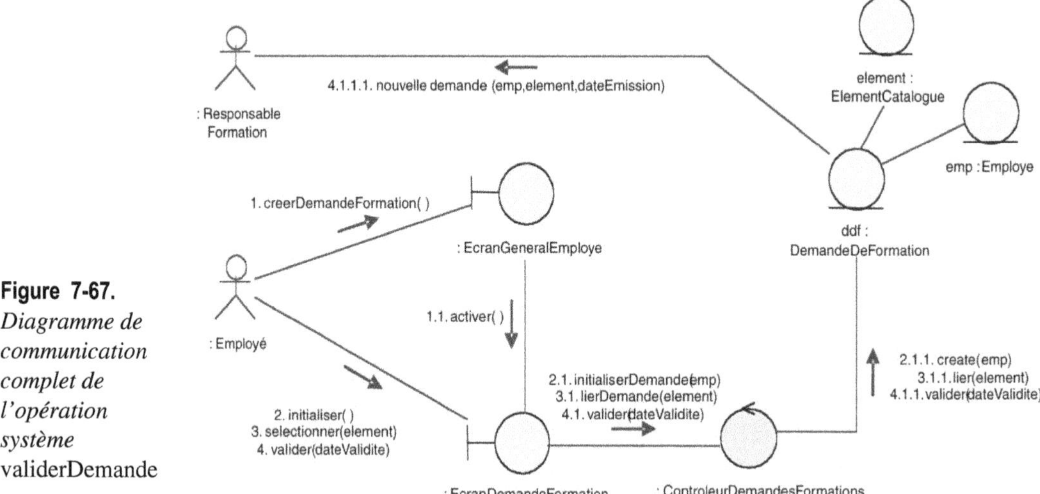

Figure 7-67.
Diagramme de communication complet de l'opération système validerDemande

Étape 13 – Diagrammes de classes de conception (itérations #2 et #3)

EXERCICE 7-26. Diagramme de classes de conception

Sur le modèle de la figure 7-62 et en extrapolant à partir de la réponse précédente mais aussi en vous appuyant sur votre connaissance du sujet, réalisez un diagramme de classes de conception du package *Demandes*.

Vous pouvez vous référer également au diagramme d'états de la question 7-15.

Élaborez le diagramme de classes de conception du package DEMANDES.

Nous avons déjà passé en revue les subtilités du diagramme de classes aux chapitres 3 et 4. La classe d'association *Inscription* ne vous surprendra donc pas. On notera la façon dont nous avons complété le compartiment opérations de la classe *DemandeDeFormation*, en particulier avec les opérations privées, nécessaires pour l'envoi des messages aux acteurs.

On notera encore que nous avons fait figurer dans le diagramme les classes *Session* et *ElementCatalogue* bien qu'elles n'appartiennent pas au package courant. En effet, il est important de montrer leurs relations avec des classes du package *Demandes* pour justifier ensuite le sens des dépendances entre les packages englobants. Précisément, il ne faut représenter que les associations navigables, les dépendances ou les généralisations qui pointent vers les classes externes à celles du package concerné.

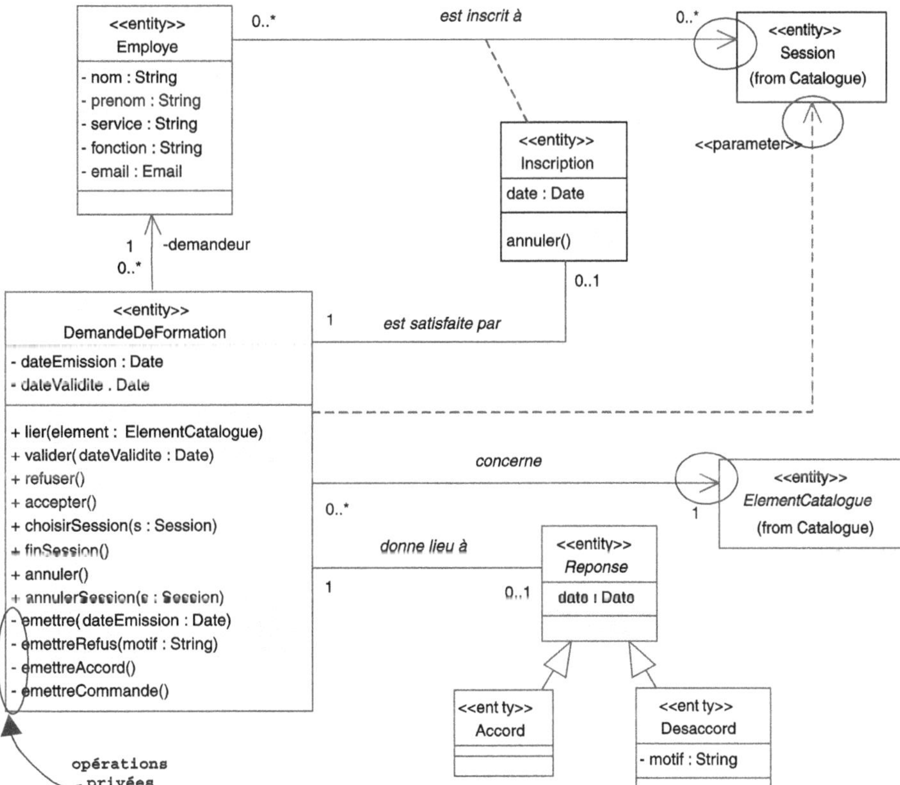

Figure 7-68. *Diagramme de classes de conception du package* Demandes

Étape 14 – Retour sur l'architecture

EXERCICE 7-27. Diagramme de packages

Reprenez la figure 7-36 qui représentait l'architecture en couches du système et montrez toutes les classes que nous avons identifiées à l'intérieur des packages correspondants. Ne tenez pas compte de la couche services techniques, pas plus que des classes de base Java.

Complétez le diagramme de packages d'architecture.

Il suffit de recenser toutes les classes que nous avons utilisées dans nos différents diagrammes, et de les représenter à l'intérieur du package adéquat.

L'architecture logique détaillée des trois premières couches est montrée sur la figure suivante.

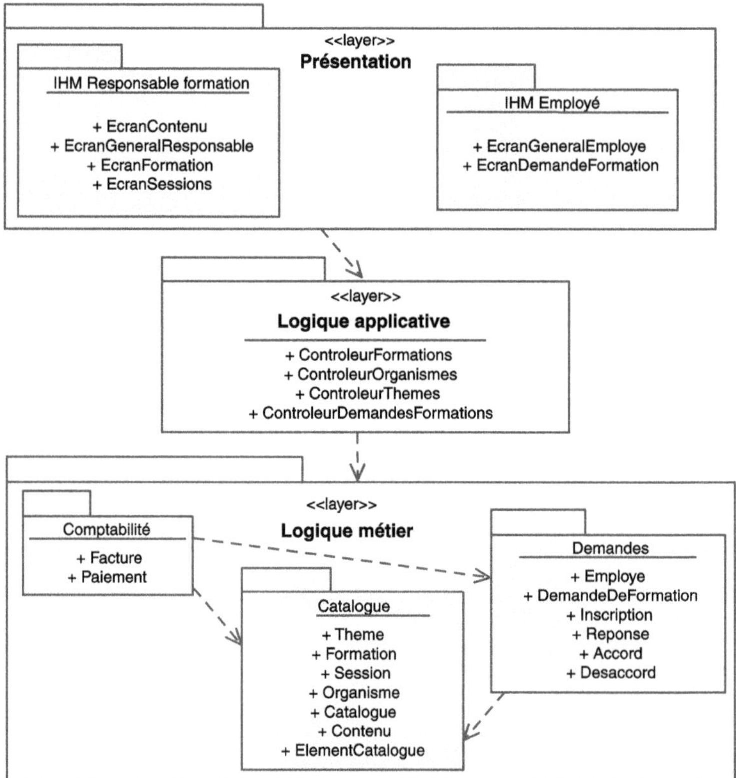

Figure 7-69.
Détail de l'architecture en couches des trois premières itérations

Étape 15 – Passage au code objet

Les modèles de conception que nous avons réalisés permettent de produire, d'une manière aisée, du code dans un langage de programmation objet tel que Java ou C# :

- Les diagrammes de classes permettent de décrire le squelette du code, à savoir toutes les déclarations.

À RETENIR

Production du squelette de code Java (ou C#) à partir des diagrammes de classes

En première approche :
– la classe UML devient une classe Java (idem en C#) ;
– les attributs UML deviennent des variables d'instances Java (idem en C#[a]) ;
– les opérations UML deviennent des méthodes Java (idem en C#).
On notera que les rôles navigables produisent des variables d'instances, tout comme les attributs, mais avec un type utilisateur au lieu d'un type simple. Le constructeur par défaut est implicite.

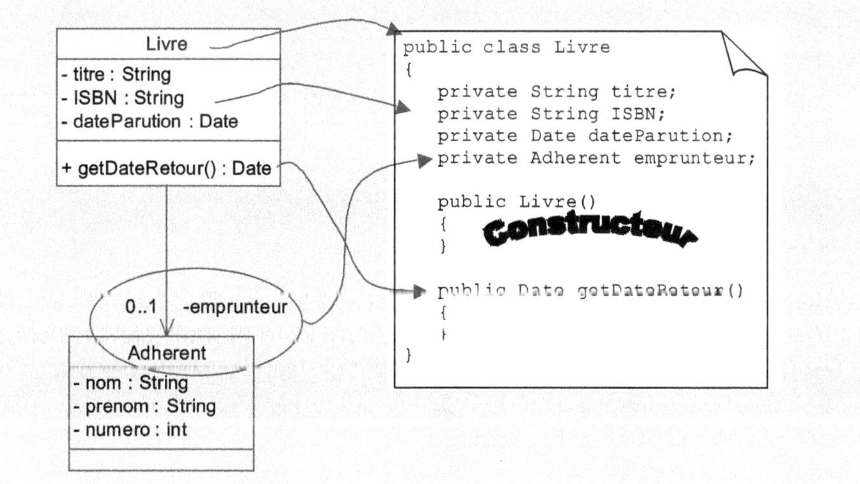

Figure 7-70.
Squelette du code Java de la classe Livre

a. On peut également utiliser le concept C# de *property*, qui permet une meilleure encapsulation. Attention, le concept d'attribut existe en C#, mais ne signifie pas du tout la même chose qu'en UML !

- Avec les diagrammes d'interaction, il est facile d'écrire le corps des méthodes, en particulier la séquence d'appels de méthodes sur les objets qui collaborent.

À RETENIR

Production du corps des méthodes à partir des diagrammes d'interaction

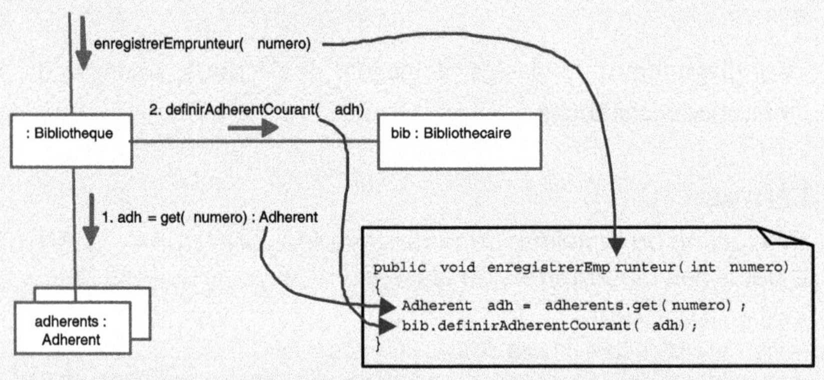

Figure 7-71.
Corps de la méthode enregistrerEmprunteur *en Java (idem en C# !)*

EXERCICE 7-28. Production d'un squelette de code Java

À partir de la figure 7-68, proposez un squelette de code Java pour la classe *DemandeDeFormation*.

Écrivez le squelette Java de la classe DEMANDEDEFORMATION.

Reprenons le schéma 7-68 en enlevant ce qui ne concerne pas la classe *DemandeDeFormation*. Les règles précédentes suffisent pour produire le squelette de la classe en Java. La seule difficulté tient à ce qu'il ne faut pas oublier la directive d'importation pour les relations avec les classes qui appartiennent à d'autres packages, ainsi que pour les classes de base Java.

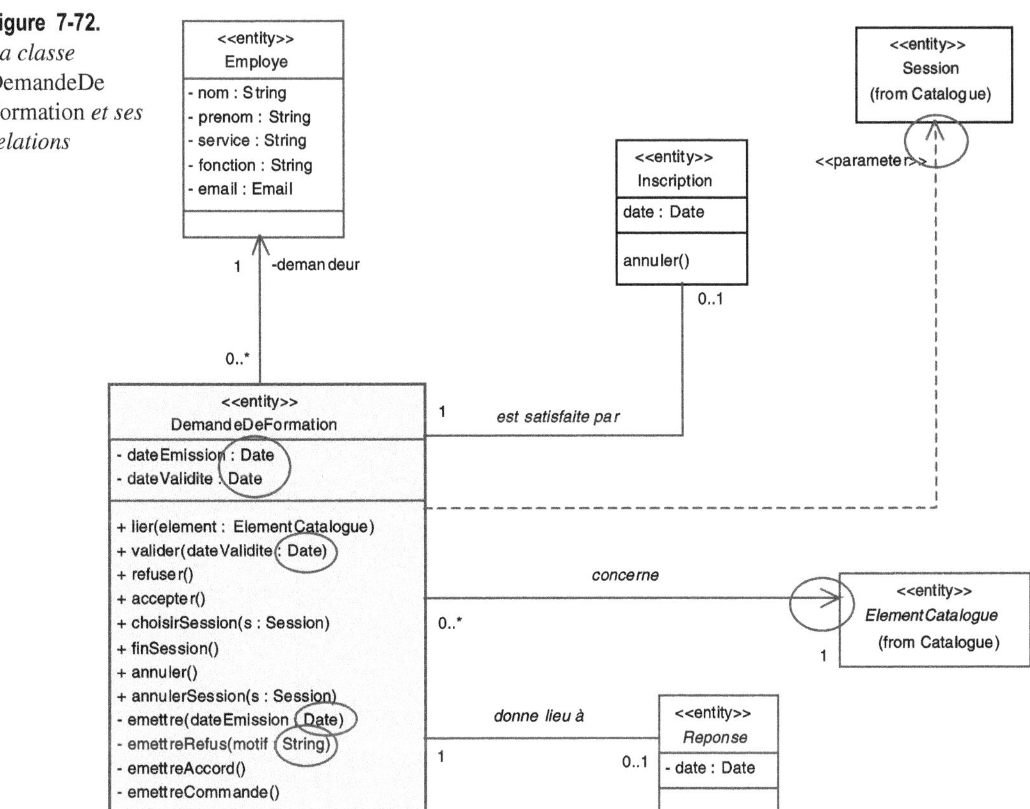

Figure 7-72. *La classe* DemandeDeFormation *et ses relations*

Le code Java correspondant est montré sur le schéma suivant.

On remarquera les directives d'importation ainsi que les quatre dernières méthodes qui permettent l'accès en lecture (*get*) et en écriture (*set*) aux attributs, pour respecter le principe d'encapsulation.

```
package demandes;

import java.util.*;
import catalogue.Session;
import catalogue.ElementCatalogue;

public class DemandeDeFormation
{
   private Date dateEmission;
   private Date dateValidite;
   private Employe demandeur;
   private Inscription inscription;
   private ElementCatalogue elementCatalogue;
   private Reponse reponse;

   public DemandeDeFormation()
   {
   }

   public void lier( ElementCatalogue element)
   {
   }

   public void valider(Date dateValidite)
   {
   }

   public void refuser()
   {
   }

   public void accepter()
   {
   }

   public void choisirSession(Session s)
   {
   }

   public void finSession()
   {
   }
```

```
   public void annuler()
   {
   }

   public void annulerSession(Session s)
   {
   }

   private void emettre(Date dateEmission)
   {
   }

   private void emettreRefus(String motif)
   {
   }

   private void emettreAccord()
   {
   }

   private void emettreCommande()
   {
   }

   public Date getDateEmission()
   {
      return dateEmission;
   }

   public void setDateEmission(Date de)
   {
      dateEmission = de;
   }

   public Date getDateValidite()
   {
      return dateValidite;
   }

   public void setDateValidite(Date dv)
   {
      dateValidite = dv;
   }
}
```

Figure 7-73.
Squelette de code Java de la classe DemandeDeFormation

 EXERCICE 7-29. Production d'un squelette de code C#

Pour bien montrer que notre conception permet ensuite facilement de dériver du code dans n'importe quel langage objet, faites le même exercice que précédemment, mais en utilisant le langage C# (de la plate-forme .NET) plutôt que Java.

Écrivez le squelette C# de la classe DEMANDEDEFORMATION.

```
namespace Demandes;
{
  using System;
  using Catalogue.Session;
  using Catalogue.ElementCatalogue;

  public class DemandeDeFormation
  {
     private DateTime DateEmission;
     private DateTime DateValidite;
     private Employe Demandeur;
     private Inscription Inscr;
     private ElementCatalogue ElementCat;
     private Reponse Rep;

     public DemandeDeFormation()
     {
     }

     public void Lier(ElementCatalogue Element)
     {
     }

     public void Valider(DateTime DateValidite)
     {
     }

     public void Refuser()
     {
     }

     public void Accepter()
     {
     }

     public void ChoisirSession(Session S)
     {
     }

     public void FinSession()
     {
     }

     public void Annuler()
     {
     }

     public void AnnulerSession(Session S)
     {
     }

     private void Emettre(DateTime DateEmission)
     {
     }

     private void EmettreRefus(string Motif)
     {
     }

     private void EmettreAccord()
     {
     }

     private void EmettreCommande()
     {
     }

     public DateTime getDateEmission()
     {
        return DateEmission;
     }

     public void setDateEmission(DateTime De)
     {
        DateEmission = De;
     }

     public DateTime getDateValidite()
     {
        return DateValidite;
     }

     public void setDateValidite(DateTime Dv)
     {
        DateValidite = Dv;
     }
} }
```

Figure 7-74.
Squelette de code C# de la classe DemandeDeFormation

Notez qu'en C#, on utiliserait probablement la notion de propriété (*property*) pour coder les accesseurs de façon plus élégante, par exemple :

```
public DateTime DateValidite
  {
    get { return m_DateValidite; }
    set { m_DateValidite=value; }
  }
```

EXERCICE 7-30. Production d'un squelette de code Java (bis)

À partir de la figure 7-62, proposez un squelette de code Java pour la classe *Formation*.

Écrivez le squelette Java de la classe FORMATION.

Reprenons le schéma 7-62 en enlevant ce qui ne concerne pas la classe *Formation*.

Quelques difficultés supplémentaires apparaissent, par rapport à la question précédente :

- la relation de généralisation avec *ElementCatalogue*,
- les multiplicités « 1..* » avec *Theme* et « 0..* {ordered} » avec *Session*.

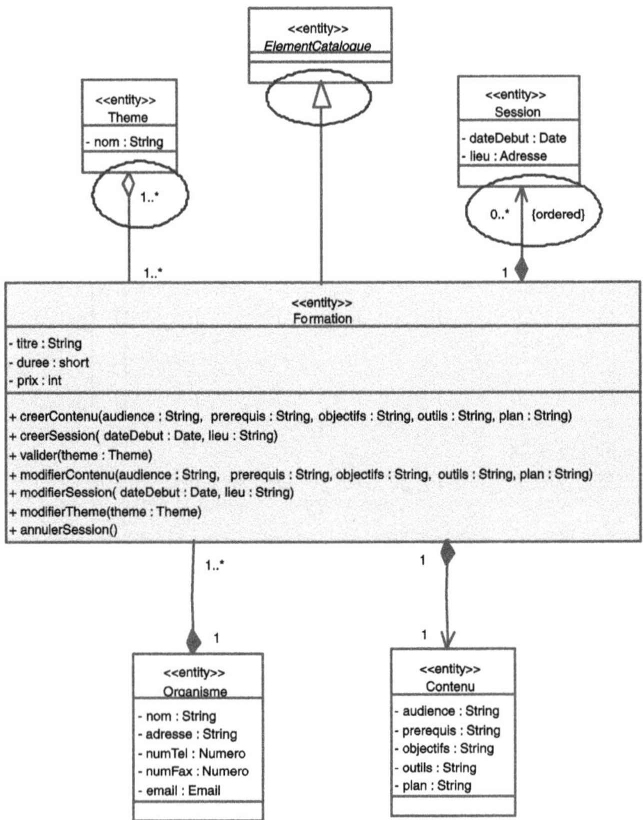

Figure 7-75.
La classe Formation *avec ses relations*

Les règles précédentes ne suffisent plus. Nous avons vu un exemple de transformation d'une association navigable de multiplicité « 1 » (ou « 0..1 »), mais comment traduire les associations navigables de multiplicité « * » ?

À RETENIR

Traduction en Java des associations avec multiplicité "*"

Le principe en est relativement simple : une multiplicité « * » va se traduire par un attribut de type collection de références d'objets au lieu d'une simple référence sur un objet.

La difficulté consiste à choisir la bonne collection parmi les très nombreuses classes de base que propose Java. Bien qu'il soit possible de créer des tableaux d'objets en Java, ce n'est pas forcément la bonne solution. En la matière, on préfère plutôt recourir à des collections, parmi lesquelles les plus utilisées sont *ArrayList* (anciennement *Vector*) et *HashMap* (anciennement *HashTable*). Utilisez *ArrayList* si vous devez respecter un ordre et récupérer les objets à partir d'un indice entier ; utilisez *HashMap* si vous souhaitez récupérer les objets à partir d'une clé arbitraire.

Attention, le JDK 1.5 introduit les collections typées appelées « *generics* »[d]. Nous allons pouvoir déclarer dorénavant des listes de sessions et des *maps* de thèmes, comme illustré à la question suivante.

Voici quelques exemples des solutions à retenir pour effectuer un choix pertinent :

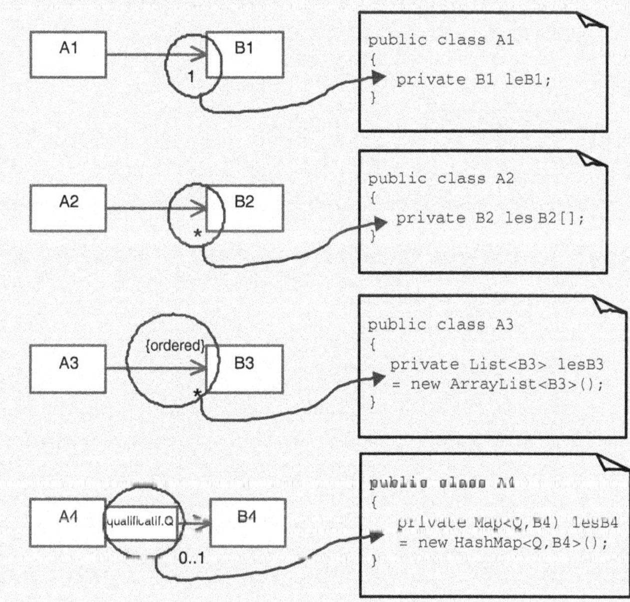

Figure 7-76.
Traductions possibles des associations en Java 1.5

d. Comme on pouvait s'y attendre, le langage C# n'a pas été en reste dans la version 2.0 du Framework .NET !

Pour la classe *Formation*, nous allons utiliser :

- une *ArrayList* pour l'association ordonnée avec la classe *Session* ;
- une *HashMap* pour l'association avec la classe *Theme*, plutôt qu'un simple tableau : nous nous servirons du nom de thème comme qualificatif.

Toutes ces explications nous conduisent au code suivant pour la classe *Formation*.

Figure 7-77.
Squelette de code Java 1.5 de la classe Formation

```
package catalogue;

import java.util.*;

public class Formation  extends ElementCatalogue

{
   private String titre;
   private short duree;
   private int prix;
   private List<Session> sessions = new ArrayList<Session>();
   private Map<String,Theme> themes = new HashMap<String,Theme>();
   private Contenu contenu;
   private Organisme organisme;

   public Formation()
   {
   }

   public void creerContenu(String audience, String  prerequis,
     String objectifs, String outils, String plan)
   {
   }

   public void creerSession(Date dateDebut, String lieu)
   {
   }

   public void valider( Theme theme)
   {
   }

   public void modifierContenu(String audience, String  prerequis,
     String objectifs, String  outils,String plan)
   {
   }

   public void modifierSession(Date  dateDebut, String lieu)
   {
   }

   public void modifier Theme( Theme theme)
   {
   }

   public void annulerSession()
   {
   }

   public String getTitre() {return titre;}

   public void setTitre(String t) {titre = t;}

   public short getDuree() {return duree;}

   public void setDu ree(short d) { duree = d;}

   public int getPrix() {return prix;}

   public void setPrix( int p) {prix = p;}

}
```

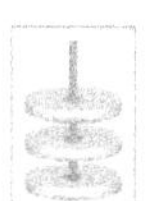

EXERCICE 7-31. Production d'un squelette de code C# (bis)

Écrivez le squelette C# de la classe FORMATION.

À RETENIR

Traduction en C# des associations avec multiplicité "*"

Le principe est identique à Java : une multiplicité « * » va se traduire par un attribut de type collection de références d'objets au lieu d'une simple référence sur un objet.
Comme en Java, on préfère recourir à des collections, parmi lesquelles les plus utilisées sont *ArrayList*, *SortedList* et *HashTable*. Utilisez *ArrayList* si vous devez respecter un ordre et récupérer les objets à partir d'un indice entier ; utilisez HashTable ou *SortedList* si vous souhaitez récupérer les objets à partir d'une clé arbitraire.
Voici quelques exemples des solutions à retenir pour effectuer un choix pertinent :

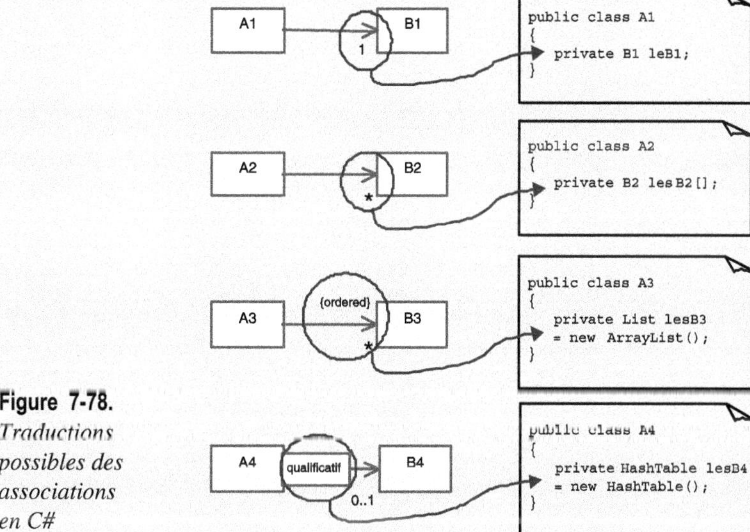

Figure 7-78. *Traductions possibles des associations en C#*

Il est à noter que les collections paramétrées sont présentes également depuis la version C# 2.0. Le troisième cas donnerait par exemple une liste générique comme suit :

```
public class A3
{
private List<B3> lesB3 = new ArrayList<B3>() ;
}
```

Pour la classe *Formation*, nous allons utiliser :

- une *ArrayList* pour l'association ordonnée avec la classe *Session* ;
- une *HashTable* pour l'association avec la classe *Theme*, plutôt qu'un simple tableau : nous nous servirons du nom de thème comme qualificatif.

Toutes ces explications nous conduisent au code suivant pour la classe *Formation.*

```
namespace Catalogue;
{
  using System;

  public class Formation :  ElementCatalogue

  {
     private string Titre;
     private short  Duree;
     privat e int Prix;
     private List Sessions = new   ArrayList();
     private HashTable  Themes = new  HashTable();
     private Contenu  Cont;
     private Organisme  Org;

     public Formation()
     {
     }

     public void CreerContenu(string A  udience, string  Prerequis,
       string Objectifs, string Outils, string Plan)
     {
     }

     public void CreerSession(DateTime  DateDebut, string Lieu)
     {
     }

     public void Valider( Theme T)
     {
     }

     public void ModifierCont enu(string Audience, string  Prerequis,
       string Objectifs, string   Outils, string Plan)
     {
     }

     public void ModifierSession(DateTime  DateDebut, string Lieu)
     {
     }

     public void ModifierTheme( Theme T)
     {
     }

     pub lic void AnnulerSession()
     {
     }

     public string  getTitre() {return Titre;}

     public void setTitre(string T) {Titre = T;}

     public short  getDuree() {return  Duree;}

     public void setDuree(short D) { Duree = D;}

     public int getPrix() {return Prix;}

     public void setPrix( int P) {Prix = P;}
} }
```

Figure 7-79.
Squelette de code C# de la classe Formation

Étape 16 – Déploiement de l'application

Nous allons finalement décrire l'implantation physique de notre application de gestion des demandes de formation grâce à un dernier type de diagramme proposé par UML : le diagramme de déploiement.

À RETENIR

Diagramme de déploiement

Le diagramme de déploiement montre la configuration physique des différents matériels qui participent à l'exécution du système, ainsi que les artefacts qu'ils supportent.
Ce diagramme est constitué de « nœuds » connectés par des liens physiques. Les symboles des nœuds peuvent contenir des artifacts (et non plus des composants comme en UML 1).

Artifact

Un artifact modélise une entité physique comme un fichier. On le représente par un rectangle contenant le mot-clé « `artifact` ». On explicite la présence d'un artifact sur un nœud de déploiement en imbriquant son symbole dans celui du nœud englobant.
Si un artifact implémente un composant ou une classe, on dessine une flèche en pointillés avec le mot-clé « `manifest` » allant du symbole de l'artéfact au symbole du composant qu'il implémente[e].

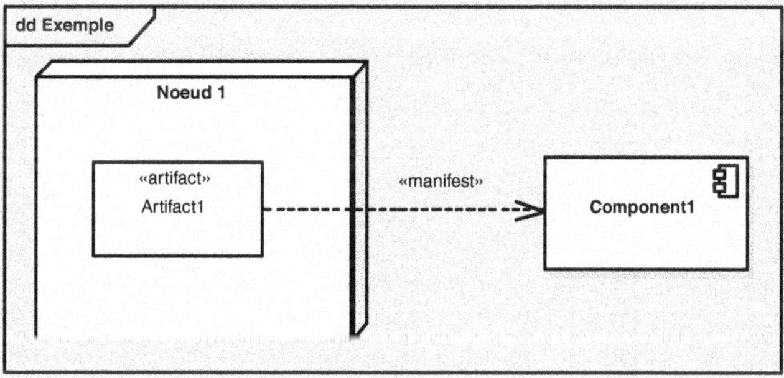

Figure 7-80.
Notation du diagramme de déploiement en UML 2

e. Le diagramme de déploiement a été notablement modifié avec la nouvelle version UML 2. Ceci vient principalement de la redéfinition du concept de composant, plus logique en UML 2 et donc moins physique. L'introduction du nouveau concept d'artifact permet de mieux séparer la manifestation physique du composant de sa représentation logique.

EXERCICE 7-32. Diagramme de déploiement

Proposez un diagramme de déploiement réaliste pour les trois premières itérations du système de gestion des demandes de formation.

Élaborez un diagramme de déploiement pour les trois premières itérations.

Chaque acteur a son propre poste client qui est un « PC » connecté au serveur intranet de l'entreprise, lequel est lui-même un PC serveur NT. Ce serveur intranet contient en particulier l'application d'authentification.

Chacun des deux acteurs a en outre sa propre interface homme-machine, matérialisée par une page *JSP*. Ces deux *JSP* utilisent un même service d'authentification général, contenu par le serveur intranet. Le catalogue est stocké dans une base de données spécifique, de même que les employés.

Le serveur métier héberge pour sa part les autres applications ainsi que les bases de données. Il s'agit là d'une machine Unix et ce pour des raisons historiques…

Le diagramme réalisé avec l'outil Enterprise Architect qui fournit ses propres icônes pour les différents types de nœud est donné à titre d'exemple sur la figure suivante.

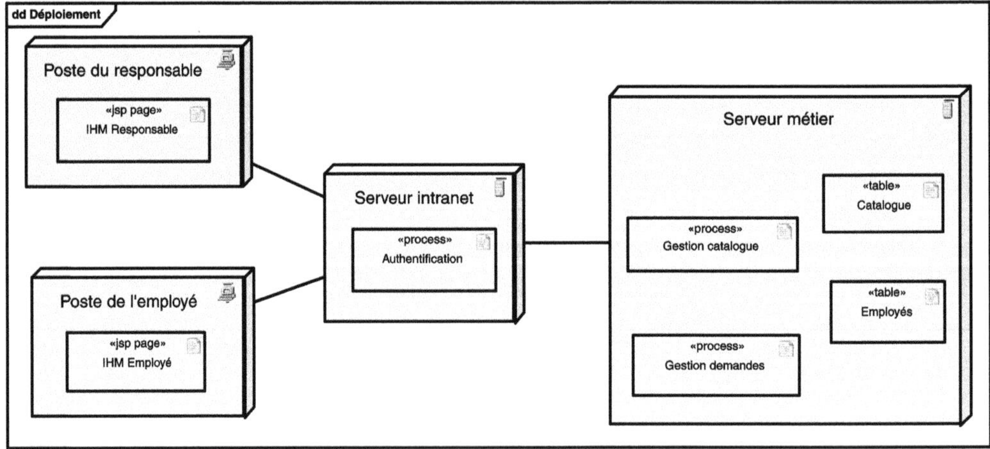

Figure 7-81.
Diagramme de déploiement correspondant aux trois premières itérations

8

Études de cas complémentaires

Mots-clés

■ Opération système ■ Diagramme de communication ■ Diagramme de séquence ■ Méthode ■ Typage ■ Navigabilité des associations ■ Dépendances entre classes ■ Collection d'objets ■ Java ■ C# ■ Design pattern.

Ce chapitre va nous permettre de compléter au moyen d'autres études de cas notre panorama des techniques de modélisation UML, en insistant sur celles mises en œuvre durant l'activité de conception, en particulier :

- Les diagrammes d'interaction ;
- Les diagrammes de classes.

Nous apprendrons également à utiliser certains design patterns supplémentaires

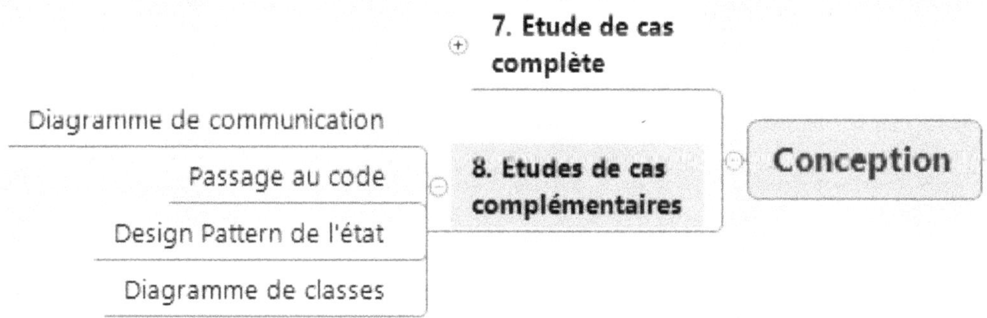

Étude du système d'information d'une bibliothèque

Nous allons partir d'un modèle d'analyse d'un système informatique qui doit permettre de gérer une bibliothèque. Cette bibliothèque ne prête que des livres dans un premier temps.

Le diagramme de classes d'analyse est montré sur la figure suivante.

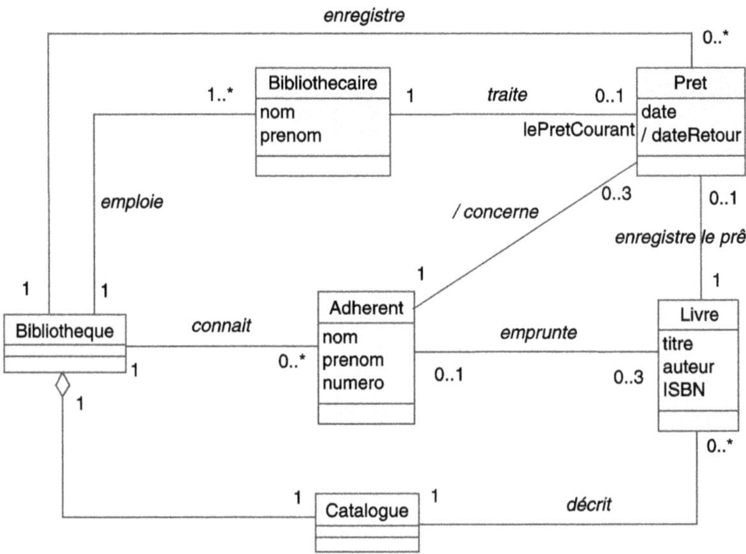

Figure 8-1.
Diagramme de classes d'analyse du S.I. de la bibliothèque

Le diagramme de cas d'utilisation provisoire est présenté ci-après.

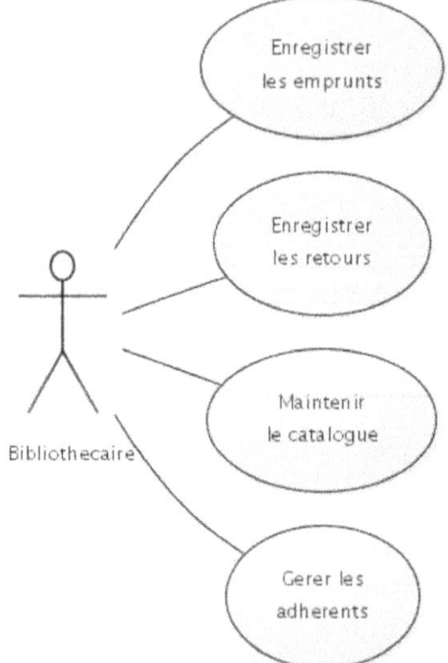

Figure 8-2.
Diagramme de cas d'utilisation préliminaire du S.I. de la bibliothèque

Poursuivons par les opérations système du cas d'utilisation *Enregistrer les emprunts* qui sont détaillées sur le diagramme de séquence système suivant.

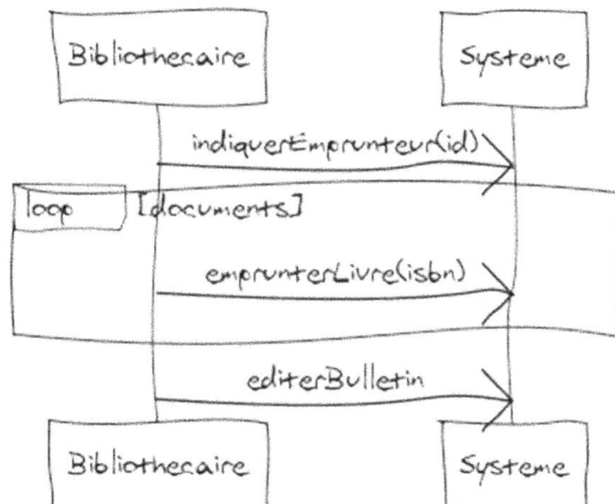

Figure 8-3.
Opérations système du cas d'utilisation Enregistrer les emprunts

Nous allons ensuite nous intéresser au contrat de l'opération *emprunterLivre*. Notez que nous passons sous silence la première opération *indiquerEmprunteur*, mais uniquement parce qu'elle est moins riche que la deuxième et n'apporterait rien à notre étude. Dans la réalité, les opérations système doivent bien sûr être conçues par ordre chronologique.

- Nom
  emprunterLivre (ISBN).
- Responsabilités
  Enregistrer l'emprunt d'un livre identifié par son numéro ISBN.
- Références
  Cas d'utilisation *Enregistrer les emprunts.*
- Préconditions
  - le catalogue de livres existe et n'est pas vide ;
  - l'adhérent a été reconnu par le système et n'a pas atteint le seuil maximal d'emprunts.
- Postconditions
  - un prêt p a été créé ;
  - l'attribut *date* de p a été positionné à la date du jour ;
  - l'attribut *dateRetour* de p a été positionné à (la date du jour + deux semaines) ;
  - p a été lié au livre l dont l'attribut ISBN vaut l'ISBN passé en paramètre ;
  - p a été lié à l'adhérent concerné et à la bibliothèque.

Conception du comportement (diagrammes d'interaction)

EXERCICE 8-1. Diagramme de communication de conception

Développez un diagramme de communication pour l'opération système *emprunterLivre* à partir des informations précédentes.

Détaillez chacune de vos décisions de conception.

Ne vous préoccupez pas des classes d'interface (<<boundary>>).

Développez un diagramme de communication pour EMPRUNTERLIVRE.

Notre diagramme de communications démarre par la réception d'un message système venant d'un acteur. Puisque la possibilité nous est donnée de ne pas nous préoccuper des objets d'interface, nous allons directement choisir un objet qui traitera cet événement système.

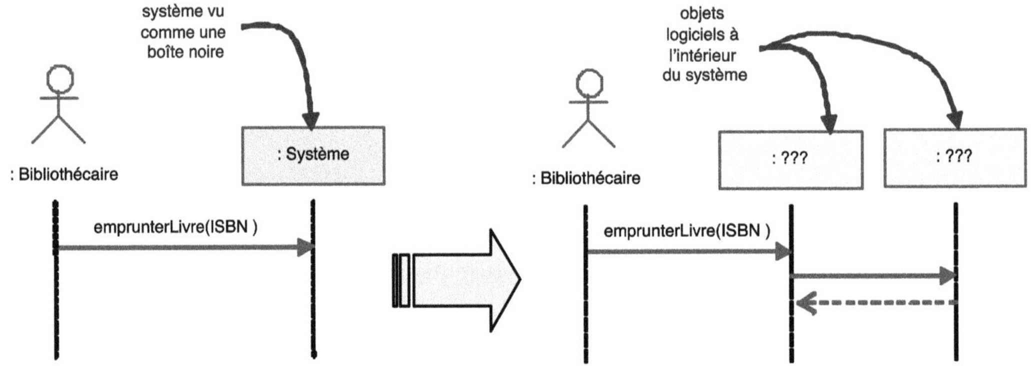

Figure 8-4.
Passage de l'analyse à la conception

La solution que nous avions mise en œuvre au chapitre précédent (étape 6) nous amenait à introduire un objet artificiel de conception de type « contrôleur » que nous aurions pu appeler ici *ControleurEmprunts*.

En fait, dans le cas d'un système comprenant un nombre restreint d'opérations système, une approche plus simple est possible, qui n'oblige pas à ajouter une nouvelle classe. Cette solution consiste à utiliser comme contrôleur une instance d'une classe d'analyse existante :

- soit un objet représentant le système entier ou l'organisation elle-même ;
- soit un objet représentant un rôle qui aurait réalisé l'opération système.

Le premier choix possible est le plus direct, mais son inconvénient majeur, c'est que l'on affecte le traitement de toutes les opérations système à un objet unique, qui risque rapidement d'être surchargé en matière de responsabilités. C'est une solution acceptable dans notre exemple, et la classe candidate est la classe *Bibliotheque*.

La seconde possibilité permet en général de répartir les opérations système sur plusieurs objets. Mais ici la seule classe candidate est la classe *Bibliothecaire*, ce qui n'apporte rien par rapport à la solution précédente. Nous conservons donc *Bibliotheque* comme objet contrôleur pour notre opération système. Le diagramme de communication peut donc démarrer de la manière suivante.

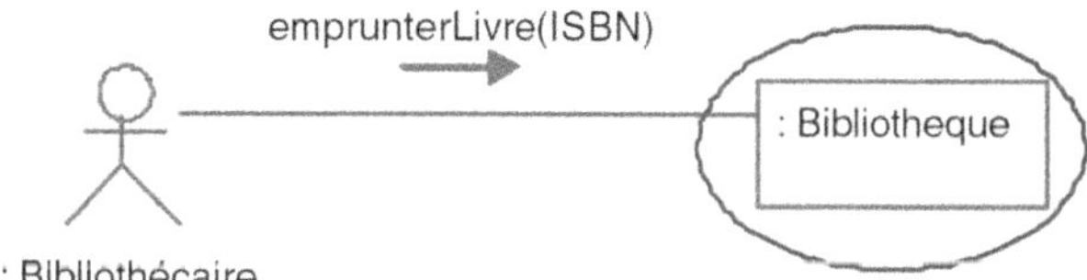

Figure 8-5.
Diagramme de communication de l'opération emprunterLivre *(début)*

Comment devons-nous maintenant procéder ? Il faut tout simplement étudier le contrat d'opération. Rappelez-vous cependant que les postconditions répertoriées dans le contrat ne sont pas forcément ordonnées. Dans notre cas, il semble quand même raisonnable de commencer par la création de l'objet prêt puisque les autres postconditions s'appliquent à ses attributs ou à ses liens.

La question qui se pose alors est la suivante : quel objet doit avoir la responsabilité de la création du prêt p ?

Si nous revenons au diagramme de classes d'analyse, nous constatons que quatre classes possèdent déjà une association avec la classe *Prêt*, à savoir : *Bibliothecaire*, *Bibliotheque*, *Livre* et *Adherent*. Elles sont donc toutes de bonnes candidates initiales. Cependant, le meilleur choix est en général fourni par la classe qui possède une association de type composition, agrégation ou « enregistre ». Dans notre exemple, la classe *Bibliotheque* est justement liée à *Pret* par une association « enregistre ». Comme, en outre, la *Bibliotheque* est déjà le contrôleur, elle constitue le candidat idéal.

Le diagramme de communication devient alors :

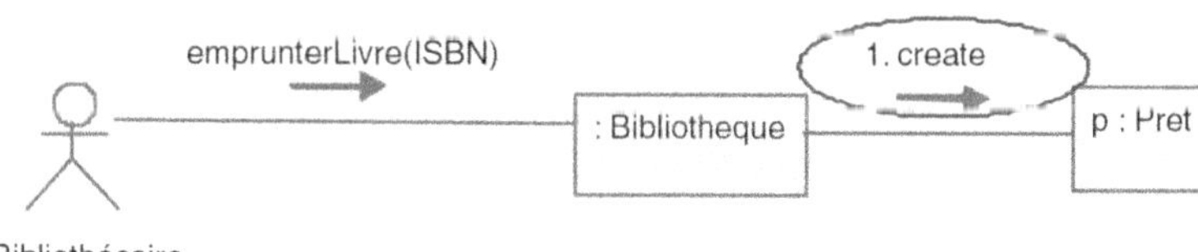

Figure 8-6.
Diagramme de communication de l'opération emprunterLivre *(suite)*

On notera l'utilisation déroutante au premier abord du message en anglais *create*. En effet, en toute rigueur, l'objet p ne peut pas recevoir le message *create*, puisqu'il n'existe pas encore ! Il s'agit là d'une bonne pratique qui évite d'entrer dans des considérations qui dépendent du langage de programmation cible. En Java (ou en C#), ce message de création se traduira probablement par le mot-clé `new` et l'appel du constructeur de la classe *Pret*, qui retournera une référence sur le nouvel objet.

Ainsi, la bibliothèque a maintenant une référence sur l'objet p nouvellement créé. Notez que, puisque le message de création renvoie toujours une référence sur le nouvel objet, nous ne montrons pas le retour explicitement, bien que cela soit légal. On obtiendrait une représentation un peu plus lourde telle que celle qui est illustrée par la figure suivante.

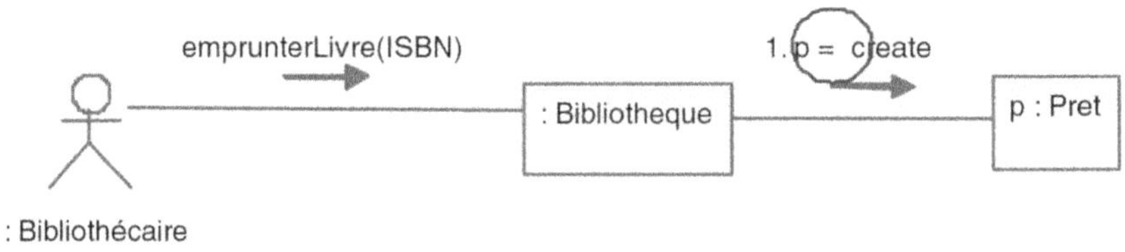

Figure 8-7. *Diagramme de communication de l'opération* emprunterLivre *(suite alternative)*

emprunterLivre(ISBN)
1. p = create
: Bibliotheque
p : Pret
: Bibliothécaire

Poursuivons notre réflexion. Les attributs *date* et *dateRetour* ne pourraient-ils pas être positionnés par l'objet p dès sa création, suite à la récupération de la date du jour par une méthode que nous ne détaillerons qu'en conception détaillée ?

C'est ce que nous représentons sur le diagramme de communication suivant.

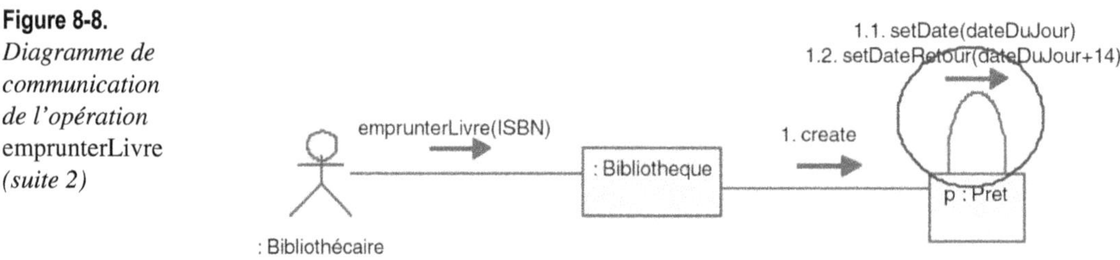

Figure 8-8. *Diagramme de communication de l'opération* emprunterLivre *(suite 2)*

Remarquez une fois de plus (voir chapitre 7, étape 8) l'utilisation de la notation décimale des numéros de messages, qui permet de représenter l'imbrication des messages. On notera également l'utilisation de la boucle au-dessus de l'objet qui symbolise un lien de l'objet vers lui-même comme support d'un message « à soi-même ».

Le diagramme de séquence correspondant (avec la notation des « focus of control ») est donné ci-après en comparaison.

Revenons à l'établissement du contrat de l'opération. Que devons-nous faire maintenant ? Il nous faut un lien avec le livre dont l'attribut ISBN vaut l'ISBN passé en paramètre de l'opération *emprunterLivre*.

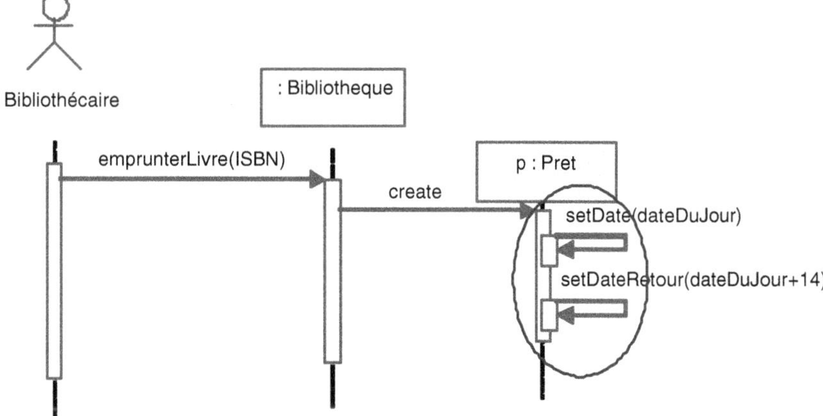

Figure 8-9. *Diagramme de séquence de l'opération* emprunterLivre *(suite 2)*

Quel objet est-il le mieux placé pour trouver un livre en fonction de son ISBN ?

Reprenons le diagramme de classes d'analyse (figure 8-1) : la classe *Catalogue* est la candidate idéale, puisque le catalogue connaît tous les livres. Mais quel objet doit-il lui formuler la demande ? Ce sera soit le prêt p, soit la bibliothèque, d'après notre diagramme de communication.

Pour respecter le principe de faible couplage, il vaut mieux que la bibliothèque s'en charge, car elle possède déjà une association avec le catalogue, contrairement au prêt. De plus, il est fort probable que la bibliothèque doive collaborer avec le catalogue dans le cadre d'autres opérations système, par exemple lors de l'ajout de nouveaux livres. Il faut donc que la bibliothèque ait un lien permanent avec le catalogue, ce qui n'est pas du tout le cas du prêt. Toutes ces raisons font clairement pencher la balance en faveur de la bibliothèque.

On notera que cela suppose que les objets catalogue et bibliothèque soient créés lors de l'initialisation du système et qu'un lien de visibilité soit établi entre eux. Il est courant en conception objet de travailler d'abord sur les collaborations entre objets « métier », puis de traiter dans un second temps le problème plus technique de l'initialisation du système informatique. Cela permet de s'assurer que les bonnes décisions d'affectation de responsabilités aux objets dans le contexte des collaborations métier contraignent bien l'initialisation et pas le contraire.

Revenons à notre choix de communication entre la bibliothèque et le catalogue. Comment nommer le message ? Appelons-le *chercherLivre*, avec un numéro ISBN en paramètre, et comme retour une référence *livre* sur le bon objet livre.

Le diagramme de communication modifié est présenté ci-après.

Figure 8-10.
Diagramme de comunication de l'opération emprunterLivre *(suite 3)*

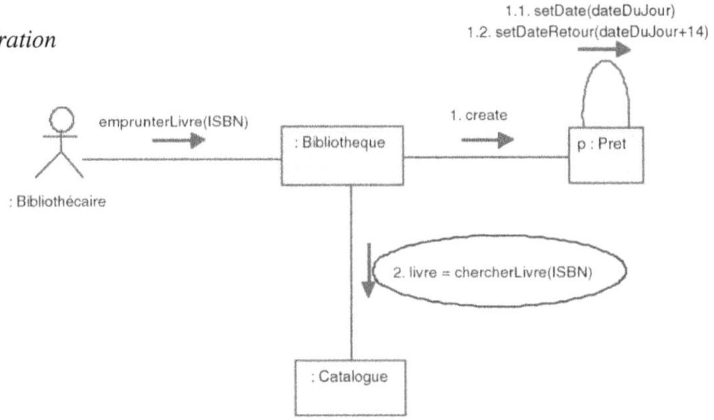

Que se passe-t-il si le catalogue ne parvient pas à trouver un livre dont l'ISBN correspond à celui recherché ? Ne faut-il pas plutôt attendre d'avoir obtenu cette référence *livre* pour effectuer la création du prêt p ?

C'est tout à fait cela et, pour ce faire, il suffit simplement de permuter l'ordre des deux messages, comme cela est représenté sur la figure suivante. On notera que la numérotation décimale des messages d'affectation des attributs est mise à jour en conséquence.

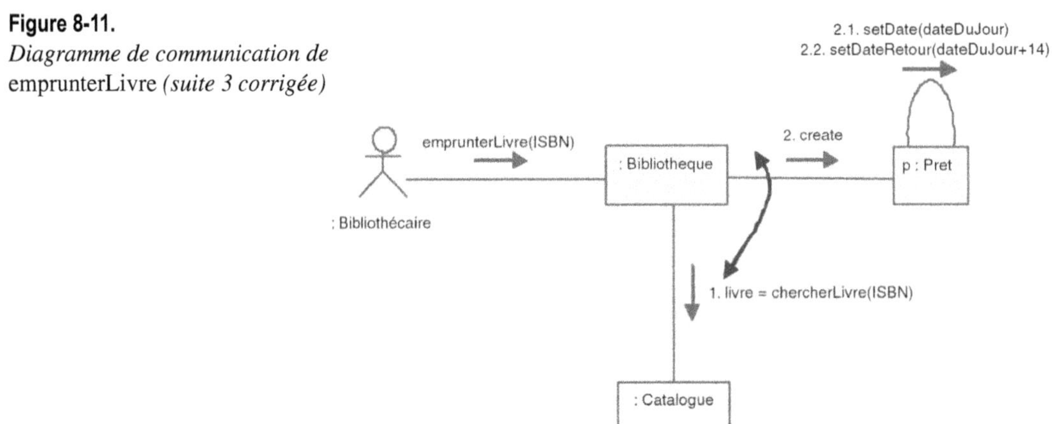

Figure 8-11.
Diagramme de communication de emprunterLivre *(suite 3 corrigée)*

Sur le diagramme de classes, il y a une association « 1 - * » entre *Catalogue* et *Livre*. Cela implique que le catalogue va utiliser une collection d'objets livres, probablement implémentée en Java sous la forme d'une *HashMap*. Nous avons déjà donné les règles de traduction des multiplicités d'associations en collections Java au chapitre précédent (figure 7-76). Nous y avons également expliqué l'utilisation du concept de « multi-objet » dans les diagrammes de communication pour éviter justement de prendre trop tôt des décisions de conception détaillée (voir figure 7-47). C'est la solution que nous allons aussi adopter ici, mais en utilisant la notation UML 2 qui remplace le multi-objet UML 1, à savoir une ligne de vie typée par une collection triée (notée livres : *Map*<String, Livre>). Le message devient plus générique que *chercherLivre*, puisque la collection représente un objet technique « sur étagère », et non pas un objet métier.

Le diagramme de communication est complété comme suit :

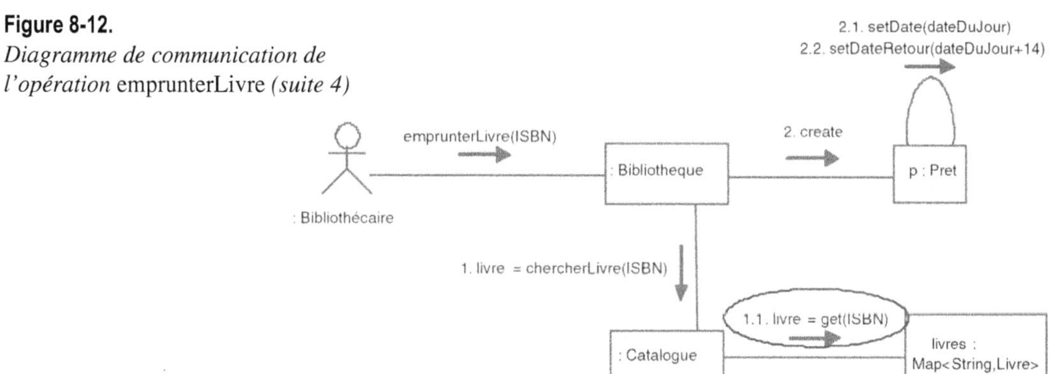

Figure 8-12.
Diagramme de communication de l'opération emprunterLivre *(suite 4)*

Maintenant que nous avons localisé le bon livre et que sa référence a été retournée à la bibliothèque, nous pouvons nous en servir pour établir le lien entre le livre et le prêt. La solution la plus directe consiste à passer la référence livre en paramètre au message de création, comme cela est représenté ci-après.

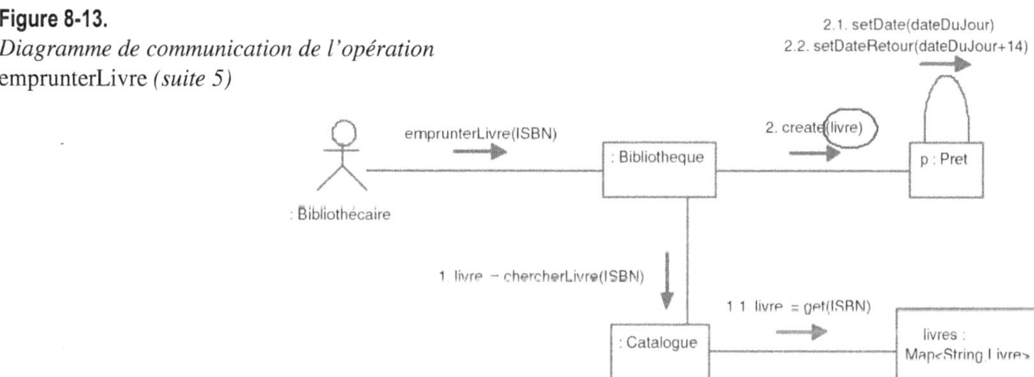

Figure 8-13.
Diagramme de communication de l'opération emprunterLivre *(suite 5)*

Reprenons la liste des postconditions à vérifier, en indiquant le numéro correspondant du diagramme de communication précédent :

- un prêt p a été créé : 2 ;
- l'attribut *date* de p a été positionné à la date du jour : 2.1 ;
- l'attribut *dateRetour* de p a été positionné à (la date du jour + deux semaines) : 2.2 ;
- p a été lié au livre l dont l'attribut ISBN vaut l'ISBN passé en paramètre : 1 et 2 ;
- p a été lié à l'adhérent concerné et à la bibliothèque : cela reste à faire.

Il nous faut donc réaliser la dernière postcondition. Quel objet peut-il connaître l'adhérent concerné ? Et d'ailleurs, quand le système a-t-il identifié l'adhérent ?

Rappelons-nous que nous traitons actuellement l'opération système *emprunterLivre*, mais elle a été précédée par *indiquerEmprunteur*, comme le schéma suivant le rappelle.

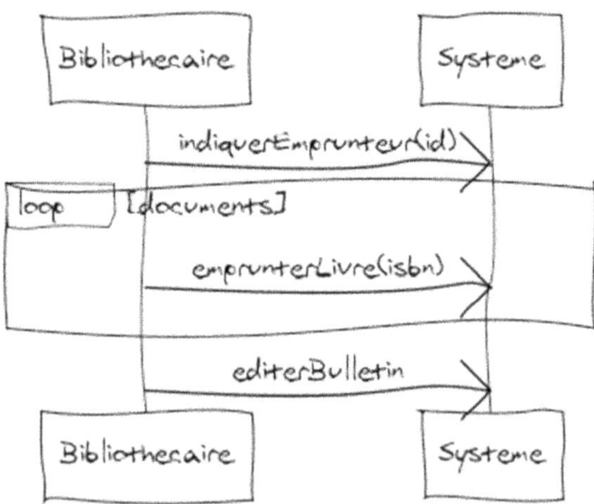

Figure 8-14.
Opérations système du cas d'utilisation
Enregistrer les emprunts

Il est donc impératif de penser que, lors de l'opération système *indiquer Emprunteur*, la bibliothèque conserve une référence sur l'adhérent en cours de traitement. Elle peut donc également passer une référence sur l'adhérent au message de création du prêt p.

Le diagramme de communication devient maintenant :

Figure 8-15.
Diagramme de communication de l'opération emprunterLivre *(suite 6)*

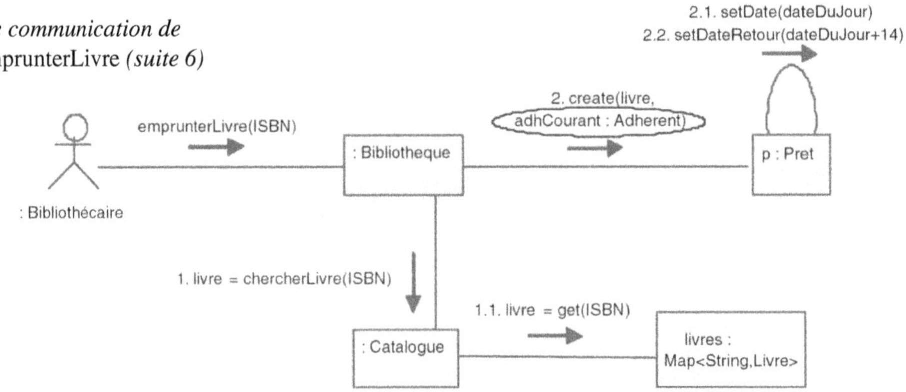

La dernière postcondition stipule également qu'un lien doit exister entre la bibliothèque et le nouveau prêt p. Comme c'est la bibliothèque qui crée p, le lien existe déjà, au moins de façon transitoire. Cependant, nous pouvons remarquer qu'il existe une association « 1 - * » entre les classes *Bibliotheque* et *Pret*, comme cela est le cas également entre *Catalogue* et *Livre*.

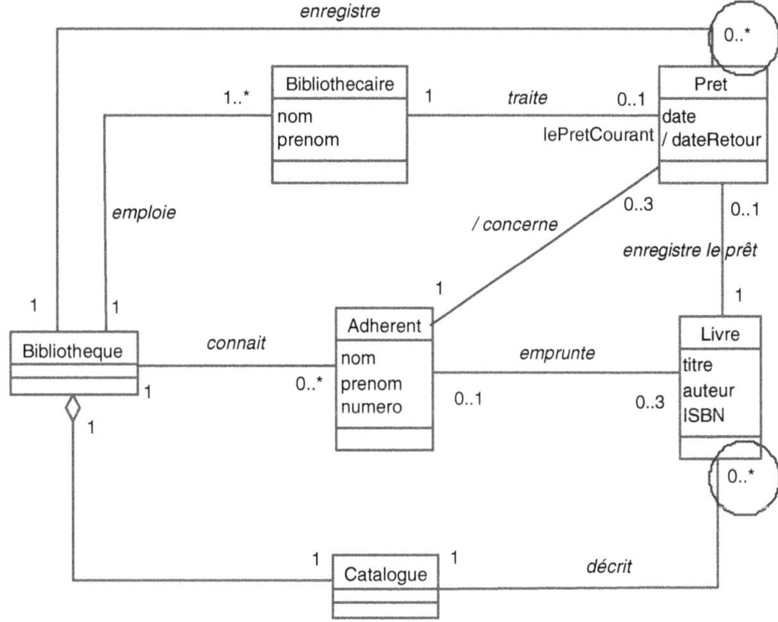

Figure 8-16.
Diagramme de classes d'analyse du S.I. de la bibliothèque

Ainsi, par analogie, si la bibliothèque veut conserver une trace durable des prêts qui ont été créés, il lui faut également gérer une collection, à laquelle elle doit ajouter le nouveau prêt p. Comme au chapitre 7 (voir figure 7-47), nous allons utiliser un message générique *add*() auquel nous passerons en paramètre la référence sur le prêt p.

Les diagrammes de communication et de séquence complets sont montrés aux figures suivantes.

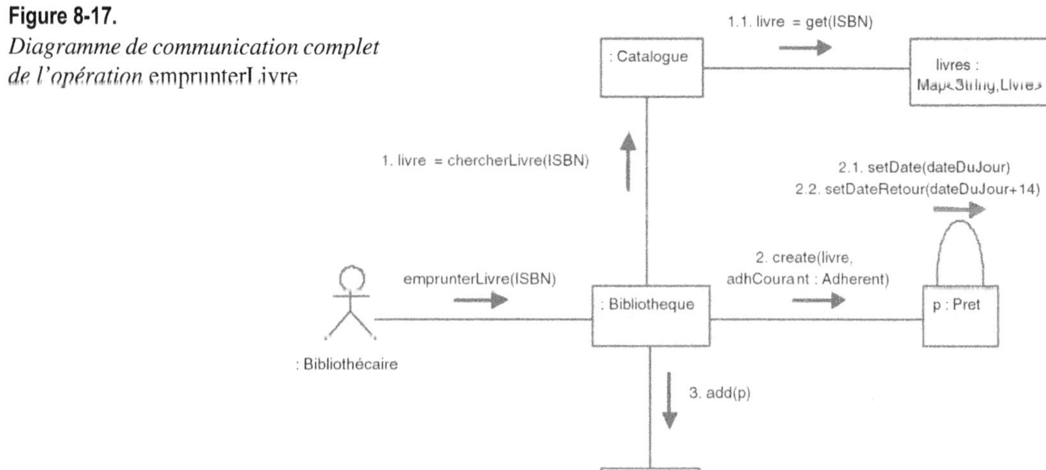

Figure 8-17.
Diagramme de communication complet de l'opération emprunterLivre

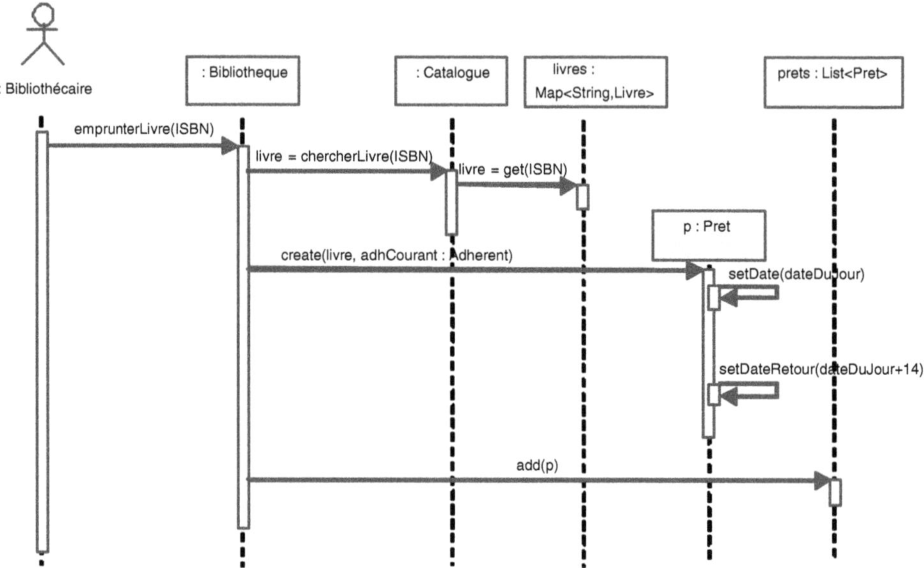

Figure 8-18.
Diagramme de séquence complet de l'opération emprunterLivre

Conception statique (diagrammes de classes et de packages)

EXERCICE 8-2. Diagramme de classes de conception

Proposez un diagramme de classes de conception qui prenne en compte les résultats de la question précédente.

Développez le diagramme de classes de conception correspondant…

Par rapport au diagramme de classes d'analyse (figure 8-1), nous pouvons :

- ajouter des méthodes : les opérations système traitées par la classe *Bibliotheque*, mais aussi *chercherLivre* de la classe *Catalogue* ;
- typer les attributs, ainsi que les paramètres et le retour des méthodes ;
- restreindre la navigabilité des associations d'après le sens des messages sur les liens entre objets du diagramme de communication ;
- préciser les noms des rôles du côté navigable des associations et ajouter des qualificatifs ;

- supprimer les classes et associations inutiles d'après les diagrammes de communication ;
- décider de transformer les attributs dérivés en méthodes ou les garder en tant que données membres (ex. : l'attribut dérivé */dateRetour* de *Pret* est devenu la méthode *getDateRetour*) ;
- ajouter les dépendances entre classes suite aux liens temporaires entre objets : *Bibliotheque* dépend de *Livre* car elle récupère une référence sur un objet livre d'après le message 1 du diagramme de communication précédent.

Figure 8-19.
Diagramme de classes de conception

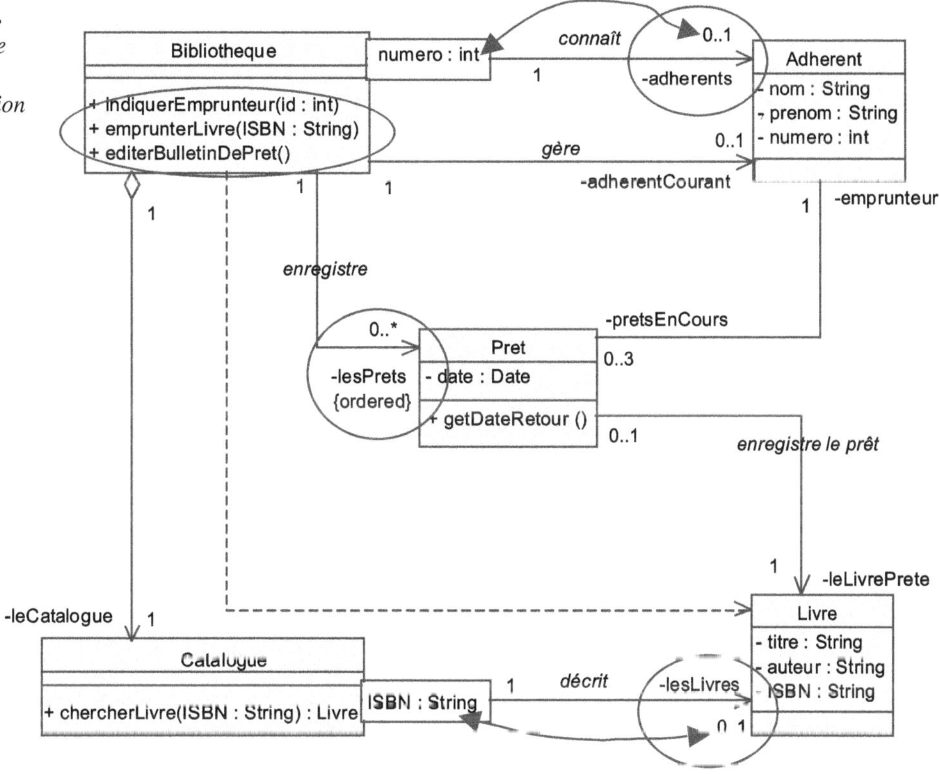

EXERCICE 8-3. Structuration en packages

Proposez un découpage du diagramme de classes de conception qui minimise les dépendances.

Réalisez un diagramme de packages d'architecture logique...

De manière similaire à l'étude de cas précédente, le catalogue de livres est un candidat naturel à la réutilisation, d'autant qu'aucune relation ne part de l'ensemble de classes *Catalogue* + *Livre*.

Le diagramme de packages décrivant l'architecture logique est donc donné par le schéma suivant.

Figure 8-20.
Diagramme de packages de conception

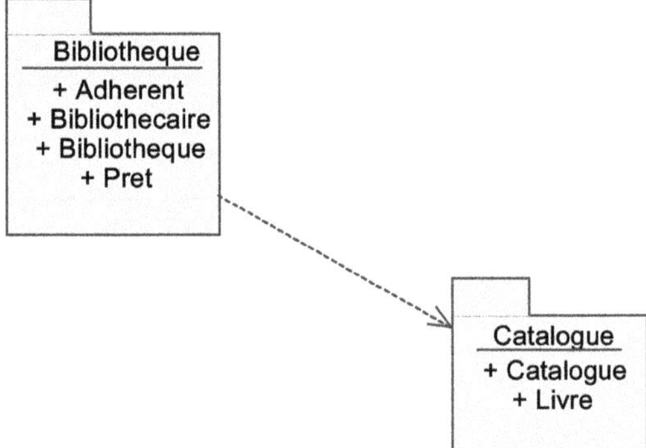

Le diagramme de classes du package Bibliothèque est très similaire à celui de la figure 8-19, mais avec l'indication de localisation des classes sous la forme (from XX).

Figure 8-21.
Diagramme de classes de conception du package

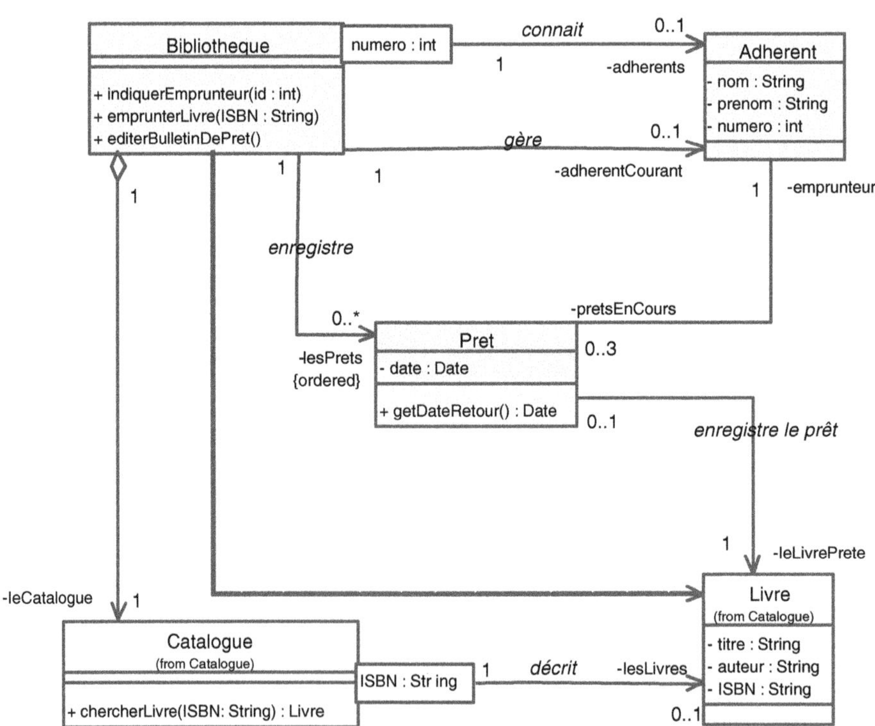

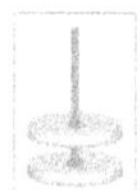

EXERCICE 8-4. Passage au code Java

Proposez un squelette de code Java pour la classe *Bibliotheque*.

Remplissez le corps de la méthode *emprunterLivre*.

Codez la classe Bibliotheque en Java...

Comme on l'a déjà expliqué à l'étape 15 du chapitre 7, le passage du diagramme de classes au squelette de code Java et du diagramme de communication au corps des méthodes est assez direct (notez juste l'utilisation des « *generics* » 1.5). Ainsi, on obtient le fragment suivant du fichier « Bibliotheque.java » :

Figure 8-22.
Squelette de code Java 1.5 de la classe Bibliothèque

```
package bibliotheque ;

import java.util.*;
import catalogue.*;

public class Bibliotheque

{
   private Catalogue leCatalogue;
   private Map<Integer,Adherent> adherents =
       new HashMap<Integer,Adherent>();
   private List<Pret> lesPrets = new ArrayList<Pret>();
   private Adherent adherentCourant;

   public Bibliotheque ()
   {
     ...
   }

   public void indiquerEmprunteur(int id)
   {
     ...
   }

   public void emprunterLivre(String ISBN)
   {
     Livre livre = leCatalogue.chercherLivre(ISBN);
     Pret p = new Pret(livre, adherentCourant);
     lesPrets.add(p);
   }

   public void editerBulletinDePret()
   {
     ...
   }
}
```

EXERCICE 8-5. Passage au code C#

Proposez un squelette de code C# pour la classe *Bibliotheque*.

Remplissez le corps de la méthode *emprunterLivre*.

Codez la classe BIBLIOTHEQUE en C#...

Comme pour l'exercice 8-4, on obtient facilement le fragment suivant du fichier « Bibliotheque.cs » :

Figure 8-23.
Squelette de code C# de la classe Bibliothèque

```
namespace Bibliotheque  ;

{
  using System;
  using Catalogue.*;

  public class Bibliotheque

  {
     private Catalogue LeCatalogue;
     private HashTable Adherents = new HashTable();
     private ArrayList LesPrets = new ArrayList();
     private Adherent AdherentCourant;

     public Bibliotheque ()
     {
       ...
     }

     public void IndiquerEmprunteur(int Id)
     {
       ...
     }

     public void EmprunterLivre(string ISBN )
     {
       Livre livre = LeCatalogue.ChercherLivre(ISBN);
       Pret p = new Pret(Livre, AdherentCourant);
       LesPrets.add(p);
     }

     public void EditerBulletinDePret()
     {
       ...
     }

} }
```

Analyse et conception du jeu de démineur

L'objectif de cette étude de cas est de concevoir un jeu de démineur comme celui qui est livré avec le système d'exploitation Microsoft Windows©. Le but du jeu est de trouver le plus rapidement possible toutes les cases du plateau contenant des mines sans les toucher.

Figure 8-24.
Copie d'écran du jeu de démineur

Le jeu est composé d'un plateau rectangulaire, d'un chronomètre et d'un compteur de mines. Le plateau est un quadrillage de cases. Au début du jeu, toutes les cases du plateau sont couvertes, le compteur de mines indiquant le nombre de mines restant à localiser. Le chronomètre compte le nombre de secondes écoulées depuis le début de la partie. La partie commence lorsque la première case est découverte.

Quand une case est découverte, son contenu est affiché. Le contenu d'une case peut être : rien, une mine ou un nombre indiquant le nombre de mines présentes dans les cases voisines. Les scénarios suivants peuvent se produire lorsqu'une case est découverte, en fonction de son contenu :

1. Un chiffre – Il ne se passe rien.
2. Un blanc – Toutes les cases voisines sont dévoilées, à condition qu'elles ne soient pas signalées par un drapeau. Si l'une de ces cases voisines ne contient rien, le processus de découverte continue automatiquement à partir de cette case.
3. Une mine – Le jeu est terminé et le joueur a perdu.

Si elle est toujours couverte, une case peut être marquée en respectant les règles suivantes :

- Marquer une case qui n'est ni découverte ni marquée décrémente le compteur de mines restant à localiser et un drapeau apparaît sur la case. Il indique que cette case contient potentiellement une mine. Une case marquée d'un drapeau ne peut pas être découverte.

- Marquer une case déjà signalée d'un drapeau permet de la remettre dans son état initial, à savoir couverte et non marquée. Le compteur de mines est alors incrémenté de 1.

Modélisation des exigences

EXERCICE 8-6. Diagramme de cas d'utilisation

Développez un diagramme de cas d'utilisation pour le jeu de démineur.

L'acteur principal unique est le joueur. Son cas d'utilisation favori consiste à « Jouer une partie de démineur ». Néanmoins, il a la possibilité de configurer les dimensions du plateau, le nombre initial de mines, etc. N'oublions pas également le cas d'utilisation « Consulter l'aide en ligne », qui est présent dans la majorité des applications informatiques interactives !

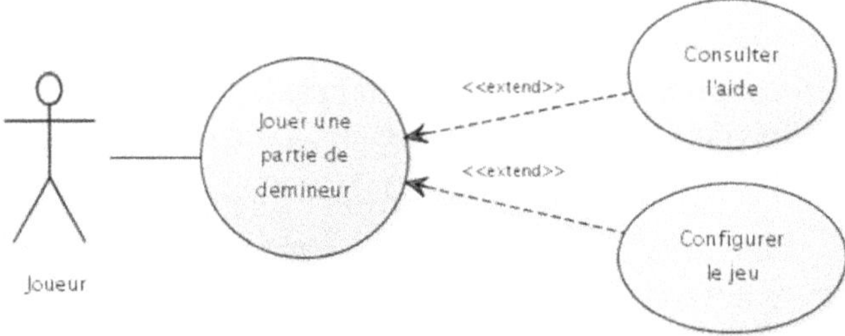

Figure 8-25.
Diagramme de cas d'utilisation du démineur

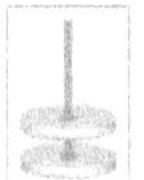

EXERCICE 8-7. Diagramme de séquence système

Développez un diagramme de séquence système pour le cas d'utilisation « Jouer une partie de démineur ».

Le joueur va passer son temps à découvrir ou marquer des cases. Dans le cas nominal, il va finir par gagner et entrer dans les meilleurs scores (s'il jouait à un niveau prédéfini). On peut donc représenter tout cela par une grande boucle (fragment `loop`) dans laquelle les opérations système « marquerCase » et « découvrirCase » peuvent arriver dans un ordre quelconque (d'où l'opérateur `alt`).

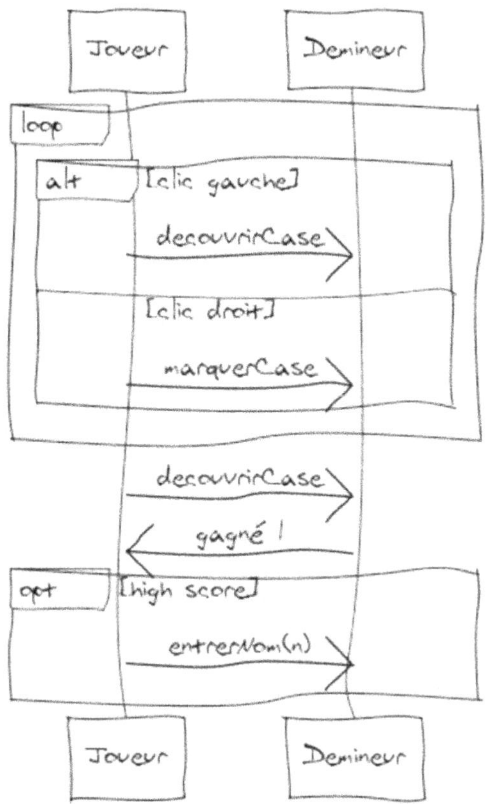

Figure 8-26.
Diagramme de séquence système préliminaire

Nous pouvons ajouter la configuration du jeu comme une étape optionnelle avant de commencer à jouer. La notion de référence vers une occurrence d'interaction est tout à fait applicable.

Figure 8-27.
Diagramme de séquence système complété

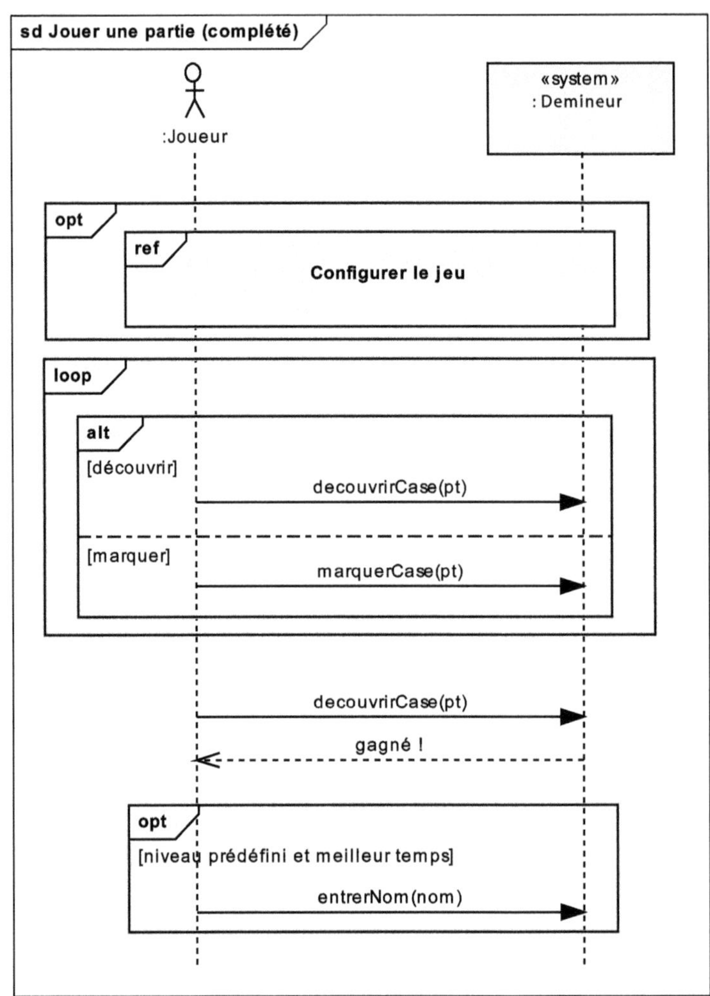

Une solution plus sophistiquée consiste à représenter dans la boucle de jeu les trois possibilités : perte, gain ou cas normal. Les cas de perte ou gain arrêtent la partie, ce qui peut se représenter par l'opérateur prédéfini `break`.

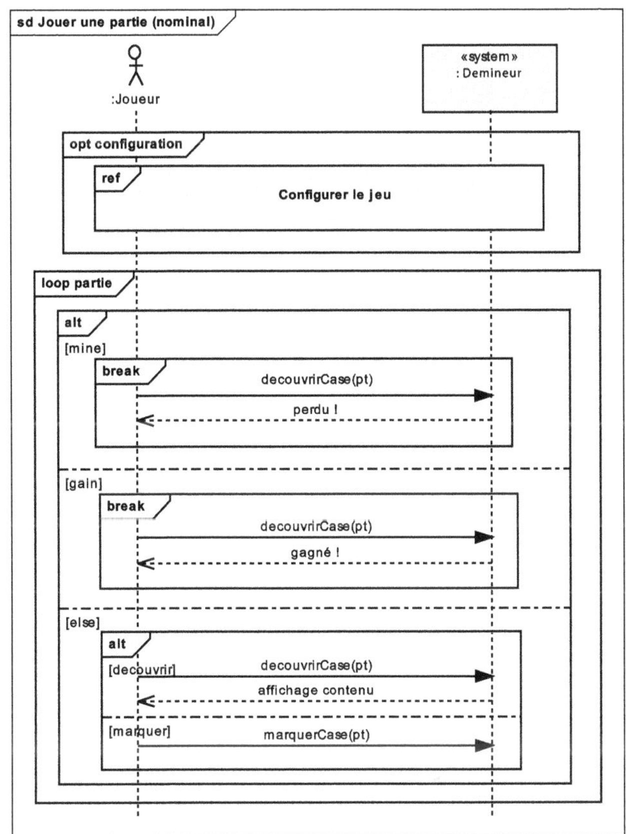

Figure 8-28.
Diagramme de séquence système plus sophistiqué

Analyse orientée objet

EXERCICE 8-8. Modèle d'analyse

Réalisez un diagramme de classes d'analyse ainsi qu'un diagramme d'états si nécessaire.

La principale difficulté consiste à bien représenter la double variabilité au niveau des cases :

- Le fait qu'une case soit minée ou pas est intrinsèque à la case et reste vrai du début à la fin de sa vie (nouvelle partie).
- Le fait qu'une case soit marquée ou pas varie durant sa vie : il s'agit donc d'une notion d'état.

Le diagramme de classes présenté sur le schéma suivant doit donc être complété par un diagramme d'états de la classe *Case*.

Notez également qu'une case possède exactement 3 (coin), 5 (bord) ou 8 voisines[1]. Certains attributs sont calculables donc dérivés, et les coordonnées d'une case jouent le rôle de qualifieur (ou qualificatif).

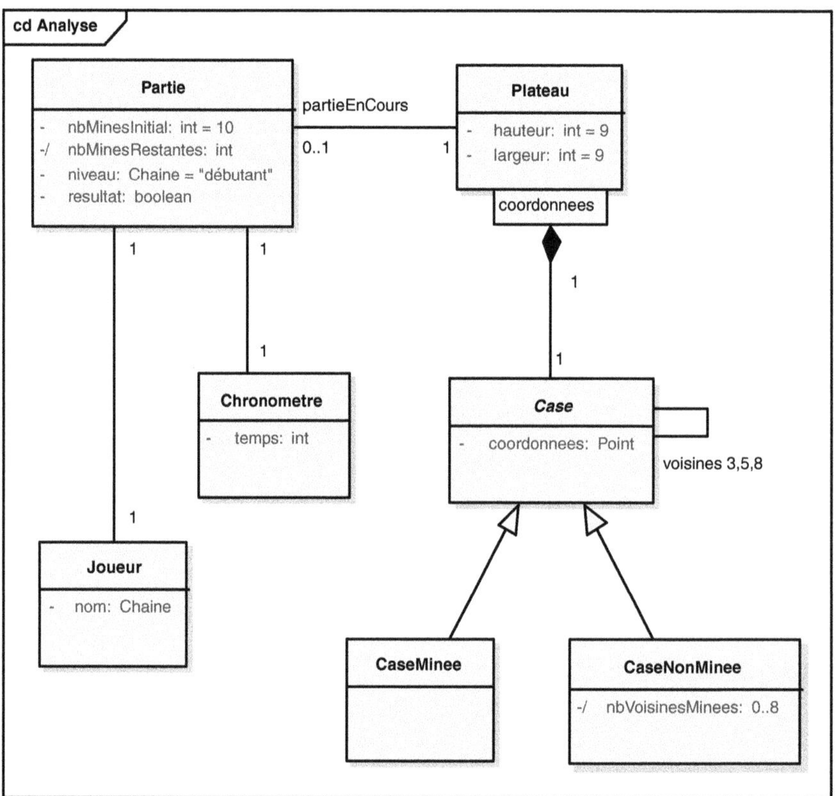

Figure 8-29. *Diagramme de classes d'analyse*

On pourrait arguer du fait que la spécialisation de la classe *Case* n'est pas indispensable dans ce modèle d'analyse (alors qu'elle le sera beaucoup plus sûrement en conception). Un modèle du domaine plus simple, mais suffisant, est donné sur le diagramme suivant.

1. Nous avons continué à utiliser la notation 3,5,8 pour indiquer les multiplicités discrètes des nombres de voisines d'une case, bien que cette notation ait été abandonnée dans UML 2, car jugée trop complexe…

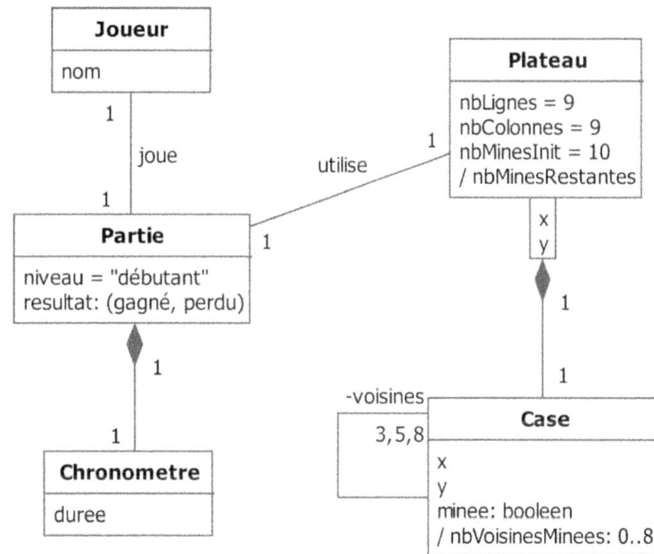

Figure 8-30. *Autre version du diagramme de classes d'analyse*

Le diagramme d'états permet d'indiquer les effets des événements *découvrir* et *marquer*. Nous ne traitons pas ici l'événement de fin de partie qui découvre toutes les cases, en fonction de leur minage.

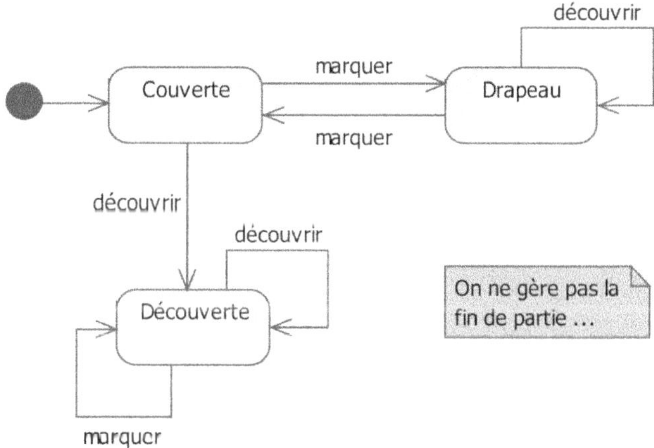

Figure 8-31. *Diagramme d'états de la classe* Case

Conception orientée objet avec les design patterns

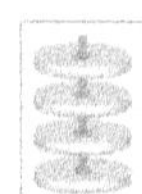

EXERCICE 8-9. Conception de l'opération « marquerCase(pt) »

Réalisez les diagrammes de séquence de conception objet pour l'opération système « marquerCase (pt) ».

Expliquez vos choix d'utilisation de design patterns si nécessaire.

Commençons par décider quel objet va traiter les opérations système (voir exercice 8-1). Dans notre exemple, l'objet contrôleur le plus naturel est « Partie ». L'objet « Partie » n'est pas l'expert des cases ni de leurs coordonnées. Il va donc déléguer le travail à l'expert des cases, soit le « Plateau ». Celui-ci va tout d'abord récupérer une référence sur la case dont les coordonnées correspondent au paramètre « pt » de l'opération système. Pour cela, il fait appel à une collection triée de cases (une *Map*) pour trouver l'instance « c » correspondant au paramètre « pt ». Il va ensuite déléguer à celle-ci le traitement du marquage proprement dit.

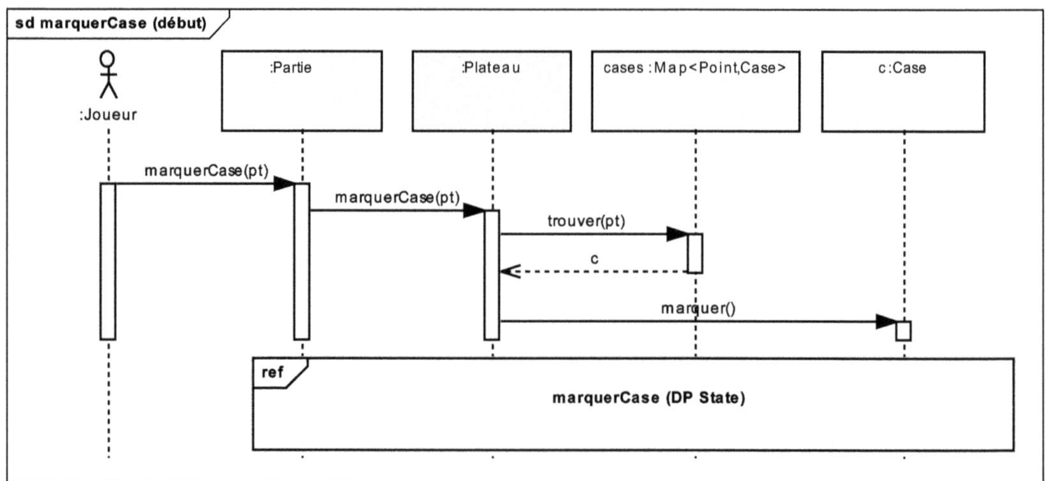

Figure 8-32.
Début du diagramme de séquence de conception pour l'opération système marquerCase(pt)

Néanmoins, le traitement du marquage dépend de l'état de la case. Si l'on veut éviter une logique conditionnelle complexe et peu évolutive, il est intéressant de déporter le comportement variable dans de nouveaux objets et d'utiliser pour cela le design pattern *State*.

À RETENIR

Design pattern State (État)

Problème à résoudre : le comportement d'un objet dépend de son état. Cependant, nous n'acceptons pas de câbler en dur cette dynamique dans sa classe...

Solution : utiliser le polymorphisme, mais pas directement par des sous-classes de la classe concernée. En effet, un objet ne change pas de classe au cours de sa vie. Il faut donc utiliser le principe de délégation, en créant une classe artificielle (pure fabrication) qui récupère le comportement variable. Cette classe artificielle sera elle-même spécialisée en autant de sous-classes que l'objet possède d'états différents.

La copie d'écran suivante montre comment un outil de modélisation UML peut intégrer les design patterns et permettre de créer facilement les classes, attributs, associations et opérations concernées. Dans cet exemple, l'outil Borland/Together[a] a ainsi créé les éléments UML génériques, mais aussi le code Java correspondant au design pattern *State* (une interface *Etat* et des classes concrètes par sous-état, en recopiant toutes les méthodes de la classe de départ appelée *Context*, sans oublier de lui ajouter une méthode setEtatCourant pour gérer la référence au bon état).

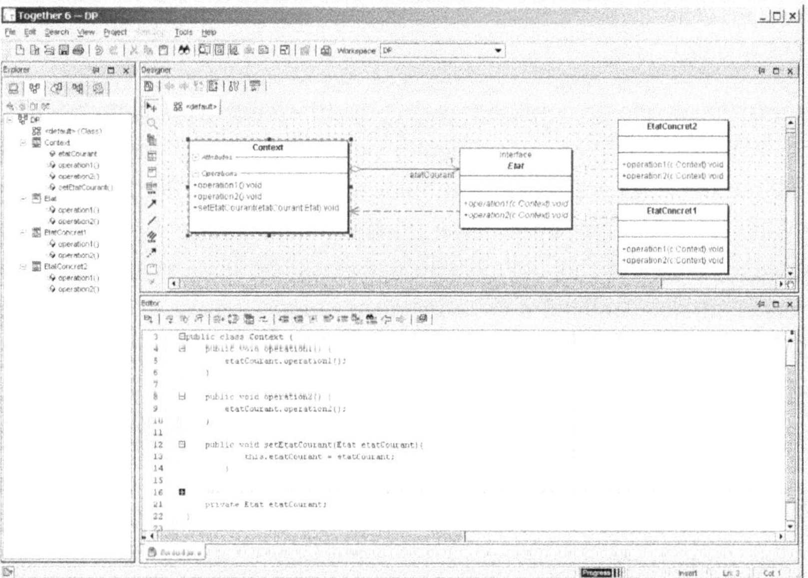

Figure 8-33.
Copie d'écran de l'outil Borland/Together en pleine action sur le DP State

La case va donc déléguer à son objet « étatCourant » le comportement variable de marquage, conformément au schéma suivant.

a. L'outil s'appelle maintenant Micro Focus Together (www.microfocus.com).

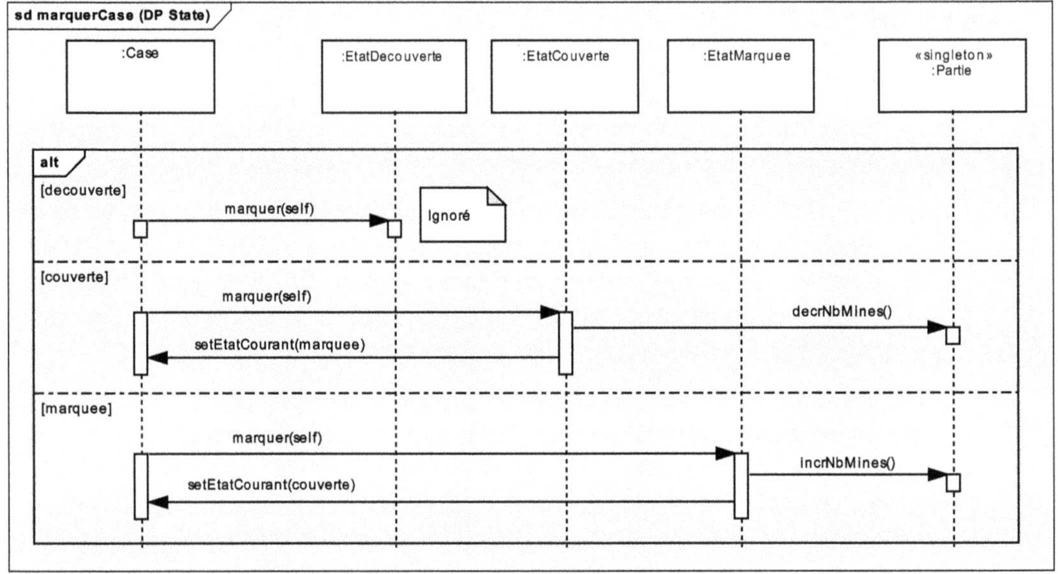

Figure 8-34.
Suite du diagramme de séquence de conception pour l'opération système marquerCase(pt) *: utilisation du DP* State

Remarquons que de nombreuses classes différentes vont avoir besoin d'un accès au contrôleur *Partie*, pour décrémenter ou incrémenter le compteur de mines comme indiqué sur le schéma précédent, mais aussi pour signifier la fin de la partie (dans le cas de la découverte d'une case minée). Or, la classe *Partie* ne doit avoir qu'une seule instance à la fois. Assurer qu'une classe ne sera instanciée qu'une seule fois et donner un accès global à cette instance unique, tel est l'objectif du design pattern *Singleton*.

À RETENIR

Design pattern *Singleton*

Problème à résoudre : comment garantir l'existence d'une seule instance d'une classe donnée et fournir un point d'accès global à cette instance ?

Solution : sauvegarder l'objet singleton dans une variable de classe (statique) et fournir une méthode de classe retournant l'instance unique, en la créant à la première requête. Le constructeur est alors déclaré privé (ou mieux : protégé).

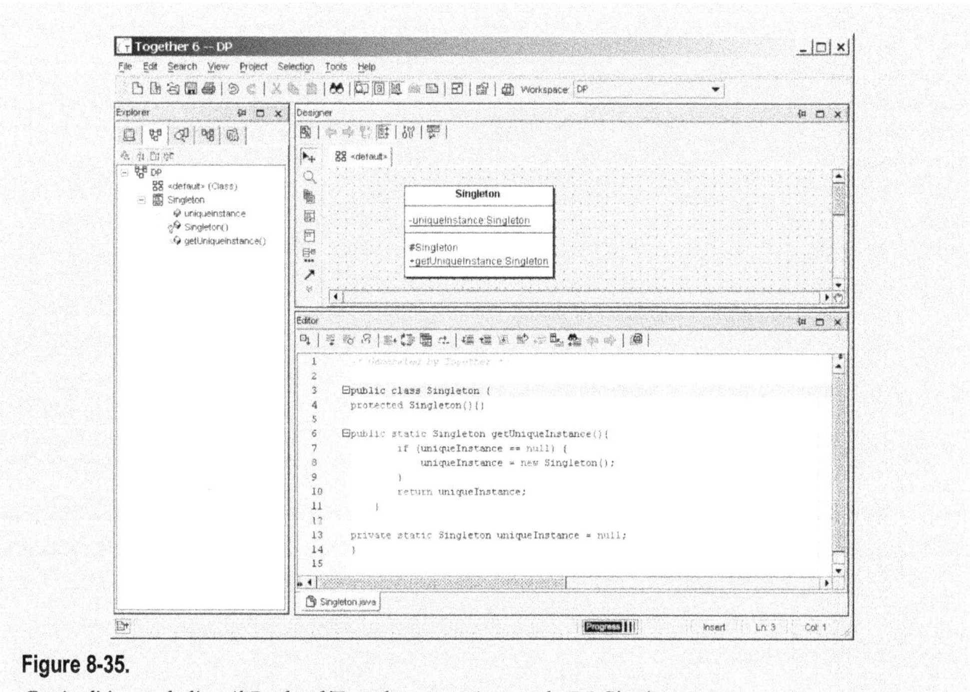

Figure 8-35.

Copie d'écran de l'outil Borland/Together en action sur le DP Singleton

EXERCICE 8-10. Conception de l'opération « decouvrirCase(pt) »

Réalisez les diagrammes de séquence de conception objet pour l'opération système « decouvrIrCase (pt) ».

Le début de l'interaction est très similaire à celle de l'opération système « marquerCase ». L'objet « Partie » va déléguer le travail à l'expert des cases, soit le « Plateau ». Celui-ci va tout d'abord récupérer une référence sur la case dont les coordonnées correspondent au paramètre « pt » de l'opération système. Il va ensuite déléguer à celle-ci le traitement du message « decouvrir », qui dépend de son état.

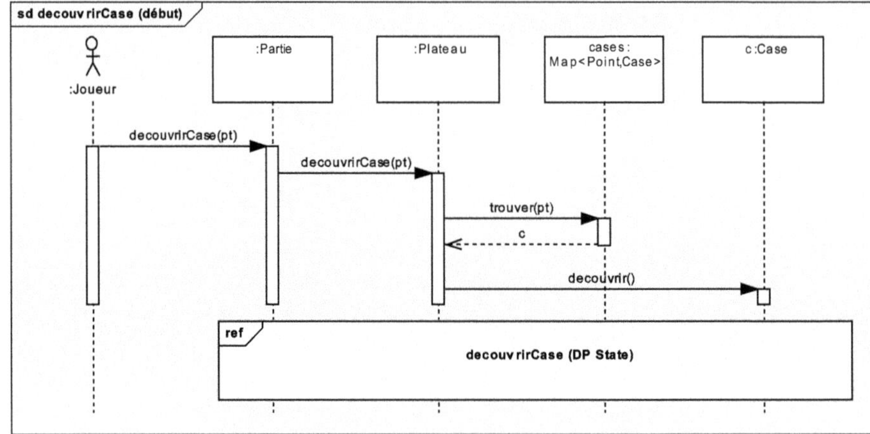

Figure 8-36. *Début du diagramme de séquence de conception pour l'opération système* decouvrirCase(pt)

Nous allons utiliser également ici le design pattern *State*. Toutefois cette fois-ci, la situation se complique : si la case était dans l'état « Couverte », elle passe à l'état « Découverte », mais le traitement effectué dépend maintenant du type de case : minée ou pas. La méthode « dévoiler », appelée par l'état « Couverte » sur la case est elle-même polymorphe !

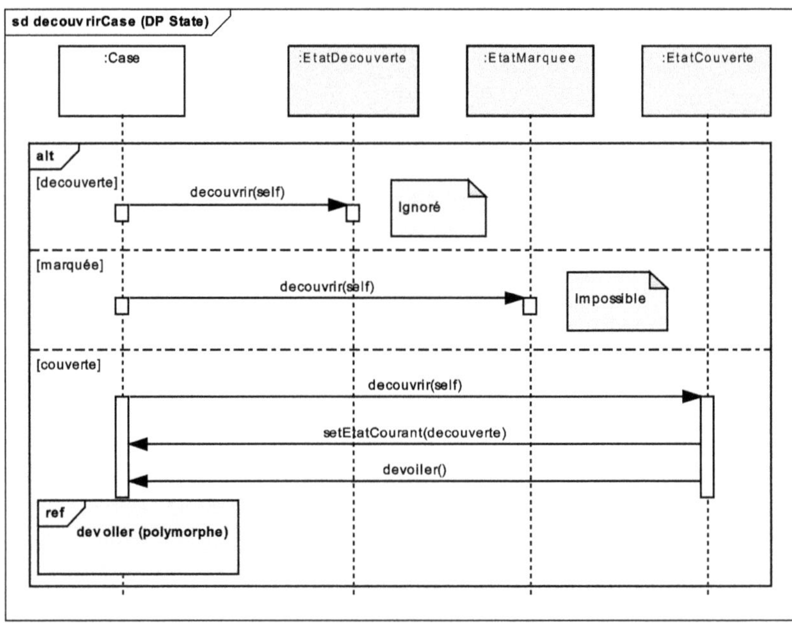

Figure 8-37. *Suite du diagramme de séquence de conception pour l'opération système* decouvrirCase(pt) *: application du DP* State

En effet, dévoiler interrompt brutalement la partie sur une case minée. Il faut alors arrêter le chronomètre, découvrir toutes les cases minées et signaler toutes les cases marquées à tort avec un X. S'il s'agit d'une case numérotée, il faut vérifier si la partie n'est pas gagnée (toutes les cases minées sont découvertes). Enfin, s'il s'agit d'une case vide, il faut propager le message « découvrir » à toutes les voisines[2].

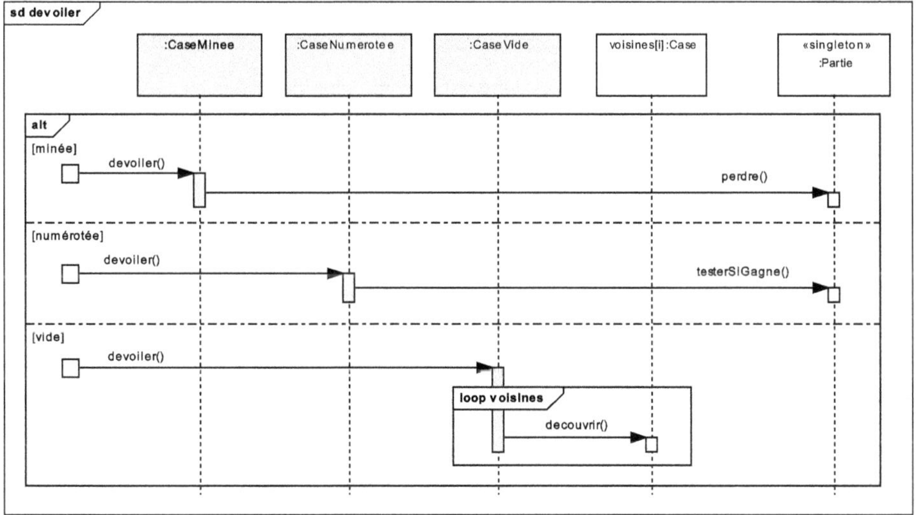

Figure 8-38.

Fin du diagramme de séquence de conception pour l'opération système decouvrirCase(pt) : *polymorphisme de* dévoiler()

On peut également représenter le double polymorphisme sur un seul diagramme de séquence, grâce aux capacités des outils de modélisation.

2. Notez le nom de ligne de vie que nous avons employé pour les cases voisines : « voisines[i] : Case ». Il s'agit d'une instance de la classe *Case*, sélectionnée dans la collection *voisines*.

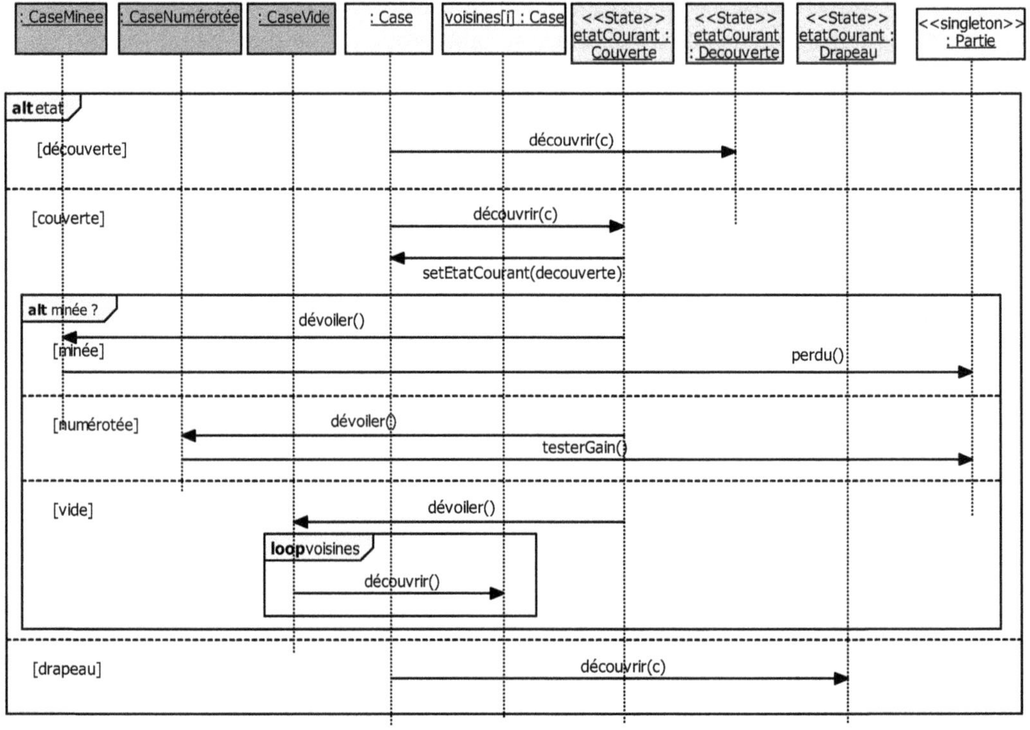

Figure 8-39.
Deuxième partie du diagramme de séquence de conception pour l'opération système decouvrirCase(pt) : double polymorphisme

EXERCICE 8-11. Diagramme de classes de conception

Dessinez le diagramme de classes de conception objet en indiquant les design patterns utilisés.

En ajoutant les opérations dans les bonnes classes d'après les diagrammes de séquence précédents, on obtient assez rapidement le schéma statique suivant.

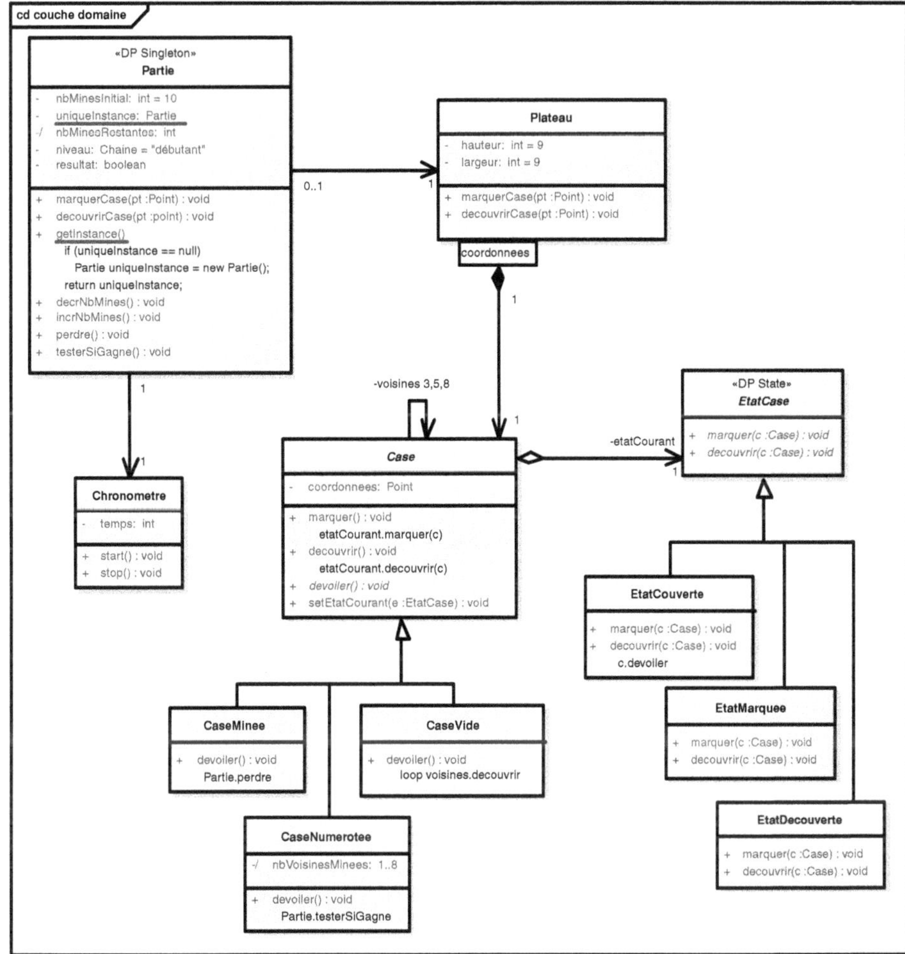

Figure 8-40. *Diagramme de classes de conception du jeu de démineur*

On notera le double arbre d'héritage que le DP *State* permet d'implémenter de façon modulaire et évolutive.

Une autre représentation possible, montrant la dépendance par paramètre entre *Etat-Case* et *Case* est donnée sur la figure suivante[3].

3. Ce diagramme a été créé grâce à l'outil gratuit StarUML (http://staruml.io/), contrairement à la plupart des autres figures du chapitre conçues avec l'excellent outil australien Enterprise Architect de SparxSystems.

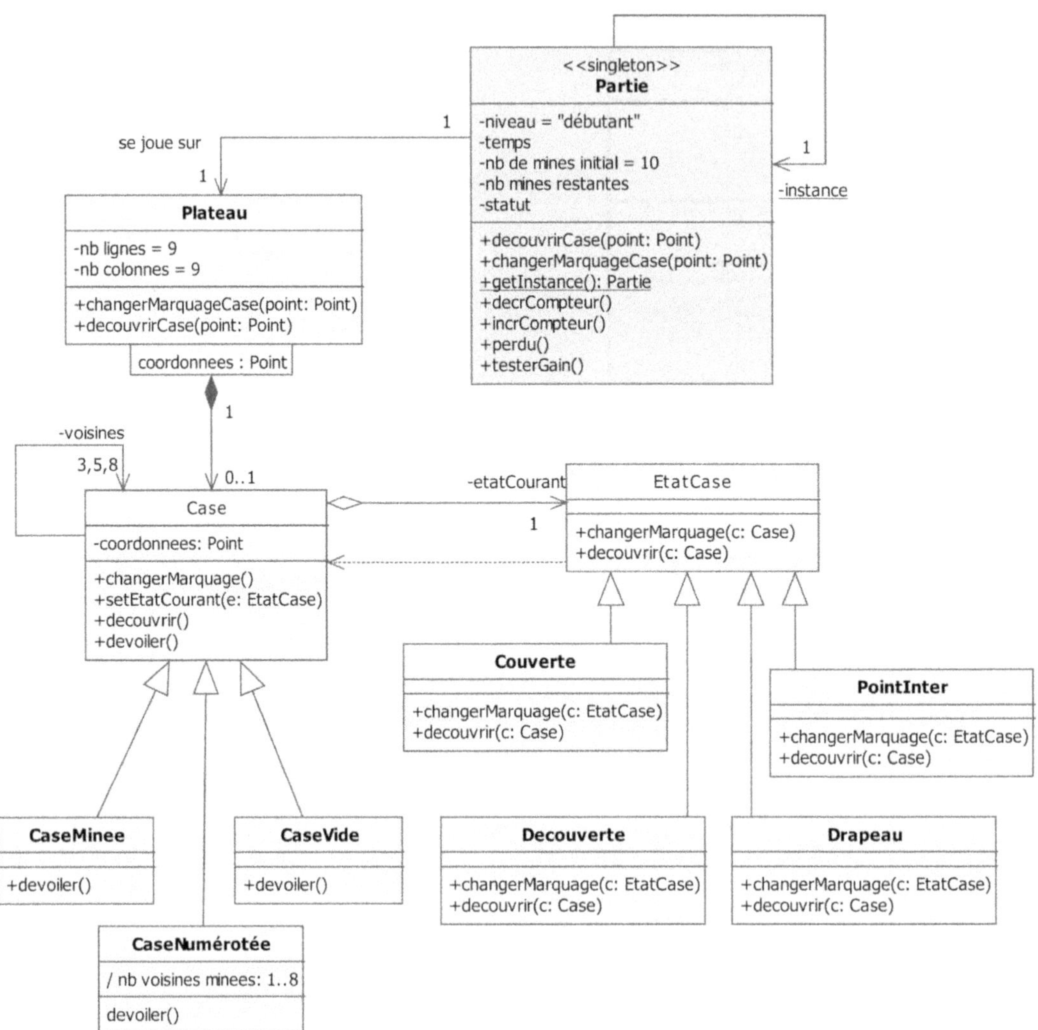

Figure 8-41.
Autre version du diagramme de classes de conception du démineur

Conseils méthodologiques

Architecture en couches

- Séparez votre application en couches. Le principal intérêt que revêt la séparation en trois couches (3-tiers) est d'isoler la logique métier des classes de présentation (IHM), ainsi que d'interdire un accès direct aux données stockées par ces classes de présentation. Le souci premier est de répondre au critère d'évolutivité : pouvoir modifier l'interface de l'application sans devoir modifier les règles métier, et pouvoir changer de mécanisme de stockage sans avoir à retoucher l'interface, ni les règles métier.

- Pour améliorer la modularité, introduisez un objet artificiel, appelé « contrôleur », entre les objets graphiques et les objets métier. Cet objet de conception connaît l'interface des objets de la couche métier et joue le rôle de « façade » vis-à-vis de la couche présentation.
- Dans les cas simples, le contrôleur peut être un objet d'une classe d'analyse existante :
  - soit un objet représentant le système entier ou l'organisation elle-même ;
  - soit un objet représentant un rôle qui aurait réalisé l'opération système.
- Décrivez votre architecture en couches par un diagramme statique qui ne montre que des packages et leurs dépendances. Vous pouvez utiliser le stéréotype « `layer` » pour distinguer les packages qui représentent les couches.
- N'oubliez pas que le processus d'analyse/conception est fondamentalement itératif. L'architecture préliminaire pourra être affinée ou modifiée (principalement, au niveau des partitions à l'intérieur de chaque couche) par le travail de conception qui va suivre la première découpe d'analyse.

Contrat d'opération

- Utilisez les contrats d'opérations : ils permettent ainsi de faire le lien entre le point de vue fonctionnel/dynamique des cas d'utilisation et le point de vue statique d'analyse. Un contrat d'opérations décrit les changements d'état du système quand une opération système est effectuée. Ces modifications sont exprimées en termes de « postconditions » qui détaillent le nouvel état du système après l'exécution de l'opération. Les principales postconditions concernent la création (ou la destruction) d'objets et de liens issus du modèle statique d'analyse, ainsi que la modification de valeurs d'attributs.
- Utilisez le plan type de description textuelle de contrat d'opérations donné ci-après :
  - nom
  - responsabilités
  - références
  - préconditions
  - postconditions
  - exceptions (optionnel)
  - notes (optionnel)
- Concevez les opérations système en respectant leur chronologie.
- N'oubliez pas que les postconditions ne représentent que le nouvel état du système à la fin de l'exécution de l'opération système. Elles ne sont absolument pas

ordonnées : c'est le rôle du concepteur de choisir quel objet doit réaliser chaque action, et dans quel ordre.

- Pour détailler visuellement une architecture logique, il suffit de recenser toutes les classes utilisées dans les différents diagrammes, et de les représenter graphiquement à l'intérieur du package adéquat dans un diagramme de packages.

De l'analyse à la conception

- Pour passer de l'analyse à la conception, utilisez les trois stéréotypes de Jacobson qui permettent de montrer graphiquement comment un message émis par un acteur traverse les couches présentation, application et métier :
  - `<<boundary>>` : classes qui servent à modéliser les interactions entre le système et ses acteurs ;
  - `<<control>>` : classes utilisées pour représenter la coordination, l'enchaînement et le contrôle d'autres objets – elles sont en général reliées à un cas d'utilisation particulier ;
  - `<<entity>>` : classes qui servent à modéliser des informations durables et souvent persistantes.
- Partez des opérations système pour initialiser votre étude dynamique sous la forme de diagrammes de communication ou de séquence.

Diagrammes d'interaction de conception

- Sur les diagrammes de communication, utilisez la numérotation décimale qui permet de montrer l'imbrication des messages, d'une façon comparable à la représentation des « focus of control » sur le diagramme de séquence.
- Le diagramme de séquence devient de moins en moins lisible au fur et à mesure que l'on ajoute des objets. C'est pour cette raison simple que le diagramme de communication est utile en conception : il permet de disposer les objets dans les deux dimensions afin d'améliorer la lisibilité du schéma. Le diagramme de communication présente un autre avantage sur le diagramme de séquence : il permet aussi de représenter les relations structurelles entre les objets. Par contre, UML 2 permet de représenter plus facilement des boucles et des alternatives sur le diagramme de séquence (fragments *loop*, *alt*, *opt*, etc.)
- Une idée intéressante pour améliorer la lisibilité du diagramme de communication consiste à le découper en deux en prenant l'objet contrôleur comme charnière :
  - une première partie afin de spécifier la cinématique de l'interface homme-machine avec les acteurs, les objets `<<boundary>>` et l'objet `<<control>>` ;
  - une seconde partie afin de spécifier la dynamique des couches applicatives et métier avec l'objet `<<control>>` et les objets `<<entity>>`.

- Dans un premier temps, travaillez sur les interactions entre objets « métier », ensuite traitez le problème plus technique de l'initialisation du système informatique. Cela permet de s'assurer que les bonnes décisions d'affectation de responsabilités aux objets dans le contexte des interactions métier contraignent bien l'initialisation, et pas le contraire.

Diagrammes de classes de conception

- Les diagrammes d'interaction vont permettre d'élaborer des diagrammes de classes de conception, et ce en ajoutant principalement les informations suivantes aux classes issues du modèle d'analyse :
  - les opérations : un message ne peut être reçu par un objet que si sa classe a déclaré l'opération publique correspondante ;
  - la navigabilité des associations ou les dépendances entre classes, suivant que les liens entre objets sont durables ou temporaires, et en fonction du sens de circulation des messages.
- Attention : un lien durable entre objets va donner lieu à une association navigable entre les classes correspondantes ; un lien temporaire (par paramètre : « `parameter` », ou variable locale : « `local` ») va donner lieu à une simple relation de dépendance. N'ajoutez pas les classes qui correspondent aux collections dans le diagramme de classes de conception, de façon à rester le plus longtemps possible indépendant du langage de programmation cible.
- Par rapport aux messages des diagrammes d'interaction, ne faites pas apparaître dans les diagrammes de classes de conception :
  - les opérations de création (message *create*) ;
  - les opérations génériques sur les classes conteneurs (*add*(), etc.) ;
  - les opérations d'accès aux attributs.
- Vous pouvez utiliser les stéréotypes « `parameter` » et « `local` »[4] sur les dépendances entre classes, pour refléter le type de lien temporaire qui existe entre les objets correspondants dans le diagramme d'interaction.
- Conserver un couplage faible est un principe qu'il faut bien avoir à l'esprit pour toutes les décisions de conception ; c'est un objectif sous-jacent à évaluer d'une façon continue. En effet, en y pourvoyant, on obtient en général une application plus évolutive et plus facile à maintenir.
- N'oubliez pas de faire aussi figurer dans le diagramme de classes celles qui n'appartiennent pas au package courant. En effet, il est important de montrer leurs relations avec des classes du package courant pour justifier ensuite le sens des dépendances entre les packages englobants. Précisément, il ne faut représenter

4. Bien que ces stéréotypes semblent avoir disparu du standard dans UML 2, nous continuerons à en préconiser l'utilisation.

que les associations navigables, les dépendances ou les généralisations qui pointent vers les classes externes à celles du package concerné.

Passage au code objet

- Les modèles UML de conception permettent de produire aisément du code dans un langage de programmation objet tel que Java, C# ou autre :
  - les diagrammes de classes permettent de décrire le squelette du code, à savoir toutes les déclarations ;
  - les diagrammes d'interaction permettent d'écrire le corps des méthodes, en particulier la séquence d'appels de méthodes sur les objets qui interagissent.
- En première approche :
  - la classe UML devient une classe Java ou C# ;
  - les attributs UML deviennent des variables d'instances Java ou C# ;
  - les méthodes qui permettent l'accès en lecture (*get*) et en écriture (*set*) aux attributs, pour respecter le principe d'encapsulation, sont implicites (en C#, on utilisera la notion de *property*) ;
  - les opérations UML deviennent des méthodes Java ou C# ;
  - les rôles navigables produisent des variables d'instances, tout comme les attributs, mais avec un type utilisateur au lieu d'un type simple ;
  - le constructeur par défaut est implicite.
- N'oubliez pas la directive d'importation (ou d'utilisation) pour les relations avec les classes qui appartiennent à d'autres packages, ainsi que pour les classes de base Java ou C#.
- Comment traduire les associations navigables de multiplicité « * » ? Utilisez un attribut de type collection de références d'objets au lieu d'une simple référence sur un objet. La difficulté consiste à choisir la bonne collection parmi les très nombreuses classes de base que proposent Java et C#. Bien qu'il soit possible de créer des tableaux d'objets, ce n'est pas forcément la bonne solution. En la matière, on préfère plutôt recourir à des collections, parmi lesquelles les plus utilisées sont :
  - En Java : *ArrayList* (anciennement *Vector*) et *HashMap* (anciennement *HashTable*). Utilisez *ArrayList* si vous devez respecter un ordre et récupérer les objets à partir d'un indice entier ; utilisez *HashMap* si vous souhaitez récupérer les objets à partir d'une clé arbitraire.
  - En C# : *ArrayList, SortedList* et *HashTable*. Utilisez *ArrayList* si vous devez respecter un ordre et récupérer les objets à partir d'un indice entier ; utilisez *HashTable* ou *SortedList* si vous souhaitez récupérer les objets à partir d'une clé arbitraire.
  - N'hésitez pas à utiliser les collections typées (*generics*) si votre langage le permet (à partir de Java 1.5, C# 2.0, etc.).

Diagramme de déploiement

- Décrivez l'implantation physique de votre application grâce au diagramme de déploiement.
- Utilisez-le pour montrer la configuration physique des différents matériels qui participent à l'exécution du système, ainsi que les artefacts qu'ils supportent.
- Un artefact modélise une entité physique comme un fichier. On le représente par un rectangle contenant le mot-clé « artifact ». On explicite la présence d'un artefact sur un nœud de déploiement en imbriquant son symbole dans celui du nœud englobant.

Design patterns

- Nous vous conseillons de passer du temps à étudier les fameux « Design Patterns ».
- Maîtrisez en particulier au moins les DP *Composite*, *Observer*, *Strategy*, *Singleton*, *Template Method*, *Adapter*, *Facade* et *Abstract Factory*.
- N'abusez cependant pas des design patterns ! N'oubliez pas que vous ne devez les appliquer que lorsque vous avez besoin d'isoler un point de variabilité. Le risque est important sinon de complexifier inutilement vos conceptions.

Conclusion

Nous avons donc terminé cette première visite guidée dans le monde merveilleux de la conception orientée objet ! Il y aurait encore bien d'autres sujets à évoquer, entre autres, la conception d'interfaces homme-machine, la gestion de la persistance, la distribution de composants. Si vous souhaitez approfondir certains de ces thèmes, vous pourrez vous reporter à la bibliographie qui est présentée en annexe[5].

5. On trouve également de nombreuses ressources utiles sur le Web :
   - www.hillside.net/patterns (le site officiel des design patterns…)
   - www.dng-consulting.com (un très bon site français sur la plate-forme .NET, C#, etc.)
   - www.jot.fm (pointu, mais très intéressant, en particulier la série d'articles sur UML 2.0 par Conrad Bock)

CONCLUSION

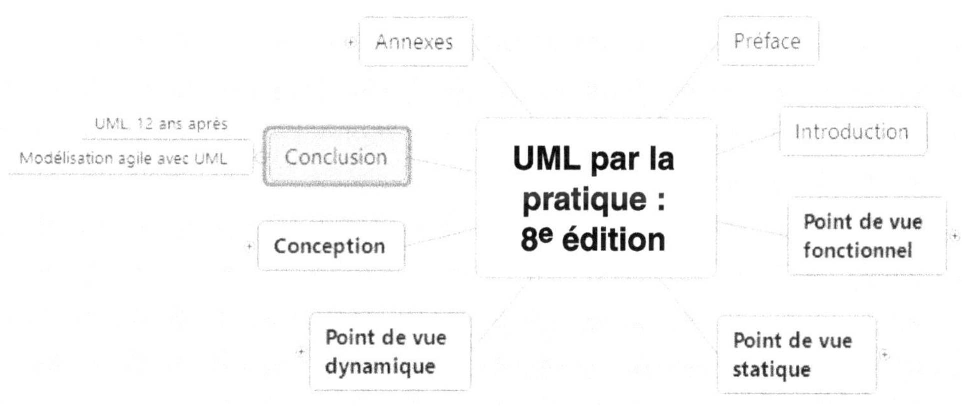

Annexes
Préface
UML, 12 ans après
Modélisation agile avec UML
Conclusion
UML par la pratique : 8e édition
Introduction
Conception
Point de vue fonctionnel
Point de vue dynamique
Point de vue statique

UML, 12 ans après... (7e édition)

Modélisation : marché et tendances

Extrait d'un article de François Tonic paru dans la revue « Programmez » n° 77

La modélisation a le vent en poupe en ce moment et pas uniquement le Model-Driven. L'arrivée prochaine de Microsoft sur ce marché avec le support d'UML (même partiel) et surtout le futur Oslo, la plate-forme transversale de modélisation de l'éditeur va-t-elle bouleverser les éditeurs d'outils et dynamiser le marché ?

Les avis divergent. Aujourd'hui, les tendances de la modélisation se résument à :

- La modélisation de type UML via des diagrammes.
- Les mouvances Model-Driven : le modèle pilote le développement, le test, etc.
- Le DSL (*Domain Specific Language*).

L'arrivée de Microsoft dans l'antre de l'OMG, qui s'occupe d'UML et de ses évolutions, a fait frémir quelques éditeurs, dont IBM, même si officiellement tout va bien et que l'on félicite Microsoft de son ralliement. Il faut avouer que cette arrivée n'est pas anodine pour les éditeurs du secteur, notamment sur plate-forme Windows, car jusqu'à présent, Microsoft ne proposait rien de consistant hormis des outils DSL. Avec un support partiel, dans un premier temps, d'UML dans la gamme Visual Studio, la concurrence deviendra particulièrement rude. [...]

Si aujourd'hui le marché de la modélisation Windows est occupé par plusieurs acteurs, il est certain que l'outillage de Microsoft peut modifier à terme la donne, notamment avec la disponibilité de fonctions de modélisation dans Visual Studio. Dès à présent, les éditeurs doivent se préparer à ce petit big bang. Mais par ailleurs, pour Microsoft, UML, même s'il a de l'intérêt, est encore trop limité, trop complexe à appréhender pour un développeur.

Cela va être intéressant de voir comment l'éditeur va et veut étendre le modèle actuel. L'une des pistes est le modèle exécutable prôné dans Oslo. L'exécution d'un modèle peut se révéler particulièrement intéressant côté serveur par exemple. Et il permettrait des ajustements très rapidement en modifiant le modèle.

Avis d'experts…

Voici les avis d'experts reconnus, en version originale. Je vous conseille de les lire jusqu'à la fin…☺

Philippe Desfray, VP for R&D (SOFTEAM)

UML : Succès et limites

L'initiative UML est un succès, notamment à travers ses deux dimensions essentielles qui font sa valeur.

1. Sa large diffusion et reconnaissance – UML est le modèle retenu dans la grande majorité des projets informatiques. Il est connu d'un très large public qui n'a plus besoin d'être formé. Il permet de communiquer entre entreprises, entre pays, indépendamment du domaine métier concerné.
2. Sa large couverture – L'essentiel des techniques de modélisation antérieurement connues est intégré dans UML. Les techniques de modélisation des données, des traitements, des besoins, des architectures, des composants sont par exemple dans UML. Le modèle entité relation, les diagrammes d'état, la modélisation des processus, la modélisation des protocoles sont tous inclus dans UML.

On ajoutera à ce succès le nombre important de profils standardisés, dans le but de fournir des extensions à UML pour certains domaines, certaines méthodologies, ou certaines cibles techniques. Le récent ralliement de Microsoft à UML est un révélateur de la nature incontournable de ce modèle.

Le nombre de modèles pratiqués en informatique est limité, en particulier si on écarte les variantes des modèles fondamentaux comme les différents types de diagrammes d'états, les différents types de modèles d'activité/processus, ou les variantes du modèle entité association. Il est donc raisonnable d'avoir imaginé UML comme modèle fédérateur. Certains modèles moins populaires ou en conflit avec les modèles retenus restent à l'écart, citons par exemple les réseaux de Petri ou le modèle relationnel binaire. Une difficulté théorique existe cependant : assurer une bonne intégration et continuité entre modèles, et éviter les redondances. On trouvera des défauts à UML sur ces deux axes – songeons par exemple au recouvrement entre diagrammes d'activité et de séquence, sans oublier les diagrammes d'états.

Ces défauts sont surmontables, ce qui en théorie fait d'UML un modèle quasi universel dans les domaines liés à l'informatique ou à la modélisation des systèmes.

L'ambition d'universalité du langage atteint toutefois des limites, soit techniques, soit culturelles (les plus importantes), qui conduisent à la survivance ou à l'apparition d'un grand nombre de modèles connexes dans la pratique. En effet, en pratique, une large place est laissée aux langages « spécifiques aux domaines » : tout d'abord, il y a des publics « résistants » à UML. C'est par exemple le cas des maîtrises d'ouvrage (MOA) ou des utilisateurs, qui ont peu adhéré à UML. Cette réticence trouve son origine dans des habitudes antérieures, mais aussi dans le fait qu'UML est jugé complexe et dédié au monde technique. Il est nécessaire de produire pour ces populations des modèles spécifiques, d'un accès facile, centrés sur l'expression de leur domaine d'intérêt. Pour ces domaines, il existe une grande variété de modèles dédiés (DSL), relevant de l'architecture d'entreprise, aussi référencée en France par les termes cartographie et urbanisation. Une approche centrée sur des profils

UML est néanmoins possible et disponible commercialement (voir par exemple les sites Objecteering.com, ou modeliosoft.com), comme le montre la figure ci-dessous (présentant des « rôles » et des « unités d'organisation »). Elle produit un exemple de profil, filtrant la complexité UML pour ne présenter que des modèles focalisés, immédiatement assimilables par le public concerné.

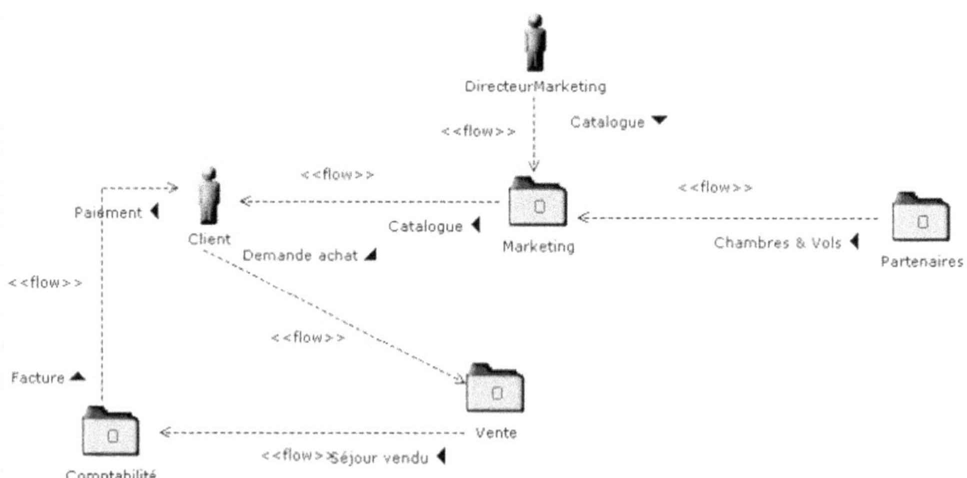

Dans les domaines de l'organisation, de l'architecture d'entreprise, et de la modélisation des processus métier, il existe un grand nombre d'outils produisant leurs propres métamodèles et leurs propres notations. Il y a un schisme entre ces domaines et UML, qui se traduit aussi au niveau des standards, jusqu'au sein d'un même organisme de standardisation comme l'OMG, où d'une part UML est défini, et d'autre part des standards spécifiques pour ces domaines existent. Le cas de BPMN, en total recouvrement avec les diagrammes d'activité UML est typique de ce schisme. Il est à craindre que les extensions BPMN, recouvrant au-delà de la dynamique des processus (les ressources, les informations, les rôles, etc.) n'apparaissent également en recouvrement de UML. Certains ateliers, comme Objecteering, ont fait le choix d'intégrer le standard BPMN à UML, afin de pouvoir réaliser des modélisations complètes dans un référentiel unique. Dans le choix inverse, BPMN pourrait être considéré comme une sorte de DSL.

Dans certains autres domaines, comme la modélisation des bases de données, UML apporte tous les outils utiles et nécessaires, mais les habitudes et pratiques conduisent certains praticiens à s'orienter vers d'autres choix de langage de modélisation.

Enfin, certains domaines ne sont pas ou mal couverts par le standard UML, comme les phases de cadrage de projets ou de définition de SI. Dans ces phases, il est nécessaire de disposer de moyens plus informels pour orienter les choix, définir ce qu'il faut faire, clarifier le domaine d'utilisation d'une application informatique. Le cadrage recouvre des techniques telles que l'analyse des objectifs, l'analyse des règles métier, l'analyse des exigences, la définition du dictionnaire (technique liée aux définitions d'ontologie). Vital pour le succès des projets, le cadrage permet de guider la modélisation, et de justifier la construction des modèles. Le support de ces phases impose la définition de DSL et l'extension du métamodèle UML, sauf à réaliser des contorsions en étendant des notions UML peu conformes.

Enfin, concluons par la résistance de certains acteurs comme Microsoft avant 2008, ou les acteurs du monde BPM, qui, pour des raisons de préservation de marché, ne souhaitent pas banaliser leurs modèles en les rapprochant du standard UML très concurrentiel.

Gageons qu'avec la généralisation croissante de UML, les solutions alternatives perdureront pour des domaines ou des populations spécifiques, avec à chaque fois des tentatives d'unification mêlées à des volontés de schisme de certains acteurs.

Agusti Canals, *deputy technical director* (CS – Communications & Systèmes)

Points de vue sur le langage

Que de chemin depuis la sortie d'UML 0.8 (fusion de Booch et OMT) en 1995, le début de l'utilisation industrielle de UML 1.2 en 1998 pour arriver à UML 2.x en 2003 !

Que penser du passage 1.x à 2.x ? est-ce une réussite ? un échec ? ou est-ce trop tôt pour le dire ? La réponse est ambiguë, et certainement à différer. En effet, les industriels juste habitués à UML 1.x ont du mal à franchir le pas et ceux qui ne l'ont jamais utilisé trouvent les concepts compliqués. Alors qu'en est-il vraiment ? Je dirais que pour l'instant les utilisateurs UML continuent à faire du 1.x avec une notation 2.x, comme les *C++siens* ont débuté en faisant du C avec des compilateurs C++.

Que dire de UML 2.x ? plus complet, plus complexe, difficile à utiliser ? La réponse est sans aucun doute « oui », d'autant plus que les outils ne sont pas tous « full 2.x », et que chacun fait des choix d'implémentation propres (voire mélange les concepts) ce qui rend les échanges de modèles difficiles, et ceci malgré le fameux XMI. Que dire par exemple des diagrammes de composants par rapport aux diagrammes de classes structurées ? Lequel faut-il utiliser, à quel moment et pour quoi faire ? Chacun a son idée sur le sujet, mais aucune utilisation vraiment opérationnelle ne prouve quoi que ce soit ! Citons, par exemple, l'expérience réalisée dans le cadre du projet OpenEmbeDD, où le diagramme de classes structurées (avec un profil SDL) a été utilisé pour modéliser une architecture « à la SDL » (Système, Block, Processus...), le résultat plutôt négatif n'est pas encourageant. Les classes et les blocs sont deux concepts différents : les mélanger est limite.

Globalement, UML 2.x propose beaucoup trop de concepts. Même s'ils sont tous intéressants, ils ne concernent pas tous tout le monde et ne sont pas tous utiles à toutes les étapes. Il faut donc trier, écrire des recommandations... ce qui a donné naissance à un concurrent redoutable, le DSL, qui, lui, ne propose que les concepts nécessaires au métier.

À quoi sert UML ? À trouver par la modélisation une architecture logicielle, des composants... Chercher à utiliser UML lorsque la solution est déjà identifiée est une aberration (autant faire du Visio !), UML doit servir à trouver puis à formaliser, mais aussi à vérifier la solution (point faible à ce jour). Si UML est utilisé pour faire plaisir et pour générer de la documentation à la mode – ce qui est malheureusement souvent le cas – c'est perdu !

Que nous apporte UML ? Un moyen de construire *une* solution par modélisation, et surtout de la justifier, mais aussi un moyen de mieux communiquer, un langage commun... En effet, rien n'est plus efficace que de faire travailler en binôme un expert UML et un expert métier pour modéliser le domaine : ils deviennent très vite complices et produisent un modèle de référence inattaquable.

Qu'en est-il des difficultés de mise en œuvre ? Comme l'indique le *L*, UML est un langage, une boîte à outils (*n* diagrammes). Alors, comment utiliser ces outils, dans quel ordre, en suivant quel mode opératoire ? Là est toute la difficulté ! Il ne viendrait jamais à un menuisier l'idée saugrenue d'utiliser un marteau pour visser une vis ! Pourquoi chercher à utiliser un diagramme d'états pour modéliser un algorithme (si, si, j'ai déjà vu ça !) ? La clé est là : utiliser le bon outil au bon moment en suivant un mode opératoire adapté. Bien sûr, chacun d'entre nous sait utiliser un marteau, un tournevis... De la même manière, chacun d'entre nous (ou presque) sait utiliser un diagramme de classes, un diagramme de use cases... Mais, si nous pouvons juger de la qualité d'un meuble fait par le menuisier (avec ses outils), il n'en va pas de même pour un modèle fait par l'informaticien (avec ses outils), le problème se corse. Non seulement, il faut utiliser les outils au bon moment et de manière coordonnée, mais, en plus, il faut que les observateurs puissent comprendre le produit fini. Mais le modèle UML est-il un produit fini ou juste un plan ? La réponse est un plan, bien entendu. Dans ce cas, le modèle est comme une notice expliquant comment monter un meuble ! Mais qui n'a jamais monté un meuble en suivant la notice mais en ayant à la fin des pièces en trop ! Où fallait-il les mettre ? Ceux qui ont dessiné le plan l'ont-ils validé formellement ? Ont-ils omis des étapes ? Où l'utilisateur n'a-t-il pas compris ?

Alors, pour dessiner ces fameux plans (modèles UML), il y a des méthodes. Elles portent des noms barbares comme UP, RUP, 2TUP, UML-CS. Bien sûr, vous devinez quelle est celle que j'utilise le plus ! Mais cette méthode est-elle suffisante ?
Quels sont les diagrammes les plus utilisés par les projets ?
Sans aucun doute, nous avons nos trois mousquetaires :

- use cases ;
- classes ;
- séquence ;
- états.

Avec ces quatre-là, nous pouvons modéliser 80 % des applications...

Points de vue sur les outils

Quels sont les outils les plus utilisés ?

Depuis le début de l'utilisation d'UML, CS a choisi d'utiliser ROSE, outil de type généraliste (facile à configurer et donc à adapter en fonction des besoins) qui permet de réaliser des modèles pour différents métiers en utilisant différentes technologies. Depuis l'arrivée de UML 2.x, les outils ont tendance à se spécialiser. Il semble donc impossible de réaliser un choix unique, d'autant plus que l'outil ROSE ne suit pas l'évolution, IBM ayant décidé de changer de technologie et de concentrer ses efforts sur RSM (qui à mon avis est une régression incroyable).

De ce fait, CS utilise différents outils support. Par exemple, pour cibler du SOA, CS utilise Enterprise Architect, dont le rapport qualité/prix est imbattable. Par contre, pour des applications plus orientées données, CS utilise Power AMC, qui est beaucoup mieux adapté, même si son prix élevé est un frein à son adoption. Enfin, l'arrivée de TOPCASED permettra peut-être de revenir vers un outil généraliste pouvant être adapté (puisque Open Source) en fonction des besoins spécifiques. Cependant, pour l'instant, il n'a pas la maturité des outils commerciaux, et il faut investir pour le faire évoluer.

Le choix est donc ouvert et mon conseil est le suivant : avant de démarrer un projet avec UML, il faut choisir le bon outil ! Mais attention, pas le plus connu, ou celui considéré comme le meilleur, mais celui qui correspond aux besoins du projet. Pour cela, il faut définir les critères (besoins du projet) en suivant des approches de type brainstorming (que veut-on faire ? générer du code ciblé, transformer des modèles, générer de la documentation, simuler le modèle, réaliser de la vérification formelle, instrumenter un processus, modéliser du temps réel…), ensuite il faut évaluer les outils et choisir le plus adapté.

Notez qu'un outil mal adapté, mal configuré, ou ne permettant pas d'instrumenter un processus est, à coup sûr, vecteur d'échec pour l'utilisation d'UML. Il peut même entraîner des pertes de production et nuire à l'avancement nominal du projet.

Besoins des industriels

Aujourd'hui, nous pouvons dire avec quasi-certitude qu'environ 15 % des projets mettant en œuvre du logiciel utilisent UML. 12 ans après, est-ce une réussite ?

Pour aller plus loin, il faudrait pouvoir résoudre les points suivants :

- simulation ;
- vérification formelle ;
- transformation de modèles ;
- vérification des transformations.

Il faut pouvoir tester les modèles avant de réaliser les transformations et la génération de code :

- génération de code plus complète (à partir de TOUS les diagrammes) ;
- partage du modèle par des approches collaboratives

Nicolas Belloir, professeur associé (Université de Pau)

Actualité

Une simple recherche sur les sites d'offres d'emploi avec le mot-clé « UML » montre l'importance de la maîtrise de ce langage pour le monde industriel. En effet, l'utilisation d'un langage de modélisation de ce type, associé à une méthode dédiée et aux technologies actuelles (Java, JEE, .Net...) mène à un processus de développement de qualité. Le passage de la norme UML à la version 2.0 a d'ailleurs parfaitement suivi la tendance qui consiste à passer d'approches orientées objet à des approches basées composant. Si les éditeurs de logiciels UML ont mis un certain temps à intégrer pleinement la nouvelle norme, ils sont maintenant parfaitement à jour. D'un point de vue prospectif, UML doit relever un grand challenge dans les années à venir : celui du développement par transformation de modèles qui connaît un réel essor. S'il s'appuie parfois sur d'autres langages qu'UML, force est de constater que ce dernier reste au cœur de ce concept. Preuve en est l'apparition de langages dédiés tels que SysML pour l'ingénierie système ou WebML pour l'ingénierie web ou bien de profils spécifiques tels que Marte pour le temps réel, tous issus d'UML. S'il est difficile de dire si ce type de développement supportera le passage à l'échelle, il est à peu près certain que, de toute manière, UML en restera la pierre angulaire.

Utilité

UML s'est imposé comme un standard dans l'ingénierie logiciel et ce qui n'aurait pu être qu'un effet de mode a réussi son passage à l'échelle. Une des raisons à cela est que l'utilisation d'UML dans un processus de développement logiciel apporte :

- Souplesse : une des forces d'UML est de permettre son utilisation à la carte. En effet, on peut l'utiliser aussi bien pour mettre en œuvre des développements basés sur des méthodes agiles (développement par prototypage, par exemple) que pour des processus de qualité logicielle assez complexes. Ce faisant, on pourra l'appliquer aussi bien à des développements courts, dans lesquels on se limitera à l'utilisation de certains types de diagrammes, qu'à des développements de longue durée dans lesquels UML apportera toute sa puissance d'expression.
- Cohérence : la forte utilisation d'UML dans le monde industriel vient de ce que les technologies modernes dérivent majoritairement des approches objet. La raison est double : d'une part, c'est à partir d'elles qu'UML fut construit, et, d'autre part, UML a su évoluer depuis sa création et suivre l'évolution des approches objet vers les approches composant avec l'avènement d'UML 2. UML est donc parfaitement en phase avec les technologies modernes.
- Performance : l'utilisation d'UML rend le déroulement d'un projet plus rapide qu'avec des approches de modélisation plus lourdes. En effet, sa notation graphique facilite la compréhension des modèles (et la communication qui va avec) et les différents points de vue exprimables au travers des diagrammes permettent de détecter rapidement des incompréhensions ou encore de mettre en évidence de mauvais choix techniques. Enfin, les outils qui le supportent ont fait de réels progrès en termes d'aide au développement (notamment à travers l'implémentation de patrons de conception tels que les design patterns), mais aussi grâce à la génération de code ou aux modèles exécutables qui permettent de voir évoluer dynamiquement un modèle.

Complexité

Peut-on réellement parler de complexité dans l'utilisation d'UML ? Je ne le pense pas. Preuve en est la relative facilité avec laquelle les étudiants évoluent dans son apprentissage. S'il y a une difficulté, elle réside dans le choix de l'utilisation de tel ou tel diagramme à tel moment de la conception. Or, ce choix est naturellement guidé par la méthode qu'on utilise associée à UML. Il faut bien comprendre qu'UML n'est qu'un langage et que des aspects méthodologiques doivent lui être joints pour en tirer la quintessence.

L'autre reproche que l'on pourrait adresser à UML, c'est le flou sémantique qui existe dans la norme elle-même à propos de certains concepts. Par exemple, de nombreux travaux ont montré que la spécification des relations de composition et d'agrégation présente des incohérences dans le document de l'OMG même. Il conviendra de bien définir le sens que l'on veut donner aux différents concepts, lorsqu'on rencontrera un doute sur leur sémantique.

Difficultés de mise en œuvre

La principale difficulté dans l'utilisation d'UML réside, à mon sens, dans l'expression des contraintes que l'on veut associer aux modèles. En effet, si UML supporte l'expression de contraintes via le langage OCL, l'exploitation de ces contraintes au niveau implémentation ou transformation de modèles, et, tout simplement, la vérification du respect de ces contraintes par l'application finale, restent un point de blocage important. Cela est dû notamment à la relative complexité d'expression d'OCL, mais aussi au faible support d'OCL par les outils UML.

UML et les méthodes agiles

UML est un langage bien adapté aux méthodes agiles. En effet, l'utilisation des capacités des outils le supportant telles que la génération de code, ou, à l'inverse, la fonctionnalité de rétro-engineering, ou encore le fait qu'on puisse se limiter à l'utilisation de deux ou trois diagrammes fondamentaux pour modéliser l'application, en font un langage adapté à de telles méthodes. Gageons que les travaux portant sur la transformation de modèles ou l'exécution de modèle (« model@runtime ») amélioreront encore ces capacités.

Les outils

Il existe désormais de nombreux outils permettant la mise en œuvre d'UML, tant dans le monde du logiciel libre, que dans celui des logiciels commerciaux. La gamme de possibilités de ces outils est très variable. Certains ne sont que des « logiciels de dessins » améliorés, quand d'autres offrent des possibilités allant de la génération de code, à la simulation d'exécution de modèles, en passant par la vérification ou la transformation de modèles. Ce dernier point devenant de plus en plus crucial, il faut s'attendre à ce que les outils actuels ne possédant pas cette fonctionnalité évoluent en ce sens. En effet, on commence à voir, dans un certain nombre de domaines bien spécifiques, des éditeurs UML permettant la génération d'applications complètes par transformation de modèles.

En outre, de plus en plus d'outils fournissent à leurs utilisateurs la possibilité de définir leur propre langage en utilisant les fonctionnalités d'extension d'UML, les profils, créant ainsi de vrais *Domain Specific Languages*. Ainsi, il est maintenant parfaitement possible d'adapter les outils UML au plus près de ses besoins.

Retours négatifs

S'il est un regret qu'on peut exprimer en regardant l'évolution d'UML depuis sa création, c'est son faible succès auprès du monde de l'ingénierie système. En effet, même s'il a été utilisé avec succès dans des projets liés à ce domaine, force est de constater qu'UML n'a pas encore réussi à franchir les barrières entre l'ingénierie logicielle et l'ingénierie système. Cela est dû notamment au faible support fourni par UML pour des points critiques de l'ingénierie système comme la capacité à exprimer des exigences et à tracer la réalisation de ces exigences tout au long de la modélisation, ou comme la possibilité de modéliser des équations mathématiques ou des flots continus. La définition récente du langage SysML par l'OMG, fortement inspiré d'UML, mais cherchant à pallier ces lacunes, laisse à penser que cette barrière risque d'être levée prochainement. Affaire à suivre, donc.

Points particuliers

Si les principales capacités d'expression d'UML sont désormais largement utilisées dans le milieu industriel, ses mécanismes d'extension (profils) sont encore trop faiblement utilisés. Ils permettent pourtant d'adapter le langage UML à ses propres besoins, ce qui est un gage de gain de temps certain pour les développements futurs d'une entreprise. C'est également une possibilité d'améliorer la communication entre les équipes logicielles et les équipes métier, ce qui permet d'obtenir une meilleure compréhension et donc plus d'efficacité dans la conduite des projets.

Jean-Michel Bruel, professeur (Université de Toulouse)

Actualité/utilité

UML semble avoir atteint sa vitesse de croisière : les (principaux) diagrammes sont connus, les outils sont là, les profils fleurissent. Même Microsoft rallie l'OMG pour y contribuer. L'importance de définir la sémantique des DSL et le rôle que peut jouer UML dans cette fonction en font un langage maintenant incontournable.

Complexité

On ne peut plus vraiment parler de complexité pour UML, mais on peut parler de la complexité du nombre de sémantiques différentes (une par outil) que l'on prête à certains schémas. Cependant, du point de vue des schémas, même si la norme permet des diagrammes très complexes, les principes de bases de ces schémas, eux, ne le sont pas.

Difficultés de mise en œuvre

En tant qu'enseignant, mon expérience tend à me faire dire que la mise en œuvre est vraiment très facile. Est-ce parce que l'on insiste dans nos formations sur le besoin de modéliser ou parce que les étudiants n'ont pas encore beaucoup d'expérience en programmation ? Dans tous les cas, UML ne pose vraiment aucun souci de mise en œuvre aux élèves.

UML et les méthodes agiles

Nous appliquons sans problème des approches comme OpenUP dans nos Masters informatiques. Les étudiants sont très demandeurs et UML n'étant qu'un langage, il se prête bien à une utilisation dans une démarche personnalisée.

Les outils

Nous utilisons en enseignement principalement les outils libres. Personnellement, j'insiste sur deux outils que j'aime bien : BOUML pour sa simplicité, sa portabilité, et car le Français qui développe cet outil est particulièrement dynamique et réactif, et, bien sûr, TOPCASED.

Points particuliers

Je voudrais simplement signaler l'intérêt de plus en plus croissant de la communauté « systèmes » pour UML/SysML, et les langages de modélisation, en général. C'est une bonne chose pour UML, et aussi pour l'ingénierie logicielle en général.

Fabien Brissonneau, consultant et formateur (eiXa6 informatique)

Le génie d'UML est d'avoir fourni une base de dialogue commune à beaucoup d'intervenants dans les projets. Au-delà de l'unification des notations, UML s'impose aujourd'hui comme une autre façon de voir le projet. Son utilité apparaît tant dans les phases amont que dans les étapes ultérieures du développement. Aujourd'hui, cette notation s'impose comme la Lingua Franca du projet, allant sans doute bien au-delà des espérances initiales de ses découvreurs.

Curieusement, je ne pense pas que ce soient les nouveautés d'UML qui attirent, mais bien plutôt la maturité de la notation et des utilisateurs. La principale difficulté de mise en œuvre reste qu'on confond souvent UML avec une méthode de plus à appliquer, et qu'il faut faire preuve de pédagogie dans le projet, pour en limiter l'usage aux moments adéquats. Points délicats à discuter, descriptions difficiles, moments clés dans l'avancement du projet.

De fait, dans les méthodes agiles, ou plutôt dans les projets qui se revendiquent de ces méthodes, UML a toute sa place, si on le considère comme un outil, support de la communication, et non pas comme une fin en soi.

Les logiciels qui supportent la notation sont pour beaucoup dans le succès d'UML. Mais à ce propos, je pense que les outils les plus légers, les plus sobres, sont les mieux acceptés. Lorsqu'on se lance dans l'usage des outils de modélisation complexes, il faut garder en tête que d'autres problèmes doivent être gérés. Ces logiciels entraînent de profonds changements dans le processus, ce qui va bien au-delà de la notation UML. Les outils de MDD sont depuis longtemps source de productivité, mais qu'en est-il des projets basés sur un outillage démesuré ? Je rencontre trop d'équipes déçues par les outils, malmenées par quelque guru mégalo...

Thierry Cros, coach agile (www.toltequeagile.com)

Lorsque ce langage de modélisation unifié et adapté au développement objet est apparu, il a suscité un engouement exceptionnel : c'était « la baguette magique » qui permettait d'exprimer les besoins (par les cas d'utilisation) et de concevoir réellement objet. Quelques années plus tard, c'est le désenchantement : exprimer les besoins est un exercice toujours aussi périlleux, la déviance en décomposition fonctionnelle n'apportant finalement pas grand-chose. De même, l'omniprésence des « diagrammes de classes » (diagrammes structurels étant plus approprié) montrait, là encore, un penchant data/flot bien plus que véritablement objet... sans parler de la question lancinante du maintien des modèles.

Dans le même temps, les pratiques agiles, de l'Extreme Programming en particulier, m'apprenaient que, contrairement à une croyance répandue, un bon dessin ne vaut pas toujours mieux qu'un long discours. Dans cet ordre d'idée, certains ont une mémoire auditive, d'autres visuelle, c'est ainsi.

Ainsi, la modélisation agile est à mon sens un excellent moyen de spécification et de conception (au sens donné à ces termes par UML). Si les outils, y compris le langage UML et le modeleur, sont importants, les personnes le sont encore plus.

Je pratique toujours à l'occasion UML, sur un coin de tableau, dans de – vives – discussions, sur plusieurs modèles (typiquement expression de besoins et conception générale), plus rarement sur modeleur quand les nécessités de communication l'exigent.

UML est un langage : autrement dit, il permet de penser et de communiquer, c'est aussi simple finalement !

Yann Le Tanou, consultant senior (Valtech)

UML et les méthodes agiles

Les méthodes agiles ont tendance à ignorer la modélisation, et même, dans certains discours, à mettre en avant qu'elles ne servent à rien. Comme toujours, il convient de tempérer ce genre de propos, et de remettre la modélisation dans son contexte. Il faut donc comprendre comment un système va être construit et fonctionner, et ceci selon différents points de vue (par exemple les points de vue logique, logiciel, physique). À partir de là, il y a deux manières d'utiliser UML : la mauvaise et la bonne !

La mauvaise, qu'on associe souvent à l'anti-pattern *analysis paralysis*, consiste à vouloir tout modéliser et à faire valider les modèles avant d'écrire la première ligne de code. Cette pratique, on le sait, conduit généralement à l'impasse dans le domaine de l'informatique et à des projets qui bien souvent s'arrêtent avant l'écriture de la moindre ligne de code. On la retrouve généralement dans les cycles en cascade et en V. Elle est souvent associée à des outils de modélisation très lourds à déployer et à une équipe dédiée uniquement à la modélisation.

La bonne méthode consiste à travailler de façon itérative, avec des outils de modélisation légers, en se concentrant uniquement sur des modèles qui servent le projet, facilitent la communication entre les personnes et permettent de documenter le système. Par exemple, si on ne devait en conserver que deux, les modèles logique et physique des données sont quasi indispensables. En amont, avec les MOA, lorsqu'on constate que la compréhension des processus métier est primordiale pour la réussite du projet, le modèle métier (couvrant processus et entités métier manipulés) aura son rôle à jouer pour bien cerner la problématique métier à traiter. La modélisation agile, consiste à savoir utiliser les bons modèles au bon moment, indépendamment de toute méthodologie contraignante qui imposerait de faire systématiquement tels ou tels diagrammes sans se poser la question de leur réelle plus-value. La modélisation doit donc être au service de l'agilité, et non être vue comme une contrainte.

Daniel Rosenblatt, consultant senior (HiDimSoft)

J'ai animé récemment un cours d'architecture et de conception avec un rappel historique sur les évolutions architecturales et une référence, entre autres, aux mainframes et au Web. Lors de ce cours, j'insiste toujours sur les ressemblances frappantes entre ces deux architectures (mode page, accès distribué, formulaires). Ces ressemblances ne sont pas fortuites. En fait, elles relèvent du style architectural sous-jacent, avec son cortège d'avantages et d'inconvénients. Je pourrais citer de multiples exemples de ces « nouveautés » architecturales qui, en fait, reprennent des styles déjà explorés par le passé.

Pour moi, les processus de développement logiciels fondés sur l'utilisation d'une notation graphique (Merise, UML) représentent un style de processus avec ses avantages et inconvénients.

En tant qu'agiliste, je ne veux plus me noyer dans la modélisation à outrance que j'ai été amené à pratiquer dans certains projets par le passé. Mais je ne souhaite pas non plus me priver des avantages réels que j'ai constatés lors de mon utilisation d'UML dans ces projets. J'essaye donc d'explorer des usages agiles d'UML. Par exemple, dans un cours sur le TDD (développement piloté par les tests), je présente l'étude de cas à l'aide d'un diagramme de cas d'utilisation et un modèle du domaine. De ces cas d'utilisation dérivent un certain nombre de *user stories*. Un modèle architectural simplifié est présenté aux participants sous forme de diagramme de packages et illustré par des diagrammes de séquence. Je propose aussi aux stagiaires d'utiliser des diagrammes de séquence pour identifier, à partir d'une user story, la prochaine classe à tester dans la démarche TDD.

Enfin, je trouve profitable d'utiliser des métaphores dans mes projets, par exemple, comparer le développement d'un cours à un projet de développement logiciel. Pour cela j'exploite ma bibliothèque mentale d'expériences et UML y est en bonne place.

Marc Tizzano, consultant senior

L'outil idéal

J'ai récemment été amené à évaluer des modeleurs UML pour le compte d'un client. Le besoin était clairement exprimé, il fallait remplacer un outil existant maintenant dépassé et le remplacer par un outil plus moderne qui permette, entre autres, la modélisation et la génération d'applications SOA. Après un premier filtrage, je me suis retrouvé avec une demi-douzaine d'outils qu'il m'a fallu évaluer plus en profondeur. En testant ces modeleurs, j'ai vite été déçu. En effet, dès que je découvrais une fonctionnalité intéressante dans un outil, j'en trouvais d'autres beaucoup moins bien faites et qui, par contre, étaient bien conçues dans encore un autre outil. Aussi, j'ai imaginé l'outil idéal qui réunirait le meilleur de tous... mais cette description, bien évidemment, n'engage que moi.

Cet outil de rêve serait aussi ergonomique que le modeleur MagicDraw. Comme MagicDraw, il serait conforme au niveau 3 défini par l'OMG et, par exemple, il proposerait le diagramme temporel (*timing diagram*). Comme lui, il offrirait deux formats d'export XMI, celui basé sur le MOF, format préconisé par l'OMG et celui basé sur EMF, provenant du monde Eclipse (ce format étant devenu de facto un standard). Comme Objecteering (maintenant Modelio), il implémenterait efficacement un DSL lié à SOA. En ce qui concerne MDA ou OCL, il n'aurait rien à envier à Together. Son intégration dans Eclipse serait aussi aboutie que celle de RSA (*Rational System Architect*), avec, qui plus est, la même force commerciale que le distributeur de cet outil (IBM). Quant à son prix, il ne dépasserait pas celui de Papyrus, un des meilleurs outils Open Source !

Pierre-Alain Muller, premier vice-président de l'université de Haute-Alsace, chargé du système d'information. Auteur du premier livre sur UML en 1997

Nous nous sommes tant aimés…

1997-2009 : une douzaine d'années que nous cohabitons. Après quelques années de romance, est venu le temps du réalisme, des projets en commun, puis des enfants.
En 1997, je rencontre UML en sortant de chez OMT et Booch, deux autres notations avec lesquelles j'avais eu quelques… bons moments, dirons-nous. UML et moi nous nous sommes tout de suite très bien entendus. Elle était claire, bien carrée (surtout par rapport aux nuages), nous avions un intérêt commun pour la sémantique des associations (c'est difficile de trouver une partenaire qui partage cette passion). Bref, nous étions faits pour nous entendre, d'autant plus que, bonne fille, UML n'entendait pas imposer de démarche.

Tout allait bien dans le meilleur des mondes, jusqu'à ce que je devienne un peu trop pointilleux sur les détails. C'est ma faute, j'en conviens, mais je voulais sortir du bla-bla et des petits dessins sur les nappes. Du coup, nous avons a commencé à avoir beaucoup de points de désaccord. Des bêtises, bien sûr. Aujourd'hui, avec le recul, je me dis que j'aurais dû en rester à la syntaxe, et ne pas ouvrir la boîte de la sémantique.

Nous avons passé quelques années difficiles. Toujours à se chamailler sur telle ou telle interprétation… vous savez, ces petits trucs qui ruinent les couples quand on ne met pas les mêmes choses derrière les mêmes mots.

Et puis nous avons eu des enfants. Ça a plutôt bien marché, nous avons eu de nombreux petits langages, qui nous ressemblaient un peu à tous les deux. C'était amusant, alors nous en avons fait tout plein, d'autant plus que nous étions encouragés par les aides gouvernementales, vous savez les profils, le MOF… Le problème, c'est que nous en avons fait de trop. À la fin, on ne s'en sortait plus, on avait du mal à reconnaître nos petits de ceux des voisins…

Aujourd'hui, après 12 ans de cohabitation, cela va plutôt bien. Bien sûr, nous avons dû remiser nos idéaux, mais dans le quotidien ça marche. Nous avons pris nos marques, nous avons pleins d'amis qui nous ressemblent, nous commençons par contre à devoir régler des problèmes d'adolescence avec nos petits DSL…

Pour la suite, je ne sais pas. Rien n'est jamais acquis, certes, mais je pense qu'on est plutôt bien partis, et que cela valait le coup.

La modélisation agile avec UML (8e édition)

D'un côté, les tenants des méthodes agiles en vogue actuellement, telles que XP *(eXtreme Programming)* et Scrum, ne parlent quasiment pas de modélisation, ou semblent même s'en méfier. De l'autre, certaines entreprises ont engagé d'énormes investissements sur une approche dirigée par les modèles *(Model-Driven Engineering)* et prétendent générer presque 100 % de leur code applicatif automatiquement. Qu'en est-il vraiment ? Ces deux approches d'utilisation d'UML sont-elles vraiment inconciliables ? [...]

Les principes agiles

Le manifeste agile énonce quatre principes fondateurs.

1. Priorité aux personnes et aux interactions...

- ...Plutôt que sur les processus et les outils.
- L'accent est mis sur les individus, leur expertise, l'esprit d'équipe plutôt que sur les processus et les outils.

2. Des applications fonctionnelles opérationnelles

- ...Plutôt qu'une documentation pléthorique.
- On privilégie le code testé.

3. Collaboration avec le client

- ...Plutôt que négocier un contrat.
- Le client devient un partenaire qui participe au projet pour donner régulièrement son feedback.

4. Réactivité au changement

- ...Plutôt que suivre un plan.
- Le planning est flexible pour accepter les modifications nécessaires.

D'après le deuxième principe agile, l'utilisation de modèles UML à des fins de documentation doit être restreinte au strict nécessaire... Regardons cependant plus en détail ce que disent vraiment les principales méthodes agiles, et leurs promoteurs, de la modélisation.

RUP et OpenUP

Ces « ancêtres » des méthodes agiles modernes font la promotion de pratiques applicables à notre sujet.

- **Modéliser visuellement**
  - RUP préconise d'enregistrer les pensées et de communiquer en utilisant des langages visuels et schématiques, comme UML, parce que les langages visuels sont naturels et faciles à appréhender pour le cerveau humain.
  - OpenUP insiste beaucoup moins que le RUP sur l'utilisation de la modélisation UML pour les livrables du projet. Cependant, OpenUP met également l'accent sur l'intérêt de la modélisation visuelle qui « augmente le niveau d'abstraction ». Pour OpenUP, les modèles visuels aident à :
    - améliorer la compréhension des systèmes complexes ;
    - explorer et comparer des alternatives de conception à faible coût ;
    - former une fondation pour l'implémentation ;
    - capturer précisément les exigences ;
    - communiquer les décisions de façon non ambiguë.
- **Développer itérativement**
  - Le développement itératif et incrémental est une valeur commune à toutes les méthodes agiles.
  - RUP préconise de planifier le contenu technique des itérations en fonction de la priorisation des cas d'utilisation. Le cas d'utilisation *(Use Case)* est un concept UML qui représente un ensemble de séquences d'actions réalisées par le système et qui produisent un résultat observable intéressant pour un acteur particulier.

XP (eXtreme Programming)

XP n'interdit pas les documents, mais pose dessus un regard critique…

XP n'interdit pas la modélisation, mais rappelle que seul un code opérationnel est garant de qualité…

Si la création d'un modèle est une demande client, alors il s'agit d'une « user story » à intégrer dans une ou plusieurs itérations, comme les autres…

Alors, utiliser UML dans XP, pourquoi pas mais comment ?

- À la place des CRC Cards ?
  - Diagrammes d'interaction
  - Diagrammes de classes
- À la place des « user stories » ?
  - Cas d'utilisation
- Pour le client : modélisation métier
  - Diagrammes d'activité, de classes et d'états

Comme pour tout autre livrable, il faut se poser les questions suivantes.

- Ce modèle est-il utile ? À qui ?
- Pour combien de temps ?
- Quelle est sa valeur ajoutée ?

Scrum

Scrum ne préconise aucune technique particulière d'ingénierie, mais :

- La modélisation agile est encouragée, au lieu d'une modélisation UML extensive.
  - Les modèles aident à comprendre, ils ne sont pas considérés comme une documentation obligatoire.
- Documentez le produit quand il est stable...
  - Si une documentation est requise, il vaut mieux la construire après que le code ait été testé *(reverse engineering)*.

Certains experts préconisent :

- Un peu de modélisation au début de chaque itération.
  - Pour mieux communiquer le but à tous les intervenants.
- Un modèle métier lors de la réunion de planification en début de Sprint.
  - Pour améliorer la discussion sur les « user stories ».

Tous encouragent :

- Une modélisation participative
  - Les modèles sont dessinés sur les murs (Post-it géants, etc.), pendant des sessions de modélisation collaboratives.

Agile Modeling

Scott Ambler est le grand promoteur de la « modélisation agile[1] ». Il a repris les valeurs et principes de XP en les adaptant à la modélisation.

Valeurs de la modélisation agile

- *Communication*
- *Simplicity*
- *Feedback*

1. Le lecteur se référera avec profit à l'excellent site « www.agilemodeling.com », créé et mis à jour par Scott Ambler, ainsi qu'au livre correspondant : *Agile Modeling : Effective Practices for Extreme Programming and the Unified Process*, Scott Ambler, Wiley, 2002.

- *Courage*
- *Humility*

Les clés d'une modélisation réussie consistent à promouvoir une communication efficace entre tous les participants du projet, à se forcer à développer la solution la plus simple possible qui satisfasse tous les besoins, à obtenir des retours rapides et fréquents, à avoir le courage de prendre des décisions et à s'y tenir, et à avoir l'humilité de reconnaître qu'on ne sait pas tout et que les autres ont une valeur à apporter à ses propres efforts.

Principes de la modélisation agile

Core Principles	Supplementary Principles
• Assume Simplicity • Embrace Change • Enabling the Next Effort is Your Secondary Goal • Incremental Change • Maximize Stakeholder ROI • Model With a Purpose • Multiple Models • Quality Work • Rapid Feedback • Working Software Is Your Primary Goal • Travel Light	• Content is More Important Than Representation • Open and Honest Communication

Quelques précisions sur les principes précédents, listés par Scott Ambler : ils sont directement issus des principes XP, mais adaptés à la modélisation. Par exemple, l'importance de chercher la simplicité, de ne pas refuser le changement, mais au contraire de l'encourager, etc.

Il faut modéliser avec un but : si vous ne savez pas à quoi votre modèle va servir, ni ce qu'attend vraiment son auditoire, il ne sert à rien d'y travailler !

Il faut voyager léger : les modèles ne sont pas forcément à conserver et à maintenir. Une fois qu'ils ont atteint leur but, jetez-en la plupart !

Pratiques de la modélisation agile

Core Practices	Supplementary Practices
• Active Stakeholder Participation • Apply the Right Artifact(s) • Collective Ownership • Create Several Models in Parallel • Create Simple Content • Depict Models Simply • Display Models Publicly • Iterate to Another Artifact • Model in Small Increments • Model With Others • Prove it With Code • Single Source Information • Use the Simplest Tools	• Apply Modeling Standards • Apply Patterns Gently • Discard Temporary Models • Formalize Contract Models • Update Only When It Hurts

Là encore, certaines des pratiques listées par Scott Ambler sont directement issues de XP.

Commentons celles qui sont plus spécifiques à la modélisation.

- Il est important de créer plusieurs modèles en parallèle, d'utiliser le bon « artefact » : le diagramme le plus adapté à la situation, et de se tourner vers un autre diagramme dès qu'on se trouve bloqué pour continuer à avancer à une allure stable.
- Modélisez en petits incréments et avec les autres, au lieu d'essayer de créer le modèle « magique qui englobe tout » depuis votre tour d'ivoire…
- Prouvez vos modèles avec du code pour montrer que vos idées marchent vraiment en pratique et pas seulement en théorie.
- Utilisez des notations simples afin que le contenu de vos modèles soit facile à valider, avec les outils les plus simples. Focalisez-vous uniquement sur les aspects que vous devez modéliser et n'essayez pas de créer à tout prix un modèle très détaillé.
- Modélisez à plusieurs, montrez vos modèles publiquement sur les murs ou sur un site web, appliquez le principe XP de propriété collective.
- Ne vous embarrassez pas de modèles temporaires, et ne mettez à jour vos modèles que « quand ça fait mal »…

La modélisation agile selon Craig Larman

L'un des meilleurs experts des méthodes agiles et de Scrum en particulier, l'Américain Craig Larman, résume ainsi comment il voit maintenant l'utilisation de la modélisation et donc d'UML.

Ne modélisez pas seul !

- La modélisation doit être collaborative et participative.

Des outils simples qui encouragent la créativité

- Larman encourage l'utilisation de feutres et de paperboards, plutôt que de progiciels coûteux et lourds.

Des modèles multiples et en parallèle

- Par exemple, des diagrammes de classes et de séquence pour faire une esquisse de conception objet.

Les modèles ne sont pas de la documentation !

- Nous modélisons pour avoir une conversation ensemble et pour développer une compréhension commune.

Tout modèle est faux ! Et c'est OK.

- Par cet aphorisme provocant, Larman veut mettre l'accent sur l'aspect provisoire des modèles, le seul modèle qui fait foi à la fin du projet, c'est le code !
- *The code is the model!*

Conclusion

Finalement, la question de l'utilité d'UML au sein des méthodes agiles revient à poser celle de l'utilité de la modélisation !

Qu'est-ce qu'un modèle agile ?

- Il remplit son objectif et reste compréhensible.
- Il est suffisamment précis, cohérent et détaillé.
- Il est aussi simple que possible mais procure une valeur claire.
- Exemples :
  - use cases pour la vision du projet ;
  - modèle du domaine pour la compréhension commune ;
  - dépendances entre composants ou packages ;
  - classes et interactions pour illustrer des frameworks ;
  - …

Et n'oubliez pas :

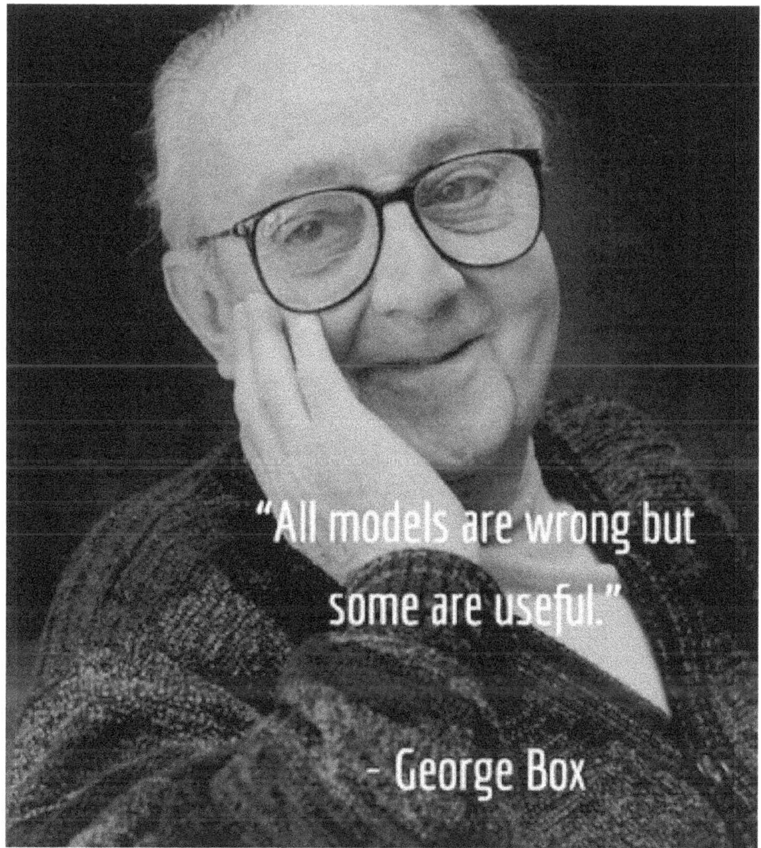

ANNEXES

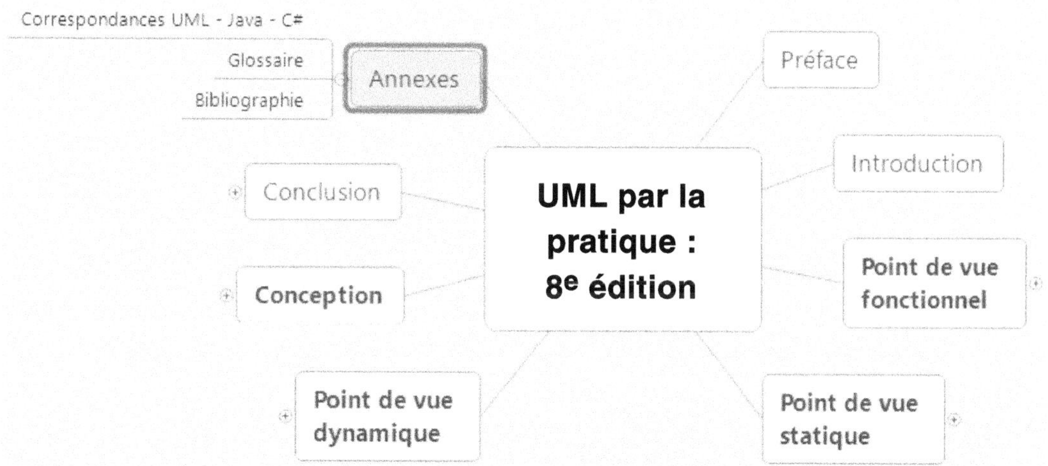

Correspondances UML - Java - C#
Glossaire
Bibliographie
Annexes
Préface
Introduction
Conclusion
UML par la pratique : 8e édition
Conception
Point de vue fonctionnel
Point de vue dynamique
Point de vue statique

1

Correspondances UML – Java – C#

UML est un langage de modélisation visuelle, Java et C# sont des langages de programmation textuels. UML est plus riche que les langages de programmation dans le sens où il offre des moyens d'expression plus abstraits et plus puissants. Cependant, il existe généralement une façon privilégiée de traduire les concepts UML en déclarations Java ou C# (nous avons également essayé de respecter les conventions de nommage de chaque langage).

Cette annexe vous propose une synthèse des correspondances importantes entre les concepts de modélisation UML et le monde de l'implémentation dans un langage orienté objet.

Une référence intéressante sur le sujet est le livre de H. Bersini, *La programmation orientée objet – Cours et exercices en UML2, Python, PHP, C#, C++ et Java (7e édition)*, Eyrolles, 2017.

Même si j'ai privilégié les langages Java et C#, vous trouverez quelques conseils concernant PHP et même Python.

Pour PHP, citons le livre récent de V. Thuillier mentionne UML : *Programmez en orienté objet en PHP (2e édition)*, Eyrolles, 2017, ainsi que *Design patterns en PHP – Les 23 modèles de conception : descriptions et solutions illustrées en UML2*, L. Debrauwer, Yannick Evain, Eni, 2015.

La structure statique

Les concepts structuraux (ou statiques) tels que classes et interfaces sont fondamentaux aussi bien en UML qu'en Java ou C#. Ils sont représentés en UML dans les diagrammes de classes, et constituent le squelette d'un code orienté objet.

Classe

La classe est le concept fondamental de toute technologie objet. Le mot-clé correspondant existe aussi bien en Java et C# qu'en PHP.

Par défaut chaque classe UML devient un fichier .java (Java) ou .cs (C#), mais le stockage peut être différent si le concepteur le souhaite.

UML	Java
Catalogue	`public class Catalogue { … }`
	C#
	`public class Catalogue { … }`

Une classe abstraite est simplement une classe qui ne s'instancie pas directement mais qui représente une pure abstraction afin de factoriser des propriétés. Elle se note en *italique*. Le mot-clé `abstract` est présent aussi bien en Java qu'en C# et PHP.

UML	Java
Personne	`public abstract class Personne { … }`
	C#
	`public abstract class Personne { … }`

Interface

La notion UML d'interface (représentée sous ses deux formes graphiques) se traduit par le mot-clé correspondant aussi bien en Java qu'en C# et PHP.

UML	Java

<<interface>>
IAffichable
+afficher()
 	
IAffichable
	`public interface IAffichable {`
	`    public void afficher();`
	`}`

	C#

	`public interface IAffichable {`
	`    void Afficher();`
	`}`

Package

Le package en tant que regroupement de classes ou d'interfaces existe aussi bien en Java qu'en C#, mais avec une syntaxe différente (attention également aux règles de nommage : minuscules en Java).

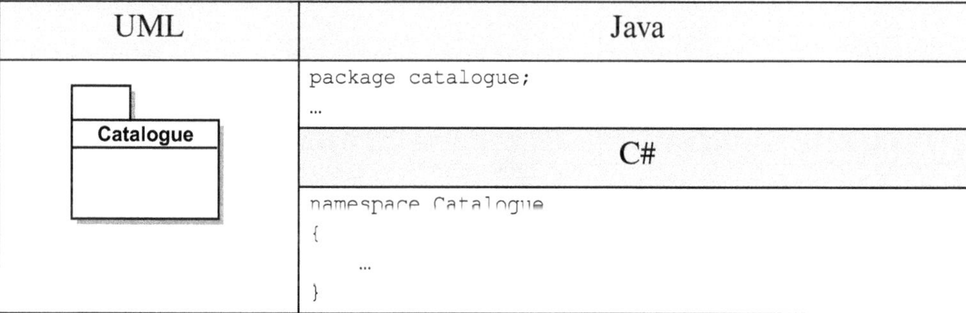

UML	Java
Catalogue	`package catalogue;` `...`
	C#

	`namespace Catalogue`
	`{`
	`    ...`
	`}`

Attribut

Les attributs deviennent des variables en Java, C#[1] et PHP. Leur type est soit un type primitif (`int`, etc.), soit une classe fournie par la plate-forme (`String`, `Date`, etc.). Attention à ne pas oublier dans ce cas la directive d'importation du package correspondant.

1. Comme indiqué au chapitre 7 (exercice 7-29), on pourra utiliser également en C# le concept de « property ». Attention, le terme `attribute` a une signification différente en C# et Java du concept UML…

La visibilité des attributs est montrée en les faisant précéder par + pour public, # pour protégé (`protected`), - pour privé (`private`).

Les attributs de classe en UML deviennent des membres statiques en Java, PHP ou en C#.

Les attributs de type référence à un autre objet ou à une collection d'objets sont discutés dans la section « Association ».

<table>
<tr><th>UML</th><th>Java</th></tr>
<tr><td rowspan="3">Catalogue
-nom:String
-dateCreation:Date</td><td><pre>import java.util.Date;

public class Catalogue {
    private String nom;
    private Date dateCreation;
    …
}</pre></td></tr>
<tr><th>C#</th></tr>
<tr><td><pre>using System;

public class Catalogue {
    private string nom;
    private DateTime dateCreation;
    …
}</pre></td></tr>
<tr><th>UML</th><th>Java</th></tr>
<tr><td rowspan="3">Personne
-nom:String
-prenom:String
#dateNaissance:Date
<u>-ageMajorite:int=18</u></td><td><pre>abstract public class Personne {
    private String nom;
    private String prenom;
    protected Date dateNaissance;
    private static int ageMajorite = 18;
}</pre></td></tr>
<tr><th>C#</th></tr>
<tr><td><pre>abstract public class Personne {
    private string nom;
    private string prenom;
    protected DateTime dateNaissance;
    private static int ageMajorite = 18;
}</pre></td></tr>
</table>

Opération

Les opérations deviennent des méthodes en Java et en C# (mais des `function` en PHP).

Leur visibilité est définie avec les mêmes conventions que les attributs (attention : pour les paramètres, Java ne supporte que les directions `in` et `return` d'UML).

Les opérations de classe deviennent des méthodes statiques ; les opérations abstraites (en italique) se traduisent par le mot-clé correspondant en Java, PHP ou en C#.

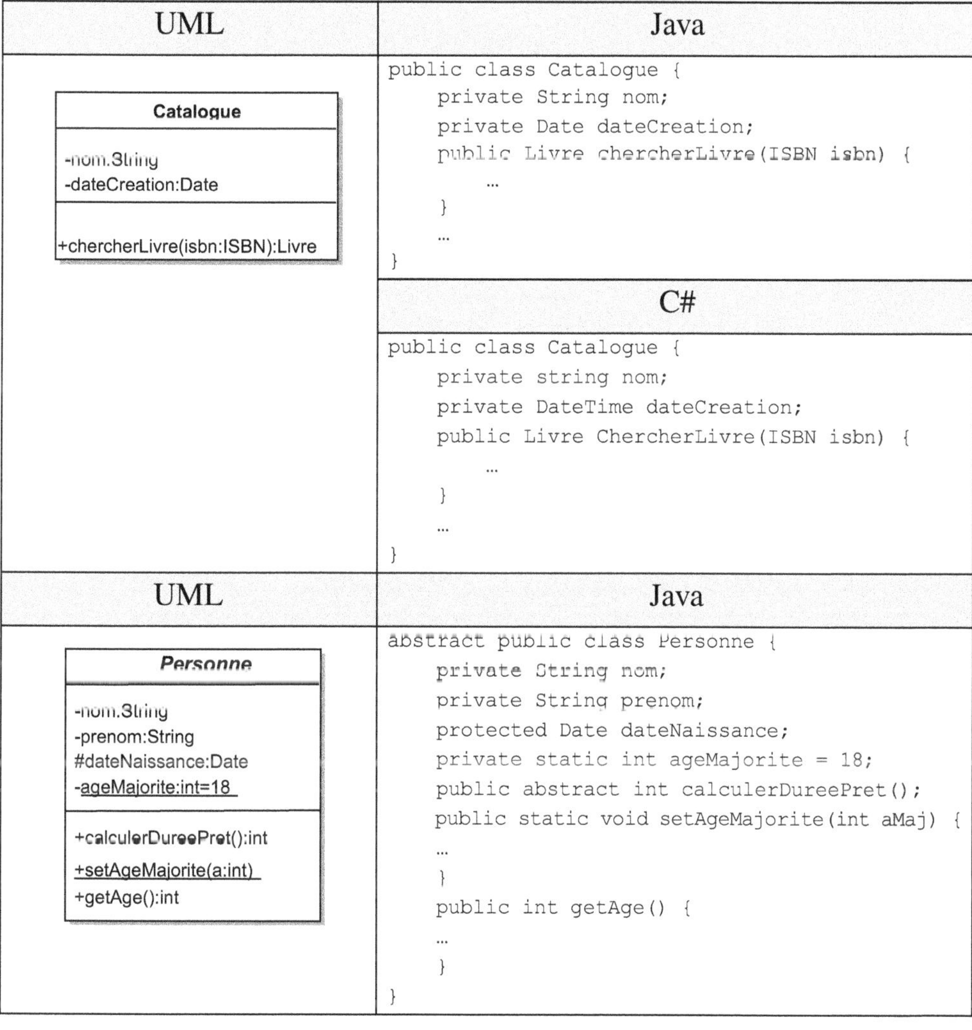

UML

Java

```
public class Catalogue {
    private String nom;
    private Date dateCreation;
    public Livre chercherLivre(ISBN isbn) {
        ...
    }
    ...
}
```

C#

```
public class Catalogue {
    private string nom;
    private DateTime dateCreation;
    public Livre ChercherLivre(ISBN isbn) {
        ...
    }
    ...
}
```

UML

Java

```
abstract public class Personne {
    private String nom;
    private String prenom;
    protected Date dateNaissance;
    private static int ageMajorite = 18;
    public abstract int calculerDureePret();
    public static void setAgeMajorite(int aMaj) {
    ...
    }
    public int getAge() {
    ...
    }
}
```

<table>
<tr><th>UML</th><th>C#</th></tr>
<tr><td>Personne
-nom:String
-prenom:String
#dateNaissance:Date
<u>-ageMajorite:int=18</u>
+calculerDureePret():int
<u>+setAgeMajorite(a:int)</u>
+getAge():int</td><td><pre>abstract public class Personne {
    private string nom;
    private string prenom;
    protected DateTime dateNaissance;
    private static int ageMajorite = 18;
    public abstract int CalculerDureePret();
    public static void SetAgeMajorite(int aMaj) {
    ...
    }
    public int GetAge() {
    ...
    }
}</pre></td></tr>
</table>

En PHP, la classe Catalogue devient :

```
<?php
class Catalogue
{
    var $nom;
    var $dateCreation;
    function chercherLivre($isbn)
    {
    }
}
?>
```

Les relations

Les relations UML entre concepts statiques sont très riches et ne se traduisent pas toutes de façon simple par un mot-clé dans les langages objet.

Généralisation

Le concept UML de généralisation se traduit directement par le mécanisme de l'héritage dans les langages objet. La syntaxe est différente en Java et en C#. PHP se rapproche plutôt de Java.
En PHP, cela donne :

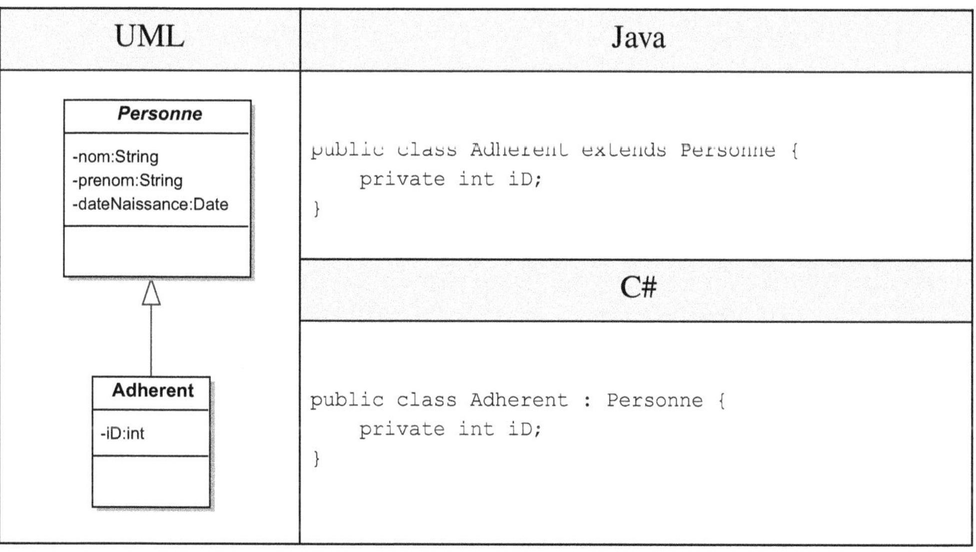

Java

```
public class Adherent extends Personne {
    private int iD;
}
```

C#

```
public class Adherent : Personne {
    private int iD;
}
```

```
<?php
require_once ('Personne.php');
class Adherent extends Personne
{
   var $iD;
}
?>
```

Alors qu'en Python, le résultat est le suivant :

```
import Personne
class Adherent(Personne):
   pass
```

Réalisation

Une classe UML peut implémenter plusieurs interfaces. Contrairement à C++, les langages Java, PHP et C# proposent directement ce mécanisme, mais pas l'héritage multiple entre classes.

C# utilise la syntaxe du C++ pour l'héritage. Le même mot-clé s'utilise pour l'héritage d'implémentation et d'interface contrairement à Java et PHP qui spécifient `extends` et `implements`.

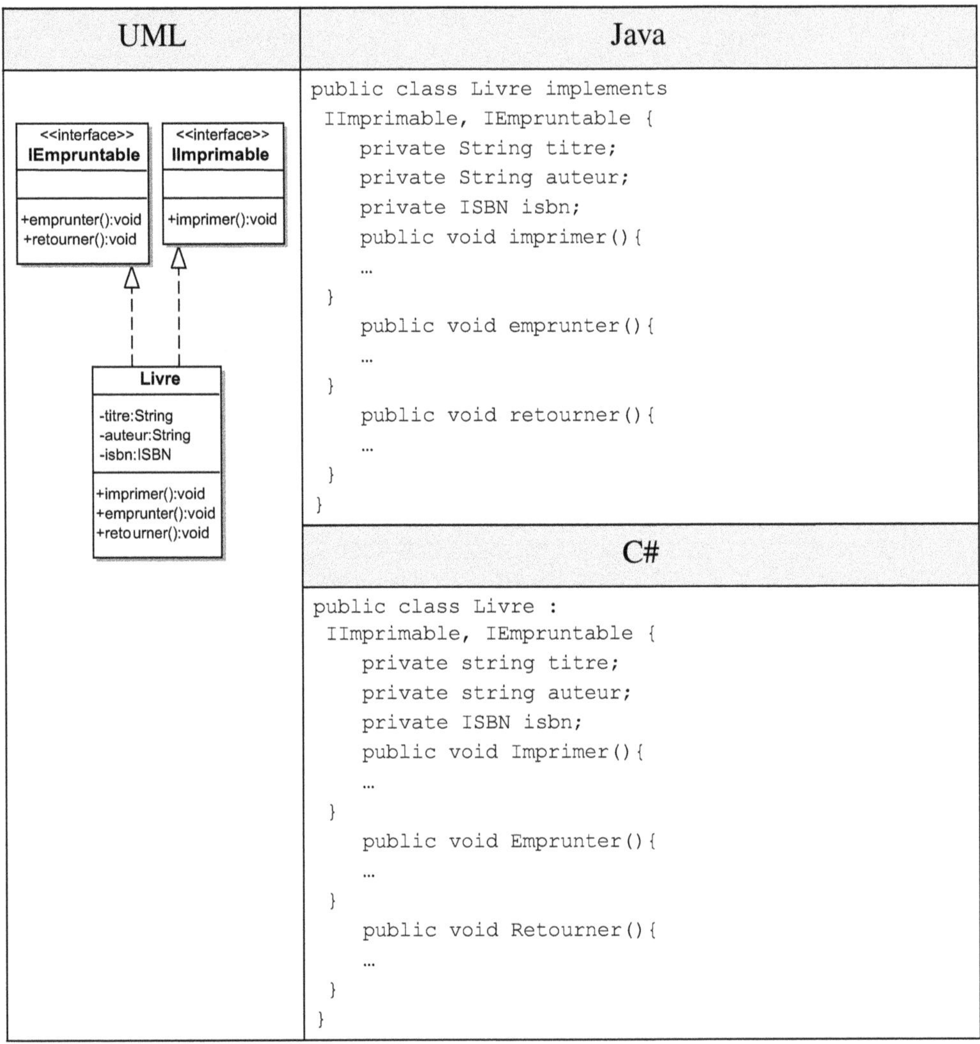

Java

```
public class Livre implements
 IImprimable, IEmpruntable {
    private String titre;
    private String auteur;
    private ISBN isbn;
    public void imprimer(){
    ...
 }
    public void emprunter(){
    ...
 }
    public void retourner(){
    ...
 }
}
```

C#

```
public class Livre :
 IImprimable, IEmpruntable {
    private string titre;
    private string auteur;
    private ISBN isbn;
    public void Imprimer(){
    ...
 }
    public void Emprunter(){
    ...
 }
    public void Retourner(){
    ...
 }
}
```

Dépendance

La dépendance est un concept très général en UML.

Une dépendance entre une classe A et une classe B existe par exemple si A possède une méthode prenant comme paramètre une référence sur une instance de B, ou si A utilise une opération de classe de B. Il n'existe pas de mot-clé correspondant en Java, PHP ou en C#.

La dépendance entre packages se traduit de façon indirecte par des directives d'importation ou d'usage en Java et en C#.

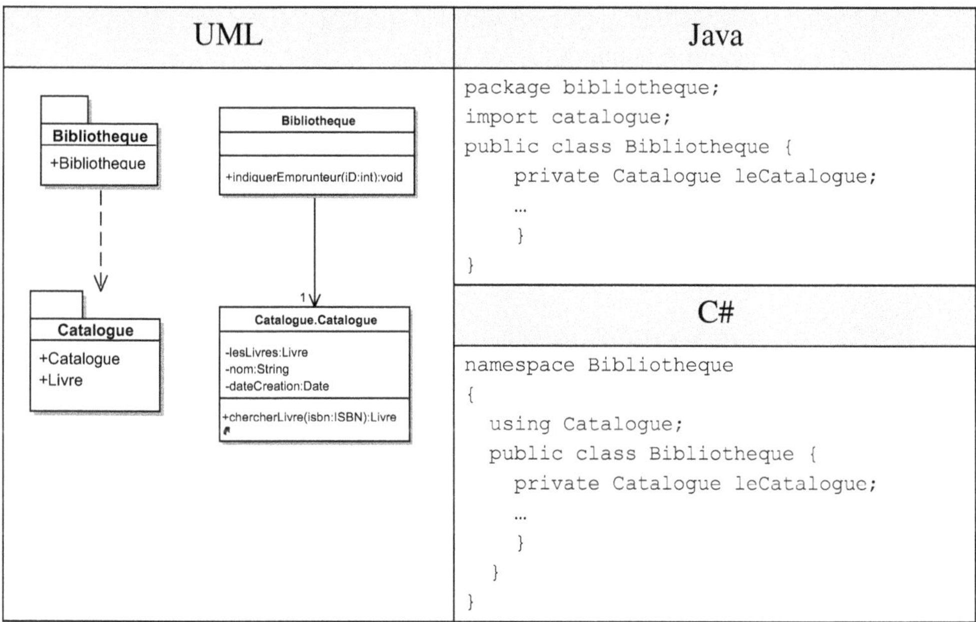

Java

```
package bibliotheque;
import catalogue;
public class Bibliotheque {
    private Catalogue leCatalogue;
    ...
    }
}
```

C#

```
namespace Bibliotheque
{
  using Catalogue;
  public class Bibliotheque {
    private Catalogue leCatalogue;
    ...
    }
  }
}
```

Association

Les associations navigables se traduisent par du code objet qui dépend notamment de la multiplicité de l'extrémité concernée, mais aussi de l'existence d'une contrainte `{ordered}` ou d'un qualificatif.

Une association navigable avec une multiplicité 1 se traduit par une variable d'instance, tout comme un attribut, mais avec un type référence vers une instance de classe du modèle au lieu d'un type simple.

Une multiplicité « * » va se traduire par un attribut de type collection de références d'objets au lieu d'une simple référence sur un objet. La difficulté consiste à choisir la bonne collection parmi les très nombreuses classes de base que proposent Java et C#[2]. Bien qu'il soit possible de créer des tableaux d'objets, ce n'est pas forcément la bonne solution. En la matière, on préfère plutôt recourir à des collections, parmi lesquelles les plus utilisées sont :

- En Java : *ArrayList* (anciennement *Vector*) et *HashMap* (anciennement *HashTable*). Utilisez *ArrayList* si vous devez respecter un ordre et récupérer les objets à partir d'un indice entier ; utilisez *HashMap* si vous souhaitez récupérer les objets à partir d'une clé arbitraire[3].
- En C# : *ArrayList*, *SortedList* et *HashTable*. Utilisez *ArrayList* si vous devez respecter un ordre et récupérer les objets à partir d'un indice entier ; utilisez *HashTable* ou

2. En PHP 5, on initialisera l'attribut avec `array()`.
3. Attention, le JDK 1.5 introduit les collections typées appelées « *generics* ». Nous allons les utiliser pour affiner la figure concernée sur la traduction des associations. De même, nous utiliserons les collections typées de C# 2.0.

SortedList si vous souhaitez récupérer les objets à partir d'une clé arbitraire. À partir de C# 2.0, on utilisera plutôt *List* et *Dictionary.*

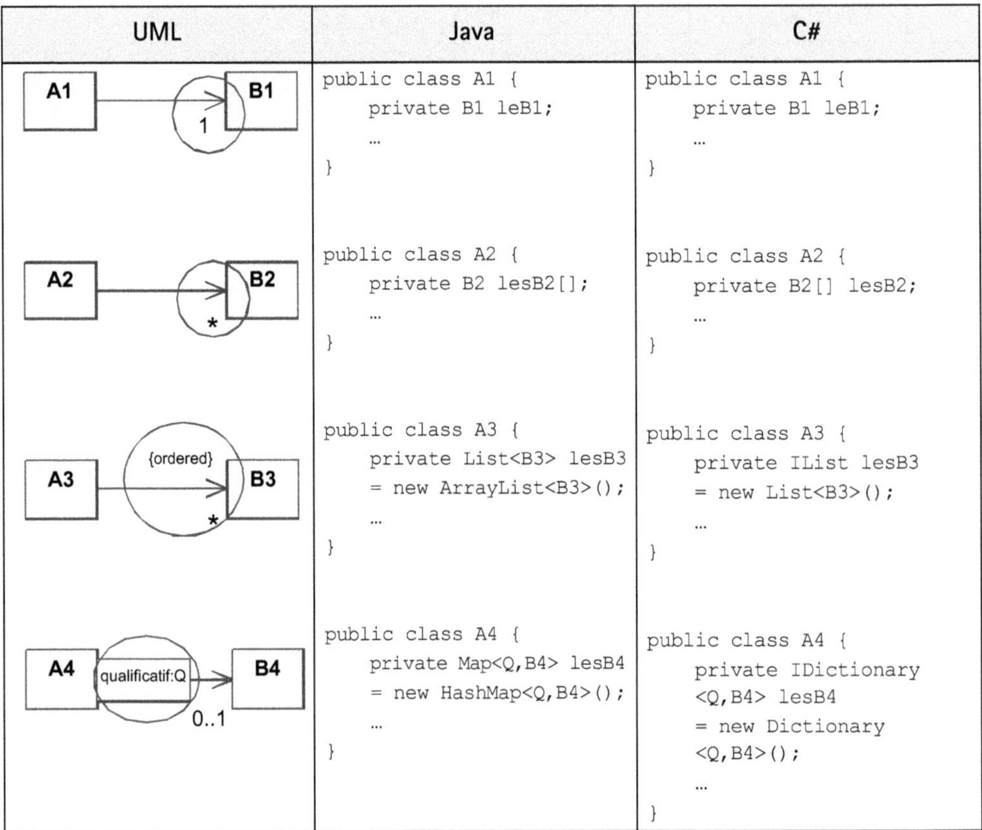

UML	Java	C#

A1 B1 1	`public class A1 {`
	`    private B1 leB1;`
	`    …`
	`}`
		`public class A1 {`
		`    private B1 leB1;`
		`    …`
		`}`

A2 B2 *	`public class A2 {`
	`    private B2 lesB2[];`
	`    …`
	`}`
		`public class A2 {`
		`    private B2[] lesB2;`
		`    …`
		`}`

A3 {ordered} B3 *	`public class A3 {`
	`    private List<B3> lesB3`
	`    = new ArrayList<B3>();`
	`    …`
	`}`
		`public class A3 {`
		`    private IList lesB3`
		`    = new List<B3>();`
		`    …`
		`}`

A4 qualificatif:Q B4 0..1	`public class A4 {`
	`    private Map<Q,B4> lesB4`
	`    = new HashMap<Q,B4>();`
	`    …`
	`}`
		`public class A4 {`
		`    private IDictionary`
		`    <Q,B4> lesB4`
		`    = new Dictionary`
		`    <Q,B4>();`
		`    …`
		`}`

En PHP, cela pourrait donner pour A1 :

```
<?php
require_once ('B1.php');
class A1
{
   var $m_B1;
}
?>
```

Et en Python :

```
import B1
class A1:
    _m_B1= B1()
```

Une association bidirectionnelle se traduit naturellement par une paire de références, une dans chaque classe impliquée dans l'association. Les noms des rôles aux extrémités d'une association servent à nommer les variables de type référence. Attention cependant, en langage objet, il n'est pas possible de préciser que deux références appartenant à deux classes correspondent à la même association et que l'une est opposée à l'autre. Le concept d'association UML n'existe en fait pas vraiment dans les langages objet !

UML	Java	C#

Homme
0..1 mari
0..1 epouse
Femme
	public class Homme {
	    private Femme epouse;
	    …
	}
	
	public class Femme {
	    private Homme mari;
	    …
	}
		public class Homme {
		    private Femme epouse;
		    …
		}
		
		public class Femme {
		    private Homme mari;
		    …
		}

Une association réflexive se traduit par une référence sur un objet de la même classe.

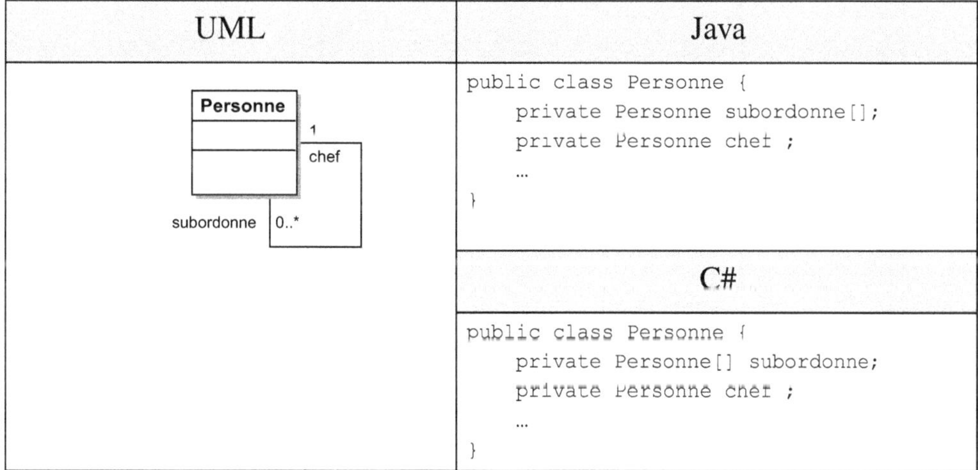

UML	Java

Personne
1 chef
subordonne 0..*
	public class Personne {
	    private Personne subordonne[];
	    private Personne chef ;
	    …
	}

	C#

	public class Personne {
	    private Personne[] subordonne;
	    private Personne chef ;
	    …
	}

Agrégation et composition

L'agrégation est un cas particulier d'association non symétrique exprimant une relation de contenance. Les agrégations n'ont pas besoin d'être nommées : implicitement elles signifient « contient », « est composé de ». La sémantique des agrégations n'est pas fondamentalement différente de celle des associations simples, elles se traduisent donc comme indiqué précédemment en Java ou en C#. La seule contrainte est qu'une association ne peut contenir de marque d'agrégation qu'à l'une de ses extrémités.

Une composition est une agrégation plus forte impliquant que :

- une partie ne peut appartenir qu'à un seul composite (agrégation non partagée) ;
- la destruction du composite entraîne la destruction de toutes ses parties (le composite est responsable du cycle de vie des parties).

Dans certains langages objet, par exemple C++, la composition implique la propagation du destructeur, mais cela ne s'applique ni à Java ni à C#.

Par contre, la notion de classe imbriquée peut s'avérer intéressante pour traduire la composition. Elle n'est cependant pas du tout obligatoire.

UML	Java	C#

Voiture
-modele:String
1
Moteur
-puissance:int
	`public class Voiture {`
	`    private String modele;`
	`    private Moteur moteur;`
	`    private static class Moteur {`
	`        private int puissance;`
	`    }`
	`    ...`
	`}`
		`public class Voiture {`
		`    private string modele;`
		`    private Moteur moteur;`
		`    private class Moteur {`
		`        private int puissance;`
		`    }`
		`    ...`
		`}`

Classe d'association

Il s'agit d'une association promue au rang de classe. Elle possède tout à la fois les caractéristiques d'une association et d'une classe et peut donc porter des attributs qui se valorisent pour chaque lien. Ce concept UML avancé n'existe pas dans les langages de programmation objet, il faut donc le traduire en le transformant en classe normale, et en ajoutant des variables de type référence.

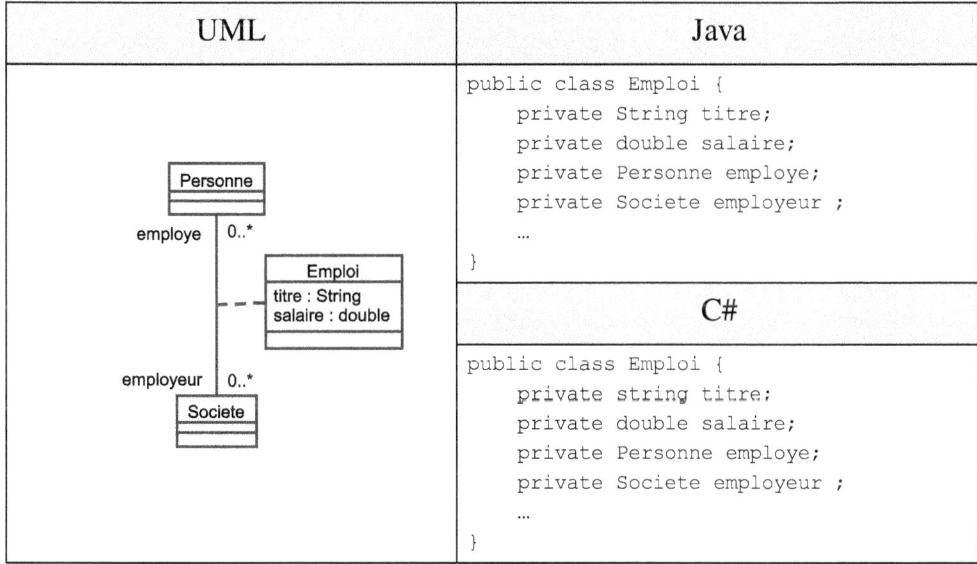

UML

Java

```
public class Emploi {
    private String titre;
    private double salaire;
    private Personne employe;
    private Societe employeur ;
    ...
}
```

C#

```
public class Emploi {
    private string titre;
    private double salaire;
    private Personne employe;
    private Societe employeur ;
    ...
}
```

2

Glossaire

Le glossaire qui suit est, pour une part importante, librement inspiré des documents de l'OMG spécifiant UML 2. Chaque entrée de glossaire est suivie par son intitulé original en anglais (américain), s'il y a lieu. On précise également s'il y a lieu le type principal de diagramme dans lequel le concept apparaît.

ACTEUR *(ACTOR)* Construction qui représente un rôle joué par un utilisateur humain ou un autre système qui interagit directement avec le système étudié. Un acteur participe à au moins un cas d'utilisation.
Diagramme de cas d'utilisation

ACTEUR MÉTIER *(BUSINESS ACTOR)* Acteur stéréotypé qui représente une entité externe à l'entreprise (dans le cadre de l'extension d'UML pour la modélisation métier).
Diagramme de cas d'utilisation

ACTEUR PRINCIPAL *(PRIMARY ACTOR)* Acteur pour qui le cas d'utilisation concerné produit un résultat observable (par opposition à acteur *secondaire*). Le titre du cas d'utilisation doit correspondre à l'objectif de l'acteur principal.
Diagramme de cas d'utilisation

ACTEUR SECONDAIRE *(SECONDARY ACTOR)* Acteur sollicité par le système lors du cas d'utilisation concerné, ou qui en retire un résultat secondaire (par opposition à acteur *principal*).
Diagramme de cas d'utilisation

ACTION Unité fondamentale de spécification comportementale qui représente un traitement ou une transformation. Les actions sont contenues dans les activités, qui fournissent leur contexte.
Diagramme d'activité

ACTIVITÉ *(ACTIVITY)* Spécification d'un comportement paramétré qui est exprimé par un flot d'exécution *via* une séquence d'unités subordonnées (dont les éléments primitifs sont des actions individuelles).
Diagramme d'activité

ACTIVITÉ CONTINUE Activité durable qui ne s'arrête que lorsque se produit un événement qui fait sortir l'objet de l'état englobant.
Diagramme d'états

ACTIVITÉ FINIE Activité durable qui peut être interrompue par un événement, mais s'arrête de toute façon d'elle-même au bout d'un certain temps, ou quand une certaine condition est remplie.
Diagramme d'états

AGRÉGATION *(AGGREGATION)* Forme d'association non symétrique qui exprime un couplage fort et une relation de subordination.
Diagramme de classes

ARCHITECTURE Ensemble des décisions significatives ayant trait à l'organisation d'un système logiciel, à la sélection des éléments structurels dont le système est composé et de leurs interfaces, ainsi qu'à leur comportement tel qu'il est spécifié dans les collaborations entre ces éléments.

ARCHITECTURE LOGIQUE 1) *En analyse* : vue de l'architecture d'un système comprenant les classes d'analyse, les packages d'analyse et les réalisations de cas d'utilisation ; vue qui, pour l'essentiel, affine et structure les besoins du système.

2) *En conception* : vue de l'architecture d'un système comprenant les classes de conception, les sous-systèmes de conception, les interfaces et les réalisations de cas d'utilisation qui constituent le vocabulaire du domaine de la solution du système.
Diagramme de packages

ARTÉFACT *(ARTIFACT)* Spécification d'un élément physique d'information (modèle, fichier ou logiciel) pouvant être lié à un composant et déployé sur un nœud.
Diagramme de déploiement

ASSOCIATION Relation entre classifieurs (classes, cas d'utilisation, etc.), qui décrit un ensemble de liens entre instances.
Diagramme de classes (et cas d'utilisation)

ASYNCHRONE *(ASYNCHRONOUS)* Forme de communication non bloquante et sans accusé de réception.
Diagramme de séquence

ATTRIBUT *(ATTRIBUTE)* Propriété structurelle d'un classifieur qui caractérise ses instances. Plus simplement, donnée déclarée au niveau d'une classe et valorisée par chacun des objets de cette classe.
Diagramme de classes

ATTRIBUT DÉRIVÉ *(DERIVED ATTRIBUTE)* Attribut intéressant pour l'analyste, quoique redondant car sa valeur peut être déduite d'autres informations disponibles dans le modèle.
Diagramme de classes

CAS D'UTILISATION (USE CASE) Un cas d'utilisation représente un ensemble de séquences d'actions qui sont réalisées par le système et qui produisent un résultat observable intéressant pour un acteur particulier. On peut également le voir comme une collection de scénarios reliés par un objectif utilisateur commun.
Diagramme de cas d'utilisation

CLASSE (CLASS) Description abstraite d'un ensemble d'objets qui partagent les mêmes propriétés (attributs et associations), comportements (opérations et états) et sémantique.
Diagramme de classes

CLASSE ABSTRAITE (ABSTRACT CLASS) Classe qui ne s'instancie pas directement (par opposition à une classe concrète). Elle sert en général à factoriser des propriétés communes à un certain nombre de sous-classes.
Diagramme de classes

CLASSE CONCRÈTE (CONCRETE CLASS) Par opposition à une classe abstraite, classe qui s'instancie directement pour donner des objets.
Diagramme de classes

CLASSE D'ASSOCIATION (ASSOCIATION CLASS) Association promue au rang de classe. Elle possède tout à la fois les caractéristiques d'une association et d'une classe. Permet de décrire des attributs qui se valorisent pour des liens et non pas pour des objets.
Diagramme de classes

CLASSE STRUCTURÉE (STRUCTURED CLASS) Classe contenant des parties, des connecteurs et des ports qui définissent sa structure interne.
Diagramme de structure composite

COLLABORATION Vue ou projection d'un ensemble de classifieurs coopérants. Une collaboration décrit les liens et les propriétés requis entre des instances qui jouent les rôles de la collaboration. Plusieurs collaborations peuvent décrire différentes projections du même ensemble de classifieurs.
Diagramme de structure composite

COLLECTION Terme générique qui désigne tous les regroupements d'objets sans préciser la nature du regroupement. On distingue généralement les collections simples (*SET*), ordonnées (*LIST*), ou triées (*DICT*).

COMPOSANT (COMPONENT) Partie modulaire d'un système qui encapsule son contenu. Un composant définit son comportement en termes d'interfaces fournies et requises.
Diagramme de composants

COMPOSITION Forme forte d'agrégation, dans laquelle les parties ne peuvent appartenir à plusieurs agrégats et où le cycle de vie des parties est subordonné à celui de l'agrégat.
Diagramme de classes

CONCEPTION *(DESIGN)* Détermination du *comment* d'une application (par opposition à l'analyse qui spécifie le *quoi*).

CONDITION (de garde) *(GUARD CONDITION)* Expression booléenne qui doit être vraie pour que la transition qui la porte soit validée lorsque l'événement déclencheur se produit. Utilisée également après une décision dans un diagramme d'activité pour indiquer quel flot sera actif.
Diagramme d'états (et activité)

CONNECTEUR *(CONNECTOR)* Relation contextuelle entre des parties dans le contexte d'une classe structurée. Contrairement à une association, il s'agit d'une relation entre des rôles mais pas entre des classes qui sont les types de rôles déclarés.
Diagramme de structure composite

CONSTRUCTEUR *(CONSTRUCTOR)* Opération de classe qui construit des objets.
Diagramme de classes

CONTRAINTE *(CONSTRAINT)* Relation sémantique entre éléments de modélisation qui définit une condition qui doit être vérifiée par les éléments concernés. Elle peut être exprimée en texte libre ou dans une notation plus formelle.

CONTRAT D'OPÉRATION *(OPERATION CONTRACT)* Description des changements d'états du système quand une opération système est effectuée. Ces modifications sont exprimées en termes de « postconditions » qui détaillent le nouvel état du système après l'exécution de l'opération.

CONTRÔLEUR *(CONTROLER)* Objet artificiel introduit pour séparer les couches logicielles « Présentation » et « Métier ».

COUCHE *(LAYER)* Segmentation horizontale des modèles.
Diagramme de packages

COUPLAGE *(COUPLING)* 1) Dépendance entre éléments de modélisation.

2) Le « couplage » représente une mesure de la quantité d'autres classes auxquelles une classe donnée est connectée, dont elle a connaissance, ou dont elle dépend.

DÉPENDANCE *(DEPENDENCY)* Relation sémantique entre deux éléments, dans laquelle la modification d'un des éléments (l'élément indépendant) peut affecter la sémantique de l'autre élément (l'élément dépendant).

DÉPLOIEMENT *(DEPLOYMENT)* Le déploiement montre la configuration physique des différents matériels qui participent à l'exécution du système, ainsi que les artéfacts qu'ils supportent.
Diagramme de déploiement

EFFET *(EFFECT)* Réaction d'un objet lors d'une transition. Par exemple : mise à jour d'un attribut, envoi d'un message à un autre objet.
Diagramme d'états

ENTITÉ MÉTIER *(BUSINESS ENTITY)* Classe stéréotypée qui représente une entité passive, manipulée par un travailleur métier (dans le cadre de l'extension d'UML pour la modélisation métier).
Diagramme de classes

ESSENTIEL (ESSENTIAL) Se dit d'un cas d'utilisation analytique, indépendant de toute technologie d'interfaçage avec les acteurs.

ÉTAT (STATE) Condition ou situation qui se produit dans la vie d'un objet pendant laquelle il satisfait une certaine condition, exécute une activité particulière ou attend certains événements.
Diagramme d'états

ÉVÉNEMENT (EVENT) Spécification d'une occurrence remarquable qui a une localisation dans le temps et l'espace. Un événement peut déclencher une transition dans le contexte des diagrammes d'états.
Diagramme d'états

ÉVÉNEMENT INTERNE (CHANGE EVENT) Formalisé par le pseudo-événement « `when` » suivi d'une expression booléenne en argument : la transition est déclenchée lorsque la condition passe de faux à vrai.
Diagramme d'états

ÉVÉNEMENT TEMPOREL (TIME EVENT) Formalisé par le pseudo-événement « `after` » suivi d'une durée en argument qui représente l'échéance d'un *timer*, ou par le pseudo-événement `at` suivi d'une date.
Diagramme d'états

EXTENSION Relation stéréotypée `extend` entre cas d'utilisation : le cas d'utilisation de base en incorpore implicitement un autre, de façon optionnelle, à un endroit spécifié indirectement dans celui qui procède à l'extension.
Diagramme de cas d'utilisation

FACTORISATION Identification puis extraction de similitudes entre classes au moyen d'une superclasse.
Diagramme de classes

GÉNÉRALISATION (GENERALIZATION) Relation entre classifieurs où les descendants héritent les propriétés de leur parent commun. Ils peuvent néanmoins comprendre chacun des propriétés spécifiques supplémentaires, mais aussi modifier les comportements hérités.
Diagramme de classes

GÉNÉRALISATION MULTIPLE Forme de généralisation dans laquelle une classe dérive de plusieurs superclasses. Souvent synonyme d'héritage multiple.
Diagramme de classes

HÉRITAGE (INHERITANCE) Mécanisme par lequel des éléments plus spécifiques récupèrent automatiquement la structure et le comportement d'éléments plus généraux ; principale technique de réalisation de la généralisation.
Diagramme de classes

IDENTITÉ (IDENTITY) Caractéristique intrinsèque d'un objet qui le distingue de tous les autres objets.

IMPORTATION Relation de dépendance entre packages qui rend visibles les éléments publics d'un package au sein d'un autre package.
Diagramme de packages

INCLUSION Relation stéréotypée « `include` » entre cas d'utilisation : le cas d'utilisation de base en incorpore explicitement un autre, de façon obligatoire, à un endroit spécifié dans ses enchaînements.
Diagramme de cas d'utilisation

INSTANCE Une entité possédant une identité unique, créée à partir d'un classifieur (un objet est une instance d'une classe).
Diagramme d'objets

INTERFACE Partie visible d'une classe ou d'un package ; parfois synonyme de spécification ou de vue externe, ou encore de vue publique. Ensemble nommé d'opérations qui caractérise le comportement d'un élément.
Diagramme de classes (+ structure composite et composants)

LIEN (*LINK*) Connexion sémantique entre objets par laquelle un objet peut communiquer avec un autre objet par envoi de message. Une instance d'association.
Diagramme d'objets

LIGNE DE VIE (*LIFELINE*) Représentation de l'existence d'un élément participant dans un diagramme de séquence, et plus généralement dans un diagramme d'interactions.
Diagramme de séquence

MESSAGE Élément de communication unidirectionnel entre objets qui déclenche une activité dans l'objet destinataire. La réception d'un message provoque un événement dans l'objet récepteur.

Utilisé dans les diagrammes de séquence système pour représenter les interactions entre les acteurs et le système vu comme une boîte noire.
Diagramme de séquence

MÉTHODE (*METHOD*) Réalisation d'une opération. Elle spécifie l'algorithme ou la procédure associée à l'opération.
Diagramme de classes

MODÉLISATION MÉTIER (*BUSINESS MODELING*) Modélisation des processus, des ressources et de l'organisation d'une entreprise, en amont de toute informatisation. Fait l'objet d'une extension à UML proposée par I. Jacobson et reprise dans le RUP™.

MULTIPLICITÉ (*MULTIPLICITY*) Décrit le nombre d'objets (min et max) qui peuvent participer à une relation avec un autre objet dans le cadre d'une association. Plus généralement, une multiplicité est un sous-ensemble des entiers non négatifs.
Diagramme de classes

NAVIGABILITÉ (*NAVIGABILITY*) Qualité d'une association qui permet le passage d'une classe à l'autre dans une direction donnée.
Diagramme de classes

NŒUD (*NODE*) Élément physique existant à l'exécution et représentant une ressource de calcul, doté en principe au moins de mémoire et souvent de capacités de traitement.
Diagramme de déploiement

OBJET *(OBJECT)* Entité aux frontières bien définies possédant une identité et encapsulant un état et un comportement ; un objet est une instance d'une classe.
Diagramme d'objets

OPÉRATION *(OPERATION)* Élément de comportement des objets, défini de manière globale dans la classe. Spécification d'une méthode.
Diagramme de classes

OPÉRATION SYSTÈME *(SYSTEM OPERATION)* Comportement de niveau système, déclenché par un message provenant d'un acteur (par analogie à une opération au niveau d'un objet, déclenchée par une réception de message provenant d'un autre objet).

PACKAGE Mécanisme général de regroupement d'éléments en UML, qui peut être utilisé par exemple pour regrouper des cas d'utilisation, ou des classes et des associations. Les packages peuvent être imbriqués dans d'autres packages.
Diagramme de packages

PARTICIPANT *(PART)* Fragment structuré d'une classe qui décrit le rôle joué par une instance dans le contexte de la classe structurée. Un participant possède un nom, un type et une multiplicité.
Diagramme de structure composite

PATTERN Solution de modélisation récurrente et documentée, applicable dans un contexte donné. En UML, il s'agit d'une collaboration paramétrée.
Diagramme de structure composite

PORT Point d'interaction individuel entre une classe et son environnement. Dans une classe structurée, on peut connecter les ports à des participants internes ou à la spécification de comportement de l'objet dans son ensemble.
Diagramme de structure composite

POSTCONDITION Condition booléenne qui devient vraie pour le système à la fin de l'exécution d'un cas d'utilisation, sauf pour les scénarios d'erreur. Également utilisée pour spécifier dans une opération la condition booléenne qui doit être vraie après l'exécution de l'opération.

PRÉCONDITION Condition booléenne qui doit être vraie pour que l'exécution d'un cas d'utilisation puisse démarrer ; ou avant l'exécution d'une opération.

PRIVÉ *(PRIVATE)* Invisible de l'extérieur d'une classe (ou d'un package).
Diagramme de classes

PROCESSUS MÉTIER *(BUSINESS USE CASE)* Cas d'utilisation stéréotypé qui permet de représenter un processus d'entreprise (dans le cadre de l'extension d'UML pour la modélisation métier).
Diagramme de cas d'utilisation

PSEUDO-ÉTAT *(PSEUDO-STATE)* Désigne des états particuliers dans le cadre du diagramme d'états, comme l'état initial, l'état final et l'historique.
Diagramme d'états

PUBLIC Visible de l'extérieur d'une classe (ou d'un package).
Diagramme de classes

QUALIFICATIF OU QUALIFIEUR *(QUALIFIER)* — Attribut qui permet de « partitionner » l'ensemble des objets en relation avec un objet donné dans le cadre d'une association multiple.
Diagramme de classes

RÉEL *(REAL)* — Se dit d'un cas d'utilisation décrit du point de vue de la conception, en termes d'événements d'interface utilisateur, d'entrées de données, etc.

RÉFLEXIVE — Se dit d'une association dont les rôles concernent la même classe.
Diagramme de classes

RÉGION CONCURRENTE *(CONCURRENT REGION)* — Ensemble de sous-états exclusifs qui peuvent exister simultanément avec d'autres sous-états contenus dans le même super-état.
Diagramme d'états

RÔLE — Nom donné à une extrémité d'une association ; par extension, manière dont les instances d'une classe voient les instances d'une autre classe au travers d'une association.
Diagramme de classes

SCÉNARIO — Une succession particulière d'enchaînements, qui s'exécute du début à la fin du cas d'utilisation. On distingue classiquement le scénario nominal, les scénarios alternatifs et ceux d'erreur.

SIGNATURE — Identifiant non ambigu d'une opération, construit à partir du nom de l'opération et de ses paramètres (ainsi que de son paramètre de retour optionnel).
Diagramme de classes

SOUS-CLASSE *(SUBCLASS)* — Classe spécialisée, reliée à une autre classe plus générale par une relation de généralisation.
Diagramme de classes

SOUS-ÉTAT *(SUBSTATE)* — État englobé dans un super-état. Les sous-états peuvent être séquentiels ou concurrents.
Diagramme d'états

SPÉCIALISATION *(SPECIALIZATION)* — Point de vue descendant porté sur une classification, par opposition à généralisation.
Diagramme de classes

STÉRÉOTYPE — Création d'un nouvel élément de modélisation par extension de la sémantique d'un élément existant du métamodèle UML. Permet par exemple à un responsable projet d'introduire des notions méthodologiques dans l'utilisation d'UML.

SUPER-CLASSE — Classe générale reliée à une autre classe plus spécialisée par une relation de généralisation.
Diagramme de classes

SUPER-ÉTAT — État composite qui contient des sous-états.
Diagramme d'états

SYNCHRONE *(SYNCHRONOUS)* — Forme de communication bloquante, avec accusé de réception implicite.
Diagramme de séquence

TRANSITION Connexion entre deux états d'un automate, qui est déclenchée par l'occurrence d'un événement, conditionnée par une condition de garde, et induisant certains effets.
Diagramme d'états

TRANSITION AUTOMATIQUE *(COMPLETION TRANSITION)* Transition sans événement déclencheur explicite. Représente la terminaison de l'activité durable finie de l'état de départ.
Diagramme d'états

TRANSITION INTERNE *(INTERNAL TRANSITION)* Transition sans état d'arrivée. Représente une réponse à un événement sans changement d'état. Ne provoque pas d'effet de bord, contrairement à la transition propre.
Diagramme d'états

TRANSITION PROPRE *(SELF TRANSITION)* Transition pour laquelle l'état d'arrivée est le même que l'état de départ. Provoque néanmoins une sortie de l'état puis une rentrée dans ce même état, ce qui déclenche les éventuels effets de sortie et d'entrée.
Diagramme d'états

TRAVAILLEUR MÉTIER *(BUSINESS WORKER)* Classe stéréotypée qui représente un humain agissant à l'intérieur de l'entreprise (dans le cadre de l'extension d'UML pour la modélisation métier).
Diagramme de classes

UNITÉ D'ORGANISATION *(ORGANIZATION UNIT)* Package stéréotypé qui structure le modèle métier (dans le cadre de l'extension d'UML pour la modélisation métier).
Diagramme de packages

VISIBILITÉ *(VISIBILITY)* Niveau d'encapsulation des attributs et des opérations dans les classes (en standard : public, protégé ou privé).
Diagramme de classes

3

Bibliographie

Bibliographie des chapitres 1-2

[Adolph 02] *Patterns for Effective Use Cases*, S. Adolph, P. Bramble, 2002, Addison-Wesley.

[Bittner 02] *Use Case Modeling*, K. Bittner, I. Spence, 2002, Addison-Wesley.

[Cockburn 01] *Rédiger des cas d'utilisation efficaces*, A. Cockburn, 2001, Eyrolles.

[Jacobson 92] *Object-Oriented Software Engineering: A Use Case Driven Approach*, I. Jacobson, 1992, Addison-Wesley.

[Jacobson 00] *Le processus unifié de développement logiciel*, I. Jacobson et al., 2000, Eyrolles.

[Kulak 03] *Use Cases: Requirements in Context*, D. Kulak, E. Guiney, 2003, Addison-Wesley.

[Larman 04] *Applying UML and Patterns: An Introduction to Object-Oriented Analysis and Design (3rd Edition)*, C. Larman, 2004, Prentice Hall.

[Larman 05] *UML 2 et les Design Patterns*, C. Larman, 2005, Campus Press.

[Overgaard 05] *Use Cases: Patterns and Blueprints*, G. Overgaard, K. Palmkvist, 2005, Addison-Wesley.

[Roques 07] *UML 2 en action : de l'analyse des besoins à la conception*, P. Roques, F. Vallée, 2007, Eyrolles.

[Roques 08] *Les cahiers du Programmeur UML 2 : modéliser une application web*, P. Roques, 2008, Eyrolles.

[Roques 15] *Mémento UML 2.5,* 2015, Eyrolles.

[Rosenberg 07] *Use Case Driven Object Modeling with UML*, D. Rosenberg, M. Stephens, 2007, Apress.

[Rosenberg 01] *Applying Use Case Driven Object Modeling with UML – An Annotated e-Commerce Example*, D. Rosenberg, K. Scott, 2001, Addison-Wesley.

[Schneider 01] *Applying Use Cases: A Practical Guide*, G. Schneider, J. Winters, 2001, Addison-Wesley.

[Yourdon 03] *Managing Software Requirements – A Use Case Approach*, E.Yourdon, 2003, Addison-Wesley.

Bibliographie des chapitres 3-4

[Ambler 02] *Agile Modeling*, S. Ambler, 2002, Wiley.

[Coad 97] *Object Models: Strategies, Patterns and Applications*, 2nd ed., P. Coad, D. North, M. Mayfield, 1997, Prentice Hall.

[Fowler 97] *Analysis Patterns: Reusable Object Models*, M. Fowler, 1997, Addison-Wesley.

[Hay 96] *Data Model Patterns: Conventions of Thought*, D. Hay, 1996, Dorset House Publishing.

[Larman 04] *Applying UML and Patterns: An Introduction to Object-Oriented Analysis and Design (3rd Edition)*, C. Larman, 2004, Prentice Hall.

[Larman 05] *UML 2 et les Design Patterns*, C. Larman, 2005, Campus Press.

[Muller 03] *Modélisation objet avec UML*, P.-A. Muller, 2003, Eyrolles

[Roques 07] *UML 2 en action : de l'analyse des besoins à la conception*, P. Roques, F. Vallée, 2007, Eyrolles.

[Roques 08] *Les cahiers du Programmeur UML 2 : modéliser une application web*, P. Roques, 2008, Eyrolles.

[Roques 13] *Modélisation de systèmes complexes avec SysML*, P. Roques, 2013, Eyrolles.

[Roques 15] *Mémento UML 2.5*, 2015, Eyrolles.

[Rumbaugh 91] *Object-Oriented Modeling and Design*, J. Rumbaugh *et al.*, 1991, Prentice Hall.

[Rumbaugh 04] *UML 2.0 – Guide de référence*, J. Rumbaugh *et al.*, 2004, CampusPress.

[Rumbaugh 05] *Modélisation et conception orientées objet avec UML2*, J. Rumbaugh *et al.*, 2005, Pearson Education.

Bibliographie des chapitres 5-6

[Douglass 04] *Real Time UML : Advances in the UML for Real-Time Systems (3rd Edition),* B. Douglass, 2004, Addison-Wesley.

[Mellor 91] *Object Lifecycles: Modeling the World in States*, S. Mellor, S. Shlaer, 1991, Prentice Hall.

[Roques 07] *UML 2 en action : de l'analyse des besoins à la conception*, P. Roques, F. Vallée, 2007, Eyrolles.

[Roques 15] *Mémento UML 2.5*, 2015, Eyrolles.

[Rumbaugh 04] *UML 2.0 – Guide de référence*, J. Rumbaugh *et al.*, 2004, CampusPress.

Bibliographie des chapitres 7-8

[Buschmann 96] *Pattern-Oriented Software Architecture: A System of Patterns*, F. Buschmann et al., 1996, Wiley.

[Coad 99] *Java Modeling in Color with UML: Enterprise Components and Process*, P. Coad et al., 1999, Prentice Hall.

[Eckel 02] *Thinking in Java*, B. Eckel, 2002, Prentice Hall.

[Freeman 05] *Tête la première – Design Patterns*, E. Freeman, 2005, O'Reilly.

[Gamma 95] *Design Patterns: Elements of Reusable Object-Oriented Software*, E. Gamma et al., 1995, Addison-Wesley.

[Grand 02] *Patterns in Java: A Catalog of Reusable Design Patterns Illustrated With UML*, Vol. 1, M. Grand, 2002, Wiley.

[Larman 04] *Applying UML and Patterns: An Introduction to Object-Oriented Analysis and Design (3rd Edition)*, C. Larman, 2004, Prentice Hall.

[Larman 05] *UML 2 et les Design Patterns*, C. Larman, 2005, Campus Press.

[Meyer 08] *Conception et programmation orientées objet, 2e éd.*, B. Meyer, 2008, Eyrolles.

[Roques 07] *UML 2 en action : de l'analyse des besoins à la conception*, P. Roques, F. Vallée, 2007, Eyrolles.

[Roques 08] *Les cahiers du Programmeur UML 2 : modéliser une application web*, P. Roques, 2008, Eyrolles.

[Roques 15] *Mémento UML 2.5*, 2015, Eyrolles.

[Shalloway 02] *Design patterns par la pratique*, A. Shalloway, J. Trott, 2002, Eyrolles.

[Starr 17] *Models to Code: With No Mysterious Gaps*, L. Starr, A. Mangogna, S. Mellor, Apress, 2017.

Index

C

D

E

F

G

H

I

P

Q

R

S

T

U

Récapitulatif (simplifié) de la démarche de modélisation

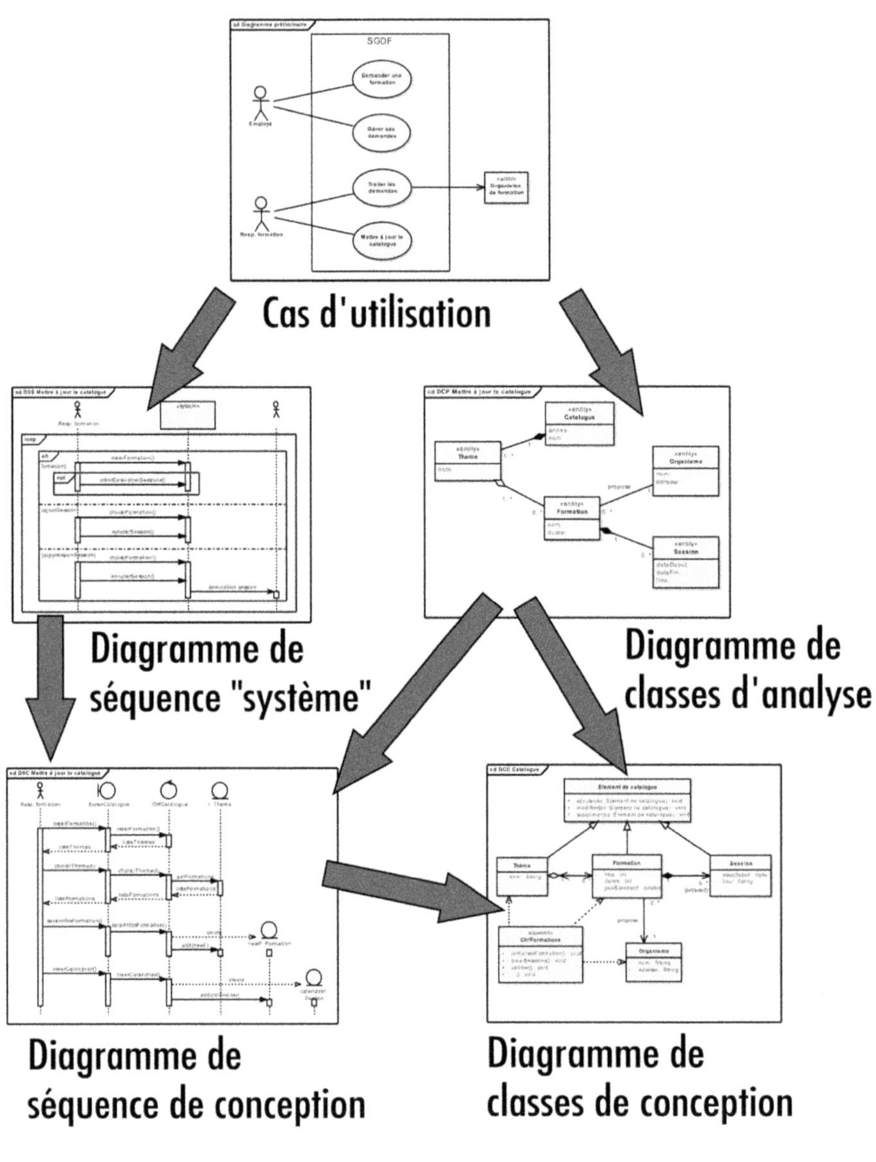

Carte de référence UML 2

Pascal Roques & Jean-Michel Bruel – 2009

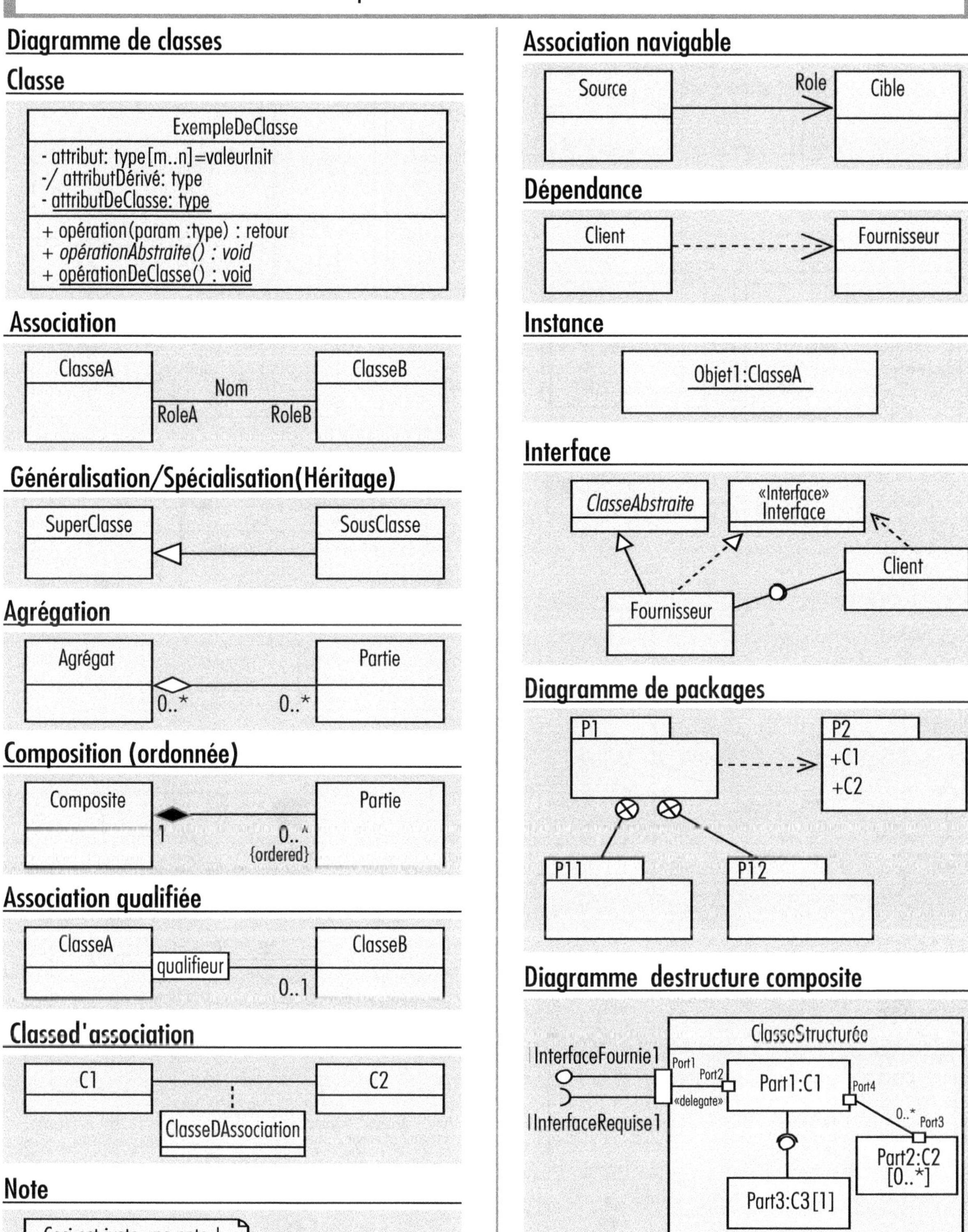

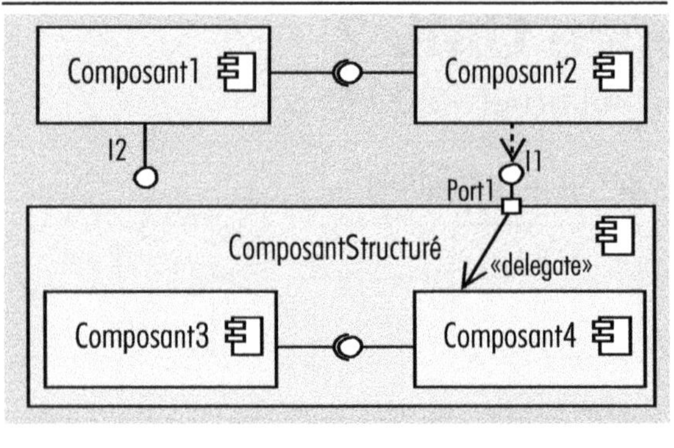
Composant1
Composant2
I2
I1
Port1
ComposantStructuré
«delegate»
Composant3
Composant4

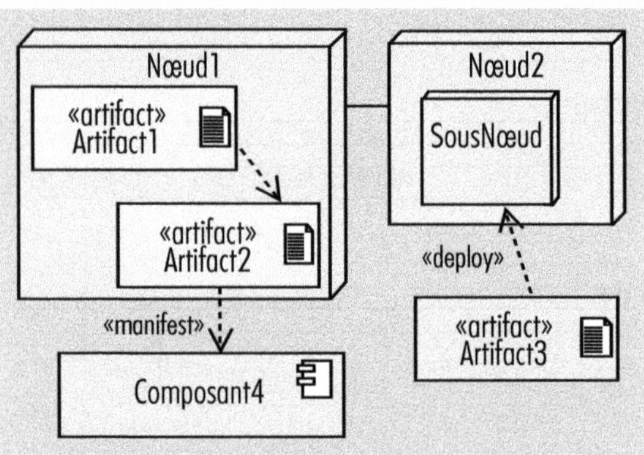
Nœud1
Nœud2
«artifact»
Artifact1
SousNœud
«artifact»
Artifact2
«deploy»
«manifest»
«artifact»
Artifact3
Composant4

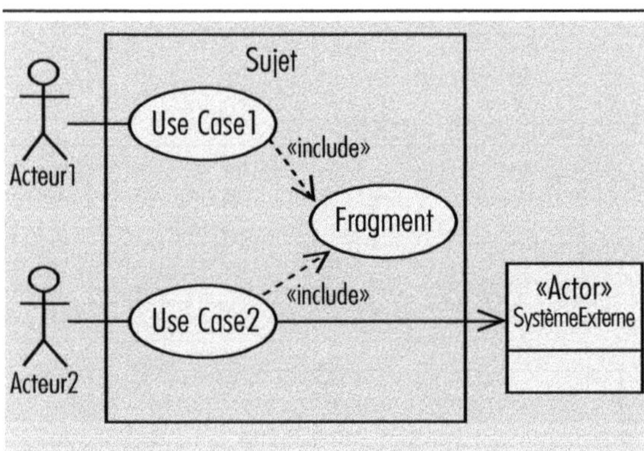
Sujet
Use Case1
«include»
Acteur1
Fragment
«include»
«Actor»
SystèmeExterne
Use Case2
Acteur2

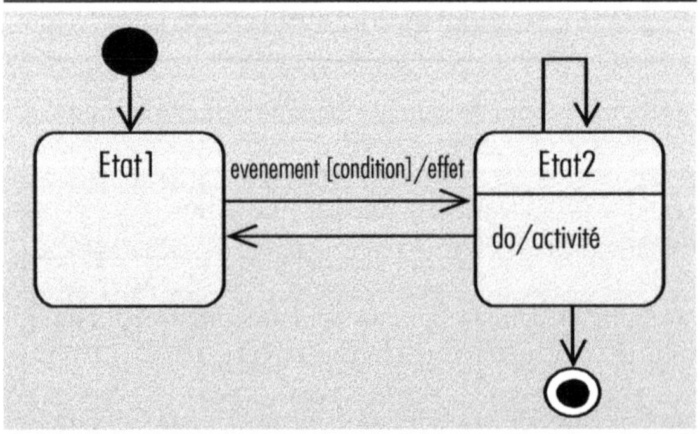
Etat1
evenement [condition] /effet
Etat2
do/activité

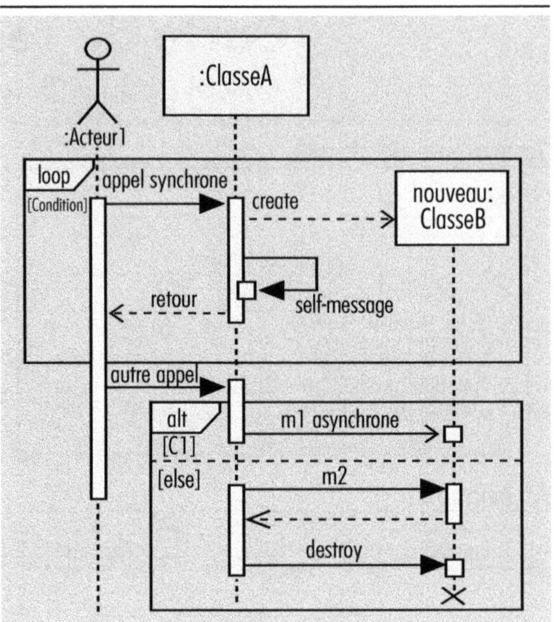
:ClasseA
:Acteur1
loop
appel synchrone
[Condition]
create
nouveau:
ClasseB
retour
self-message
autre appel
alt
m1 asynchrone
[C1]
[else]
m2
destroy

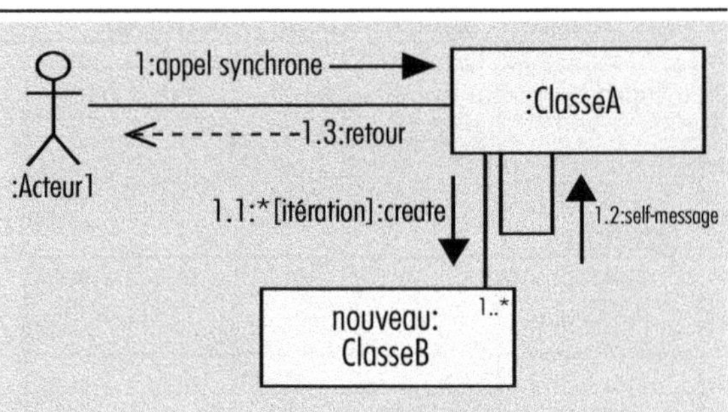
1:appel synchrone
:ClasseA
1.3:retour
:Acteur1
1.1:*[itération]:create
1.2:self-message
nouveau:
ClasseB
1..*

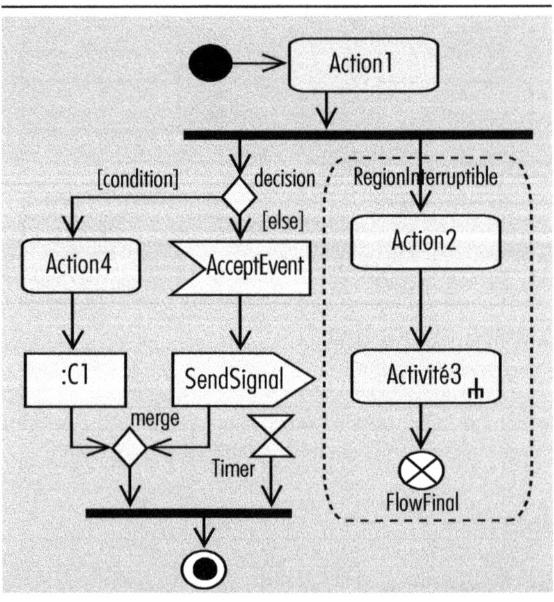
Action1
[condition]
decision
RegionInterruptible
[else]
Action4
AcceptEvent
Action2
:C1
SendSignal
Activité3
merge
Timer
FlowFinal

Merci d'avoir choisi ce livre Eyrolles.

Nous espérons que sa lecture vous a été utile et vous aidera pour mener à bien vos projets.

Nous serions ravis de rester en contact avec vous et de pouvoir vous proposer d'autres idées de livres à découvrir, des nouveautés, des conseils ou des événements avec nos auteurs.

Intéressé ? Inscrivez-vous à notre lettre d'information.

Pour cela, rendez-vous à l'adresse go.eyrolles.com/newsletter ou flashez ce QR code (votre adresse électronique sera à l'usage unique des éditions Eyrolles pour vous envoyer les informations demandées) :

Vous êtes présent sur les réseaux sociaux ?

Rejoignez-nous pour suivre d'encore plus près nos actualités :

Merci pour votre confiance.

L'équipe Eyrolles

Dépôt légal : mars 2018
Imprimé en Allemagne par BoD

www.ingramcontent.com/pod-product-compliance
Ingram Content Group UK Ltd.
Pitfield, Milton Keynes, MK11 3LW, UK
UKHW051110230726
13924UKWH00010B/2253

9 782212 675658